通天之学

耶稣会士和天文学在中国的传播

韩琦 著

生活·讀書·新知三联书店

Copyright © 2018 by SDX Joint Publishing Company.
All Rights Reserved.

本作品版权由生活·读书·新知三联书店所有。
未经许可，不得翻印。

图书在版编目（CIP）数据

通天之学：耶稣会士和天文学在中国的传播／韩琦著 . —北京：生活·读书·新知三联书店，2018.10
 ISBN 978 − 7 − 108 − 06322 − 9

Ⅰ.①通… Ⅱ.①韩… Ⅲ.①耶稣会 − 传教士 − 传教事业 − 研究 − 中国 − 清代 ②天文学史 − 研究 − 中国 − 清代 Ⅳ.① B979.2 ② P1-092

中国版本图书馆 CIP 数据核字（2018）第 101113 号

中国科学院自然科学史研究所"十二五规划"项目
《科技知识的创造与传播研究丛书》

责任编辑	张　龙
装帧设计	蔡立国
责任印制	徐　方
出版发行	生活·讀書·新知三联书店
	(北京市东城区美术馆东街 22 号 100010)
网　　址	www.sdxjpc.com
排　　版	北京金舵手世纪图文设计有限公司
经　　销	新华书店
印　　刷	河北鹏润印刷有限公司
版　　次	2018 年 10 月北京第 1 版
	2018 年 10 月北京第 1 次印刷
开　　本	635 毫米 × 965 毫米　1/16　印张 26.5
字　　数	344 千字　图 23 幅
印　　数	0,001 − 5,000 册
定　　价	88.00 元

（印装查询：01064002715；邮购查询：01084010542）

图1 利玛窦、徐光启像铜版画,A. Kircher, *China Illustrata*. Amsterdam, 1667,上海图书馆藏

图 2　利玛窦、汤若望像铜版画，A. Kircher, *China Illustrata*. Amsterdam, 1667，上海图书馆藏

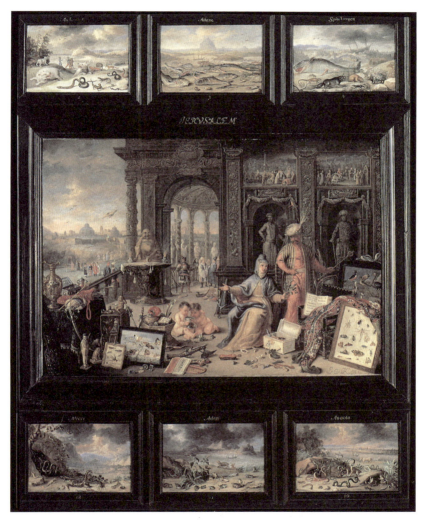

图 3　欧洲奇珍物品油画，注意其中的《崇祯历书》一书。见 John Merson, *Roads to Xanadu: East and West in the Making of the Modern World*. London, 1989.

图 4　汤若望像铜版画，A. Kircher, *China Illustrata*. Amsterdam, 1667，上海图书馆藏

图 5　汤若望画像，罗马耶稣会档案馆藏 © Archivum Romanum Societatis Iesu

图 6　李祖白墓碑拓片，上海图书馆藏

图 7　康熙赐恩格"海隅之秀"碑石拓片

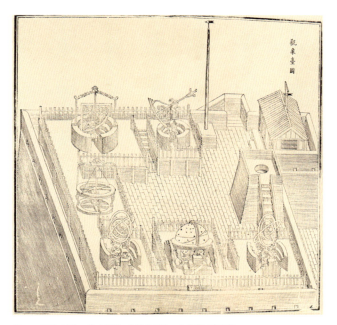

图8 观象台图,载南怀仁《仪象图》,上海图书馆藏

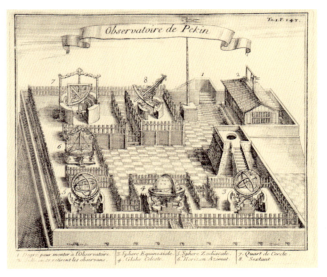

图9 观象台图,载李明《中国现状新志》(*Nouveaux mémoires sur l'état présent de la Chine*. Paris, 1696),上海图书馆藏

Epistola P. Ferdinandi Verbiest vice Provin-
cialis Missionis Sinensis, anno 1678, die 15.ª
Augusti ex Curia Pekinensi in Europam
ad socios missa.

Reverendi in Chro Patres Fratresque carissimi

Pax Christi

Annis superioribus, quando PP. Procuratores Missionis nos-
træ Sinensis Romam profecti sunt, subinde per diversas So-
cietatis nostræ Europææ Provincias transierunt, quæ sci-
licet vel negotia hujus Missionis, vel redeuntes ex India
naves, aut venti illos ferebant. Nunc autem propter ex-
iguum sociorum numerum, qui in varias vastissimi hujus
Imperij Provincias ita distributi sunt, ut sine magna Rei
Christianæ jactura illis egredi non possint, nullum pla-
ne Procuratorem mittere possumus; sed omnia negotia
litteris duntaxat in Europam missis cogimur expedire.
Rogo itaque ut omnes hanc epistolam, quam ego omnium
sociorum nomine Romam nunc mitto, illis oculis aspiciant,
quibus Procuratorem Sinensem, ex ultimo Oriente advec-
tum, si forte per Provinciam illam transiret, aliquando
aspicerent; vel potius illam auribus excipiant tamquam
unam duntaxat Missionis Sinensis vocem, clamore valido
trans vastissimum mare Romam versus missam: nam
pleniorem sermonem, et formosam totius Missionis faciem,
licet ex solis radijs subnigram et multo sudore manantem
litteræ nostræ annuæ brevi venturæ exhibebunt. Nunc
autem clamor ille ex alto mari sublatus, signum est eo-
rum, qui in labore et periculis positi, auxilium sociorum im-
plorant. Ita revera est, Missionarij Sinenses magno in la-
bore, imo et periculis positi subsidium Sociorum Europæ-
orum implorant. Nam ab ultimæ Persecutionis anno 1674

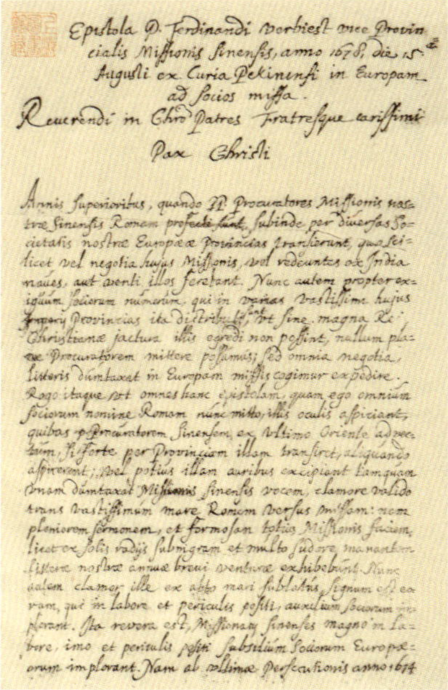

图 10　1678 年 8 月 15 日南怀仁告欧洲耶稣会士书，上海图书馆藏

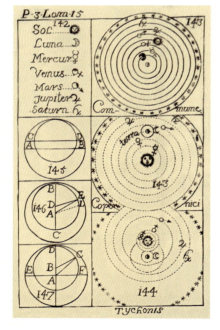

图 11　安多《数学纲要》（*Synopsis mathematica*）所载托勒密、哥白尼、第谷宇宙体系图，上海图书馆藏

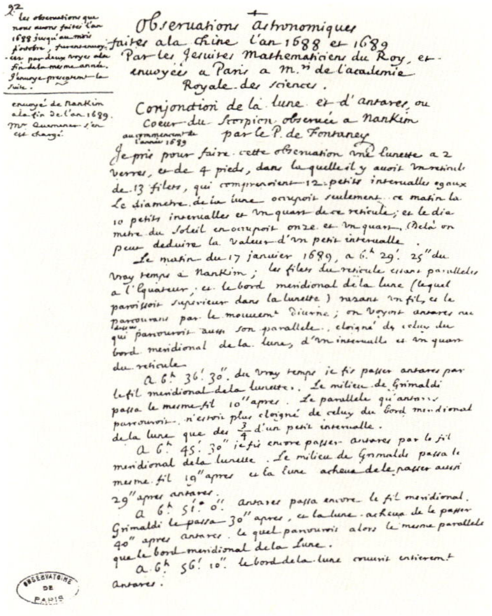

92 les observations que nous avons faites l'an 1688 jusqu'au mois d'octobre, furent envoyées par deux voyes a la fin de la mesme année. J'envoye presentement la suite.

envoyé de Nankin a la fin de l'an 1689. Mr Quemener s'en est chargé.

Observations astronomiques faites a la Chine l'an 1688 et 1689 Par les Jesuites Mathematiciens du Roy, et envoyées a Paris a Mrs de l'academie Royale des sciences.

Conjonction de la lune et d'antares, ou Coeur du Scorpion observée a Nankin au commencement de l'année 1689 par le P. de Fontaney

Je pris pour faire cette observation une lunette a 2 verres, et de 4 pieds, dans laquelle il y avoit un reticule de 13 filets, qui comprenoient 12 petits intervalles egaux. Le diametre de la lune occupoit seulement ce matin la 10 petits intervalles et un quart de ce reticule; et le diametre du Soleil en occupoit onze et un quart. Delà on peut deduire la valeur d'un petit intervalle.

Le matin du 17 janvier 1689, a 6h 29' 25" du vray temps a Nankin; les filets du reticule estant paralleles a l'Equateur, et le bord meridional de la lune (lequel paroissoit superieur dans la lunette) rasant un fil, et le parcourant par le mouvement diurne; on voyoit antares sur qui parcouroit aussi son parallele, eloigné de celuy du bord meridional de la lune, d'un intervalle et un quart du reticule.

A 6h 36' 30" du vray temps je fis passer antares par le fil meridional de la lunette. Le milieu de Grimaldi passa le mesme fil 10" apres. Le parallele qu'antares parcouroit, n'estoit plus eloigné de celuy du bord meridional de la lune que des $\frac{3}{4}$ d'un petit intervalle.

A 6h 45' 30" je fis encore passer antares par le fil meridional de la lunette. Le milieu de Grimaldi passa le mesme fil 19" apres et la lune acheva de le passer 29" apres antares.

A 6h 51' 0" antares passa encore le fil meridional. Grimaldi le passa 30" apres, et la lune acheva de le passer 40" apres antares. le quel parcouroit alors le mesme parallele que le bord meridional de la lune.

A 6h 56' 10" le bord de la lune couvrit entierement antares.

图 12　洪若天文观测手稿，巴黎天文台藏

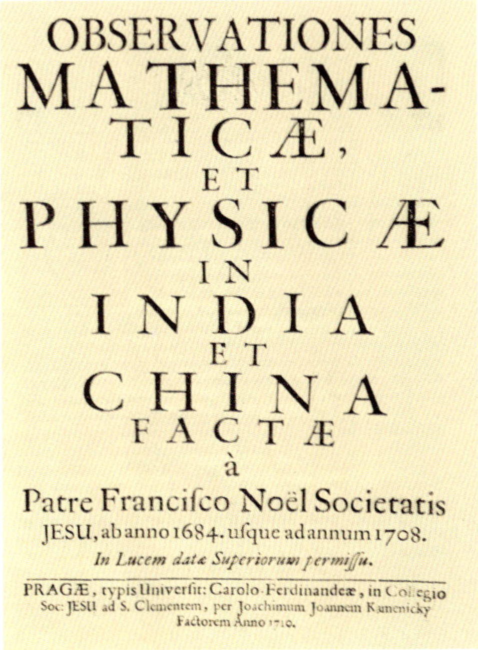

OBSERVATIONES MATHEMATICÆ, ET PHYSICÆ IN INDIA ET CHINA FACTÆ à Patre Francifco Noël Societatis JESU, ab anno 1684. ufque ad annum 1708.

In Lucem datæ Superiorum permiffu.

PRAGÆ, typis Univerfit: Carolo-Ferdinandeæ, in Collegio Soc: JESU ad S. Clementem, per Joachimum Joannem Kamenicky Factorem Anno 1710.

图 13　卫方济《在印度、中国的数学、物理观测》，1710 年出版

图 14　康熙像铜版画，载李明《中国现状新志》，上海图书馆藏

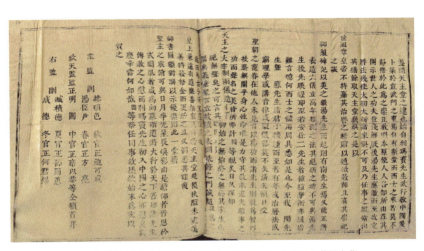

图 15 钦天监监正明图祝贺北京宣武门教堂重修文，雕版印刷，巴黎外方传教会藏

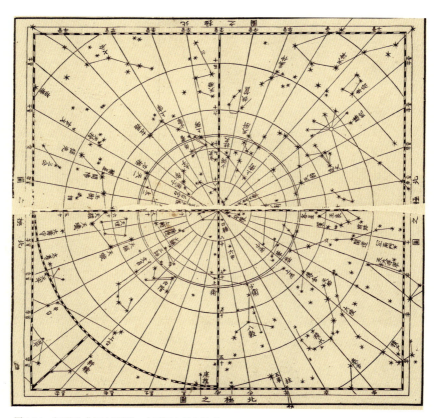

图 16-1　闵明我《方星图解》，中国国家图书馆藏

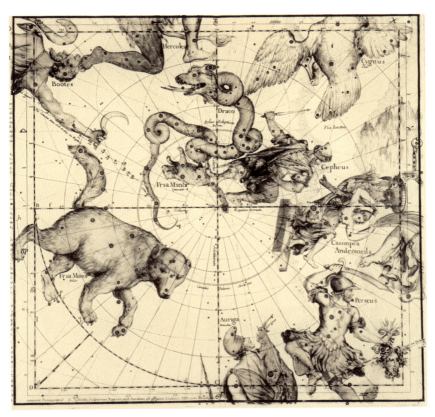

图 16-2 闵明我《方星图解》底本(I.-G. Pardies, *Globi coelestis in tabulas planas redacti descriptio latina gallica*. Paris, 1674),巴黎法国国家图书馆藏

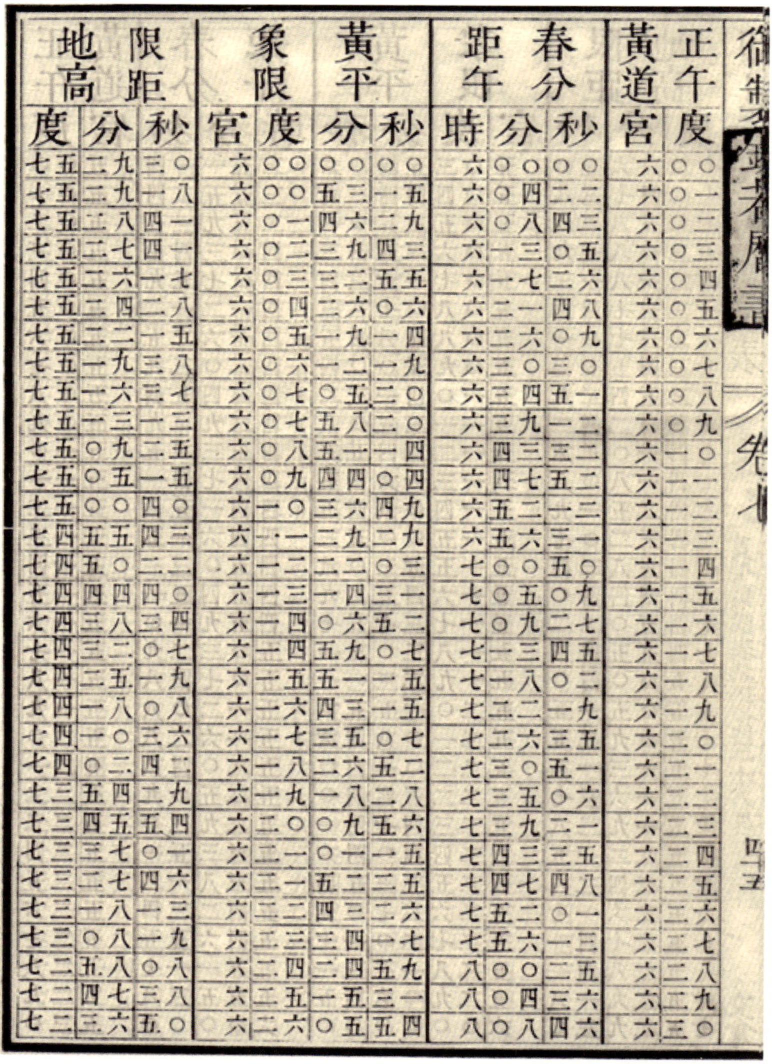

正午黄道宫	度	春分距午時	分	秒	黄平象限宫	度	分	秒	限距地高度	分	秒
六	○○	六	○○	○○	六	○○	○○	○○	七五	二九	三○
六	○一	六	○四	二二	六	○○	五三	一五	七五	二九	一八
六	○二	六	○八	四三	六	○一	四六	二九	七五	二八	四一
六	○三	六	一三	○五	六	○二	三九	四三	七五	二七	四一
六	○四	六	一七	二六	六	○三	三二	五五	七五	二六	一七
六	○五	六	二一	四八	六	○四	二六	○六	七五	二四	二八
六	○六	六	二六	○九	六	○五	一九	一四	七五	二二	一五
六	○七	六	三○	三○	六	○六	一二	一九	七五	一九	三八
六	○八	六	三四	五一	六	○七	○五	二○	七五	一六	三七
六	○九	六	三九	一二	六	○七	五八	二○	七五	一三	一三
六	一○	六	四三	三二	六	○八	五一	一四	七五	○九	二五
六	一一	六	四七	五二	六	○九	四四	○四	七五	○五	一五
六	一二	六	五二	一三	六	一○	三六	四九	七五	○○	四○
六	一三	六	五六	三一	六	一一	二九	二九	七四	五五	四三
六	一四	七	○○	五○	六	一二	二二	○三	七四	五○	二二
六	一五	七	○五	○九	六	一三	一四	三一	七四	四四	四○
六	一六	七	○九	二七	六	一四	○六	五二	七四	三八	三四
六	一七	七	一三	四五	六	一四	五九	○七	七四	三二	○七
六	一八	七	一八	○二	六	一五	五一	一五	七四	二五	一九
六	一九	七	二二	一九	六	一六	四三	一五	七四	一八	○八
六	二○	七	二六	三五	六	一七	三五	○七	七四	一○	三六
六	二一	七	三○	五一	六	一八	二六	五二	七四	○二	四二
六	二二	七	三五	○六	六	一九	一八	二八	七三	五四	二九
六	二三	七	三九	二一	六	二○	○九	五六	七三	四五	五四
六	二四	七	四三	三五	六	二一	○一	一五	七三	三七	○一
六	二五	七	四七	四八	六	二一	五二	二五	七三	二七	四六
六	二六	七	五二	○一	六	二二	四三	二六	七三	一八	一三
六	二七	七	五六	一三	六	二三	三四	一七	七三	○八	一九
六	二八	八	○○	二五	六	二四	二四	五九	七二	五八	○八
六	二九	八	○四	三六	六	二五	一五	三一	七二	四七	三八
六	三○	八	○八	四六	六	二六	○五	五四	七二	三六	五○

图 17 《御制钦若历书》书影，康熙内府刻本

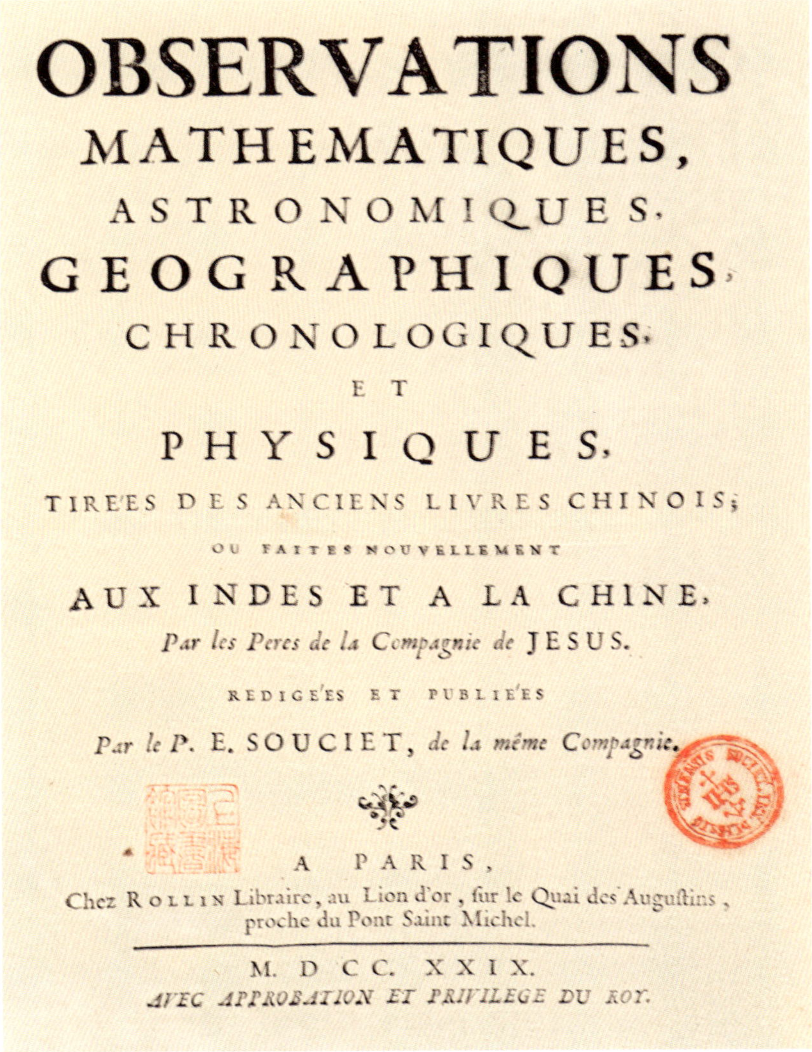

OBSERVATIONS
MATHEMATIQUES,
ASTRONOMIQUES,
GEOGRAPHIQUES,
CHRONOLOGIQUES,
ET
PHYSIQUES,
TIREES DES ANCIENS LIVRES CHINOIS;
OU FAITES NOUVELLEMENT
AUX INDES ET A LA CHINE,
Par les Peres de la Compagnie de JESUS.

REDIGE'ES ET PUBLIE'ES

Par le P. E. SOUCIET, *de la même Compagnie.*

A PARIS,
Chez ROLLIN Libraire, au Lion d'or, sur le Quai des Augustins,
proche du Pont Saint Michel.

M. DCC. XXIX.
AVEC APPROBATION ET PRIVILEGE DU ROY.

图 18　耶稣会士《数学、天文观测》（巴黎，1729），上海图书馆藏

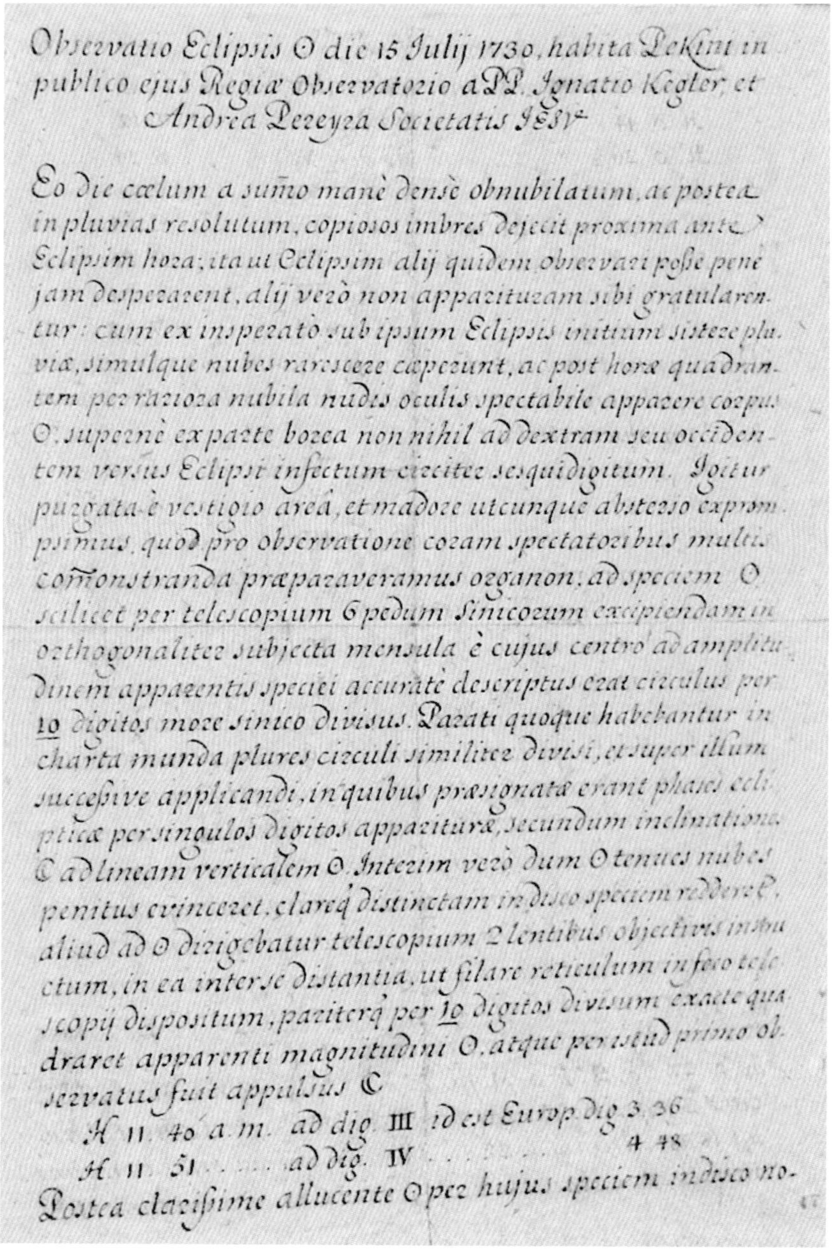

Observatio Eclipsis ☉ die 15 Julij 1730, habita Pekini in publico ejus Regiæ Observatorio a PP. Ignatio Kegler, et Andrea Pereyra Societatis JESV.

Eo die cœlum a summo mane densè obnubilatum, ac postea in pluvias resolutum, copiosos imbres dejecit proxima ante Eclipsim hora; ita ut Eclipsim alij quidem observari posse penè jam desperarent, alij vero non apparituram sibi gratularentur: cum ex insperato sub ipsum Eclipsis initium sistere pluvia, simulque nubes rarescere cœperunt, ac post horæ quadrantem per rariora nubila nudis oculis spectabile appareret corpus ☉, supernè ex parte borea non nihil ad dextram seu occidentem versus Eclipsi infectum circiter sesquidigitum. Igitur purgata è vestigio area, et madore utcunque abstersso exprompsimus, quod pro observatione coram spectatoribus multis comonstranda præparaveramus organon, ad speciem ☉ scilicet per telescopium 6 pedum Sinicorum excipiendam in orthogonaliter subjecta mensula è cujus centro ad amplitudinem apparentis speciei accuratè descriptus erat circulus per 10 digitos more Sinico divisus. Parati quoque habebantur in charta munda plures circuli similiter divisi, et super illum successivè applicandi, in quibus præsignatæ erant phases eclipticæ per singulos digitos apparituræ, secundum inclinationem ☾ ad lineam verticalem ☉. Interim verò dum ☉ tenues nubes penitus evinceret, clareq́ue distinctam in disco speciem redderet, aliud ad ☉ dirigebatur telescopium 2 lentibus objectivis instructum, in ea inter se distantia, ut filare reticulum in foco telescopij dispositum, pariterq́ue per 10 digitos divisum exactè quadraret apparenti magnitudini ☉, atque per istud primo observatus fuit appulsus ☾

H. 11. 40 a.m. ad dig. III id est Europ. dig. 3. 36
H. 11. 51.   ad dig. IV   4. 48

Postea clarissimè allucente ☉ per hujus speciem in disco no-

图 19　戴进贤、徐懋德 1730 年 7 月 15 日北京日食观测手稿，伦敦皇家学会藏

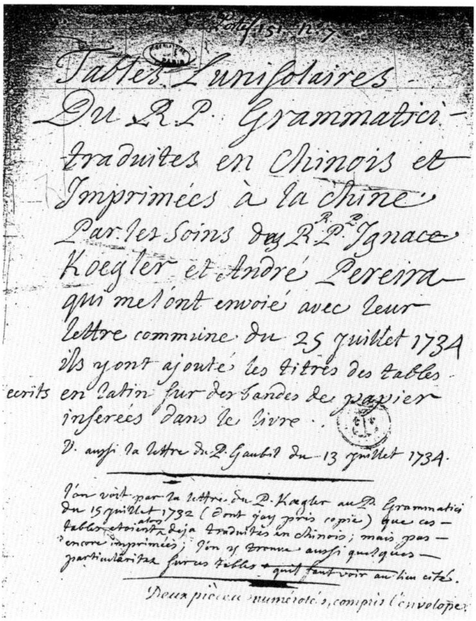
Portef. 151. n. 7

Tables Lunisolaires
Du R.P. Grammatici
traduites en Chinois et
Imprimées à la chine
Par les soins des R.R. P.P. Ignace
Koegler et André Pereira
qui me l'ont envoié avec leur
lettre commune du 25 juillet 1734
ils y ont ajouté les titres des tables
ecrits en latin sur des bandes de papier
inserées dans le livre.
V. aussi la lettre du P. Gaubil du 13 juillet 1734.

l'on voit par la lettre du P. Kogler au P. Grammatici du 15 juillet 1732 (dont j'ay pris copie) que ces tables etoient deja traduites en chinois; mais pas encore imprimées; l'on y trouve aussi quelques particularités sur ces tables qu'il faut voir au lieu cité.

Deux pièces numérotées, compris l'enveloppe.

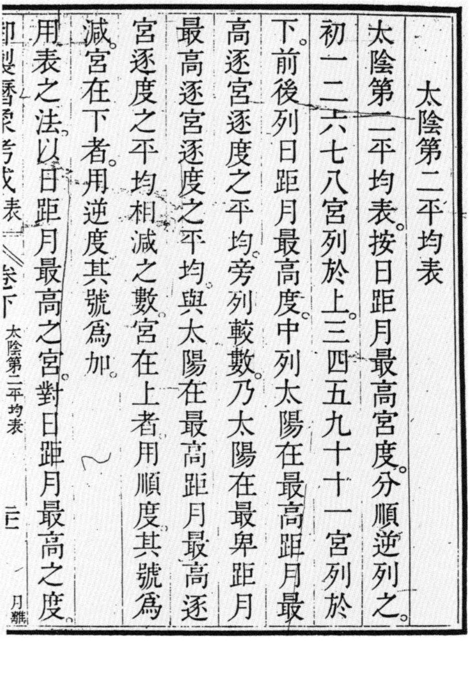
太陰第二平均表

太陰第二平均表。按日距月最高宮度。分順逆列之。初一二六七八宮列於上。三四五九十十一宮列於下。前後列日距月最高度。中列太陽在最高距月最高逐宮逐度之平均。旁列較數。乃太陽在最卑距月最高逐宮逐度之平均。與太陽在最高距月最高逐宮逐度之平均相減之數。宮在上者用順度其號爲減。宮在下者。用逆度其號爲加。

用表之法。以日距月最高之宮。對日距月最高之度。

御製曆象考成表 卷下 太陰第二平均表 三 月離

图 20-1　图 20-2 戴进贤等 1734 年寄赠巴黎的《御制历象考成表》，巴黎天文台藏

SCIENTIÆ ECLIPSIUM
EX IMPERIO, ET COMMERCIO
SINARUM ILLUSTRATÆ
PARS SECUNDA.
OBSERVATIONES
ECLIPSIUM,
VARIORUMQUE CÆLESTIUM CONGRESSUUM
HABITÆ IN SINIS
A R. P.
IGNATIO KEGLER
IN IMPERIALI ACADEMIA PEKINENSI
ASTRONOMIÆ PRÆSIDE,
ALIISQUE PATRIBUS SOCIETATIS JESU,

Excepit, concinnavit, publico bono edidit,
Europæarum Observationum adjecto Consensu
M. . . . d E. . . . ejusdem Societatis.

LUCÆ.   MDCCXLV.
Typis Salvatoris, & Jo. Dominici Marescandoli.
Superiorum Facultate.

图 21　戴进贤天文观测报告，1745 年出版，上海图书馆藏

图 22　刘松龄等《1717 年至 1752 年天文观测》，1768 年出版，巴黎耶稣会档案馆藏

图 23 毕学源画像,Alphonse Hubrecht, *La mission de Péking et les Lazaristes*. Péking: Imprimerie des Lazaristes, 1939

目 录

序章　通天与敬天：欧洲科学在明清之际的传播　1

第一章　耶稣会士与欧洲星占术著作的传播　19
　　第一节　天启崇祯间耶稣会士有关天文星占的相关论述　19
　　第二节　汤若望《天文实用》之编纂及其在清初的流传　23
　　第三节　汤若望《天文实用》在乾隆时代的流传　27
　　第四节　异端"新"知：穆尼阁对欧洲星占术的介绍　32

第二章　康熙初年历法之争与耶稣会士的东来　38
　　第一节　西洋历法的改编与杨光先反教案　38
　　第二节　日影观测与康熙研习西学之开端　42
　　第三节　来自澳门的"西学帝师"　47
　　第四节　法国"国王数学家"来华　55

第三章　从观星台事件到蒙养斋算学馆的设立　62
　　第一节　观星台事件和李光地对历算的兴趣　62
　　第二节　康熙时代的历算活动与人才培养　70
　　第三节　蒙养斋算学馆的建立及其历算活动　75

第四章　科学与权力：日影观测与康熙时代的历法改革　81
　　第一节　康熙热衷日影观测之经过　81

第二节　1692年乾清宫之日影观测　85
　　第三节　1711年日影观测与历法改革的缘起　89

第五章　"自立"精神与康熙时代的"西学中源"说　106
　　第一节　康熙西学态度的转变及其背景　107
　　第二节　康熙与"西学中源"说的流行　111
　　第三节　士人对西学态度的演变　116
　　　　一　何国宗：家世、生平及反教背景　117
　　　　二　梅瑴成对西学的态度及其家学渊源　121

第六章　欧洲天文学新知的传入与《钦若历书》的编纂　127
　　第一节　蒙养斋算学馆与格物穷理院　127
　　第二节　傅圣泽与欧洲新科学的介绍　132
　　　　一　欧洲数学的编纂活动　133
　　　　二　《历法问答》与欧洲新天文学的传入　137
　　第三节　《钦若历书》的编纂与内容　144

第七章　科学和宗教之间：耶稣会士、礼仪之争和
　　　　日心说的传播　150
　　第一节　科学和信仰：耶稣会士、奉教天文学家与
　　　　　　礼仪之争　150
　　　　一　奉教天文学家：身份、职位及其分布　151
　　　　二　礼仪问题：耶稣会士和康熙、文人的互动　155
　　　　三　"誓状"与"公书"：奉教天文学家对祭祖、
　　　　　　祭孔的看法　160
　　第二节　耶稣会士和日心说的传入　168
　　　　一　安多、黄百家与日心说的传播　169
　　　　二　蒋友仁与日心说的传入及其反响　173

第三节　"用其技艺"：康熙皇帝科学和宗教的两手策略　177

第八章　量天测地：耶稣会士与康乾时代的大地测量　182
　　第一节　康熙朝地图测绘的背景　182
　　第二节　"西洋筹人"安多与子午线的测量　184
　　第三节　地图测绘的缘起和展开：测绘过程及路线　187
　　第四节　乾隆时代的地图测绘　191

第九章　复古与求新：雍正、乾隆间耶稣会士与宫廷天文学的传播　195
　　第一节　宇宙体系的折中：《历象考成后编》的编纂　195
　　　　一　《历象考成后编》编纂缘起　195
　　　　二　《历象考成后编》的内容及其改进　198
　　第二节　会通中西：《仪象考成》的编修　209
　　　　一　《仪象考成》的编纂经过　209
　　　　二　复古思潮与玑衡抚辰仪的制作　211
　　　　三　《仪象考成》的恒星观测和星表编制　215
　　第三节　耶稣会士与朝鲜燕行使的交往　217
　　第四节　后耶稣会士时代的宫廷天文学家　221

结语　230

附录一　傅汎际、李之藻译《寰有诠》及其相关问题　236
　　一　傅汎际和李之藻：《寰有诠》的译者　237
　　二　《寰有诠》的底本及其翻译　240
　　三　新的天文观测如何用于解释亚里士多德宇宙论？　242

附录二　新教传教士与天文学的传播（1807—1859）　247

　　一　天王星知识在东南亚和中国沿海城市的
　　　　传播（嘉庆、咸丰朝）　247

　　二　牛顿《自然哲学的数学原理》的早期传播　262

　　三　伟烈亚力：科学的传播者和中国科学史
　　　　研究的开拓者　271

附录三　天文著作序跋汇编　296

附录四　钦天监西洋人任职表　323

附录五　外国人名表　325

参考文献　332

索引　390

后记　407

序章　通天与敬天：欧洲科学在明清之际的传播

欧洲在新航路发现之后，各国国力日益增强。从 15 世纪开始，葡萄牙人和西班牙人开始在全球进行探险活动。1514 年，葡萄牙人到达中国，西班牙人紧随其后。这些活动促进了欧亚之间的相互了解，拓展了欧洲对中国文明的认识，对近代欧洲的形成起到了重要的作用。[1] 1582 年，意大利耶稣会士利玛窦（Matteo Ricci, 1552-1610）入华，揭开了中西交流崭新的一章，之后传教士接踵而来。在 16 世纪至 18 世纪，耶稣会士起到了中西文化传播者的作用，是当时好奇的欧洲人了解中国最重要的信息来源。明末清初，中国科学开始从传统向近代转变。耶稣会士来华时，历算之学发展缓慢，一些传统著作甚至湮没无闻。因此，传教士传入的西方科学，特别是数学和天文学方面的成就，为停滞的明代科学注入了新的活力。同时，西学的传入，使得士人重新审视传统学术，促进了传统科学的复兴。如何从全球史的视野出发，综合政治、社会、文化和宗教背景，阐述西方科学在中国的传播历程，将是十分有意义的课题。

我们看到，在这一过程中，耶稣会士起到了重要的作用。耶稣会士通晓欧洲科学，又怀着强烈的宗教热情，欲归化中国，传播天主教义。在他们眼里，科学作为了解上帝的重要手段，在万物中发

---

[1] Donald F. Lach, *Asia in the Making of Europe* (Chicago: University of Chicago Press, 1965-1993), Vols.1-3.

现上帝,以"愈显主荣"(Ad Majorem Dei Gloriam)。[1]来华耶稣会士为达到传教之目的,深入研究中国典籍,并和士人广泛接触,促进了欧洲宗教、科学和艺术在中国的传播;同时通过他们的翻译和介绍,欧洲学术界开始了解中国的传统文化和科学。当利玛窦发现儒家文化根深蒂固之后,采取了适应政策,如学习汉语,身着儒服,结交士绅,尊重中国礼仪,研究古代典籍,以调和古代经书和天主教义。[2]同时耶稣会士也采用了学术传教的手段,即通过介绍西方科学,特别是历算之学,来达到吸引士人入教之目的。

耶稣会由西班牙人罗耀拉(Loyola,1491-1556)创立,目的是重振天主教会,维护教皇权威,1540年获得教皇保罗三世(Paul III)的批准。《会宪》《神操》《研修计划》(Ratio Studiorum)是耶稣会士的基本文献[3],多由罗耀拉撰写,后来经过多次修订。早在耶稣会创建之初,受意大利大学的启发,罗耀拉就把数学的学习与教育写入会规。在1586年的《研修计划》中,更强调了数学的重要性。[4]耶稣会注重教育,在Claudius Acquaviva(1581-1614)担任会长期间,《研修计划》最后成型(1599),一直被视为权威之作。此《研修计划》可说是一个法典,由一系列规定组成,包括对哲学、物理、数学老师的规定。[5]其中不仅注重文学的训练,也注意哲学和科学的训练。在欧洲,像伽利略(Galileo Galilei,1564-1642)、笛卡儿(René Descartes,1596-1650)和孟德斯鸠(Montesquieu,1689-1755)等人都曾受到耶稣会《研修计划》的影响。

---

[1] 钟鸣旦《格物穷理:十七世纪西方耶稣会士与中国学者间的讨论》,《哲学与文化》1991年第7期,第604—616页。
[2] 关于适应政策,见D. E. Mungello, *Curious Land: Jesuit Accommodation and the Origins of Sinology* (Honolulu: University of Hawaii Press, 1989)。
[3] William V. Bangert, *A History of the Society of Jesus* (St. Louis: The Institute of Jesuit Sources, 1986). *Constitutions of the Society of Jesus and Their Complementary Norms* (St. Louis: The Institute of Jesuit Sources, 1996).
[4] 耶稣会士艾儒略曾著有《职方外纪》一书,介绍了世界地理知识,此外还撰有《西学凡》(1623),简要介绍了西方学术的分类。
[5] *Ratio Studiorum* (Paris: BELIN, 1997), p.132.

耶稣会士的教育机构，最重要的是学院（college）。这种教育继承了以前的人文传统，被分为三艺（Trivium），包括语法、修辞和逻辑；四艺（Quadrivium），包括算术、几何学、音乐和天文学。1551年，罗马学院（Collegio Romano）建立，不久成为耶稣会教育的范本。1556年，教皇承认它为一所大学，但它和别的大学很不相同，缺少法律、医学两个院系。[1]除了神学之外，罗马学院对哲学尤为重视，但哲学作为神学的"侍女"，要教授三年，第一年逻辑，第二年自然哲学，第三年形而上学。[2]逻辑学的传授在16世纪晚期已比较固定，主要是亚里士多德的著作。数理科学是作为第二年自然哲学课程的一部分传授。[3]

在罗马学院任教的最著名的是耶稣会士天文学家丁先生（Christoph Clavius，1538-1612），他被誉为16世纪的欧几里得（Euclid，330BC-275BC）。[4]其一生大多数时间担任数学教授，在《研修计划》建立详细的规则之前，他已于1566年在罗马学院给出了一个大纲，传授欧几里得《几何原本》前六卷、算术、天球论（如Sacrobosco的《天球论》）、宇宙论、天文学、行星理论、光学和记时等知识。丁先生写下了大量的教科书，包括耶稣会士数学、天文课程的每个方面。[5]他还详细注解了《几何原本》。他有关Sacrobosco的《天球论》的评注，以及实用算术和代数方面的教材，成为耶稣会传播数学知识的基础，其中有《实用算术概论》（*Epitome Arithmeticae Practicae*，1583）。此外，他还著有有关日晷的著作。[6]丁先生融合

---

[1] 其他两个系是"艺术"系（Faculty of Arts）和神学系（Faculty of Theology）。
[2] 伽利略许多成果都受罗马学院讲义的影响。参见 William A. Wallace, *Galileo and His Sources. The Heritage of the Collegio Romano in Galileo's Science* (Princeton: Princeton University Press, 1984)。
[3] Peter Engelfriet, *Euclid in China: The Genesis of the First Chinese Translation of Euclid's Elements, Books I-VI (Jihe yuanben, Beijing, 1607) and its Reception up to 1723* (Leiden: Brill, 1998).
[4] 1572年9月，利玛窦开始在罗马学院学习，授业于丁先生。
[5] James M. Lattis, *Between Copernicus and Galileo: Christoph Clavius and the Collapse of Ptolemaic Cosmology* (Chicago: The University of Chicago Press, 1994), p.32.
[6] 冯锦荣《明末西方日晷的制作及其相关典籍在中国的流播：以丁先生（Christopher Clavius, 1538-1612）〈晷表图说〉（*Gnomonices*, 1581）为中心》，荣新江、李孝聪主编《中外关系史：新史料与新问题》，北京：科学出版社，2004年，第337—365页。

传统的托勒密天文学和亚里士多德的世界体系，为教会所接受，其作用功不可没，他还是格列高利十三世（Gregory XIII）时代改历的功臣。在16、17世纪的欧洲，丁先生享有盛誉，其著作作为学生的标准教科书，影响深远，连笛卡儿、伽桑迪（Pierre Gassendi，1592-1655）等人都读过他的著作。耶稣会学校曾培养出不少著名的学者、思想家和科学家，对16至18世纪科学的发展产生过积极的作用。17世纪初，在法国国王亨利四世的支持下，为年轻的贵族陆续设立数学讲席；路易十四时代，以皇家的名义，也曾设立数学讲席，以便发展航海事业，这都与耶稣会有关。耶稣会士在欧洲所受的教育，是他们在中国从事科学活动的基础。

由于利玛窦在罗马学院受到了良好的教育，师从丁先生，在科学方面已颇有造诣。来华后，他凭借非凡的语言才能，很快掌握了汉语，并努力学习儒家经典，博得了士大夫的好感。1601年，他经过多方努力，终于如愿以偿，到达北京。他与徐光启等人过从甚密，以《乾坤体义》《几何原本》之翻译为开端，西方科学陆续传入中国。

明初以《授时历》为基础编成《大统历》，但不久推算日月食就有差错。[1]在利玛窦到达中国之前，已有一些人发现《大统历》预测日月食不验，并酝酿进行历法改革。万历年间，改历的呼声显得更为突出，范守己在万历十三年（1585）所上的"十二议：历法"中即提倡改历[2]，后来与周子愚、徐光启一起参与历法改革，他对历法改革的论议，为《崇祯历书》的编纂打下了舆论基础。1595年，朱载堉进《圣寿万年历》《律历融通》二书，提出改历的建议。稍后，邢云路也曾建议修改历法，但遭到了保守派的反对。利玛窦来华，传播科学，可谓适逢其时，但他觉得自己并不擅长天文理论，

---

〔1〕《明史·历志》详细记载了明代各朝历议和历法改革的过程。
〔2〕 范守己《御龙子集》内《吹剑草》卷四二，"恭陈治平十二议疏"内"十二议：历法"，第33页，万历刻本。

因此向罗马发出了呼吁,迅速派遣精通天文学的耶稣会士来华,以迎合中国改历的需要:

> 最后我有一件事向您要求,这是我多年的希望,迄今未能获得回音。此事意义重大,有利传教,那就是派遣一位精通天文学的神父或修士前来中国服务。因为其它科技,如钟表、地球仪、几何学等,我皆略知一二,同时有许多这类书籍可供参考,但是中国人对之并不重视,而对行星的轨道、位置以及日、月食的推算却很重视,因为这为编纂《历书》非常重要。我估计,中国皇帝每年聘用二百人以上,花费很大钱,编纂历书,且成立钦天监专司此职;目前中国使用的历书,有《大统历》与《回回历》两种,对推算日月食,虽然后者较佳些,但均不准确。官里官外各有两座修历机构,宫内由太监主持;宫外则设在南京雨花台,由学人主持。可惜他们除遵循先人所留下来的规律进行推算外,其它可说一概不知。[1]

1610年,钦天监推算日食,职方郎范守己上疏指出其误,礼部官员请求访求精通历法的学者。1612年初,礼部获知大西洋归化之臣庞迪峨(庞迪我,Diego de Pantoja,1571-1618)、熊三拔(Sabatino de Ursis,1575-1620)等带有彼国历法,于是上奏皇帝,请求按洪武年间译修西域历法的事例,让他们和徐光启等人翻译成书[2]。钦天监五官正周子愚提出:

---

[1] 利玛窦1605年5月12日致罗马阿耳瓦烈慈(Giovanni Alvarez)神父信,利玛窦著,罗渔译《利玛窦书信集》,台北:光启出版社,1986年,第301页。

[2] 《熙朝崇正集》,明"闽中景教堂藏板",巴黎法国国家图书馆(Bibliothèque Nationale de France,以下简称BnF)藏,Chinois 1322,收入韩琦、吴旻校注《〈熙朝崇正集〉〈熙朝定案〉(外三种)》,北京:中华书局,2006年。参见《明史》卷三一《历志一》。

> 大西洋归化远臣庞迪我、熊三拔等，携有彼国历法，多中国典籍所未备者，乞视洪武中译西域历法例，取知历儒臣率同监官，将诸书尽译，以补典籍之缺。[1]

于是礼部推举邢云路、范守己以及徐光启、李之藻等人改历。天启三年（1623），钦天监监正周子愚再次提出改历，并请葡萄牙耶稣会士阳玛诺（Manuel Dias，1574-1659）参与其事。[2]

翻开明代改历的奏疏，可发现多与日食、月食有关。这是因为，预报日食、月食是钦天监的活动之一，也是皇帝和国家事务的重要部分。为什么到了崇祯年间，皇帝才作出修历的重大决定？其原因也与日食有关。

崇祯二年（1629）五月初一日，因为发生日食，钦天监用大统历、回回历所推有误，而徐光启用西方的天文学方法推算，与实测相符，于是被皇帝委以修历重任，开设历局，大规模编纂《崇祯历书》。最初参与的有龙华民（Niccoló Longobardo，1559-1654）、邓玉函（Johann Terrenz，1576-1630），而以邓玉函的贡献最大。次年，邓氏去世，罗雅谷（Giacomo Rho，1592-1638）、汤若望（Johannes Adam Schall von Bell，1592-1666）随即被召至北京，使得改历得以顺利进行。徐光启还推荐了一些对西学、天主教有兴趣的学者参与修历，崇祯二年七月，李之藻被举荐到局工作，但次年即因病过世。他还力邀精通历算者或奉教士人（如金声、王应遴等）到北京历局工作，以续成《崇祯历书》。1633年徐光启死后，由山东参政、天主教徒李天经（1579—1659）继任，主持历局工作。

明代的中国，以天朝大国自居，外国使节——如周边的朝鲜、越南、琉球，乃至东南亚国家——来华，都以朝贡的方式，这些使

---

[1]《明史》卷三一《历志一》，第528页。
[2] 参见《熙朝崇正集》。

臣被官方文书称作"陪臣"。当传教士来华之后，也被冠以"陪臣"的称谓，有时前面还加上"归化"两字。用"陪臣"来指代传教士，在明刊本《熙朝崇正集》一书中就已出现。1601年初，当利玛窦进京时，向万历皇帝"贡献方物"，其奏疏就自称为"大西洋国陪臣利玛窦"。到了崇祯改历时，"陪臣"字样屡屡出现。如龙华民、邓玉函、罗雅谷、汤若望等人，都被列入"陪臣"。这种称呼的背后，隐含了中华文化高于西方文化的优越感。

那么，在这样的文化氛围之下，要向传教士学习，要把西方的历法引入中国，无疑会充满阻力，引起士人的反弹。这里就不能不提向西方学习的先驱者——徐光启。

事实上，明代不仅在传统历法方面，在传统数学方面也处于衰微时期，"算经十书"及宋元算书在当时已几乎成为绝学，这一时期的数学著作大多是复述以前的工作，很少有所创新。宋元数学家使用的天元术，至明代已很少有人理解，顾应祥在《测圆海镜分类释术》中称："虽径立天元一，反复合之，而无下手之术，使后学之士茫然无门路可入。"宋元时期的增乘开方法、四元术已无人知晓。[1]明代数学的主要成就表现于珠算著作的出现和珠算的广泛使用，但数学的总体水平还比不上宋元时期。

早在1600年，徐光启就在南京和利玛窦相识，由此认识到了西方的实用之学。徐光启1603年入教，次年赴北京参加会试，与利玛窦过从甚密，开始合作翻译丁先生注解的《几何原本》，对西方数学的逻辑推理大加赞扬。接触到了欧洲文明之后，徐光启开始用新的眼光对自己的文明加以审视和批评，并通过比较，考察彼此的优劣。他对中国科学的现状进行了反思，在《刻〈同文算指〉序》中颂扬了西方数学，写道："大率与旧术同者，旧所弗及也；与旧术异者，则旧所未之有也。旋取旧术而共读之，共讲之，大率与西术合者，

---

[1] 顾应祥曾藏有朱世杰的《四元玉鉴》，见明嘉靖版《勾股算术》序，但未见有研究著作。

靡弗与理合也；与西术谬者，靡弗与理谬也。"而对传统数学则十分鄙弃，认为"虽失十经，如弃敝屣矣"。就当时的情况而言，徐光启接触的数学典籍不多，对传统数学的了解有限，这种偏激、夸张的说法也就在所难免了。他还认为"算数之学废于近世数百年间"，"废之缘有二，其一为名理之儒士苴天下之实事；其一为妖妄之术谬言数有神理"，分析了数百年来数学不能发展的原因，并宣告了学习西学的必要性和紧迫性。徐光启的反思目光敏锐，颇有启发意义。除了对西方数学的翻译、介绍，乃至对传统历算的批评和反思之外，其科学活动主要在于对历法改革的领导和组织。

我们看到，崇祯改历正式开始之前，在赞扬西方数学的同时，徐光启对传统数学的现状作出了很多尖锐的批评，其措词之严厉，在明代士人中并不多见。与此相反，作为改历的组织者，他职掌礼部，管辖钦天监，呈送皇帝有关历法的奏折，语气则温和得多。

然而，天文历法是皇权的代表、天子的象征，因此，当耶稣会士介绍西方天文学，要改变传统的正朔，势必遭到保守势力的反对。[1] 徐光启被誉为明末天主教的三大柱石之一，也是历法改革的倡导者、推动者和实践者。面对明代停滞不前的传统历算，如何说服一些保守的士人推行历法改革？他采取的方法、策略如何？

在历议中解释为何要学习西方历法时，徐光启援引前代的例子，即搬出洪武初年借用回回历的经验，作为明末改历的榜样，为改历制造舆论。在崇祯二年七月十一日的礼部奏折中，徐光启提到明太祖朱元璋"尝命史臣吴伯宗与西域马沙亦黑翻译历法"。在同年七月二十六日的奏折中，他又强调"修历用人三事"，首先要利用李之藻这样的"中外臣僚"；其次要用西法，重提朱元璋命人翻译回回历法之事。此外，他在担负历法改革的重任之后，在多种场合对如何接受西学进行了宣传。崇祯四年（1631），在所上"历书总目表"中，

---

[1] 清初反教人士杨光先在《不得已》中就宣称"大国无奉小国正朔之理"。

他重提明初学习西域历法之事,并感叹没有大量翻译西域历法著作,使大统历法不能完备,于是提出:

> 《大统》既不能自异于前,西法又未能必为我用,亦犹二百年来分科推步而已。臣等愚心,以为欲求超胜,必须会通;会通之前,先须翻译。……翻译既有端绪,然后令甄明大统、深知法意者,参详考定,熔彼方之材质,入大统之型模。

徐光启认为,在《大统历》不能满足天文观测的需要时,有必要大规模翻译西书,为"超胜"作准备,并主张借用西方的天文知识为"材质",来重新研究和改造《大统历》,而不是照搬西法。西方历算知识传入之后,徐光启等士人为接受西学,打出维护传统正统性的幌子,"熔彼方之材质,入大统之型模"即是典型的例子,此举看似保守,实则是西化的有效手段,其目的显然是为西学的合法化开道。[1]

从崇祯二年到六年(1629—1633)的五年间,徐光启从礼部侍郎、礼部尚书升为大学士,积极投入了历法的改革。不论是西方天文学著作的翻译,仪器的制作,还是人事安排,乃至日常的经费开支,他都作出了通盘的考虑,为《崇祯历书》的完成打下了基础。

明朝末年,由于朝纲日坏,社会危机四伏,满族在北方崛起,一些有识之士忧心时艰,主张经世致用之实学。[2] 而此时耶稣会士借欧洲科学来传播天主教义,使中国人耳目一新。徐光启等人出于

---

[1] Han Qi, "Astronomy, Chinese and Western: The Influence of Xu Guangqi's Views in the Early and Mid-Qing," in *Statecraft and Intellectual Renewal in Late Ming China: The Cross-cultural Synthesis of Xu Guangqi (1562-1633)*, eds. Catherine Jami, Peter Engelfriet and Gregory Blue (Leiden: Brill, 2001), pp.360-379. 晚清士人提出的"中学为体,西学为用"说,可以徐光启的学说为滥觞。

[2] 葛荣晋主编《中日实学史研究》,北京:中国社会科学出版社,1992 年;葛荣晋主编《中国实学思想史》中卷,北京:首都师范大学出版社,1994 年。

主实用、求富强之宗旨，试图借用西学达到拯救朝廷之目的。徐光启在《条议历法修正岁差疏》中，提到历法修正十事、修历用人三事、急用仪象十事、度数旁通十事。在度数旁通十事中，他陈述数学是研究气象、水利、乐律、建筑、理财、机械、舆地、医药、计时等国计民生大事的基础。熊三拔编写的《泰西水法》、邓玉函与王徵合著的《远西奇器图说》，以及崇祯年间汤若望翻译的《坤舆格致》《火攻挈要》(《则克录》) 等书，涉及水利、机械、矿冶、造炮等，均为了满足当时的实际需要。

徐光启作为朝廷重臣，提倡改革，得到了明清之际绝大多数士人的认同。但也有反教人士对他提出了严厉的批评，如杨光先（1597—1669）认为徐光启为"名教罪人"，并说"邪臣徐光启贪其奇巧器物，不以海律禁逐，反荐于朝，假以修历为名，阴行邪教，延至今日，逆谋渐张"。[1] 乾嘉学者阮元对徐光启也有微词，在《畴人传·利玛窦传》后论曰："自利玛窦入中国，西人接踵而至，其于天学皆有所得，采而用之，此礼失求野之义也。而徐光启至谓利氏为今日之羲和，是何其言之妄而敢耶。"[2] 到了晚清时，西学再次传入，徐光启在引进西学中的角色也被再次提及，保守派人士王仁俊提倡西学源于中国说，对徐光启提出严厉批评："自万历中利玛窦、熊三拔以西法入中国，其时徐光启不学无术，诧为绝诣，不知其衍中土之绪余。"[3] 对一个伟人的功过，因为时代的不同，评价也大相径庭，打上了深深的时代烙印。

明末改历之前，西方天文学正经历一场革命，托勒密的地心体系受到了哥白尼（Nicolaus Copernicus，1473-1543）日心说的挑战，但因宗教因素，日心体系的传播受到限制。《崇祯历书》主要采用了丹麦天文学家第谷（Tycho Brahe，1546-1601）的宇宙体系，该体系基于许多天文观测基础之上，折中了日心说和地心说，但仍然以地

---

[1] 杨光先《不得已》卷上，"请诛邪教状"，康熙祠雀山房刊本。
[2] 《畴人传》卷四四《利玛窦传》，琅嬛仙馆嘉庆四年（1799）序刊本。
[3] 王仁俊《格致古微》跋。

球为中心,并认为地球是静止的,书中虽然提到了哥白尼、伽利略、开普勒(Johannes Kepler,1571-1630)的某些成就,但耶稣会士并没有把日心说完整介绍过来。[1]除了宗教的原因之外,日心体系的观测精度并不及第谷的地心体系,而天象的精确预测,是编制历法的重要基础。耶稣会士之所以采用第谷的天文学说,其重要原因是该体系能够更为精确预报日月食,推算行星位置,满足了明末改历的需要。这些因素综合的结果,使第谷体系得以在中国流行。《崇祯历书》未及颁行,明朝就告灭亡。入清之后,汤若望把《崇祯历书》作了修正和订补,改名为《西洋新法历书》,并用来编纂《时宪历》,西洋历法从而代替《大统历》,成为清代正统的历法。

西方地圆说的传入是明清科学史上的大事,最早提及地圆说的中文文献是多明我会会士出版的《辩正教真传实录》(马尼拉,1593),此书主要在菲律宾华人中流传。真正把地圆说传入中国的是耶稣会士,为了吸引士大夫,利玛窦开始传入西方的自然哲学,并通过三棱镜和世界地图等物品交结士人。1584年,利玛窦应王泮之请,绘成《山海舆地全图》。1599年在南京期间,利玛窦对地图作了修订。而最为常见的是1602年李之藻在北京刊刻的《坤舆万国全图》,图中标明了五大洲和九重天的宇宙体系,明确指出天地俱为圆体,图旁还用大量文字介绍了西方的自然哲学知识。地图不仅介绍了地理知识,还包括了宇宙论和历算方面的知识。对士人产生了很大的震撼作用。为改变当时中国人的地平观,从而接受地圆说,利玛窦给出了很多证明。地圆说的传入对明清之际士大夫产生了深远的影响,章潢《图书编》即收录了世界地图。后来艾儒略的《职方外纪》也介绍了地圆方面的知识。熊明遇(1579—1649)之子熊人霖(1604—1666)所著《地纬》

---

[1] 关于《崇祯历书》和第谷体系的研究,参见 Keizo Hashimoto, *Hsü Kuang-ch'i and Astronomical Reform—The Process of the Chinese Acceptance of Western Astronomy 1629-1635* (Osaka: Kansai University Press, 1988)。

主要取自《职方外纪》,也讨论了地圆说。[1]

礼物是人际馈赠和交换的物品,礼尚往来,中国人如此,外国人也不例外,连明清之际来华的耶稣会士也深谙此道。利玛窦进入中国之后,正是将自鸣钟、世界地图作为礼物送达宫廷,引起了万历皇帝的兴趣,于是取得在北京的居住权,开启了传教的新时代。此后,科学仪器作为欧洲的礼物,与历算知识一样,在科学传播中扮演了重要的角色。耶稣会士带来的科学仪器中,三棱镜、沙漏、日晷、地球仪、七政仪、显微镜、温度计、气压计等,引起了中国人的极大兴趣,而望远镜的传入,更改变了中国人的宇宙观。1615年,葡萄牙耶稣会士阳玛诺的《天问略》就提到望远镜,并介绍了伽利略和木星之卫星等天文现象。1626年,汤若望则专门写了《远镜说》,崇祯改历时中国人还利用传入的玻璃自制了望远镜。

耶稣会士来华,其主要目的当然并不是传播科学,而是为了传教。但是为了传教的便利,他们有时借助科学,以此为手段来获取中国人的信任。为迎合部分士人对西学的浓厚兴趣,传教士也常常翻译科学著作,或是与他们一起编纂,在客观上大大促进了中国科学的发展。

《崇祯历书》是明末历算方面的集大成之作,书共一百五十卷,分节次六目和基本五目,基本五目包括法原、法数、法算、法器、会通等。法原部分有四十卷,数学理论著作包括在这一部分内。《崇祯历书》中的数学主要为天文学服务,大多是关于几何学和三角学的内容。其中邓玉函著《大测》二卷(1631),主要介绍三角八线的造表及使用方法,最为重要的是"六宗""三要法""二简法""四根法"。所谓"六宗"是指求内接正三、四、五、六、十、十五边形的边长,亦即求60、45、36、30、18、12度角的正弦值;"三要法"是指正弦与余弦的关系式、半角与倍角公式,由此可以造出三角

---

[1] 祝平一《跨文化知识传播的个案研究:明末清初关于地圆说的争议》,《"中央研究院"历史语言研究所集刊》第69本第3分,1998年,第589—670页。黄时鉴、龚缨晏《利玛窦世界地图研究》,上海:上海古籍出版社,2004年。

函数表。"二简法"则是根据托勒密的方法，用以计算"三要法"不能计算的正弦数值；"四根法"是平面三角的一些定理，包括正弦与正切定理。罗雅谷著《测量全义》（1631）介绍了更多的三角学内容，包括同角的三角函数关系、积化和差公式及余弦定理，还介绍了球面三角的基本公式。这些三角学公式是15世纪意大利数学家若翰王山（Johnnes Regiomontanus, 1436-1476）所发明和增补的[1]，这些数学内容首次介绍到中国来，有助于国人对球面天文学的认识[2]。《测量全义》和邓玉函编的《测天约说》还介绍了圆锥曲线。

明清之际耶稣会士译编的西学著作中，除历算和地理学之外，还包括以亚里士多德学说为基础的自然哲学，其内容则以宇宙论和自然知识为主。利玛窦在《山海舆地全图》中曾加以介绍，后来利玛窦的《乾坤体义》（1605）、熊三拔的《表度说》（1614）、阳玛诺的《天问略》（1615）、傅汎际（Francisco Furtado, 1589-1653）和李之藻的《寰有诠》（1628）等从天文学和神学的角度，对宇宙的结构和天体的运行规律作了解释。熊三拔的《泰西水法》（1612）、龙华民的《地震解》（1626）、高一志（Alfonso Vagnone, 1568-1640）的《空际格致》（1633）和《斐录答汇》（1636）等书则以自然知识为主，主要论述了各种自然现象及其原因。

通过利玛窦、徐光启等人的努力，欧洲科学顺利达到了进入明朝朝廷之目的。崇祯十一年，因汤若望在历法改革方面的贡献，皇帝颁赐"钦褒天学"匾额，并派官员和孔子后裔送至耶稣会教堂，举行了隆重的仪式，并颁发各省天主堂悬挂。"天学"一词无疑包含了双重意义，即天文学和天主之学。汤若望以其出色的才能，通过天文学达成了朝廷对天主教的支持。

清朝建都北京之后，汤若望继续科学传教策略，并与摄政王多尔

---

〔1〕 钱宝琮主编《中国数学史》，北京：科学出版社，1981年，第344页。
〔2〕 后来梅文鼎在此基础上，取得了一定的成果。

衮和顺治帝建立了良好的互动。顺治帝多次造访教堂，汤若望也得以随时进入禁廷。顺治十四年，御赐宣武门天主堂碑文和"通玄佳境"堂额，以表彰汤若望在历法改革中的功绩[1]，表明清廷对天主教的公开支持。十八年，汤若望七十大寿，大臣纷纷赠言，以"博物君子，学贯天人"相称颂，汤若望之声望到达其生涯的顶峰。

康熙初年反教案让天主教陷入低谷。1668年，通过日影观测，欧洲天文学获得新生，耶稣会士南怀仁（Ferdinand Verbiest，1623-1688）重获康熙皇帝的信任，并受命参与历法的修订和天文仪器的制造。1675年（康熙十四年）7月12日，在其兄弟和随从的护拥下，康熙造访宣武门天主堂，在观看了墙上的天主教内容之后，还参观了数学仪器，并讨论其用途；之后来到意大利耶稣会士利类思（Lodovico Buglio，1606-1682）的房间，拿出笔墨纸砚，写下了"敬天"两字，后来觉得写得不合适，第二天，又派人送去"敬天"两字，并说四年前就写过了，想送给传教士。[2]加盖御玺的"敬天"牌匾，于是被赐悬堂中。此事传达了皇帝对天主教的友好和宽容，传教士将此视作莫大的荣耀，各省教堂相继得知此消息，并在堂中悬挂"敬天"匾额[3]，康熙的题字于是成为天主教的保护伞和护身符。康熙访问教堂之际，观象台大型仪器刚刚制作完成，这无疑

---

[1] 顺治十四年，汤若望还制有天球仪，上附有星座，并标注星等，现存故宫博物院。
[2] João de Deus Ramos, "Tomás Peireira, Jing Tian and Nerchinsk: Evolving World-View during the Kangxi Period," in *In the Light and Shadow of an Emperor: Tomás Pereira, SJ (1645-1708), the Kangxi Emperor and the Jesuit Mission in China*. Newcastle upon Tyne: Cambridge Scholars, 2012, pp.518-529.
[3] Claudia von Collani, "Jing Tian-The Kangxi Emperor's Gift to Ferdinand Verbiest in the Rites Controversy," in John W. Witek ed., *Ferdinand Verbiest (1623-1688) Jesuit Missionary, Scientist, Engineer and Diplomat* (Nettetal: Steyler Verlag, 1994), pp.453-470. 1693年3月，巴黎外方传教会传教士颜珰曾发布训令，禁止教堂悬挂"敬天"匾额，引起了"礼仪之争"的激化。即便如此，1702年南昌天主堂仍悬挂"敬天"匾额。1700年，在"礼仪之争"的重要关头，耶稣会士再次求助于康熙，请他重申对敬天的看法，并请文人大臣发表意见，参见韩琦《奉教天文学家与"礼仪之争"（1700—1702）》，《相遇与对话：明末清初中西文化交流国际学术研讨会文集》，北京：宗教文化出版社，2003年，第381—399页。有意思的是，朝鲜学者金昌业（1658—1721）随燕行使访问北京期间（1713），也记录了宣武门天主堂所悬挂的康熙"敬天"御笔，见《老稼斋燕行日记》。

是对南怀仁天文学工作的肯定和极高奖赏。汤若望、南怀仁借助其才能,得以在宫廷传播欧洲天文学,颁布历法、制作仪器,为大清皇权的奠定立下了汗马功劳,并借此打通了传播"天学"(天主教)之路。通天的欧洲天文学为大清统治者所专享,成为皇帝统治百姓的工具,这也是"圣神天纵"的康熙皇帝倾情于传教士的原因所在。

传教士一直通过其天文学的贡献,继续寻求皇帝的支持和庇护。在葡萄牙耶稣会士徐日昇(Tomás Pereira,1645-1708)的倡议下,由皇帝出资扩建的宣武门天主堂,经过多年的修建,于1711年落成,这年恰逢康熙登基五十年。5月2日,举行了盛大的仪式,康熙差内大臣敲锣打鼓,将御题"万有真原"匾额,以及"无始无终先作形声真主宰,宣仁宣义聿昭拯济大权衡"对联送至天主堂:[1]

> 康熙五十年三月初七日,御题宣武门内天主堂律诗曰:"森森万象眼轮中,须识由来是化工;体一何终而何始,位三非寂亦非空。地堂久为初人闭,天路新凭圣子通;除却异端无忌惮,真儒若个不钦崇?"又御书匾额曰:"万有真原。"并对联曰:"无始无终先作形声真主宰,宣仁宣义聿昭拯济大权衡。"特差内大臣送至天主堂,谨敬悬挂。二十二日,苏霖(José Soares,1656-1736)、纪理安(Kilian Stumpf,1655-1720)、巴多明(Dominique Parrenin,1665-1741)等赍折赴畅春园谢恩。奏称:"窃臣等鄙居西极,观光上国,深荷圣朝柔远之典,超越古今,素沐圣上优恤之恩,时出格外,自先臣汤若望、南怀仁、徐日昇暨众西士等无不世受恩膏,刻骨难忘,即臣等奉行天主教,非圣主周全护庇,岂能久侍阙廷,安享尧天舜日?且远臣艾若瑟(Antonio Francesco Giuseppe Provana,

---

[1] 参见 António Vasconcelos de Saldanha, "The Last Imperial Honours: From Tomás Pereira to the Eulogium Europeorum Doctorum in 1711," in *In the Light and Shadow of an Emperor: Tomás Pereira, SJ (1645-1708), the Kangxi Emperor and the Jesuit Mission in China*. Newcastle upon Tyne: Cambridge Scholars, 2012, pp.144-226。

1662-1720）等奉敕回西，数年以来，时廑圣虑，下询回音，如此眷顾体恤，世所罕觏。臣等梦寐顶感，无地自容，何幸皇仁浩荡，有加靡已，复因堂宇少修，不无残缺，蒙赐帑银一万两，令臣等改作重建，温纶抚慰，敕令轮奂美观，以申昭事。臣等恪遵俞旨，竭力兴工，幸逢五十载圣祚昌期，恰值亘古今旷典告就，是皆我皇上洪福所致。又蒙钦赐匾对碑文，以示优崇。由是堂构维新，藉龙章而更耀；式钦真宰，迈群后而独隆。光同日月，炳若辰星。帝鉴在兹，兆庶缘一人而笃庆；洪图遐畅，运祚与山岳而常垂。此等异数殊恩，真千载难逢，亘古未有者也。臣等居处中华，奉教贞修，至亲远隔，孤苦无依，乃叠蒙圣恩，委曲备至，臣等虽捐顶糜踵，何能酬报万一？惟有朝夕焚香，跪祝于天主台前，祈佑圣寿无疆，永享亿万斯年升平之福，以稍尽微忱而已。特此具折，叩谢天恩，臣等无任感激瞻依之至。谨奏。"本日，侍卫赵昌、王道化传旨：知道了。本内"天主"二字不曾抬头，着饬行。[1]

教堂落成庆典之后几天，钦天监监正明图等人也到教堂表示祝贺，并送去了锦旗，赞扬汤若望、南怀仁、安多（Antoine Thomas, 1644-1709）、徐日昇、闵明我（Claudio Filippo Grimaldi, 1638-1712）、苏霖等人在天文学方面的贡献：

    盖闻天主堂之建也，始自利玛窦先生欲行教中国，爰卜筑于宣武门之东焉。自有斯堂，而西士之来者，莫不静修于此，为之崇正教，明本原，使人人各知所由尊，其开示世人之功夫岂浅鲜。厥后汤先生应征而至，改定历法，几使太初太衍诸家俱不可及，乃任事之暇，常出其绪余，取天主堂巍焕之，是以世祖章皇帝不特嘉其治历之精，赠以通微教师，且喜其崇祀之诚，御制碑记以美之。继汤

---

〔1〕 韩琦、吴旻校注《〈熙朝崇正集〉〈熙朝定案〉（外三种）》，第368—369页。

先生而起则有南先生焉,又能正诸表,造六仪,立万年推测之法,其彪炳之功不可与汤先生后先映耀耶?至若安、徐二先生者,种种学术亦屈指难言。噫!何西士之体用周具悉如是也。今至我闵先生暨苏先生诸君子接踵而至者有年,或治历法,或穷理学,或讲音律,或制仪器,莫不矢清矢慎,日受圣朝之宠眷,在他人未免自以为功,而诸先生则视为智巧技艺,无关乎身心性命,唯是力守其教,求尽夫昭事之功,而声名之美,皆所弗计。图等亲炙日久,深知天主之大宰制两仪,造化万物,始之无始,终之无终。其未生也,绝无声臭之可言;其既降也,遂有名象之可奉。且为之阐奥义,垂圣言,立救赎之表,开洗涤之门,诚超越乎诸教而为古今所宜遵。兹遇我皇上柔远有道,乐善无穷,见向时天主堂规模狭隘,未尽美善,特发帑金而更新之,且又洞悉其理,复御书匾额对联,以示优崇,则此一堂藉圣主之宸翰,可与日月争光,星辰焕彩,由是瞻仰者皆思矜式,闻风者咸为向慕,斯道将大行于天下。吾知诸先生传教之心慰,而利玛窦先生初入中国之心亦慰矣,其庆幸当何如哉!图等忝任同事,故历叙始末,为文以贺之。

左监副赫硕色、汤臣尹　秋官正鲍可成　春官正方亮
钦天监监正明图　中官正席以恭　　等仝顿首拜
右监副臧积德、成德　夏官正孙尔蕙　冬官正何君锡[1]

上面所列人名中,除满族监正、监副之外,席以恭、鲍可成、方亮、孙尔蕙等都是奉教天文学家。明图等作为钦天监同事,向耶稣会士表示祝贺,并希望"闻风者咸为向慕,斯道(天主教)将大行于天下",钦天监官员的行为,无疑得到了康熙皇帝的许可和支持。传教士通过天文学,赢得康熙的支持,无疑达到了宣扬和传播天主教的目的。

下面将大致以时间为序,重点探讨耶稣会士与天文学在中国的传

---

[1] 巴黎外方传教会档案馆(AMEP),Vol.429 (1695-1705), fol.630-631,雕版印刷品一页。

播，起自顺治元年（1644），终于嘉庆十年（1805），即最后一个耶稣会天文学家索德超（José Bernardo de Almeida，1728-1805）去世，对于嘉庆十年至道光六年（1805—1826）其他修会传教士在钦天监的活动也将作简要叙述。我们将揭示近两百年的漫长岁月中欧洲天文学传入中国的社会、宗教因素，并阐述天文学传入与传教士、皇帝、大臣和士人的关系，以及不同国籍的传教士所发挥的不同作用。

第一章　耶稣会士与欧洲星占术著作的传播

欧洲星占术（又名占星术）在中国的传播是饶有兴趣的题目，以往学界多认为波兰耶稣会士穆尼阁（Johannes Nikolaus Smogulecki，1610-1656）和中国文人薛凤祚（1599/1600—1680）合作翻译了《天步真原》一书，最早介绍了欧洲的星占术。实际上，崇祯时代耶稣会士汤若望就已将星占术传入，并撰写了《天文实用》一书。本章将结合相关史料，探讨此书的成书时间和背景，并分析此书在康熙、乾隆时代的传播和反响，希冀能够对明末清初星占术在宫廷和民间的流传有更全面的认识。[1]

第一节　天启崇祯间耶稣会士有关天文星占的相关论述

星占术将天体运动与人生及社会活动建立联系。人类很早就开

---

[1] 1988年，笔者在中国第一历史档案馆查阅康熙时代钦天监题本，注意到南怀仁、闵明我奏本中有星占术（命宫图）内容，即对欧洲星占术在中国的传播感兴趣，后注意到崇祯和顺治时代，汤若望、穆尼阁也使用了命宫图。1997年春，笔者在罗马意大利国家图书馆意外发现汤若望《天文实用》一书。此章第一至第三节多据拙作《明末清初欧洲占星术著作的流传及其影响：以汤若望的〈天文实用〉为中心》，《中国科技史杂志》2013年第4期，第471—480页；"From Adam Schall von Bell to J. N. Smogulecki: The Introduction of European Astrology in Late Ming and Early Qing China," *Monumenta Serica* 59(2011), pp.485-490。第四节据拙作《异端"新"知与民间西学：浅论薛凤祚、穆尼阁对欧洲星占术的介绍》，载马来平主编《中西文化会通的先驱：全国首届薛凤祚学术思想研讨会论文集》，济南：齐鲁书社，2011年，第500—506页。关于耶稣会士和传统星占术数的关系，参阅黄一农《耶稣会士对中国传统星占术数的态度》，《九州学刊》（纽约）1991年第3期，第5—23页。

始占星，其起源可以上溯到公元前2000年的两河流域。古埃及开始有精密的历法，其占星术又被古希腊、罗马继承，托勒密（Ptolemy）是当时著名的天文学大师，著有《至大论》（*Almagest*），还著有星占术著作《四门经》（*Tetrabiblios*），对后世产生了重要影响。到了16世纪，意大利学者卡达诺（Cardano，1501-1576）对托勒密的星占术著作加以评注。[1]在欧洲，1586年，教皇西克斯图斯五世（Sixtus V）发布谕旨，只有上帝可预知未来，因此占卜术自然在禁止之列，但与农业、航海、医学有关的自然星占术（natural astrology）仍被容许。之后，有关星占术的出版物在意大利逐渐减少，但星占术并没有完全消失。1631年之后，教皇乌尔班八世（Urban VIII）重申西克斯图斯五世的谕旨，特别禁止政治和宗教方面的预测。总的来说，教会所反对的是事应星占术（judicial astrology）和其他形式的占卜，自然星占术仍得到一定程度的发展。[2]

教会对星占的态度自然也影响了它在中国的流传，明末传教士来华之后，为避免和教规相抵触，对它的介绍十分小心。在交谈中，他们经常会被明代士人问及西方的历算和文物制度，如《西方答问》中，意大利耶稣会士艾儒略（Giulio Aleni，1582-1649）就士人有关欧洲历法、天文、占候的提问，分别作出了解释和答复：

> 问：久闻贵邦天文最精，占候最确，故今上用西法修历，愿得其详。曰：以天文占候见奖者，实未知己之深者也。旅辈在敝邦论道与夫格物穷理之余暇，亦或旁及度数之学，非以此为至务也。且所谓度数之学，多关历法之事，亦非关占候祸福也。盖祸福所系，在吾心所造与夫造物主所降善恶之报也。占候星气，以预定国家安危，敝邦以为不正之术，特惑乱民志而

---

[1] 参见 Anthony Grafton, *Cardano's Cosmos: The Worlds and Works of a Renaissance Astrologer*. Cambridge, Mass.: Harvard University Press, 1999。
[2] Lynn Thorndike, *A History of Magic and Experimental Science* (New York: Columbia University Press, 1951), Vol.6, pp.145-171.

无补于心性世道，故王法禁之。吾辈先后所译历法之书，或正论度数之学，如《几何原本》《同文算指》等书；或论制器，以利国家民用，如《泰西水法》《远西奇器图说》等书；或论天之高厚远近、运动之顺逆迟速，与夫测验诸法，如《天问略》《表度说》《测量全义》、日月星躔表、测蚀等书。今在京师，敝会罗、汤二先生奉旨译著西书修历者，已进大内一百四十余卷，亦直论理，非论祸福也。盖据古哲之论，星宿所能主不过冷热燥湿，以致气变而成风雨霜雪等者，可以推旱涝丰歉。若夫关于人心之张主，则大非星宿所能强矣。且气中之变，纵为星宿所主，星宿又为造物主所主，吾仰大主，又可转其祸为福焉。古语所谓星宿主天下，天主又主星宿是已。[1]

在当时的中国，一般人昧于"度数之学"，而更多关心祸福占候之学，艾儒略的目的正是想说明欧洲所擅长的是历算之学，以及历法和"天文""占候"的差别，并认为"占候星气"为不正之术。艾儒略撰写此书时，正是罗雅谷、汤若望编修《崇祯历书》之际。

明末清初耶稣会士译著中有关事应、星占的论述不多。由于占星术有时带有神秘和迷信色彩，因此耶稣会士在介绍中不得不谨慎从事。不过在崇祯朝编纂天文学著作时，对星占术也有涉及，如汤若望的《交食历指》就曾谈到了灾变、事应和占卜的关系，指出传统"天文"之学牵强附会，为害不浅，其中写道：

曰：既称灾变，凡厥事应可豫占乎？可豫备乎？曰：从古历家不言事应，言事应者天文也。天文之学牵合傅会，傥过信其说，非惟无益，害乃滋大，欲辨真伪，总之能言其所以然者近是。[2]

---

[1] 艾儒略《西方答问》，历法（卷下，第6—7页）。
[2] 汤若望《交食历指》，第2—3页。

"天文之学"即指星占术,从这段文字可以看出,汤若望反对星占学中的事应内容。实际上,利玛窦等传教士来华后不久就注意到中国的迷信和天文事应,汤若望、艾儒略等人的言论恰好表明传教士对"天文""占候"的共同看法。

早在天启五年(1625),因发生月食,汤若望受命推算,于是写下了《测食略》一书,由慈水周子愚、武林卓尔康负责校订。因为中国友人对星占的兴趣,使得汤若望就"征应"问题作了专门的答复,并谈到了与托勒密有关的星占术内容:

> 食不言征应第十七。前数则不过粗言其要而已,每有叩望以征应者,因喻之曰:星宿各有情好也。若性情之乾热者相聚,地必暑,寒湿者相聚,地必冷。彗星彩霞,火属也,而相值荧惑之星,则地之干燥也亦必矣。若此之类,理势必然,推验不谬者,岂有日月之食,宫次不一,而毫无所征验乎?第人过信其必然之理,遂泥其已然之迹,不事探求其所谓自然者,又不精求其所以使之自然者,其道未易言也。故先师多罗某精于斯业,尝曰斯业之言非一定之法,可永守而不变者。望晚学也,法师以不言为言,而妄言征应,能无骇乎?[1]

文中所提"先师多罗某精于斯业","多罗某"即指古希腊天文学家Ptolemy,"斯业"即指星占术。

在汤若望进行历法改革的同时,也试图用西法"铺注",来代替传统通书中的旧法,为此汤若望也作了解释,其中的内容与自然星占术相关:

---

[1] 大西汤若望述,慈水周子愚、武林卓尔康订《测食略》下卷,第22—23页,明刊本,巴黎法国国家图书馆(BnF),Chinois 4921。

所谓天行性情与下域有关系者，比如月为湿宗，当其朔而生明，下物之湿亦生；当其望而光满，下物之湿亦满。湿多虫多，植物受损，故是时不宜栽植。又月满不宜伐木，亦以湿多宜腐也。再广言之，在天月生明，在人身生髓，禽兽亦然。月光亏，髓则减，鱼脑其一证也。此与海潮随月同是一理。然不但月，七政、恒星皆与下域形物相应，人身诸病，尤关天行，所以西历悉照天行铺注，是谓真实有据之宜忌。而今之《时宪历》止用西法推算，未及用西法铺注也。[1]

除汤若望、艾儒略之外，崇祯元年，由葡萄牙耶稣会士傅汎际译义、李之藻达辞的《寰有诠》也曾谈到了对星占术的看法，并根据中世纪学者的观点，论证"占星不可以知未来"（卷四）。

第二节　汤若望《天文实用》之编纂及其在清初的流传

关于《天文实用》的记载，始见于崇祯年间徐光启等人编纂之《治历缘起》（收入《崇祯历书》）。在崇祯十年十月二十五日的题本中，曾这样写道：

奉旨：西洋远臣进到星球，有蛇鸟小斗等星，有无占验，着灵台官去问。钦此。除蛇鸟等星性情占验已经移会灵台官回奏讫，臣一面督同远臣罗雅谷、汤若望等细将各星有关征应者著为《天文实用》一书，次第进览。

---

[1] 汤若望著，南怀仁校订《民历铺注解惑》，第8页，《续修四库全书》子部天文算法类，1040册。

从此看出,之所以编纂《天文实用》一书,是因为崇祯皇帝在1637年见了耶稣会士所进的天文星球上有"蛇鸟小斗等星",于是想了解这些星座"有无占验",请钦天监官员答复。为了满足皇帝之需,罗雅谷与汤若望一起编译欧洲的星占术著作《天文实用》。《崇祯历书》的编纂遭到了保守派的反弹,继魏文魁之后,儒生蒋所乐攻击新法,欧洲星占术也遭到了嫉妒。李天经对此作了反驳,在崇祯十年十一月十一日的奏疏中,他这样写道:

> 如蛇鸟小斗诸星,自是陪臣等浮舟赤道以南,实测不爽,值上传制造星球,随用补南极见界之缺,以成浑全天体之象,岂是臆说?又蒙内灵台传奉明旨,询以占验,臣局约略指陈,且欲进《天文实用》占书以备御览,所乐等遂妒忌横生,先为此言,以图抑阻,真夏风之不可语冰也,其自暴其欺罔之罪四。[1]

此书翻译直到顺治元年(1644)才完成首卷,进呈顺治帝御览,前后达七年之久。顺治元年十月十五日,汤若望上奏:

> 修政历法臣汤若望谨奏,为敬陈本局应行紧要新法事宜,以抒葵赤事。窃照历法大典所关万世,匪直夸耀一时而已,目今宝历既已大定,则行远传后之计不可不亟讲也。而微臣又再四思维,历之所可贵者,上合天行,下应人事也。苟徒矜推测密合之美名,而遗置裨益民用之实学,聊将一切宜忌仍依旧法铺注,终非臣心之所安,以故历局诸务徐俟异日续请,若目前紧要之事,谨约举条议二款,伏乞圣鉴施行。
>
> 计开:一、考验七政情性,原与人事各有所宜,不明此理,

---

[1] 徐光启等《奏疏》卷一一,第29—37页,崇祯间印本,中国国家图书馆藏,藏书号11743。

则一切水旱灾荒无从预修救备之术,而兵农医贾总属乖违,臣西库是以有《天文实用》一书,已经纂译首卷,未暇讲求,合无恭请敕下臣局陆续纂成,嗣后悉依实用新法铺注,庶国计民生大有裨益矣。至若占验一事,原系该监职业,相应仍照旧规,敕令天文科官生昼夜轮直,在台占测,俟臣局《天文实用》纂毕呈进之日,另依新法占报,伏候圣裁。[1]

从奏本可知,1644年《天文实用》已经完成首卷。汤若望希望用新法对民用历书进行铺注,因此翻译了西方的星占术。

《天文实用》刻本现只存卷一,主要内容包括:(一)七政依原情之力:七政性情、七政类及势情;(二)七政依恒星之力:恒星总像力、恒星各本力、恒星较黄赤道等力;(三)七政依本圆之力:距地远近等七政之效原;(四)七政依公圆之力。本卷简单介绍了七政(指日、月和金、木、水、火、土五大行星)的"性情",与冷、热、干、湿的关系,经笔者比较,实际上取自托勒密《四门经》中的部分星占术内容,可能是根据16、17世纪托勒密著作的评注本翻译改编的。还有部分内容(如"七政相照之情"),和阿拉伯天文学家al-Qabisi(?-967)的《星占术导论》(*Liber Introductorius*, Venice,1485)中的 De aspectibus planetarum 部分有关。[2]

明末和顺治年间的一些学者,对西学抱有浓厚的兴趣,热衷和传教士唱和。杨光先反教案之后,士人和耶稣会士的来往骤然减少。但康熙时代仍有一些文人和传教士有交往,如陆陇其常常访问耶稣会士,和南怀仁、利类思有往来。清初著名数学家梅文鼎(1633—

---

[1]《西洋新法历书》内汤若望奏疏,第48—49页。
[2] Al-Qabisi生于伊拉克,曾对托勒密的《至大论》有研究,其著作最著名的是《星占术导论》,有200余个手稿,1473—1521年间有12个拉丁文印本,中世纪时在欧洲大学作为医学教程中的一部分被广为采用,影响深远。参见 Al-Qabisi (Alcabitius), *The Introduction to Astrology*. edited and translated by Charles Burnett, Keiji Yamamoto, and Michio Yano. London: The Warburg Institute, 2004。

1721）也曾到教堂拜访耶稣会士安多，请教算学问题。清初思想家黄宗羲之子黄百家（1643—1709）曾专门到教堂找耶稣会士白晋（Joachim Bouvet，1656-1730）等人，就《明史·利玛窦传》的撰写请教问题。顾炎武、戴名世、张尔岐、阎若璩等人，也都在不同场合论及西学。[1]

特别值得一提的是，部分清初士人对汤若望的《天文实用》颇感兴趣。如吕留良（1629—1683）曾在给友人的信中，专门提到购买《天文实用》的愿望："又汤若望有《天文实用》一书，幸为多方购求一部，感甚。"[2] 除吕留良以外，清初历算大家王锡阐（1628—1682）在给潘耒（1646—1708）的信中，也表示出对西方历算著作的关注，信中写道：

> 某顿首次耕足下，别三十余月，其间变故一何多也。……薛仪父书想寄到，不知作何答语，肯以秘书奇器赐教一二耶？《天文实用》《五纬表》二种，燕市或尚可觅，伏惟留意。南氏辛亥《七政》，乞买一本寄来，恐与汤氏所推微有异同，亦考验是非之一端也。[3]

在另一信中，王锡阐继续表达了这一愿望，并希望潘耒能从南怀仁那里得到《天文实用》一书："《天文实用》南氏处不识能觅之否？"[4] 从语气中推测，潘耒应该与南怀仁相熟。需要注意的是，王

---

[1] 对这一交际网络和西学的关系仍值得进一步深入研究，参见韩琦《从〈明史〉历志的纂修看西学在中国的传播》，载《科史薪传：庆祝杜石然先生从事科学史研究40周年学术论文集》，沈阳：辽宁教育出版社，1997年，第61—70页。
[2] 吕留良《吕晚村先生文集》卷四，"与董方白书"，《四库禁毁书丛刊》集部148册，第545页，雍正三年天盖楼刻本。
[3] 王锡阐《晓庵先生文集》卷二，"答潘次耕书"，第24b页，道光元年刻本（辛巳）。薛斌《王锡阐年谱》（《中国科技史料》1997年第4期，第34页）称王锡阐给潘耒的信写于1680年。
[4] 《国粹学报》第1年第7号，光绪三十一年七月二十日，上海，撰录页4。

锡阐和吕留良、张履祥（1611—1674）在康熙初年就有交往，和万斯大还曾讨论天文历法，可见在江南地区，有一批士人对传教士的著作有着共同的兴趣和爱好，这些著作中就包括《天文实用》。

除了吕留良、王锡阐以外，刘献廷在《广阳杂记》卷二中也提到《天文实用》：

> 影余处有三悟书，三悟者，星悟、穴悟、人悟也。……余取星悟、穴悟二书观之。星悟则取《神道大编》《天文实用》之说，以地平环上星安命官，而杂以中国五行生克之理而成之。穴悟则堪舆家言耳，而发端于地员经纬度，乃近时稍知西学者伪为之，托名荣国耳。术数之书，大抵太公、子房、武侯、药师辈无一得免，况荣国耶？向者止于奇壬风角禽星阵图等，今又灾及泰西之学矣。……《天文实用》及地球经纬图，皆利氏西来后始出。

梅文鼎曾对西域传来的星占术感兴趣，他首次注意到《天文实用》和《西域天文书》的关系："盖今泰西《天文实用》又本此书（按：《西域天文书》）而加新意也，不知者或谓此即《天文实用》，而反谓回回之冒窃其书，岂不陋哉？"[1]梅文鼎还引《历学会通》《天文实用》等书中所录恒星数的不同，并加以考订。

第三节　汤若望《天文实用》在乾隆时代的流传

《天文实用》刊刻之后，在清初曾引起一些文人的关注。那么随

---

[1] 梅文鼎《勿庵历算书目》，"西域天文书补注"，康熙刻本，第10页。汤若望看到过钦天监所藏的元初天文学著作手抄本，可能即指明译天文书，《天文实用》的取名也当与此书有关，参见魏特著，杨丙辰译《汤若望传》，上海：商务印书馆，1949年，第448页。1992年，笔者在京都大学人文研究所见到汤若望顺治二年十二月廿二日有关瑞雪的奏折，提到用"《天文实用》之理推之"。

着雍正、乾隆禁教，西学受到冷遇之后，此书的际遇如何？

在《续修四库全书》中，收录有一本名为《天象源委》的著作[1]，作者张永祚，在书中大量征引了《天文实用》的内容。那么张永祚是什么样一个人物，为何有机会看到汤若望的著作呢？

在杭世骏的《道古堂文集》中，有"钦天监博士张君墓碣"，详细记载了张永祚的生平和著作，现全文录入如下：

> 君讳永祚，字景韶，号两湖，世为仁和人，籍钱唐者自君始。隶郡学为弟子，由钱唐也。曾祖岐然，廪生，后出世，名载邑志；祖元时，邑诸生；父奏，邑廪生。自君以上五世皆列胶庠，独君数奇，不得一当。母徐处士士俊女，通晓星学。甫离孩抱，即夜从母仰瞻五纬，已异凡儿，长益究悉，占天其宿习也。天竺山中农家有女，不肯妄许平人，得青一衿始可，有欲为君蹇修者，而君年近立，犹困童子试，谩以博士弟子员应，遂委禽入赘，从予假襕衫，摄盛而往，久而察其非也，且泣且讪督之，攻苦益力。交河王学士来典浙学，旋被知遇，而君俨然真为诸生，破涕始为一笑。无锡嵇公以大学士总制浙闽，求能通知星象者以应。乾隆二年二月，明诏试君策，立成数千言，大器之，荐于朝，授钦天监博士，始弃诸生服。一再引见，占候悉验。寓大学士公讷亲赐园。公无子，使参三命，微讽以修德致福，而公不能自克。君察其不可久居，稍稍自远。会诏刊经史，华亭张司寇照荐君校勘二十二史天文、律历两志，用君所长也。书成，方俟议叙，而君遽乞假归，取平昔所著《天象源委》足成之，凡二十卷。一卷言象理，二卷言象法，三卷言象度，四卷恒星，五卷占时，六卷至十卷占岁，十一卷命法，十二卷求地平宫法，十三卷月离，十四卷命理，十五卷西法十

---

[1] 除复旦大学图书馆藏有此书抄本外，笔者还见过日本仙台东北大学抄本。

格，十六、十七卷选择，十八卷风雨占，十九、二十卷分野，而以董仲舒祈祷晴雨附。将录成，以呈乙览，而君不及待也。某年月日，卒于竹竿巷万氏清白堂之寓斋，年六十有□。无子，族子果葬君于龙井之新阡，以孺人李氏祔。有女，能传其学，嫁诸生沈度，其书在度家。今度夫妇皆死，恐遂湮没，故详著其例于篇后，有通知其意者，可以迹也。铭曰：屈首经生非所长，抑志测验道乃昌，归而没命于此藏。藏乎此，著书满家君不死。[1]

这一传记生动描写了张永祚传奇的一生，讲述他如何通过努力被推荐到钦天监担任博士，以及在北京期间和朝廷重臣的交往，受到皇帝赏识的经历。除杭世骏的记载外，乾隆《杭州府志》也有其简短小传：

> 张永祚，字景韶，通晓星学，甫离怀抱，即夜从母仰瞻五纬。长益究悉占天，年近三十，督学王兰生稔其学，录为诸生。总督嵇曾筠求能通知星象者，试永祚策，立成数千言，大器之，荐于朝，授钦天监博士，一再引见，占候悉验。诏刊经史，校勘"二十二史"《天文》《律历》两志，书成，将议叙，遽乞假归，取平昔所著《天象源委》足成之。卒于竹竿巷万氏清白堂寓斋。有女，能传其学，嫁诸生沈度，字天桥，亦善推步法，其书在度家。（《张博士传》）[2]

---

[1] 杭世骏《道古堂文集》卷四七，第2页，光绪十四年汪氏振绮堂刊本。
[2] 郑沄修《杭州府志》卷九六《方技》，第26页，乾隆刻本。阮元《畴人传》卷四一有《张永祚传》，据《道古堂集》《杭州府志》和《汉书疏证》。《国朝耆献类征》卷一四五有传。《清史稿》卷五〇二有《张永祚传》，与乾隆《杭州府志》几乎相同。除通晓天文外，张永祚还擅长画山水，亦能诗，参见陶元藻《全浙诗话》卷四九，嘉庆元年刻本。雍正四年，王兰生为浙江学政，七年，调安徽学政，即1725—1728年间，张永祚年近三十，则他约生于1700年，卒于1760年后。

乾隆初年，宫廷曾下令各省督抚访求精通天文的人士，送到京城。《天象源委》在开头专门记载了乾隆的谕旨：

> 乾隆二年二月奉上谕：在玑衡以齐七政，视云物以验岁功，所以审休咎、备修省，先王深致谨焉。今钦天监《历象考成》一书，于节序时刻固已推算精明，分厘不爽，而星官之术、占验之方则阙焉未讲。但天文家言互有疏密，非精习不能无差。海内有精晓天文、明于星象者，直省督抚确访试验，术果精通，咨送来京，该部奏闻请旨。

这一谕旨，是张永祚学术生命的重大转折，因此他把谕旨置于《天象源委》卷首。

乾隆的这个上谕，马上得到了落实。《皇朝文献通考》曾记载："（乾隆三年）礼部奏浙江杭州府生员张永祚通晓天文，明于星象，应令其在钦天监天文科行走。奉谕旨：张永祚着授为钦天监八品博士。"[1]

也就是说，乾隆三年，张永祚就被天文科聘为博士一职。之后，他在钦天监工作多年，还参与了天文律历志的校勘。大约是在钦天监期间，他有机会看到汤若望的《天文实用》，并将相关部分摘入自己的著作中。

《天象源委》是一部"天文"著作的类抄，分为二十卷：一卷言象理，二卷言象性，三卷言象度，四卷恒星，五卷占时，六卷占变，七卷占国，八卷占岁，九卷占异，十卷世运，十一卷命法，十二卷求地平宫法，十三卷月离逐，十四卷命理，十五卷西法十五格，十六卷选择，十七卷望气，十八卷审音，十九卷军占，二十卷分野。

---

[1] 嵇璜等纂《皇朝文献通考》卷五四，乾隆刻本。乾隆八年天文科博士内有张永祚名字，参见史玉民《清钦天监天文科职官年表》，《中国科技史料》2000年第1期，第40页。

引用的著作有《性理精义》《御纂历代三元甲子编年》《钦若历书》《数理精蕴》《御制万年历》《御制大清一统皇舆山脉记》《文献通考》《续文献通考》《梦溪笔谈》《授时日法》《象纬真机》、薛凤祚《天（历）学会通》、梅文鼎《天（历）算全书》、李光地《天（历）学本要》及《西洋新法日（历）书》《泰西水法》《天（历）法西传》《天文实用》《天文象宗西占》《天步真原》等书。

经比较，《天象源委》卷二"象性"、卷三"象度"、卷四"恒星"大量摘录了《天文实用》一书。除此之外，《天步真原》也被广为采用。张永祚之所以编纂这部著作，和乾隆时代的宫廷学术背景很有关系，当时复古思潮兴起，编纂了《天文正义》，对西方历算有所反弹。张永祚想通过此书的呈递，博得皇帝的喜好，但壮志未酬身先死，抱憾终生。

崇祯时期的历法改革，是一个漫长的未竟之业，《崇祯历书》也从未有过全本。事实上，经由顺治朝，直到康熙初年，在汤若望的努力下，《西洋新法历书》的刊刻，才宣告《崇祯历书》的真正完成。其中间成果和刊物，随着时间的推移，或被淘汰，或被改写，流传至今的多是定本或后期的印本，而初印本，或中间产品，则因流传到朝鲜、日本，或送到欧洲才得以保存至今，《天文实用》就是其中之一。

但是《天文实用》这部著作的意义还不仅如此。由于星占术的特殊性，教会对于星占术的态度也很微妙，并没有全盘禁止，而是有保留地部分准许。明清之际来华的天主教传教士对于星占术的态度尽管有内部差别，但也基本秉承罗马教廷的意志，对此十分审慎。《天文实用》作为已知最早专论西方占星术的著作，其成书背景、目的以及书中术语、来源等，都值得更进一步研究。

《天文实用》的主要编纂者汤若望由于在钦天监担任监正，深得中国士大夫的信任，不仅在清初有许多文人阅读，直到清中期还对《天象源委》这样的著作产生了较大影响。不仅如此，《天文实用》

的流传还不局限在中国，在日本西村远里所著九卷本《天经或问注解》（明和八年，1771）的第一册引书目录中，即有《天文实用》一书。从《天象源委》看，张永祚所引述的《天文实用》，只有罗马藏本的部分内容，由此可以推断在乾隆时代，能看到的《天文实用》也只有卷一。汤若望是否还曾继续编纂此书，或是在卷一之后就停笔封卷，目前尚无直接史料来说明这一问题。如果答案是前者，还望能有新的史料发现，让我们看到此书的完整版本；如果答案是后者，那么到底原因在于教会的反弹，还是汤若望自己的原因，尚有待进一步深入探讨。

第四节　异端"新"知：
穆尼阁对欧洲星占术的介绍

薛凤祚是明末清初著名历算家，曾向波兰耶稣会士穆尼阁学习西学知识。穆氏死后，薛凤祚根据他传授的科学知识，编成《历学会通》，并于康熙初年刊印。该书内容庞杂，涵盖多门学科，其中影响最广的是介绍欧洲星占术的《天步真原》。[1] 穆尼阁、薛凤祚为何要介绍这些知识，其动机如何？下面围绕西方天文学、星占术背景及传播作一初步考察，试图对此提出一些自己的观点，希望能够引起读者作进一步的思考。

由于占星术不免带有神秘和迷信色彩，因此明末清初耶稣会士为避免和教规相抵触，对它的介绍可说是慎之又慎，少之又少。但是，介绍欧洲占星术的著作也并非只有穆尼阁和薛凤祚合作的《天步真原》一部。实际上，耶稣会士汤若望编译的《天文实用》也介绍了这方面的内容，因极为稀见，很少被人提及。尽管在耶稣会士

---

[1] 钟鸣旦《清初中国的欧洲星占学：薛凤祚与穆尼阁对卡尔达诺〈托勒密《四书》评注〉的汉译》，《自然科学史研究》2010 年第 3 期，第 339—360 页。

译著中很少谈及"事应",并批判中国传统有关祸福的论述,不过在介绍天文学时,对星占术也偶有涉及,这从汤若望著作中可以看出。

汤若望编纂的《交食历指》一书就曾谈到了灾变、事应和占卜的关系,指出传统"天文"之学牵强附会,为害不浅;由汤若望和明代士人周子愚、卓尔康编制的《测食略》,则记载了汤若望对星占的看法,并提到古希腊"先师多罗某精于斯业(即星占术)"。崇祯十年(1637),崇祯皇帝收到了耶稣会士进呈的星球,上有"蛇鸟小斗等星",于是想了解这些星座"有无占验",请钦天监官员答复。为了满足皇帝之需,汤若望与罗雅谷一起编译了欧洲的星占术著作《天文实用》。这本书的翻译起自崇祯十年,但直到顺治元年才完成首卷,进呈御览。汤若望认为,用旧法对民用历书进行解释,很不妥当,因此翻译了西方的星占术。《天文实用》简单介绍了七政的"性情",与冷、热、干、湿的关系,取自托勒密《四门经》中的部分星占术内容。《天文实用》译成上卷后,并没有继续下去,很可能与耶稣会士内部的反弹有关。然而在汤若望之后,为什么又出现了更加完备介绍欧洲星占术的著作《天步真原》?

薛凤祚,山东益都金岭镇人,被后人誉为清初历算三大家之一,在当时就与王锡阐齐名,有"南王北薛"之称。[1]顺治九年(1652),薛凤祚到南京,与方中通一起,向波兰耶稣会士穆尼阁学习西方天文和数学,包括三角法、对数及对数四线表。方中通曾作诗,记述与薛凤祚一同向穆尼阁学习历算的情景:

参差看七政,不解古今疑。共道天难问,谁云日可追。偶

---

[1] 王锡阐著有《晓庵新书》,试图采用传统历法的框架,并采纳了西方历法的长处,而《五星行度解》试图改进第谷的宇宙模型和《崇祯历书》的行星运动理论。参见席泽宗《试论王锡阐的天文工作》,《科学史集刊》1963年第6期,第53—65页;江晓原《王锡阐的生平、思想和天文学活动》,《自然辩证法通讯》1989年第4期,第53—62页。

因同调至，得与异人期。我欲方平子，山中造浑仪。[1]

薛凤祚根据穆尼阁传授的科学知识，编成《历学会通》一书，以西学参中法，试图会通中西，涵盖天文、历法、数学、律吕、水法、物理（力学）、占验、火器等知识。其中数学著作有《三角算法》《比例对数表》和《比例四线新表》，还有介绍欧洲星占术的《天步真原》，辑为《益都薛氏遗书》。薛凤祚早在1633年就到过北京，并看到了汤若望等人编纂的历算著作。[2] 然而在他的著作中，除穆尼阁之外，并未提及汤若望，此事看来有点蹊跷，其中是否另有隐情，尚不得知。

薛凤祚早年曾师从魏文魁学习传统历法，而魏文魁与崇祯改历中的争论大有关联。崇祯四年（1631），魏文魁将新刻的《历测》《历元》（1629）两书，让其子象乾递呈礼部，主持改历的徐光启支持西法，奉崇祯之命，由钦天监官员对魏氏著作逐一作了答复，并以《学历小辩》之名刊刻。崇祯七年，魏文魁受朝廷之命，在京主持东局，参与《崇祯历书》的改革，坚持传统历法，和西法一较长短，但以失败告终。薛凤祚当时可能也在北京，是否在东局协助魏文魁工作，和宫廷天文学家汤若望等人是否有直接交往，尚待文献考证。

汤若望等人对保守派人士的学生是否会有所顾忌和保留？[3] 薛凤祚为什么后来要离开学术中心北京，到南京去投靠穆尼阁？这是否透露了薛凤祚对汤若望等钦天监当政耶稣会士的不满？和他在北京的遭遇是否有关？这些问题还有待更多史料来解答。

波兰耶稣会士穆尼阁1645年来华，1646年在江南传教，1647—

---

[1] 方中通《陪集·陪诗》卷一，"喜遇薛仪甫同受西洋穆先生历算"，康熙刻本，第6页，《清代诗文集汇编》133册，上海：上海古籍出版社，2010年，第71页。方中通于1653—1656年随父亲方以智在南京，从穆尼阁学习西方历算。
[2] 薛凤祚癸酉冬（1633—1634）从魏文魁"得开方之法"，而魏文魁受朝廷之命，至迟在1634年已在北京。
[3] 在耶稣会士眼中，梅文鼎被视为杨光先同路之人，其孙梅毂成也被视作反对耶稣会士的人物。

1651年在福建[1]，与艾儒略共事。1652—1653年，穆尼阁在南京期间，曾向薛凤祚、方中通传授西方历算知识，包括一些新的天文学、数学成就。他是第一位把对数介绍给中国的欧洲人，也介绍了哥白尼日心学说和欧洲星占术内容。[2]

汤若望和穆尼阁相隔十余年先后介绍了欧洲的星占术，尽管同为耶稣会士，但是他们两人的身份、背景及活动却有很大差别。他们分别来自德国和波兰，前者在钦天监担任监正，在天子脚下，深得顺治帝的信任；后者却在南京，无官无俸，过着修道人的简朴生活。汤若望深得朝廷信任，文人雅士争相与之交往，留下了许多唱和之作；而穆尼阁，除了薛凤祚之外，和他交往的文人似乎只有方中通，他在南京的活动详情也无从得知。从汤若望的言行可看出，他对星占术的传播非常谨慎，只介绍了自然星占术的内容，也就是教皇所许可的部分；穆尼阁在《天步真原》中介绍的内容，则包括人命部、世界部，引用了占星术大师卡达诺关于托勒密著作的评注[3]，而人命部并不属于教会所许可的自然星占术[4]。从此角度看，穆尼阁所介绍的内容，无疑是教会中的异端。值得注意的是，穆尼阁来华的时代，离教皇发布关于星占术的禁令不久，穆尼阁的所作所为似乎有些挑战正统的意味。

从另一方面来看，汤若望的星占术介绍刚刚译出，仅隔了十余年，为什么穆尼阁还要翻译这方面的内容？穆尼阁、薛凤祚是否知道汤若望的工作？从时间上来说，不是没有可能。因为1653年穆

---

[1] E. Kosibowiez, "Un Missionnaire polonais oublié: Le Père Jean Nicolas Smogulecki S.J.," *Revue d'Histoire des Missions* 6 (1929), pp.335-360.
[2] 胡铁珠《〈历学会通〉中的宇宙模式》，《自然科学史研究》1992年第3期，第224—232页。石云里《〈天步真原〉与哥白尼天文学在中国的早期传播》，《中国科技史杂志》2000年第1期，第83—91页。
[3] Nicolas Standaert, "European Astrology in Early Qing China: Xue Fengzuo's & Smogulecki's Translation of Cardano's Commentaries on Ptolemy's *Tetrabiblos*," *Sino-Western Cultural Relations Journal* XXIII (2001), pp.50-79.
[4] 穆尼阁介绍的也有自然星占术的内容，如《天步真原》中有关纬星性情部分，与托勒密占星术相关。

尼阁曾经到北京，肯定见过汤若望，那时《天文实用》刊印不久，而穆尼阁大约也在同时编译《天步真原》，应该会关注此事。显而易见的是，汤若望对于星占术介绍的审慎态度并未对穆尼阁产生多少影响。

穆尼阁为何要传入这些"异端"的星占内容？是他主动，还是薛凤祚的促进？现已很难找到直接证据，薛凤祚在序言中也未提及。从背景来看，穆尼阁所出生的波兰，是哥白尼的故乡，思想相对活跃，这可以帮助我们从一个侧面理解穆尼阁勇于传播哥白尼的学说和教会所禁止的部分星占术内容[1]；从著作中看，薛凤祚对"选择"的内容非常感兴趣，所起的作用应较大。汤若望翻译《天文实用》的目的，显然是为了满足中国人对星占术的兴趣，同样，穆尼阁翻译卡达诺的星占术，也可能是由于薛凤祚在背后的推动。

在17、18世纪，耶稣会士著作的出版，有严格的审查制度，需要同会的人审阅，还要得到"值会"（耶稣会中国副省会长）的批准。[2]穆尼阁所翻译的著作，如果要署名刊印，也不能例外。如果在穆尼阁活着的时候薛凤祚要刊刻《天步真原》，并署上两人名字，无疑会受到教会方面的压力。幸运的是，穆尼阁既已不在人世，那么此书的刊刻便成为薛凤祚的个人行为，即便是有穆尼阁的署名，教会也无从审查和禁止了。

以往的研究，常常将天主教会作为科学的对立面，如伽利略审判事件、哥白尼日心学说的传播，教会都被视作科学传播的阻碍者。但实际上教会内部也十分多样，像穆尼阁这样的耶稣会士可被视为异类。[3]穆尼阁虽被誉为"笃实君子"，却喜欢标新立异，介绍了大

---

[1] 穆尼阁之后，耶稣会士戴进贤也将颠倒的日心学说传到中国。看来，耶稣会士有求新的一面，也有保守的一面。

[2] 如艾儒略《性学粗述》隆武二年刻本，题有"艾儒略著述，黎宁石、阳玛诺、伏若望同订，司会傅汛际准刻"，"遵教规，凡译经典著书，必三次看详，方允付梓，并镌阅订姓氏于后"。

[3] 来华的耶稣会士中，多受葡萄牙保教权所控制，但康熙中期之后，特别是1688年之后，情况有很大改变。法国耶稣会士力求建立独立的教会，和葡萄牙耶稣会士产生了冲突。

量的科学"新"知("新西法"),挑战汤若望等奠定的"旧西法",显然不同凡响。在旧法和西法之间、在旧西法和新西法之间,穆尼阁、薛凤祚面临了许多新的挑战和抉择,他们的功绩在于记录了耶稣会士在中国传播科学的不同轨迹。

薛凤祚以一人之力,完成《历学会通》这部皇皇巨著,实属不易。薛凤祚在南京只有大约两年的时间和穆尼阁在一起,而穆尼阁在 1656 年去世。在这么短的时间内,就能编写出《天步真原》等著作,可见薛凤祚有充足的知识储备,从魏文魁那里获得的知识为他打下了基础。大概是受到新旧历法之争的刺激,薛凤祚更想汲取西方科学的"新"知,而穆尼阁这位"笃实君子"、耶稣会士中的另类,正好与之一拍即合。

然而《历学会通》刊刻后,却并没有得到广泛的传播,其中的原因值得深思。首先,这部著作在很多方面提出了和汤若望《西洋新法历书》不同的体系,耶稣会内部并不认同,甚至大为不悦。[1]加之朝廷已经采用《时宪历》作为正统的历法,反对的声音显然是无济于事。再者,也许是因为仓促成书,《历学会通》在文字方面多有重复,缺乏推敲,并没有真正做到"会通"。此外,由于篇幅太大,不易阅读,也妨碍了此书的传播。此书虽然遭到了梅文鼎和阮元等人的诟病[2],但作为民间学习西学的结晶,其功绩是不可磨灭的。

---

[1] 在康熙时代,耶稣会士傅圣泽也曾经想用新西法来改造第谷体系,但遭到了耶稣会士内部的强烈反弹。
[2] 梅文鼎《与潘稼堂书》:"治西法而仍尊中理者,北有薛,南有王,著述并自成家,可以专行。然北海之书详于法,而无快论以发其趣,剞劂又多草率,人不易读。王书用法精简,而好立新名,与历书互异,亦难卒读。"载《绩学堂文钞》卷一,第 33 页,乾隆刊本。

第二章 康熙初年历法之争与耶稣会士的东来

康熙时代是继明末之后，西方科学大规模传入中国的又一个高潮。杨光先反教案导致了中西历法之争，促使年幼的康熙帝亲自向耶稣会士学习，师从南怀仁等人，并从澳门招募了一些精通历算的传教士进京，治理历法。1669年到1688年，是南怀仁独领风骚的时代。1688年2月，法国"国王数学家"（mathématiciens du Roi）来华，开启了科学交流的新时代，自此科学成为康熙政治生命的重要组成部分，影响了有清一代科学的国策和历算的发展。

第一节 西洋历法的改编与杨光先反教案

崇祯年间，在徐光启、李天经等人的组织下，朝廷邀请邓玉函、罗雅谷等人编译《崇祯历书》，但未及颁行，明朝就告灭亡。耶稣会士汤若望在崇祯时应召至京，参与其事。清兵进入北京之后，汤若望向多尔衮进言，希望继续为清廷服务，采用西方天文学，编制《时宪历》。他屡次向清廷上奏，强调西法密合天行，比明代《大统历》更为优越，并通过日食等天象来验证西法之准确。

顺治元年，汤若望对钦天监进行了诸多改革，整顿监规，裁汰冗员，并新制仪器[1]，试图改变钦天监不好的名声，并请求给予督

---

[1] 顺治元年七月，汤若望还制新法地平日晷，作为进献清廷的礼物，仪器现存故宫博物院。

理钦天监关防一颗。[1]二年十一月，汤若望上奏，十二月进呈《西洋新法历书》一百卷。此后，他对历书进行了概括和简写，完成新编《新法表异》《历法西传》《新法历引》，在顺治十三年八月上呈皇帝，以便"皇上万几之暇留神披阅"。十四年，朝廷又装潢先后完成的历书共十四套。汤若望对《崇祯历书》作了改编或重写[2]，除新增顺治十三年上呈皇帝的三种书之外，还收录《远镜说》《新历晓或》《测食》《学历小辩》《浑天仪说》《几何要法》，后六种都是明末就已刊印或编纂完成的。在汤若望等耶稣会士的苦心经营下，使用了二三百年之久的《大统历》和回回历被排挤出去，《西洋新法历书》从此被清朝官方正式采用。[3]

《西洋新法历书》介绍了第谷的宇宙体系，也包括哥白尼、伽利略、开普勒等人的天文数据；在推算日月五星的视位置等问题时，引入了周日视差和蒙气差的数值改正；介绍了黄道坐标系，引入了明确的地球概念，经、纬度及其有关的测定和计算方法；还传入了球面三角、平面三角的基本公式及相关算表，对清初历算发展有重要影响。汤若望有《奏疏》两卷，记录了顺治元年至康熙元年历法改革的过程与波折。

在顺治初年不长的时间内，汤若望对钦天监进行改革，重用奉教天文学家，从而奠定了在钦天监中的绝对优势，钦天监遂成为天主教的中心。从汤若望执掌钦天监开始到道光六年，传教士始终担任监正。汤若望等奉教天文学家在钦天监排斥异己，又未能协调天主教义和传统文化之冲突，因此遭到一些保守人士和回回天文学家

---

[1] 顺治九年，汤若望甚至建议用太史院之旧名来代替钦天监。
[2] 如崇祯年间刊印的《历引》，后来改为《新法历引》，重新改写了欧洲历法的沿革。《西洋新法历书》除顺治二年刊本之外，顺治末年、康熙初年曾多次刊印，笔者所知时间最晚的奏疏为康熙元年。故宫博物院还保存有康熙十三年和十七年刻本，收录南怀仁《灵台仪象志》十四卷、《康熙永年表》三卷。参见朱家潘《〈崇祯历书〉与〈新法历书〉》，《故宫博物院院刊》1980年第4期，第39—41页；潘鼐编《崇祯历书》前言，上海：上海古籍出版社，2009年。
[3] 黄一农《汤若望与清初西历之正统化》，载吴嘉丽、叶鸿洒编《新编中国科技史》下册，台北：银禾文化事业公司，1990年，第465—490页。

的反击，酿成了影响清代科学发展的历法之争。[1]

顺治十三年，杨光先来到北京；十五年，他见到钉死耶稣之画像，又见历书上有"依西洋新法"五字，于是上书礼部，并专门写了《不得已》一书，对西方天文学和天主教义进行了抨击。此书主要包括《辟邪论》（顺治十六、十七年），对天主教义进行批驳；《正国体呈》（顺治十七年）指出"大国无奉小国正朔之理"，攻击历书上所写"依西洋新法"五字是"暗窃正朔之权以予西洋，而明谓大清奉西洋之正朔也"；《摘谬十论》（顺治十六年）则指责西洋历法的问题；《选择议》则对钦天监选择的顺治帝第四子荣亲王葬期进行了批评。[2] 杨光先本人不通历法，只知抱残守缺，沿用旧历。他对新法妄加指摘，并说"宁可使中夏无好历法，不可使中夏有西洋人"。

康熙三年，杨光先控告汤若望等私传邪教，阴谋不轨，掀起一场公案，案件十二月在刑部审理，涉及人员主要包括汤若望、安文思（Gabriel de Magalhães, 1610-1677）、利类思、南怀仁、李祖白、许之渐、杨光先和钦天监的一些奉教天文学家。四年正月、二月，礼部和康亲王杰书则专门审理汤若望、杨光先和钦天监官员，对杨光先《正国体呈》和《摘谬十论》中所提出的历法诸问题，逐一作了询问。[3] 三月，清廷下旨，汤若望因效力年久，免死，李祖白、宋可成、宋发、朱光显、刘有泰等五位奉教天文学家立即处斩。[4] 之后，从各地押解二十五位传教士到京，七月底之后，又将他们押回广州关押。杨光先成功地

---

[1] 汤若望所进行的历法改革触动了钦天监部分人员的切身利益，招致回回天文学家和杨光先等人联合，借用种种名目进行反扑，并以经济问题状告奉教天文学家鲍英齐。
[2] 关于康熙"历狱"，参见黄一农《择日之争与康熙历狱》，《清华学报》（新竹）1991年新21卷2期，第247—280页，此文认为择日之争在"历狱"中扮演了最关键的角色。安双成《汤若望案始末》，《历史档案》1992年第3期，第79—87页。
[3] 安双成编译《清初西洋传教士满文档案译本》，郑州：大象出版社，2015年。值得注意的是，礼部和刑部就《不得已》中提出的不同问题，分别进行了审讯。
[4] 上海图书馆徐家汇藏书楼现存李祖白墓碑拓片："皇清敕赠承德郎钦天监夏官正祖白李公墓"，康熙十一年七月十三日其子李式立。1940年，北京北堂司帐吴德辉神父发现其墓，尸骨俱在，并将拓片寄至徐家汇。承蒙徐锦华先生出示拓片，特致谢意。参与南怀仁《灵台仪象志》编纂的天文生李式或为李祖白之子。

削弱了钦天监的天主教势力，后来被任命为钦天监监正。钦天监不用西法，或用大统、或用授时、或用回回诸历，出现了倒退。

南怀仁是继利玛窦、汤若望之后最重要的耶稣会士之一[1]，1623年出生在比利时皮特姆（Pittem），曾在鲁汶大学求学，1652—1653年在罗马，接受神学训练，认识了博学的耶稣会士开意吉（Athanasius Kircher，1602-1680）。[2] 1655年，南怀仁请求到中国传教，1657年，与意大利耶稣会士卫匡国（Martino Martini，1614-1661）同行来华，其间在葡萄牙科因布拉（Coimbra）学院教授数学，1658年7月17日到达澳门。1659年，南怀仁在陕西西安府传教，经汤若望推荐，作为天文学家，于1660年2月26日应召至北京，协助汤若望在钦天监工作。1664年反教案后，南怀仁也因此入狱多时。然而，正是南怀仁通过其良好的科学素养，最终证明西法更为精确，使"历狱"得以翻案。钦天监于是仍用西法，采用《时宪历》，奠定了欧洲天文学的钦定地位；杨光先被罢官，耶稣会士又在钦天监处于主导地位。这起反教案是清初政治史、文化史、科学史上的重要事件，直接影响了西方宗教和科学在中国传播的进程。

历法之争在清初反响极大，梅文鼎在《中西算学通》自序中曾道出了当时中学、西学争论双方的情形：

> 万历中，利氏入中国，始倡几何之学。……读者每难卒业，又奉耶稣为教，与士大夫闻见龃龉。其学者又张皇过甚，无暇深考乎中算之源流，辄以世传浅术，谓古九章尽此，于是薄古法为不足观。而或者株守旧闻，遽斥西人为异学，两家之说遂成隔碍，此亦学者之过也。[3]

---

[1] 关于南怀仁的系统研究，参见王冰《勤敏之士南怀仁》，北京：科学出版社，2000年。
[2] 关于Kircher的汉名及其与中国的关系，参见韩琦《南明使臣卜弥格的中国随从：教徒郑安德肋史事考释》，《清史研究》2018年第1期，第121—126页。
[3] 梅文鼎《绩学堂文钞》卷二，第23页。

在这样的背景下，为使自己能明断欧洲和传统科学的优劣，平息争论，康熙开始向耶稣会士学习西方知识。

第二节　日影观测与康熙研习西学之开端

历法之争的转机正是康熙七年（1668），皇帝命南怀仁、杨光先在午门前测验日影，以决定西法、旧法的优劣[1]，这直接导致了他对西学的兴趣。在进入正题之前，我们先回顾一下传统中国对晷影观测的认识。

圭表是中国古代最古老的测量仪器，主要通过测量正午日影的长短来确定节气，并测定方向。它由表、圭两部分组成，立表用于投射日影，圭是水平安放的标尺，用于测量影长。由于太阳正午高度随季节变化，日影长短也随之变化，夏至时最短，冬至时最长。日影观测已有悠久的历史，传说中周公在阳城（今河南登封）观测日影，以定地中。《周礼·地官·大司徒》："以土圭之法，测土深，正日景，以求地中。"元代郭守敬用四丈高表观测，同时使用景符来调整，成为中国历史上最重要、最精确的测量，屡为后世所称道，还受到传教士的赞扬，享誉欧洲。明清时期，钦天监设有晷影堂，用来观测日影。明代在仪器方面因循守旧，在晷影观测方面鲜有进步。[2]

欧洲也有晷影观测的传统，或在教堂，或在天文台。日影观测

---

[1] 参见《熙朝定案》和南怀仁《钦定新历测验纪略》。后来南怀仁负责日月食的推算，如《康熙十年二月十五日丁酉夜望月食图》（1671年3月25日），刻本，汉、满对照，首页有拉丁文；此类日食、月食图多藏欧美图书馆。参见 Noël Golvers, *Ferdinand Verbiest, S.J. (1623-1688) and the Chinese Heaven: The Composition of the Astronomical Corpus, Its Diffusion and Reception in the European Republic of Letters*. Leuven: Leuven University Press, 2003。
[2] 冬至、夏至日的测量是历法中重要的内容，日影观测之结果可用来计算黄赤交角，中国古代多有这方面的观测记录。参见陈美东《古历新探》，沈阳：辽宁教育出版社，1995年。法国耶稣会士宋君荣对中国古代日影观测作了系统的研究，从而影响了法国天文学家拉普拉斯对黄赤交角变化的结论。

在欧洲之所以重要，教会之所以重视，是因为复活节的确定和计算，都需借助日影观测。[1]晚明耶稣会士来到中国之时，传入了很多西方仪器，如自鸣钟、三棱镜、望远镜，还传入了星晷（盘）、日晷等记时仪器，特别是日晷，成为耶稣会士笼络汉人士大夫的重要工具。耶稣会士因此翻译了《浑盖通宪图说》《简平仪》等著作，国人陆仲玉也撰写了《日月星晷式》。在钟表没有普及的时代，相对于昂贵的钟表来说，这些简单的记时和测量仪器比较价廉，满足了一般人掌握时间的需求。

万历年间，在钦天监工作的周子愚曾与利玛窦谈及"律吕之学"，觉得西学可以补中国传统学问之缺，于是请其传授，利氏"慨然许之"，但不久利氏故去，合作没有成功。周子愚觉得中国古代虽有日影观测，而没有专书介绍，并注意到西方在圭表方面的成就，任意立表取景，"西国之法为尽善矣"[2]，于是向龙华民、熊三拔等人学习，因此有《表度说》之作，详细介绍了欧洲圭表观测的方法。崇祯改历时，介绍了不少新传入的仪器（如望远镜，或称窥筒），也提到了西方测量日影的知识："三曰表臬者，即周礼匠人置槷之法，识日出入之景，参诸日中之景，以正方位，今法置小表于地平，午正前后累测日景，以求相等之两长景，即为东西，因得中间最短之景，即为真子午，其术更为简便也。"[3]在谈到郭守敬用高表观测日影后，《明史》引用梅文鼎之语，也谈到了西方的方法："西洋之法又有进焉。谓地半径居日天半径千余分之一，则地面所测太阳之高，必少于地心之实高，于是有地半径差之加。近地有清蒙气，能升卑为高，则晷影所推太阳之高，或多于天上之实高，于是又有清蒙差

---

[1] J. L. Heilbron, *The Sun in the Church: Cathedrals as Solar Observatories*. Cambridge, Mass.: Harvard University Press, 1999.
[2] 熊三拔口授，周子愚、卓尔康笔记《表度说》，周子愚序，《天学初函》（五），台北：台湾学生书局，1965年。
[3] 《崇祯历书》之《奏疏》卷一，第50页。

之减。是二差者,皆近地多而渐高渐减,以至于无,地半径差至天顶而无,清蒙差至四十五度而无也。"[1]西法考虑了地半径差、蒙气差等因素对日影观测的影响,使得观测精度有所提高。

明代的历法改革,主要因日月食的预测不准所引起。而耶稣会士的到来,正好满足了这方面的需要。天启年间,耶稣会士因准确预测月食,深得明朝士人的佩服。龙华民在《地震解》(1626)中曾生动记载了这个故事:"甲子(1624)谷雨日,谒李崧毓先生。坐次,蒙奖借曰:贵学所算二月月食,时刻分秒不差,真得推步之奇,想其师承诀法,必极奥妙。"[2]《崇祯历书》奏疏中对日月食的预测和推算也有详细的介绍。

回头来看康熙初年的历法之争,日影观测却起到了决定性的作用。康熙四年至七年间(1665—1668),南怀仁等四人因"历狱"被软禁在东堂,闭门虔修,杜绝一切与外界往来。七年十一月廿一日,康熙帝突然派四大臣到东堂,询问所颁历法是否合天。[3]于是,耶稣会士南怀仁与杨光先、吴明炫受康熙之命在午门前进行日影观测,后又观测金星、水星,结果南怀仁因测算精确而取胜。次年,历法争讼始得翻案。西法取得最后胜利,才重新树立了西洋历法的主导地位。

少年康熙亲眼目睹了南怀仁和杨光先等人的日影观测,深受震动。后来当皇子们逐渐懂事,康熙对他们进行"庭训"时,又回忆起这段往事:

> 尔等惟知朕算术之精,却不知我学算之故。朕幼时,钦天监汉官与西洋人不睦,互相参劾,几至大辟。杨光先、汤若望

---

[1] 《明史》卷二五《天文志一》,北京:中华书局,1974年,第363页。
[2] 龙华民《地震解》,康熙十八年刊本,载钟鸣旦、杜鼎克编《法国国家图书馆明清天主教文献》(第五册),台北:利氏学社,2009年。
[3] 南怀仁《钦定新历测验纪略》(康熙八年)。Noël Golvers, *The Astronomia Europaea of Ferdinand Verbiest, S.J. (Dillingen, 1687): Text, Translation, Notes and Commentaries*. Nettetal: Steyler Verlag, 1993.

（按：汤若望当为南怀仁）于午门外九卿前当面赌测日影，奈九卿中无一知其法者。朕思己不知，焉能断人之是非，因自愤而学焉。[1]

可以说，历法之争是康熙学习西方科学的直接原因，而置闰问题在当时也引起了很大反响，康熙对钦天监颁历置闰之争也记忆深刻。在《御制三角形推算法论》中，他道出了学习西方历算的原因：

康熙初年，因历法争讼，互为评告，至于死者，不知其几。康熙七年，闰月颁历之后，钦天监再题，欲加十二月又闰，因而众论纷纷，人心不服，皆谓从古有历以来，未闻一岁中再闰，因而诸王九卿等再三考察，举朝无有知历者，朕目睹其事，心中痛恨，凡万几余暇，即专志于天文历法二十余载，所以略知其大概，不至于混乱也。[2]

置闰问题在民间造成了很大的混乱，南怀仁在信中曾道出置闰错误所引起的严重后果：

教难后第四年，我们的历法已经恢复原来的地位，钦天监已委我职掌，我担任了监正，就上疏皇帝，指出本年度的《时宪历》原为某某所编，置有闰月，实与星辰运行不合，请朝廷

---

[1]《庭训格言》，雍正刊本，第 78—79 页。康熙的训话主要由胤祉和其他皇子所记录。汤若望已于 1666 年去世，此处汤若望实为南怀仁。
[2] 满汉对照本《满汉七本头》（约 1707 年刻本）内《御制三角形推算法论》，写于 1703 年，中国科学院文献情报中心（国家科学图书馆）藏。参见韩琦《白晋的〈易经〉研究和康熙时代的"西学中源"说》，《汉学研究》1998 年第 1 期，第 185—201 页。此文亦见康熙《御制文集》集三，卷一九。关于置闰的争论，见《熙朝定案》，收入韩琦、吴旻校注《〈熙朝崇正集〉〈熙朝定案〉（外三种）》，北京：中华书局，2006 年，第 50—52、59—60 页。

纠正（天意使仇视我们的人犯了一种过去未闻的错误：不应置闰而置闰月，而历书已颁行全国，即使依照中国旧历法，也应于明年置闰）。皇帝发交部议，各部大臣，尤其汉大臣，对于要把已经郑重公布的时宪书除去一年中整个一月，感觉非常难堪，因为一切契约及公牍，如果同今年的期限有关，都必须加以更改，全国各省以及奉行中国正朔的藩邦，所有公文，也应随之更改。中国人遵用阴历，而且任何一书，不像时宪历那样郑重公布，历书首载皇帝的上谕，任何人不能改易一字，违者处死。全国亿万人中，几乎没有一人不购置每年的新历本，时宪书之末，有我南怀仁的名字，因我身为钦天监监正，即为时宪书的编者。部臣纷纷上章，抗论我的奏折，但没有用处；部臣又屡次召集钦天监的全部司员——都是我的学生——约一百六十人，询以此事，却没有一人肯反对我，也不可能反对我。最后，负责此事的汉籍某尚书，以朝廷全体大臣的名义，邀我单独到他府中，他低声要求我仔细考虑，是否有隐瞒这一错误的办法，因为——他说——奉中国正朔的各国，如果知悉编制历书竟然如此舛误，以致必须在今年除去一个月，这是奇耻大辱，我国的威信将大受影响。该大臣虽则如此说，然亦仍无用处。皇帝下诏取消闰月，完全照我奏章中所请的施行。[1]

这场争论使康熙幼小的心灵深受触动，有感于"举朝无有知历者"，"心中痛恨"，若自己不懂历算，"焉能断人之是非，因自愤而学焉"。1669年教案平反后，传教士重新受到重视，康熙开始热衷西学，以南怀仁等人为师，学习欧几里得几何学和地理等科学知识，孜孜不倦，保持了长期的兴趣。

---

[1] 高龙鞶著，周士良译《江南传教史》（第二册），新北：辅大书坊，2013年，第243页。

第三节　来自澳门的"西学帝师"

历法之争之后，康熙对西学非常关注，经常委派朝廷要员负责历算的考验测量工作，并以南怀仁等人为最早的科学启蒙老师。1672年，南怀仁和杨燝南互相参告[1]，康熙为此召集大臣熊赐履，谕之曰："闻尔素通历法，故命尔同九卿科道等官，会看南怀仁、杨燝南等测验。治历明时，国家重务，尚其钦哉。"[2]看来正是由于熊赐履对历算之学有所了解，故康熙才委以重任。

1668年底，康熙询问西洋风俗，利类思、安文思、南怀仁便编成《御览西方要纪》进呈。1669年之后，传教士的地位逐渐恢复，康熙不仅对那些有科学特长、能担任修历重任的耶稣会士表示了欢迎的态度，而且自己也以耶稣会士为师，学习欧洲历算、地理和哲学知识。当康熙从南怀仁那里听说，要弄懂所有数理科学，欧几里得《几何原本》是绝对必要的之后，他马上要求将利玛窦和徐光启翻译的《几何原本》解释给他听，并要求将它译为满文。南怀仁还为康熙传授测量术和地理学，编译了《穷理学》，涉及西方哲学、逻辑学和其他科学知识。

明清之际入华的耶稣会士以葡萄牙、法国、意大利、德国、比利时人为主，他们在耶稣会学校曾受到良好的科学训练。教案平反之后两年，耶稣会士恩礼格（恩理格，Christian Wolfgang Herdtrich，1625-1684）[3]、闵明我、徐日昇就奉命到北京；后来安多、纪理安、庞

---

[1] 黄一农《杨燝南：最后一位疏告西方天文学的保守知识份子》，《汉学研究》1991年第1期，第229—245页。
[2] 《康熙起居注》（一），康熙十一年八月十二日，北京：中华书局，1984年，第51—52页。
[3] 恩礼格早年在山西绛州传教，康熙四年被遣至广州，十年教案平反后，因通晓历法，与闵明我行取来京，同年返回绛州取回天文历法书籍与仪器，后在京师工作。十五年，他告假回绛州，二十三年六月初六日卒，"山西巡抚穆咨文到部，治理历法即以奏闻，荷蒙皇上纶音悯恤，御笔赐'海隅之秀'匾额旌嘉，特遣侍卫捧至南等寓所，复钦差闵明我先生恭捧宸翰，往山西绛州营葬"（《圣教信证》）。墓在高一志墓地侧，内有"海隅之秀"碑石，前些年墓地被盗，所幸此石仍存，棺木仍坚硬未朽，头骨尚存。比利时皇家图书馆现藏"海隅之秀"拓片，有"康熙御笔之宝"，年款为康熙二十三年九月十一日，并附耶稣会士安多亲笔说明，参见 Ad Dudink, *Chinese Books and Documents (pre-1900) in the Royal Library of Belgium at Brussels.* Brussels, 2006，以及费赖之耶稣会士列传之"恩理格传"。

嘉宾（Kaspar Castner，1665-1709）、杨秉义（杨广文，Franz Thilisch，1670-1716）、孔禄食（Luigi Gonzaga，1673-1718）、严嘉乐（颜家乐，Karl Slaviček，1678-1735）、戴进贤（Ignaz Kögler，1680-1746）等人相继进京，也参与了历算工作。

其中闵明我于1669年到达广州，这年适逢反教案平反，因通晓历法，1671年和恩礼格奉命赴京[1]，《熙朝定案》对此有记载：

> 准两广总督金光祖揭称：看得西洋人栗安当（Antonio de Santa Maria Caballero，1602-1669）等准部文，查内有通晓历法，起送来京，其不晓历法，即令各归各省本堂，除查将通晓历法恩礼格、闵明我二名送京，不晓历法汪汝望（Jean Valat，1614?-1696）等十九名送各本堂讫。[2]

1672年2月，闵明我等到达北京后，不久受到康熙的接见。南怀仁上疏："恩礼格、闵明我亦系通晓历法行取来京之人，所需食用等项，相应照例请给。"礼部在接到上疏后，在康熙十一年四月初二日给皇帝上奏："今恩礼格、闵明我二人应照苏纳（Bernhard Diestel，1623-1660）、白乃心（Johann Grueber，1623-1660）之例，行文各该部衙门，照例给与，俟命下臣部之日，札令该监，自行取给可也。"初四日，即得到皇帝的批准。此后，闵明我在北京从事历算工作，1685年受命到澳门迎取安多到北京[3]，1686年底又到广州，动身往欧洲[4]，在罗马停

---

[1] 中国最早的耶稣会士郑维信（玛诺）也与之同来北京，郑氏先在罗马肄业，升为神父，1671年入耶稣会，1673年在北京去世。闵明我和恩礼格进京后将望远镜作为礼物赠送给康熙帝。
[2] 韩琦、吴旻校注《〈熙朝崇正集〉〈熙朝定案〉（外三种）》，第87页。
[3] 据朝贡之礼，欧洲人到达后，派内务府官员及西洋人供职钦天监者各一人迎于广东。
[4] 闵明我出使的使命之一是打通罗马经莫斯科到北京的陆上之路，关于其出使，参见 J. W. Witek, "Sent to Lisbon, Paris and Rome: Jesuit Envoys of the Kangxi Emperor," in *Matteo Ripa e il Collegio dei Cinesi* (Atti del Colloquio Internazionale, Napoli, 11-12 febbraio 1997), eds. Michele Fatica and Francesco D'Arelli (Napoli, 1999), pp.317-340。

留了三年，1688年和莱布尼茨（Gottfried Wilhelm Leibniz，1646-1716）有交往[1]，1694年8月28日返回北京。

1688年南怀仁病故不久，礼部在二月二十九日题请补授钦天监监正员缺，奉旨："闵明我谙练历法，着顶补南怀仁治理历法"，当时闵明我"执兵部文出差"赴欧，期间的天文历法工作由徐日昇、安多负责。

徐日昇是葡萄牙耶稣会士，曾在科英布拉学院学习，1666年4月从里斯本出发，10月到达印度果阿，一直停留到1671年，同年下半年抵达澳门。[2] 次年闰七月二十日，礼部奉上谕："着取广东香山墺有通晓历法徐日昇，照汤若望具题取苏纳例，速行兵部取去。"[3] 次年元月，徐日昇到达北京，协助南怀仁治理历法，1689年和法国耶稣会士张诚（Jean-François Gerbillon，1654-1707）参与中俄《尼布楚条约》谈判，1689—1691年前后担任御用教师，1686—1694年闵明我出使欧洲时，代理钦天监工作。此外，还参与音乐著作的编纂。[4]

继恩礼格、闵明我、徐日昇来华的有比利时耶稣会士安多[5]。1678年，他准备前往远东，1679年整年留在科英布拉，并在那里的耶稣会学院教授数学。1680年，他离开里斯本前往印度，经由

---

[1] 参见莱布尼茨著，梅谦立等译《中国近事》，郑州：大象出版社，2005年。Ugo Baldini, "Engineering in the Missions and Missions as Engineering: Claudio Filippo Grimaldi until His Return to Beijing (1694)," in Luís Filipe Barreto ed., *Tomás Pereira, S.J. (1646-1708), Life, Work, and World*. Lisbon, 2010, pp.75-184.

[2] Isabel Pina, "Some Data on Tomás Pereira's Biography and Manuscripts," in Luís Saraiva ed., *Europe and China: Science and the Arts in the 17th and 18th Centuries*. Singapore: World Scientific, 2013, pp.95-114.

[3] 韩琦、吴旻校注《〈熙朝崇正集〉〈熙朝定案〉（外三种）》，第108页。

[4] 关于徐日昇的音乐工作，参见王冰《徐日昇和西方音乐知识在中国的传播》，《文化杂志》2003年夏季号，第71—90页。

[5] 有关安多的研究有 H. Bosmans, "L'oeuvre scientifique d'Antoine Thomas de Namur, S.J. (1644-1709)," *Annales de la Société Scientifique de Bruxelles* T.44 (1924): pp.169-208; T.46 (1926), pp.154-181. Mme Yves de Thomaz de Bossierre, *Un Belge mandarin à la cour de Chine aux XVIIe et XVIIIe siècles, Antoine Thomas 1644-1709* (Paris, 1977). Louis Pfister, *Notices biographiques et bibliographiques* (Shanghai, 1932); Joseph Dehergne, *Répertoire des Jésuites de Chine de 1552 à 1800* (Rome: Institutum Historicum S.I., 1973, pp.270-271)，简单介绍了安多的生平。

果阿、马六甲、暹罗，于 1682 年 7 月到达澳门，停留到 1685 年中才受命前往北京。在葡萄牙期间，安多写成《数学纲要》(*Synopsis mathematica complectens varios tractatus quos hujus scientiae tyronibus et missionis Sinicae candidatis breviter et clare concinnavit P. Antonius Thomas è Societate Iesu.* Duaci，1685)，书名意思是《数学纲要：由这门科学的不同论著组成，简明、清晰地为初学者和到中国传教的候选人写出》。全书共两册，第一册为算术、初等几何、实用几何、球体、地理、水力学、音乐等八章；第二册为光学、静力学、钟表、球面三角、星盘、历法、天文学等七章，都是基本的科学知识。在前言中，他谈到此书目的是要对在中国传播福音有利，并给耶稣会士在中国传教提供必要的数学和天文学知识。

1685 年 8 月 15 日，两位官员陪同闵明我到澳门，把安多接到北京，作为年迈的南怀仁的助手。因为康熙发布了谕旨，所以传教士沿途受到优厚的礼遇。11 月 8 日到达北京后，礼部郎中黄懋来接安多，同南怀仁一起引见。安多并跟役二名所需食用照徐日昇、闵明我例，由礼部光禄寺补发吃食费用。《熙朝定案》详细记录了安多进入宫廷的内情：

> （康熙二十四年二月十二日）上谕大学士勒德洪、明珠：今南怀仁已有年纪，闻香山奥尚有同南怀仁一样熟练历法等事才能及年少者，尔等会同礼部问南怀仁是何姓名，举出具奏，又有善医业者，一并具奏。至十三日，大学士勒、明同礼部尚书杭持十二日上谕与南怀仁看，随询问见在香山奥熟练历法及善精医业者有几人，并系何姓名。南怀仁答云：熟练历法者仅有一位，姓名安多；若善精医业者，不知尚有人否？大学士勒、明即将安多姓名奏闻。奉旨：南怀仁同居闵明我、徐日昇两人着一人同去。是时，南怀仁请旨：同居通晓历法闵明我、徐日

昇，今差那一臣同礼部官往香山奥，钦取熟练历法安多？奉旨：着闵明我去。十四日，南怀仁、闵明我、徐日昇齐进养心殿御座前叩头谢恩，蒙皇上赐坐，天语慰问，并赐棹饭之时，即遣御前太监翟捧银五十两，赐闵明我。[1]

可见那时康熙就对精通历算和"善精医业"的传教士感兴趣。由于南怀仁年老体弱，希望能尽快找人接替，于是在澳门的安多被推荐来京。安多对能够被选在皇帝周围从事天文学工作，觉得颇为荣耀。他的数学素养使他能很快接替南怀仁，协助钦天监的工作，并成为康熙的宫廷教师。

1688年，南怀仁去世。三月初四日，御前侍卫赵昌传达了康熙的谕旨："今闵明我出差在外，徐日昇、安多如天文历法五星凌犯日食月食事，照南怀仁管察。"[2] 从此，安多和徐日昇一起，在钦天监"治理历法"，一直到1694年闵明我返京为止。

1689—1691年，安多与徐日昇、白晋、张诚等人一起，作为御前教师，向康熙介绍科学知识。1689—1695年前后，他把《数学纲要》译为中文（《算法纂要总纲》），作为康熙的数学教材，现有稿本存世。[3] 此外，他还指导经度的测量。[4] 欧洲、日本所藏安多的众多书信，以及保存至今的白晋、张诚日记，是了解康熙时代宫廷数学不可多得的史料。据白晋日记记载，安多曾到宫廷编写中文正

---

[1] 韩琦、吴旻校注《〈熙朝崇正集〉〈熙朝定案〉（外三种）》，第157页。据上引 Mme Yves de Thomaz de Bossierre 一书（p.34）的记载，1684年末，南怀仁觉得累，想寻找助手，得到康熙的同意，而当时安多最适合，于是就被征召。1685年，安多在给法国国王路易十四的忏悔神父拉雪兹（François de La Chaize，1624-1709）的信中，提到皇帝安排闵明我到澳门接他的消息。
[2] 韩琦、吴旻校注《〈熙朝崇正集〉〈熙朝定案〉（外三种）》，第170页。
[3] 韩琦、詹嘉玲《康熙时代西方数学在宫廷的传播：以安多和〈算法纂要总纲〉的编纂为例》，《自然科学史研究》2003年第2期，第145—155页。
[4] H. Bosmans, "L'oeuvre scientifique d'Antoine Thomas de Namur, S.J.(1644-1709)," *Annales de la Société Scientifique de Bruxelles* 44(1924), pp.169-179.

弦、余弦、正切和对数表[1]，还向康熙介绍算术、三角和代数方面的内容，提供了一个解三次方程根的方便的表。当时他的语言尚未过关，因此向康熙介绍欧几里得几何学时，由徐日昇充当翻译。安多受命在宫廷介绍科学知识，为此康熙配备了两名精通满、汉文字的官员，为其服务。康熙三十年（1691）二月初五日，皇帝特谕："今徐日昇、安多等日进内廷办事，恐彼家中马匹不足，着以后遣监内之马早晚接送。"第二天，"御马监官"即差人把马匹送到教堂，供他们每日使用。四月初二日，安多抱病，未进内廷，康熙派太医院孙徽百等为安多看脉，次日又派御前侍卫赵昌到教堂慰问。[2]

安多晚年病重期间，康熙关怀有加。康熙四十七年（1708）七月十二日，"安多之病稍愈，仍不能行"[3]。次年六月二十日，苏霖、纪理安报"安多病势重大求医"，康熙闻讯后派员外郎李国屏看视安多，并让太医院大夫茹璜看病，诊断安多"系中气不足，脾胃虚损之症，以致时常呃逆，四肢厥冷，大便溏泻，肌肉消瘦，不思饮食。六脉虚细，其病重大。大夫臣讨圣药德里雅噶，兼用加减理中汤救治"[4]。二十二日，安多病故；李国屏奏报，康熙朱批："安多自西洋到来后，诚心效力于天文历法之事，兹闻已故，朕心殊觉恻然。照徐日昇例，着李国屏、王道化送去。"[5]在《数理精蕴》的开头，对安

---

[1] 法国国家图书馆西文手稿部藏 1689—1691 年白晋日记手稿，Mss. fr.17240。蓝莉（Isabelle Landry-Deron）对日记进行了整理，见 *Les leçons de sciences occidentales de l'empereur de Chine Kangxi (1662-1722): Texte des Journaux des Pères Bouvet et Gerbillon* (Paris: EHESS, 1995)。参见《张诚日记》（载杜赫德《中华帝国全志》），北京：商务印书馆，1973 年。张诚、白晋日记生动勾勒了当时康熙勤奋学习的场景。对康熙学习的具体内容、他所了解的西方新知，值得作深入的研究。参见 Mme Yves de Thomaz de Bossierre, *Un Belge mandarin à la cour de Chine aux XVIIᵉ et XVIIIᵉ siècles, Antoine Thomas 1644-1709* (Paris, 1977), p.57。故宫博物院保存有不少对数、正弦、余弦表，应是当时的产物。

[2] 韩琦、吴旻校注《〈熙朝崇正集〉〈熙朝定案〉（外三种）》，第 180 页。

[3] 中国第一历史档案馆编《康熙朝满文朱批奏折全译》，北京：中国社会科学出版社，1996 年，第 586 页。

[4] 《康熙朝满文朱批奏折全译》，第 629 页。

[5] 《康熙朝满文朱批奏折全译》，第 631 页。

多等耶稣会士"治理历法"的功绩作了充分的肯定。[1]

德国耶稣会士纪理安也曾任钦天监监正一职。1684年，他被祝圣为神父，后担任数学教授。1694年到澳门，康熙听说他很聪明，多才多艺，召他到北京，次年抵京。他对金属的熔化、铸造乃至光学都非常精通，擅长修理仪器，负责修理的天文与其他仪器多达600件，自己也动手制作了一些仪器。1697年，他在宫廷首次开设玻璃作，制造了很多玻璃器皿，色彩斑斓，赏心悦目，博得了中国人的赞美。为此，康熙特意访问纪理安，派人向他学习玻璃制造技术，还把所制玻璃作为礼物送给俄国使节。1700年，纪理安和安多送给康熙一幅地图，康熙很满意，并打算测量地图，但是因为纪理安体弱、安多年老，于是康熙要求派遣更多的耶稣会士到中国。1700年起，苏霖建议康熙在钦天监向中国学生教授天算知识[2]，当时苏霖和纪理安都是老师，学生到教堂学习。后来康熙在教堂附近买了一所房子，供耶稣会士教学用。1711年，纪理安接任闵明我在钦天监的工作，主要从事太阳位置计算，以及天文表的制作，直至1719年病退。1715年，他设计制作了地平经纬仪，为此熔化了古代的天文仪器，遭到了梅毂成等人的批评。[3] 1705—1720年间，他作为视察员，负责教会的事务，代表葡萄牙耶稣会士的利益。

在天文学传播中贡献最大的当数德国耶稣会士戴进贤，他与徐懋德（André Pereira，1689-1743）、严嘉乐同船离开里斯本[4]，于

---

[1] 安多在"礼仪之争"中也扮演了重要角色，参见 Han Qi, "The Role of the Directorate of Astronomy in the Catholic Mission during the Qing Period," in N. Golvers ed., *The Christian Mission in China in the Verbiest Era: Some Aspects of the Missionary Approach* (Leuven: Leuven University Press, 1999), pp.85-95.
[2] 苏霖1684年来华，在江南传教四年，1688年被召至北京。
[3] 韩琦《"自立"精神与历算活动：康乾之际文人对西学态度之改变及其背景》，《自然科学史研究》2002年第3期，第210—221页。
[4] 徐懋德1716年8月31日到达澳门，1724年9月抵达北京，1727年任钦天监副。严嘉乐擅长数学和音乐，与巴黎和圣彼得堡的学者多有来往。关于严嘉乐在北京的活动，参见严嘉乐（Charles Slavicek）著，丛林、李梅译《中国来信（1716—1735）》，郑州：大象出版社，2002年。

1716年到澳门，应康熙之召，与严嘉乐一起，于次年1月抵达北京，凭借天文学的特长，得以留用清廷，佐理历政。他曾携带意大利耶稣会士利酌理（Giovanni Battista Riccioli，1598-1671）的天文学著作、法国耶稣会士沙勒斯（Claude François Milliet de Chales，1621-1678）的几何学著作以及地图学著作和其他历算书籍。抵京后，内务府官员对他进行了考察，认为他"精于各种算法"，在当时的西洋人中"似属超群"。[1] 他在康熙时代还介绍过"平方方法一、立方方法一"[2]，可能与代数学有关。他与欧洲天文学家多有来往，在欧洲发表了在华进行的大量天文观测。从他在雍正、乾隆时代主持的《历象考成后编》编纂工作来看[3]，证实了他非凡的历算才能。

明末耶稣会士利玛窦入华后，传教士接踵而来。耶稣会士通晓欧洲科学，又怀有强烈的宗教热情，试图以科学为手段来达到归化中国之目的，促进了欧洲宗教、科学和艺术在中国的传播。由于享有远东保教权，葡萄牙要求各个修会派遣的传教士必须宣誓效忠葡王，才可以免费搭乘葡萄牙商船到传教目的地，并且可以获得葡王一定的资助。因此来华耶稣会士多从里斯本上船，经印度到达澳门，然后进入内地。澳门是多数传教士学习和了解中国文化的第一站，而且他们到内地后，仍与澳门保持着密切的联系，其生活来源及来自欧洲的补给都是通过澳门中转，澳门是当时远东天主教名副其实的重镇。

---

[1] 康熙五十五年十一月二十五日胤祉奏折："经查看新来西洋人戴进贤等带来之书，意大利亚国名里佐利者所著黄历算书二本、名沙勒斯者所著几何原本一本、黄历算书一本、讲述地方地图及讲述各本著作缘由之书一本、日尔曼尼亚国名达格德者所著讲解天数之书二本，此外，尚有简单讲述小计算之书几小本，向从前来过之西洋人穆敬远（João Mourão，1681-1726）等询问此等书，据称先前来之西洋人带来之书内，有的亦有此类书，有的没有。等语。故除臣交付王道化，向原先来过之西洋人核对外，既然臣等处修计算黄历之书，故此等书皆选有用且最佳之处使用之。再，近几日已令伊等计算讲解，三人仍为戴进贤略胜一筹，精于各种算法，较现有之西洋人内似属超群。"载《康熙朝满文朱批奏折全译》，第1158页。"日尔曼尼亚国名达格德"者，可能指法国数学家笛卡儿。

[2] 《康熙朝满文朱批奏折全译》，第1160页。

[3] 韩琦《〈历象考成后编〉与〈仪象考成〉的编纂》，载陈美东主编《中国科学技术史·天文学卷》，北京：科学出版社，2003年，第708—716页。

第四节　法国"国王数学家"来华

17世纪70年代，在京师的耶稣会士只有南怀仁、恩礼格、闵明我、徐日昇、利类思、安文思等人，在地方传教的也寥寥可数，南怀仁感到人才缺乏是一个非常严峻的问题，如果没有新的耶稣会士到来，在中国的传教事业将因后继无人而终成泡影。南怀仁为此忧心忡忡，于是在1678年8月15日发表了著名的告欧洲耶稣会士书，雕版印刷后寄回欧洲，呼吁增派耶稣会士来华。在这封信中，南怀仁强调了科学仪器作为礼物的重要性：

> 至于礼物，对于有志东来的人，我作一经验之谈，请他们先事准备，以免日后耗费巨款去购取中国不很重视或绝不重视的物品。中国最喜欢望远镜及光学仪器，以至这一类的玻璃制品，不妨多多携带，包装务须妥善，免受空气侵蚀；至于仪器的管子或其它零件，中国容易制造，不必带来，路途遥远，携带其它零件极为不便。其次是时钟、图画，都是赠送教外官员的良好礼品。其余则任何稀见的艺术品，或精巧的物件。并希望把专为采购礼品的赠款，留下一部分，以便在中国制造一些合乎数学原理而为中国最所喜爱的器物。[1]

他还谈到了耶稣会士应熟练掌握数学及其各种技能，信中继续写道：

---

[1] 高龙鞶著，周士良译《江南传教史》（第二册），新北：辅大书坊，2013年，第240页。原信参见 H. Josson & L. Willaert eds., *Correspondance de Ferdinand Verbiest de la Compagnie de Jésus (1623-1688)*. Bruxelles: Palais des Académies, 1938, pp.231-253. Noël Golvers, *Lettres of A Peking Jesuit: The Correspondence of Ferdinand Verbiest, SJ (1623-1688)*. Revised and Expanded. Leuven: Ferdinand Verbiest Institute, 2017, pp.270-292。从利玛窦时代开始，耶稣会士就开始携带西洋钟表、望远镜和其他天文仪器，作为礼物，献给皇帝、大臣和文人。

现在重新谈谈数学的问题,凡愿意应用数学前来中国,与我们作伴的,应精熟天文学的理论与实践,如星辰的运用,日月交食等的推算方法。关于此事,数年前已收到(日耳曼帝国)皇帝陛下所赠、曾为我师的André Tacquet神父所著天文学一书。此书使我爱不释手。此外,他应研究数学方面各种奇妙的技能,如日晷制造法、测地学、光学、静力学、机械学的理论与实用;对这些,都应精熟。[1]

此信1680年到达欧洲,引起很大反响,法国耶稣会士来华与此信有密切关系。

几乎和南怀仁的呼吁同时,巴黎天文台[2]著名天文学家卡西尼(Giovanni Domenico Cassini,1625-1712)向路易十四大臣柯尔伯(Jean-Baptiste Colbert,1619-1683)建议,希望派遣耶稣会士到东方去进行天文观测,并拟订了详细的观测计划。在1680—1683年间,柯尔伯召见了耶稣会士洪若(Jean de Fontaney,1643-1710),希望他到中国后,在传教活动之余,从事科学和艺术的观察。卡西尼作为巴黎天文台的负责人介入这一计划,表明对洪若等首批来华耶稣会士的重视[3],目的是取得不同地区的经纬度和磁偏角值。在离开法国之前,皇家科学院(Académie Royale des Sciences)的保护者卢瓦侯

---

[1] 高龙鞶著,周士良译《江南传教史》(第二册),第241—242页。
[2] 巴黎天文台在1669年成立,1672年聘请意大利天文学卡西尼。此外,还有丹麦天文学家洛默尔(Ole Christensen Römer,1644-1710)和奥祖(Adrien Auzout,1622-1691)、腊羲尔(Philippe de la Hire,1640-1718)等人。洛默尔1671—1681年在巴黎天文台任职。
[3] Han Qi, "The Role of the French Jesuits in China and the Académie Royale des Sciences in the Development of the Seventeenth- and Eighteenth-Centuries European Science," in K. Hashimoto, C. Jami et L. Skar eds., *East Asian Science: Tradition and Beyond*. Osaka: Kansai University Press, 1995, pp.489-492; "Sino-French Scientific Relations through the French Jesuits and the Académie Royale des Sciences in the Seventeenth and Eighteenth Centuries," in *China and Christianity: Burdened Past, Hopeful Future*, eds. Stephen Uhalley, Jr. and Xiaoxin Wu (Armonk, London, 2001), pp.137-147. 关于卡西尼,参见René Taton, "Gian Domenico Cassini," in *Dictionary of Scientific Biography*. New York: Charles Scribner's Sons, 1971, Vol.3, pp.100-104。

爵（Marquis de Louvois, François Michel Le Tellier, 1641-1691）交给柏应理（Philippe Couplet, 1623-1693）一份调查清单[1]，也转交给了"国王数学家"，涉及在中国考察的主要范围，包括数学、天文学、医学、动物、火器、建筑、地理、历史、气候、现状等内容。

1684年12月20日，洪若和其他三位耶稣会士应邀到法国皇家科学院，与卡西尼和腊羲尔（Philippe de la Hire, 1640-1718）相见，受赠科学院的杂志（有关天文学和植物）。[2]12月21日，卡西尼带领洪若、白晋、刘应（Claude de Visdelou, 1656-1737）、塔夏尔（Guy Tachard, 1648-1712）观测月食，观测结果下面有他们的签名。25日，卡西尼到凡尔赛宫向国王介绍月食观测的情况，国王和他谈到了即将去中国的耶稣会士问题。[3]1685年1月17日，洪若和五位耶稣会士又到科学院参加会议，科学院以卢瓦的名义送给他们科学院的杂志。[4]不久洪若等人就被派往中国，后来一直和科学院保持紧密的联系。[5]

从当时的背景看，仅靠科学院的科学家去从事观测，已远远不能满足要求。在远东，耶稣会士已有较大的传教范围，加之他们都受过严格的科学训练，这是天主教其他修会所不能企及的，因此耶稣会士就成为法国科学院首先考虑的来华从事科学考察的对象。事实亦将证

---

[1] Virgile Pinot, *Documents inédits relatifs à la connaissance de la Chine en France*. Paris, 1932. 法国皇家科学院1666年在柯尔伯的赞助下创立。关于皇家科学院，参见Roger Hahn, *The Anatomy of a Scientific Institution. The Paris Academy of Sciences, 1666-1803*. Berkeley & Los Angeles: University of California Press, 1971.
[2] 法国科学院藏皇家科学院档案，*Procès-Verbaux*，1684年12月20日。同一天，洪若、白晋、刘应、张诚四人被皇家科学院任命为通讯院士。1699年，法国耶稣会士郭中传（Jean-Alexis de Gollet, 1664-1741）也被任命为皇家科学院通讯院士。负责与"国王数学家"联系的是科学院院士Thomas Gouye (1650-1725)神父。洪若与科学院院士Jacques Borelli也有个人来往，1687年在宁波停留期间还与之通信。
[3] Isabelle Landry-Deron, "Les mathématiciens envoyés en Chine par Louis XIV en 1685," *Archive for History of Exact Sciences* 55(2001), pp.423-463.
[4] 法国科学院藏皇家科学院档案，*Procès-Verbaux*，1685年1月17日。
[5] 洪若与欧洲的一些著名科学家有来往，共同进行过一些天文观测。除法国科学院外，洪若还与伦敦皇家学会有来往，在回国途中，经停伦敦三个多月（1703—1704），于1704年2月2日访问了皇家学会。

明法国耶稣会士很好地完成了他们所肩负的科学使命。

此外，法国耶稣会对耶稣会士来华执行科学院的观测任务也抱有较高的热情，白晋等耶稣会士也早有到中国传教的愿望；加之动身以前，法国与暹罗关系密切，暹罗国王对传教士优遇有加，更增加了法国派遣耶稣会士到中国的信心。但是，首批法国耶稣会士来华并非一帆风顺，1683年，柯尔伯去世，使此事耽搁了数年。1684年9月，比利时耶稣会士柏应理与南京人沈福宗（1658—1691）到达巴黎，由于拉雪兹神父的推荐，15日在凡尔赛宫受到国王路易十四的接见[1]，柏应理向国王报告了派遣传教士赴华的好处，国王对异域文明十分欣赏，于是请拉雪兹神父负责挑选擅长数学的传教士到中国。柏应理还以南怀仁的名义拜访洪若，并转交了南怀仁的信。以上这些频繁接触，都促成了法国耶稣会士来华最终成行。

1685年3月3日，洪若、白晋、张诚、刘应、李明（Louis-Daniel Le Comte, 1655-1728）等六人作为首批"国王数学家"动身来华，离开Brest港，乘坐"飞鸟"号（Oiseau）开赴暹罗，其目的是为了法国的国家利益和宣扬国王的荣耀，除在中国传教之外，他们还进行大量天文观测，以完善天文学、地理与航海知识，调查中国的动植物和技艺。路易十四发给洪若证明文书，签字盖印，并由内阁大臣副署。文书内容如下：

> 为了尽可能确保航海的安全，促进科学艺术，并为了更可靠地达到这一目标，我们认为必须派遣若干博学而能进行测量

---

[1] 关于沈福宗和柏应理的研究，参见韩琦《中国科学技术的西传及其影响》，石家庄：河北人民出版社，1999年，第47—49页；Jerome Heyndrickx ed., *Philippe Couplet, S.J. (1623-1693). The Man Who Brought China to Europe* (Monumenta Serica Monograph Series XXII) (Nettetal: Steyler Verlag, 1990)。1677—1678年，耶稣会士安多在巴黎停留，与洪若有过两次会面。

的人前往印度与中国。我们素知耶稣会士洪若具有杰出的才学，是最好的人选。为此我们用特殊的恩命，以国王的全权，用我们亲笔签字的文书，任命洪若为我们的数学家。[1]

行前，他们携带了科学院赠送的大量科学仪器。同年9月，他们抵达暹罗。在暹罗期间，他们做了许多天文观测，包括月全食，以便和巴黎的观测作比较。

"国王数学家"中洪若的科学素养最高，来华前在耶稣会路易大帝学院讲授天文学约十年，因擅长天文观测而享誉法国，他曾为耶稣会士天文学家巴蒂斯（Ignace-Gaston Pardies，1636-1673）[2]编辑出版星图。"国王数学家"由洪若带领，为避免和葡萄牙"保教权"的冲突，他们由海路转道暹罗，1687年6月17日搭乘广东商人王华士的船，经中国沿海北上，于7月23日到达宁波。在宁波时，他们受到了浙江巡抚金鋐的阻挠，未能及时到达北京。但当他们宣布自己是南怀仁的同事之后，受到了官员的接待。意大利耶稣会士殷铎泽（Prospero Intorcetta，1625-1696）当时是耶稣会中国副省会长，住在杭州，派了一个代表去帮助他们。金鋐对耶稣会士不太友好，并劝告礼部，希望发一谕旨，严格限制像王华士这样的商人带外国人来华。南怀仁对金鋐态度已有所闻，当他听说"国王数学家"抵达中国之后，于9月15日写信给在热河的赵昌，让皇帝知道这些人是他的耶稣会同伴，带来了珍贵的科学仪器和书籍。皇帝把这份材料交给了礼部，9月23日礼部收到这份材料。10月11日，礼部又接到了一道谕旨，认为一些懂历法的西洋人来华并非不合适。《柔远特典》记述了法国耶稣会士进京的详细经过：

---

[1] 高龙鞶著，周士良译《江南传教史》（第二册），第273页。
[2] 巴蒂斯1670—1673年在College de Clermont（1682年改为路易大帝学院）担任教授，是洪若的前任。参见August Ziggelaar, *Le physicien Ignace-Gaston Pardies, S.J.(1636-1673)*. Odense University Press, 1971。

礼部题为报明事：该臣等议得浙江巡抚金铉疏称，西洋人洪若等五名由暹逻附粤商王华士之船到浙。据称欲往苏杭天主堂探望同教之人，如肯容留，情愿长住内地等语云云。康熙二十六年八月十九日题，九月初六日奉旨：洪若等五人内有通历法者亦未可定，着起送来京候用。其不用者，听其随便居住。礼部谨题为请旨事，先经奉旨：洪若等五人内有通历法者亦未可定，着起送来京候用，其不用者，听其随便居住。钦此钦遵。咨行该抚去后，今准该抚所送洪若、李明、刘应、白进（晋）、张诚并伊等所带浑天器等共计大中小三十箱，等因到部，相应将洪若等交与钦天监问明，果否通晓天文历法可也。为此请旨。[1]

与此同时，洪若等人试图利用殷铎泽的关系，通过他向浙江的官员赠送望远镜与钟表，以达到准其入京之目的。后来经过南怀仁的斡旋，终于获得康熙的批准。11月2日，洪若等在宁波收到康熙容许进京的谕旨，于是携带了法王路易十四赠送的大量科学仪器和书籍，包括"浑天器两个、座子两个、象显器两个、双合象显器三个、看星千里镜两个、看星度器一个、看时辰铜圈三个、量天器一个、看天文时锥子五个，天文经书共六箱，西洋地理图五张，磁石一小箱，共计大中小三十箱"[2]。1688年2月7日洪若等人终于到达北京，不幸的是，那时南怀仁刚刚去世。他们很快在乾清宫受到康熙的召见，经过挑选，白晋和张诚被留在北京，与安多、徐日昇一起成为康熙的宫廷教师，传授欧洲数学和解剖

---

[1] 《柔远特典》，BnF, Chinois 1327。
[2] 韩琦、吴旻校注《〈熙朝崇正集〉〈熙朝定案〉（外三种）》，第168—169页。关于这些仪器的详细情况，参见 Guy Tachard, *Voyage de Siam des Pères Jésuites envoyez par le Roy aux Indes et à la Chine*. Paris, 1686. 可以确定的是，丹麦天文学家洛默尔所制的日月交食仪（1681年）、七政仪亦是其中的礼物。巴黎法国国家图书馆收藏有一件，1996年6月20日，笔者在蓝莉博士的陪同下得以一睹实物。康熙对这份礼物十分满意，参见 Charles Wolf, *Histoire de l'Observatoire de Paris de sa foundation à 1793*. Paris, 1902, p.154. 洪若到达宁波后即写信给 Verjus 神父，要求寄送不同类型的望远镜、显微镜、眼镜、钟表等作为礼物之用。

学知识，其他三位耶稣会士则被允许到其他地方传教。"国王数学家"来华揭开了中法科学交流的序幕，也为之后大批法国耶稣会士来华奠定了基础。[1] 在华期间，洪若、白晋、李明、刘应、张诚等人在宁波、上海、南京、北京、绛州、西安、宁夏、广州等地做了许多观测（包括日月食、木卫、彗星、水星、磁偏角等）[2]，定出当地的经纬度，并寄给皇家科学院。1699 年前后，杜德美（Pierre Jartoux，1669-1720）、巴多明、雷孝思（Jean-Baptiste Régis，1663-1738）等陆续来到北京，成为御用教师，为康熙时代的历算活动作出了重要贡献。

顺治康熙时期，从属于葡萄牙派的耶稣会士多经由澳门来到北京[3]，供职朝廷，或负责红夷大炮的制造，或在钦天监担任天文学家、数学家，从事历算工作，或从事大地测量和水利工程，或负责玻璃、珐琅的制造和钟表的修理，或担任医生、从事医事，在中西科学交流中扮演了重要的角色。同时法国"太阳王"路易十四雄心勃勃，想摆脱葡萄牙的控制，和清廷建立直接的交往，并派遣法国耶稣会士进行各种科学考察活动，以促进科学和艺术的发展。[4] 出于对西学的兴趣与权术的考量，康熙向耶稣会士学习西方历算，并命皇三子胤祉（1677—1732）负责历算工作，编纂《律历渊源》，并在全国范围内进行大地测量，试图在科学方面达到摆脱传教士之目的。

---

[1] 韩琦《中国科学技术的西传及其影响》，第 15—19 页。
[2] 1995 年，笔者在巴黎天文台查阅档案，找到一份耶稣会士天文观测手稿，题为 *Observations astronomiques et Physiques & etc. Envoiées à l'Academie Royales des Sciences par les Jesuites mathematiciens du Roy, envoiez à la Chine et aux Indes Orientales*，认定是洪若、白晋等人 1685 年至 1698 年在暹罗、印度和中国的天文观测报告原件，弥足珍贵，并将这一发现告知蓝莉女士，后来得到了她的确认。
[3] 这里指在传教方面受保教权支配，由葡萄牙国王派遣并支付经费的耶稣会士，有别于 1688 年及其以后来华的法国耶稣会士传道团。担任钦天监监正的传教士都居住在南堂。
[4] 关于 17、18 世纪中法科学交流，参见杜石然、韩琦《17、18 世纪法国耶稣会士对中国科学的贡献》，《科学对社会的影响》1993 年第 3 期，第 55—64 页；Han Qi, "The Role of the French Jesuits in China and the Académie Royale des Sciences in the Development of the Seventeenth- and Eighteenth-Centuries European Science," in K. Hashimoto, C. Jami et L. Skar eds., *East Asian Science: Tradition and Beyond*. Osaka: Kansai University Press, 1995, pp.489-492；韩琦《中国科学技术的西传及其影响》。

第三章 从观星台事件到蒙养斋算学馆的设立

康熙帝玄烨是有清一代最为重视科学的皇帝,他热衷于历算的学习,对科学活动的组织也起到了重要的作用。他喜好凭借西学新知,在大臣面前炫耀自己的才能,并多次贬低汉人的历算水平。[1] 他重视科学,不仅仅出于兴趣和治理国家的需要,有时还出于权术的考量。皇三子诚亲王胤祉受命主持相关的历算活动,带有浓厚的皇家色彩。本章根据中西文献,通过对观星台老人星观测事件的分析,揭示康熙如何运用科学新知,来达到控制汉人之目的;并分析历算人才的养成与蒙养斋算学馆成立的关系。

第一节 观星台事件和李光地对历算的兴趣

1684年至1707年间,康熙皇帝曾六次南巡。关于南巡的目的与意义,已有许多研究。收复台湾和平定三藩之乱后,四海升平,康熙以巡视河工、祭拜孔子与明陵为由南巡,考察官员,了解民情,同时也借机笼络江南汉族士大夫。值得注意的是,每次南巡,康熙都和耶稣会士有所接触,所到之处,康熙常常询问是否有教堂和神父,并亲自接见传教士。然而这些活动很少见诸官方文献,幸而一些当时在场的传教士为了宣扬朝廷对天主教的支持,把接见的经过、

---

[1] 韩琦《君主和布衣之间:李光地在康熙时代的活动及其对科学的影响》,《清华学报》(新竹)1996年新26卷第4期,第421—445页。

对话生动地记录下来，我们才得以一窥端倪。[1]1684年第一次南巡，康熙就曾登临南京北极阁观星台。[2]而1689年的第二次南巡，则和天文学活动有关，也涉及耶稣会士洪若和大臣李光地、熊赐履等人，科学与政治、权术深深地纠缠在一起。

在清初政治史和学术史上，李光地是一个具有深远影响的重要人物。在科学活动组织方面，他也扮演了重要的角色，并促成康熙和梅文鼎的会面，在君主和布衣之间架起桥梁，以迎合当时天文历算研究之需要。下面将综合社会、政治、学术、宗教诸因素，并考虑李光地的为人、性格，与康熙皇帝、梅文鼎等人的关系，从科学社会史的角度探讨李光地在清初科学发展中所起的作用。

李光地（1642—1718），福建安溪人，1670年中进士，同年选翰林院庶吉士，1672年授翰林院编修，1686年任掌院学士，1694年提督顺天学政，1698年授直隶巡抚，1703年任礼部尚书，1705年升文渊阁大学士，声名显赫一时。他曾陷入官场之争，虽为官时有升降，但他能投康熙所好，致力于学术研究，凡《周易》、音韵及朱子之学，皆有所好，曾奉旨编纂《朱子全书》《周易折中》《性理精义》诸书，提倡朱学，甚为得力。清初学术门户之争颇烈，如何在朱、王学说之间作出选择，以迎合时势之需，争论相当激烈。[3]李光地在当时复杂的背景之下，实能揣摩康熙之心理，故深得康熙赏识，以至于康熙有"朕知之最真，知朕亦无过光地者！"之叹。[4]

早在1672年，李光地中进士不久，就与南怀仁有交往，讨论地圆说的问题，他曾回忆两人谈话的内容：

---

[1] 关于康熙六次南巡中接见传教士的情形，参见韩琦《南巡、传教士和外交：兼论康熙对"礼仪之争"和教廷特使多罗来华的反应》，《文化杂志》2018年第102期，第54-63页。
[2] 北极阁仍保留有康熙登临的记事碑。
[3] 关于清初朱、王学说之争，参见王茂等《清代哲学》，合肥：安徽人民出版社，1992年，第35—69页。关于李光地为学宗尚之转变，参见陈祖武《清初学术思辨录》，北京：中国社会科学出版社，1993年，第209—213页。
[4] 赵尔巽等《清史稿》卷二六二《李光地传》，北京：中华书局，1977年，第9899页。

康熙十一年某月，见西士南怀仁。怀仁深诋天地方圆之说及以九州为中国之误，其言曰："天之包地，如卵里黄，未有卵圆而黄乃方者，人以所见之近，谓地平坦而方，其可乎？天地既圆，则所谓地中者乃天中也，此惟赤道之下二分午中日表无影之处为然。怀仁与会士来时，身履其处，此所谓地中矣。"愚答之曰："天地无分于方圆，无分于动静乎？盖动者，其机必圆；静者，其本必方。如是，则天虽不圆，不害于圆；地虽不方，不害于方也。且所谓中国者，谓其礼乐政教得天地之正理，岂必以形而中乎？譬心之在人中也，不如脐之中也，而卒必以心为人之中，岂以形哉！"读吴草庐土中之说，因偶忆及，遂记于此。〔1〕

这是李光地对天文学产生兴趣的最早记载。当时南怀仁再次受到重用，重新开展天文历法的修订工作。

1687年春，李光地疏乞终养，请假一年，临走前，康熙特意召见李光地，谈论历算，特别是关于西方天文学，这是康熙和李光地讨论西洋科学的首次记载：

（上）又问："历法日月交蚀、五星留逆凌犯，古人推得多错，其原安在？"奏曰："历法不能不差……即今历极精，然稍久亦当必差，所以要随时修正。"上曰："古人七政各为度数，所以难于推算。今西洋人打几个团圈，大底三百六十，小底亦是三百六十，就能推算盈缩，这是他一点好处。"……上又问："西洋历法果好么？"奏曰："其法现行甚精密，臣所取者其言理几处明白晓畅，自汉以来历家所未发者。看来西人学甚荒唐，而谭历却精实切当，此乃本朝历数在躬受命之符也。皇上戡平

---

〔1〕 李光地《记南怀仁问答》，载《榕村全集》卷二〇，乾隆元年刻本，第7—8页。

祸乱，功德巍巍，臣不敢赞，即制度文为有两事足跨前古。"上问："何事？"奏曰："历法其一也。"[1]

　　李光地为政之余，除研习朱子外，还对历算颇有爱好，与康熙的问对很有关系。1689年，梅文鼎到达北京，不久李光地就把他聘入馆中为师，网罗爱好历算的学生，形成了清初研究历算的群体，为康熙时代蒙养斋开馆、《律历渊源》的编纂培养了一批人才。他为什么对天文历算抱以如此大的热情，个中缘由，值得深思。让我们先考察李光地和梅文鼎在1689年前后的一些活动。

　　1670年李光地考中进士，后经清初理学名臣熊赐履（时任掌院学士）的推荐，得到重用。1686年，李光地升任掌院学士，这是通向大学士的重要职位。但是到了康熙二十八年（1689）五月，李光地却受到康熙批评，被调为通政使司通政使，实权有所下降。为弄清其降职之经过，有必要回顾在此前后康熙和李光地的一些活动。令人颇感兴趣的是，李光地的调职，与1689年康熙南巡时在南京观星台的活动有一定关系。

　　事情经过是这样的，康熙二十八年，李光地扈从皇帝南巡。二月二十七日在南京，康熙在一班大臣的簇拥下到北极阁观星台观测天象，李光地生动地记载了观星台的活动：

　　　　己巳年（1689），上南巡。……予随驾至南京，果见孝感（按：即熊赐履）日中而入，上屏退左右，与语至黄昏始出。上问孝感："李某学问何如？"曰："一字不识，皆剽窃他人议论乱说，总是一味欺诈。"上曰："闻得他晓得天文历法。"曰："一些不知，皇上试问他天上的星，一个也不认得。"孝感才出，

---

[1] 李清馥《榕村谱录合考》卷上，第43页，载道光初李尔启刻本《榕村全书》。关于《月五星凌犯时宪历》，参见周维强《院藏清代〈月五星凌犯时宪历〉初探》，《故宫文物月刊》2017年第413期，第74—85页。

上便卒然上观星台。……既登，予与京江（按：即张玉书）相攀步上，气喘欲绝。上颜色赤红，怒气问予云："你识得星？"予奏曰："不晓得，不过书本上的历法剿袭几句，也不知到深处，至星象全不认得。"上指参星问云："这是甚么星？"答以参星。上云："汝说不认得，如何又认得参星？"奏云："经星能有几个，人人都晓得，至于天上星极多，别底实在不认得。"上又曰："那是老人星？"予说："据书本上说，老人星见，天下太平。"上云："甚么相干，都是胡说，老人星在南，北京自然看不见，到这里自然看得见，若再到你们闽广，连南极星也看见，老人星那一日不在天上，如何说见则太平。"[1]

老人星的出现，在古代被视为"仁寿之征"，故李光地称"老人星见，天下太平"，想借此讨好康熙，然而适得其反，遭到了康熙的责备。老人星即船底 αCar，亮度为 -0.86 等，可说是负一等星，据推算，1689 年其赤纬为 -52°33′57″，因南京地理纬度为 32°，故当时老人星出地平最高为 5°26′03″，可以见到老人星；而北京的地理纬度约为 40°，故老人星始终位于北京的地平线之下，无法观测。在对话中康熙说在闽广（即现在的福建、广东一带）连南极星也能见到，这反映他的天文常识仍不够深入。

上述这段君臣对话说明康熙对李光地已抱有戒心，想从别人口中探听其为人，而熊赐履当时正在南京守制，故康熙向熊氏打听。熊赐履可算是李光地的座师，而竟在康熙面前恶言中伤李光地，说明师徒之间已交恶极深。

康熙南巡时，适逢"天主堂远西天学士"法国耶稣会士洪若、意大利耶稣会士毕嘉（Giandomenico Gabiani, 1623-1694）在南京。

---

[1]《榕村语录续集》卷一四，傅氏藏园刻本。又见李光地著，陈祖武点校《榕村语录·榕村续语录》（下），北京：中华书局，1995 年，第 741—742 页。

洪若擅长观测，在天文学领域享有声誉，作为路易十四的"国王数学家"被派遣到中国，1688年到达北京后，曾受康熙接见。对洪若的成就，康熙已有所耳闻。在南京时，毕嘉和洪若还向康熙进献"方物、测量仪器"[1]。

此次南巡，康熙所到之处，屡次召见传教士。在到观星台观测星象之前，已经派侍卫赵昌向洪若、毕嘉打听能否在南京见到老人星，他们就有关天文问题作了解答。《熙朝定案》记载道：

（康熙二十八年）二月廿五日，由丹阳陆路至江宁。……廿七日……侍卫赵又奉旨来堂问"南极老人星，江宁可能见否？出广东地平几度？江宁几度？"等语，毕、洪一一讲述。侍卫赵即飞马复旨矣。毕、洪因匆遽回答，恐难以详悉，至晚戌初时分，观看天象，验老人星出入地平度数，详察明白，另具一册，于二十八日早送入行宫。

以上记载说明，康熙对老人星确切位置其实本来所知不多，故有询于洪若等人。洪若来华时携有巴蒂斯星图，应有参考。有意思的是，洪若也在一封信中专门提到了康熙和老人星观测一事：

1689年初，皇帝南巡，途经苏州、杭州与南京。他抵达南京的前一晚，我与毕嘉神父去往离城两里处他的必经之路上。我们在一个有着六十位教徒的村子里过夜；这些教徒属于同一家族：我们对他们进行了教导，他们中的一些行了告解。第二天早上，我们看见皇帝经过，他好意停留，并用世上最客气的语气与我们交谈。他骑在马上，紧随其后的是他的侍卫，还有二三千骑兵。……各条道路上都是人山人海；但是无上敬仰、无比肃静，

---

[1] 1689年底，毕嘉还到北京，向皇帝进献科学仪器。

一点儿声音都听不到。皇帝决定第二天启程。所有各级官员都曾经请求他给予这个城市荣耀,多留几日,但未果;但是当百姓之后来求同样的恩惠,皇帝准许了,并且与他们共度三日。……皇帝驻跸江宁期间,我们每天都去行宫,并且他每天都派遣一到两个内府之人来问候我们。他派人问我在南京能否看见 Canopus。这是南方一颗美丽的恒星,中国人称之为老人星,老年人之星,或是长寿人之星;对此我回答说它会在刚入夜时出现,而皇帝有天晚上去了古天文台,即观星台,专门为了去看它。[1]

《清圣祖实录》也提及康熙观测老人星之事,以及和李光地的问对,而只字未提洪若。更有甚者,据实录所记,康熙知道老人星在天空中的位置,这完全颠倒了前因后果,书中云:

> (二月)乙丑(二十七日)上幸观星台。……上又披小星图,按方位指南方近地大星,谕诸臣曰:"此老人星也。"李光地奏曰:"据史传谓老人星见,天下仁寿之征。"上曰:"以北极度推之,江宁合见是星,此岂有隐现也?"[2]

康熙在谈论老人星以外,还和大臣谈到了其他天文现象,如"荧惑退舍""五星联珠",以及觜、参在天空位置的先后问题。清初历法改革,耶稣会士改变了传统的觜、参先后问题,为此遭到一些保守人士的反对[3],康熙重提这个问题,说明它仍然困扰着当时的学者,

---

[1] 洪若致拉雪兹信(1703年2月15日写于舟山),载 *Lettres édifiantes et curieuses, écrites des missions étrangères, par quelques missionnaires de la Compagnie de Jésus* (Paris: Chez Nicolas le Clerc, 1707), VII, pp.169-172.
[2] 《清圣祖实录》卷一三九,北京:中华书局,1985年,第526—527页。
[3] 黄一农《清前期对觜、参两宿先后次序的争执:社会天文学史之一个案研究》,收入杨翠华、黄一农主编《近代中国科技史论集》,台北:"中研院"近代史研究所;新竹:清华大学历史研究所,1991年,第71—94页。

《康熙起居注》详细记述了此事：

> 酉刻，上幸观星台，召部院诸臣前，上问："汉臣中有晓知天文者否？"皆奏曰："臣等未尝通晓。"上又问掌院学士李光地："尔所识星宿几何？"光地奏曰："二十八宿臣尚不能尽识。"上因令指其所知者。又问："古历觜、参，今为参、觜，其理云何？"光地奏曰："此理臣殊未能晓。"上曰："此殆距星或有谬误。以观星台仪器测之，参宿至天中，确在觜宿之先。观于此，足证今历不谬矣。"……上又披小星图，案方位，指南方近地大星，谕诸臣曰："此老人星也。"光地奏曰："据史传谓，老人星见，天下仁寿之征。"上曰："以北极度推之，江宁合见是星。此岂有隐现耶？"谕毕，回行宫。[1]

康熙君临观星台，通过与李光地等人的问对，凸显自己的博学多识，并借此对汉人进行批评。因此，观星台的君臣之对，康熙已有准备，不过是逢场作戏，以此炫耀自己的博学而已。他的这种性格，在多种场合有所表现。显而易见，康熙对李光地等汉族大臣的答复难以满意，而李光地绘声绘色记录这次问对，可见他所受到的心理打击绝非寻常。同年五月，康熙回京之后不久，就批评李光地为"冒名道学"，"所作文字不堪殊甚，何以表率翰林？"。南巡之后，许多大臣都争向皇帝献赋，以示祝贺，而李光地却没有进献，故令康熙大为不快，于是将李光地调任通政使司通政使，对李光地来说，打击亦复不小。

---

[1] 《康熙起居注》康熙二十八年二月二十七日，第 1843—1844 页。引文还提到"五星联珠""荧惑退舍"等天象，关于它们的星占和天文学意义，参见黄一农《星占、事应与伪造天象：以"荧惑守心"为例》，《自然科学史研究》1991 年第 2 期，第 120—132 页；Huang Yilong, "A Study on Five Planet Conjunctions in Chinese History," *Early China* 15 (1990), pp.97-112。

第三章 从观星台事件到蒙养斋算学馆的设立　　69

迎合康熙对西方科学的爱好,以达到与熊赐履等人争宠之目的,对李光地来说是非常迫切的现实问题。在此之前,李光地学习历算的经历颇为简单,在梅文鼎到北京之前,他曾从潘耒学算,对历算知识所知甚少。

历史的巧合是,正好在李光地被调官的同一年,梅文鼎为访南怀仁专程到北京。当时正值《明史》纂修,学者名流云集京师,可谓极一时之盛,梅氏因此结识了不少学者。作为精通历算的大家,受朋友之托,梅文鼎参与了《明史》历志的部分修订工作。除吴任臣、黄百家等人参与其中的一些工作之外,梅文鼎在历志编纂中也贡献不小。[1]大概是梅文鼎的工作颇得史局学者的赏识,李光地得以耳闻其名,于是梅氏的学说亦稍稍流传。

梅文鼎到达北京的时期,正是李光地暂时失宠、《明史》纂修、康熙西学兴趣正浓的大好时机。也正是在这一大背景之下,梅氏的到来,促成李光地把他聘入家中,使后来康熙时代一系列历算活动成为现实,清初西学传入呈现丰富多彩的局面。

第二节　康熙时代的历算活动与人才培养

17世纪70年代,京师学术活动极为频繁。1678年,朝廷征召博学鸿儒,207名学者受荐。次年三月初一日,在体仁阁御试"璇玑玉衡赋",[2]140余名学者参加,最后录用了50名。康熙设立博学

---

[1] 韩琦《从〈明史〉历志的纂修看西学在中国的传播》,载《科史薪传:庆祝杜石然先生从事科学史研究40周年学术论文集》,沈阳:辽宁教育出版社,1997年,第61—70页。

[2] 值得注意的是,1678年,葡萄牙使节为了贸易,向康熙贡献了狮子,传教士利类思为此撰写了《狮子说》(次年利氏应康熙之请,撰写了《鹰论》,后收入《古今图书集成》)。当时有许多文人应康熙帝之邀观赏狮子,为此写下《狮子赋》,此举表明康熙向西师学习之动机。参见 Giuliano Bertuccioli, "A lion in Peking: Ludovicus Buglio and the embassy of Bento Pereira de Faria in 1678," *East and West* 26(1976), pp.223-240。江滢河《澳门与康熙十七年葡萄牙贡狮》,载蔡鸿生主编《澳门史与中西交通研究》,广州:广东高等教育出版社,1998年,第117—145页。

鸿词科，编修史书，以拉拢钳制汉人。"璇玑玉衡赋"竟然是试题之一，颇耐人寻味。璇玑、玉衡通常被看作古代的天文观测仪器，这使人联想到，康熙之目的可能是想借此考察汉人的历算修养，这与其科学兴趣不无关系。此赋影响很大，当时入选的鸿儒多把此赋收入自己的文集中。连没有应考的梅文鼎，也在1689年到北京之后，拟作长篇"璇玑玉衡赋"，充分体现了其渊博的天文学知识，此赋被争相传抄，一时洛阳纸贵。在某种意义上，此赋对推动历算研究起到了积极作用。[1]但参加博学鸿词科的学者无人精通历算，可以想见，这次答卷很难令康熙满意。康熙崇尚朱子，又对历算（历算作为实学）颇为重视。清初理学名臣精研性理，好治经学，对历数亦多通晓，究其原因，和康熙之提倡有重要关系。

康熙时代是中西科学融合的关键时代，这一时期的历算活动，不仅有钦天监内的耶稣会士，也有法国耶稣会士密切参与。

顺治初年，汤若望首开在钦天监任职之先例，之后耶稣会士相继进入钦天监，负责观测天象，编制历算著作。反教案刚结束，南怀仁即得到重用，主持钦天监历法事务。康熙八年仲夏，南怀仁制浑天仪[2]；秋，奏制新仪。十二年，他仿照第谷的天文学著作（*Astronomiae instauratae mechanica.* Wandesburg，1598）设计和制造了六件大型天文仪器，包括黄道经纬仪、赤道经纬仪、地平经仪、象限仪、纪限仪、天体仪，安设观象台上，旧仪移置台下；十三年，编成新仪制法用法图说，并恒星经纬度表十六卷，名曰《新制灵台仪象志》。[3]书由南怀仁及钦天监刘蕴德、孙有本等共同纂修，多为天主教徒，卷一至卷四对仪器的构造、安装、用途、使用方法等作

---

[1] 康熙年间徐发撰《天元历理全书》即受此风气的影响，他在凡例中指出："今我皇朝纲纪大度，天子圣学鸿恢，诏直言之臣，策璇玑之赋，正历法修明之候，天道昭回之日。"于是广辑旧闻，搜罗秘种，写下了此书。
[2] 镀金浑天仪现存故宫博物院，此仪后收入《皇朝礼器图式》。
[3] 此书的部分内容也以拉丁文出版，题名《欧洲天文学》（*Astronomia Europaea*, 1687）。

了说明，卷五至卷十四包括供测量用的天文数表、星表与蒙气差等实用内容，最后两卷为新制《仪象图》，内有117幅图说。1676年，南怀仁还奉旨编撰《康熙永年历法》，1678年成书[1]，全书共8种32卷，内容包括日躔表、月离表、火星、金星、水星、土星、交食等表。1681年，还制作了简平仪。[2]

从1689年底开始，张诚、白晋、徐日昇和安多开始频繁出入宫廷（养心殿、乾清宫）和畅春园，向康熙系统传授数学知识。1689—1691年间，张诚和白晋一同翻译了法国耶稣会士巴蒂斯的《几何原本》(*Elemens de Geometrie*)，作为御用教科书，先译为满文[3]，后译成汉文，汉译本后收入康熙御制《数理精蕴》。安多则翻译了算术和代数学著作，即《算法纂要总纲》和《借根方算法》，前者以安多《数学纲要》为基础编译而成[4]，内容涉及"定位之法"、加减乘除的运算法则、比例运算、开平方、开立方和几何学（体积计算）知识；后者则是介绍到中国的第一部西方代数学著作，主要包括代数学的运算法则、方程的解法等内容。为方便传授，他们还使用了数学仪器（如计算器、纳皮尔算筹、比例规、假数尺等）和立体几何模型，甚至还为康熙特别设计了数学学习桌（现存故宫博物院）。耶稣会士的历算教育使康熙受益匪浅，这段时间相对系统的学习，是他晚年进行历算改革的重要基础。

---

[1]《清圣祖实录》卷七六，康熙十七年八月，第977页："礼部议：钦天监治理历法南怀仁进《康熙永年历》，系接推汤若望所推历法，应交翰林院，仍着该监官生肄习，永远遵行。从之。"此书由南怀仁立法，闵明我订，钦天监右监副鲍英齐，冬官正何君锡，博士焦秉贞、鲍选、何雏图等参与。

[2] 故宫博物院藏有铜质简平仪，康熙二十年岁在辛酉仲夏御制，当由南怀仁监制，此仪后收入《皇朝礼器图式》。故宫博物院、巴黎天文台也藏有磁青纸制简平仪，为铜质简平仪的模型。

[3] 巴黎法国国家图书馆西文手稿部藏白晋日记，Mss. fr.17240。Isabelle Landry-Deron, *Les leçons de sciences occidentales de l'empereur de Chine Kangxi (1662-1722): Texte des Journaux des Pères Bouvet et Gerbillon* (Paris: EHESS, 1995). 内蒙古图书馆和故宫博物院均藏有满文手稿，前者所藏当为初译本。

[4] 韩琦、詹嘉玲《康熙时代西方数学在宫廷的传播：以安多和〈算法纂要总纲〉的编纂为例》，《自然科学史研究》2003年第2期，第145—155页。

康熙三十一年（1692）正月初四日，康熙在乾清门把大学士九卿（满汉正卿及翰林掌院学士）等召至座前，亲自计算乐律历法，并令"善算人"布算《九章》等法，特别是"径一围三之法"，还测量正午日影所至之处。[1]值得注意的是，正是得益于自1689年开始的两年间耶稣会士系统的历算教育，康熙才能够运用欧洲"新知"，来作这场精彩的"演出"。但是，历算人才的缺乏使历算改革的倡议没能实现。当时，除梅文鼎之外，擅长算学的人才寥寥可数。加之1692年之后的数年间，康熙亲征噶尔丹，历算活动暂时中止。

1698年3月，白晋乘坐Amphitrite号启程，带领雷孝思、巴多明等八位耶稣会士同伴，还有意大利画家聂云龙（Giovanni Gherardini，1655-1729?），于同年10月抵达澳门，康熙派苏霖和刘应到广州迎接。白晋、张诚偕同雷孝思、巴多明等五位法国耶稣会士北上途中，正好碰上康熙南巡。1699年，他们返回北京，在宫廷服务，重新引起了康熙对历算的兴趣。1702年，李光地把梅文鼎的《历学疑问》上呈皇帝。1703年，康熙则把《几何原本》《算法原本》赐给李光地。同年，李光地邀请梅文鼎到保定教授历算知识，培养算学人才，为康熙后期科学活动的顺利展开创造了条件。1705年，梅文鼎在德州受到康熙的接见，讨论历算问题，这次会面也激发了士人对历算的兴趣。

1689—1693年间梅文鼎在京，在李光地那里至多停留五年即南下。1703年，他再次回到李光地身边，其中的原因是：1702—1703年间，李光地给梅文鼎写信，告诉他已把《历学疑问》进呈康熙的消息，同时再次邀请他到保定传授数学。当梅文鼎得知在保定已聚集了一批对历算感兴趣的学生，极为兴奋，于是下定决心，接受李

---

[1]《清圣祖实录》卷一五四，北京：中华书局，1985年，第698—699页。又见王熙《王文靖公集》，康熙四十六年王氏昌刻本，内年谱"六十五岁"条，参见韩琦《康熙时代的数学教育及其社会背景》，《法国汉学》（第八辑），北京：中华书局，2003年，第434—448页。

光地的邀请，来到了保定。

1694年，李光地任顺天学政，1698年至1705年，担任直隶巡抚，在此期间，提倡学习经学和算学，网罗了一批得力人才。他们精通理学，又对数学、天文、音律等学科有精深的造诣，如魏廷珍（祯）、王兰生（1679—1737）、王之锐、陈万策、徐用锡，都在巡抚公署。徐用锡当年在北京时，就曾向梅文鼎学习，又追随李光地到了保定，接受梅氏的指教。李光地之子李锺伦、梅文鼎之孙梅瑴成（1681—1763）也来到保定，向梅文鼎学习历算。李光地在保定造就的这批天文算学人才后来参加了《律历渊源》的编撰，迎合了康熙的需要。

1704年，康熙西巡，向李光地问及"隐沦之士"，李光地推荐了梅文鼎。次年，康熙南巡，李光地曾前往迎驾，应皇帝要求，在返回北京途中，带梅文鼎前往迎见。李光地在清初历算活动中扮演了非常重要的赞助者的角色，他沟通了君臣之间的关系，使18世纪初的科学活动更为活跃。他不仅参与了天文历算的组织工作，而且领衔纂修了御制《周易折中》《性理精义》等书，其科学组织活动构成他政治生命的重要部分。天文历算和其他文化活动一起，成为宫廷学术的重要部分，在一定程度上迎合了康熙的兴趣，促进了清初学术的繁荣。

就西方科学知识传入而言，从1713年蒙养斋开馆到《数理精蕴》《钦若历书》的编成，内容丰富多彩，李光地在这一转变中功不可没。李光地和梅文鼎培养的人才后来成了《律历渊源》的重要参与者，在雍正初年刊成的《历象考成》中可发现，参加编修、校对的许多人都曾受到李光地、梅文鼎的培养或提携，这些人，包括汇编：翰林院编修梅瑴成；分校：原任湖南巡抚、都察院右副都御史魏廷珍，翰林院编修王兰生，原进士方苞等人。王兰生因为李光地的引见，与梅瑴成一起，受到康熙的格外重视，容许破格参加会试和殿试。李光地奖掖后进，培养历算人才，为康熙时代科学活动奠定了良好的基础。另外，他两度聘请梅文鼎，同时苦心经营十余年，完成了学术宗尚向朱子学的根本转变。李光地对朱子和历算的爱好相辅相成，使他能成功迎合康熙，朱子学说和历算均成为君臣之间唱和的绝好话题，最后使李光地再次赢得康熙的信任而荣登文渊阁大学士之位。梅文鼎因李光地之引见，至少在某种程度上改善了康熙对汉人历算水平的看法，也为李光地（乃至汉人）赢得了面子，这无疑对改善君臣关系大有裨益。

康熙不仅自己注重西学，也把它作为皇子教育的重要方面。他不仅要求皇子从小学习满汉文字、四书五经、诗文、书画、音乐，连骑马、射箭、火器等也在训练之列。他还着意培养皇子的科学能力，对科学训练十分重视，对有天分和兴趣的皇子，不仅亲自指导，有时还派耶稣会士传授。当他发现皇三子胤祉具有非常适合于从事科学的才能以及其他一些优秀品质时，就开始给他讲授几何学原理。大约在17世纪90年代，胤祉已开始接受西方科学知识的训练，担任其数学老师的有张诚、安多等人，分别教授几何学和算术。除学习数学之外，康熙还亲自带领年轻的皇子们在宫中进行日食观测，有时还进行大地测量。后来皇帝还让十五子胤禑（1693—1731）、十六子胤禄（1695—1767）与胤祉一起向意大利传教士德理格（Teodorico Pedrini，1671-1746）学习律吕知识。

第三节 蒙养斋算学馆的建立及其历算活动

受杨光先反教案的触动，康熙开始学习西方科学，但当时他还很年轻，尚未真正领会到西学的精髓。"国王数学家"到达北京之后不久，年富力强的康熙表现出极强的求知欲，请传教士在宫中传授西学。他非常钟爱西法，对西学深信不疑。但是随着"礼仪之争"的逐渐扩大,尤其是1705年教廷特使多罗(Carlo Tommaso Maillard de Tournon, 1668-1710)来华,引起了清廷和教廷之间的严重冲突,不仅给天主教在中国的发展蒙上了阴影,影响了西方科学在华的传播,也导致了康熙对西学和西洋人看法的转变。

1713年,康熙在畅春园设立蒙养斋算学馆,从事天文观测和西方科学著作的编译,并在全国范围内进行天文测量,受到了法国皇家科学院的影响。康熙和皇三子胤祉等人想模仿法国的科学制度,这是设立蒙养斋及编纂《钦若历书》《数理精蕴》等大型历算著作的重要原因,法国耶稣会士来华在某种程度上促成了清初的科学改革。[1]值得指出的是,设立算学馆是为了在历算活动中取得独立的地位,其结果是,皇三子重用一批文人[2],直接负责历算著作的编纂,目的是摆脱传教士对历算的控制。[3]

在算学馆开馆之前,由于大臣李光地的赞助和数学家梅文鼎的指导,一批精通历算的人才被培养出来,这些学生后来进入蒙养斋供职,为《律历渊源》的编纂创造了条件。[4]为了广纳人才,进行历法改革,康熙采取了特殊的政策,将李光地的学生王兰生、梅文鼎的孙子梅瑴成"赐与举人,一体会试"[5]。王兰生在1713年建议编纂律吕算法著作,作用不小;梅瑴成后来则成为历算著作的总汇编官。由于康熙的重视,一些儒臣加入蒙养斋算学馆,成为宫廷的御用文人,这些人中除梅瑴成、王兰生外,还有陈厚耀(1648—

---

[1] 韩琦《"格物穷理院"与蒙养斋:17、18世纪之中法科学交流》,《法国汉学》(第四辑),北京:中华书局,1999年,第302—324页。
[2] Han Qi, "Emperor, Prince and Literati: Role of the Princes in the Organization of Scientific Activities in Early Qing Period," in Yung Sik Kim & Francesca Bray eds., *Current Perspectives in the History of Science in East Asia* (Seoul: Seoul National University, 1999), pp.209-216.
[3] 康熙时代奉教天文学家、耶稣会士和一些文人(如何国宗、梅瑴成)之间存在着严重的对立,这是康熙决定在钦天监之外另立蒙养斋的重要原因之一。又,值得注意的是,耶稣会士傅圣泽提到法国有"格物穷理院"和"天文学宫",这和蒙养斋和钦天监也可相对应。
[4] 韩琦《君主和布衣之间:李光地在康熙时代的活动及其对科学的影响》,《清华学报》(新竹)1996年新26卷第4期,第421—445页。
[5] 王兰生《交河集》卷一,"恩荣备载",道光刊本。

1722）、顾陈垿（1678—1747）等人[1]，他们后来都担任了重要职位，表明算学受到更大的重视。何国宗（1687—1766）出身钦天监世家，受到康熙的亲自教育，1713年受命担任《律历渊源》汇编官。

康熙五十二年（1713）六月初二日，皇帝谕和硕诚亲王胤祉："律吕算法诸书应行修辑，今将朕所制律吕算法之书发下，尔率领庶吉士何国宗等，即于行宫内立馆修辑。"[2]九月二十日又给胤祉等下旨："修辑律吕算法诸书，着于蒙养斋立馆，开考定坛庙宫殿乐器。举人照海等四十五人，系学习算法之人，尔等再加考试，其学习优者，令其于修书处行走。"[3]除宫廷史料之外，当时参与其事的王兰生也提到康熙给胤祉、十六阿哥胤禄下旨："尔等率领何国宗、梅瑴成、魏廷珍、王兰生、方苞等编纂朕御制历法、律吕、算法诸书，并制乐器，着在畅春园奏事东门内蒙养斋开局。钦此。"[4]所谓"开局"即指设立算学馆，翻译西方历算著作，编纂《数理精蕴》和《钦若历书》。从1689年前后开始学习，到1713年进行真正的历算改革，经历了长达二十余年的准备。

蒙养斋算学馆的设立，与耶稣会士有直接的关系。身为"国王数

---

[1] 在蒙养斋供职的还有方苞（1668—1749）、何国栋、董泰、博尔和、穆世泰、穆成格、余抡、潘蕴洪、沈承烈、朱崧、冯翮、叶长扬、王兰、徐觉民、王元正、陈世明、伦达礼（伦大理）、顾琮和傅明安等人。董泰1703年进士，在翰林院；穆成格是1713年举人（历科），两人都是旗人。陈世明，扬州人，著有《数学举要》。名单主要依据《万寿盛典初集》，康熙刊本，参见 Han Qi, "A French Model for China: The Paris Academy of Sciences and the Foundation of the *Suanxue guan* (Academy of Mathematics)," 2005年7月 第22届国际科学史大会报告（北京），https://www.academia.edu/8139621；"1713: A Year of Significance," 2007年1月9日巴黎法国国家科研中心（REHSEIS, CNRS）演讲，https://www.academia.edu/8278554。法国国家科研中心詹嘉玲（Catherine Jami）教授主持了这两场演讲，并利用了同样材料，在《皇帝的新数学》（*The Emperor's New Mathematics*）一书第十二章专门作了讨论。关于陈厚耀，参见韩琦《陈厚耀〈召对纪言〉释证》，载《文史新澜》，杭州：浙江古籍出版社，2003年，第458—475页；《蒙养斋数学家陈厚耀的历算活动：基于〈陈氏家乘〉的新研究》，《自然科学史研究》2014年第3期，第298—306页。
[2] 《清圣祖实录》卷二五五，第524页。
[3] 《清圣祖实录》卷二五五，第531—532页。
[4] 王兰生《交河集》卷一，"恩荣备载"，第29—30页。

学家"和法国皇家科学院通讯院士的白晋、张诚[1]，以及后来的傅圣泽（Jean-François Foucquet，1665-1741）等人，都曾向康熙介绍科学院及其所从事的科学活动。蒙养斋所从事的天文观测以及大地测量等工作，与法国皇家科学院的活动有一定的关系。[2]算学馆是临时性的修书机构，集中了一批传教士和中国学者。为了编纂《律历渊源》，清廷发布命令，要求地方派送精通历算、音乐及其他有特长的人才到京城考试。各省送了三百余位懂算学的人到京城面试，最后录取了七十二人。[3]除了考试录用之外，江苏武进杨文言因"颇通才学，兼通天文"，通过陈梦雷推荐，直接为诚亲王服务，获得了较高的待遇。一些士人（如方苞）也被吸收进馆。在算学馆除教授历算知识之外，还进行天文观测，以重新测定黄赤交角的大小。

由于胤祉在历算方面的才能，康熙让他负责《律历渊源》的编纂。胤祉经常向康熙汇报活动的进展，同时和几位弟弟受命向传教士学习历算知识。《律历渊源》之所以能够完成，胤祉所起的作用最大。此外，参与《古今图书集成》编纂的一些学者，也同时参加了《律历渊源》的工作，他们都受到胤祉的赞助。

从满文奏折可看出，大约从1712年起，康熙对数学活动就非常关注。1712年前后，康熙还让白晋研究《易经》，同时对程大位（1533—1606）《算法统宗》感兴趣，并命内务府官员和素、李国屏查阅，认为"此书有用""书甚佳"[4]。当康熙爱好此书的消息从禁廷传出之后，导致了《算法统宗》的重刊。程大位的族孙世绥在重刻《直指算法统宗》序中称：

---

[1] 关于皇家科学院和中国的关系，参见韩琦《中国科学技术的西传及其影响》，石家庄：河北人民出版社，1999年。
[2] 韩琦《"格物穷理院"与蒙养斋：17、18世纪之中法科学交流》，《法国汉学》（第四辑），第302—324页。
[3] 黄锺骏《畴人传四编》卷七，顾陈垿传，《留有余斋丛书》本，第14页。
[4] 《康熙朝满文朱批奏折全译》，北京：中国社会科学出版社，1996年，第805—806页。

比来京师，属天子留心律历，开置馆局，修明算法，四方经纬通达之彦云集辐辏，予尝以暇过从诸公游，亟为余称道，以谓此书实集算学大成，极为今上所许可，而名公巨卿辈亦各争相购致以为重，余因退而纵观，见其爬罗剔抉，穷幽极渺，九章之经，乘除之法，无不昭昭焉。[1]

同时康熙也亲自讲授了《几何原本》和《算法原本》等书，以及测量、三角、勾股等知识[2]。康熙的讲解显然很有成效，徐天爵之子学了两个月，已把"所有难计算之各科学会"，徐天爵于是奉承拍马，说"圣上定暗藏教授浅易之妙计"。至于前来听讲的人，都是一些年轻人。

1713年前后，耶稣会士纪理安、杜德美、傅圣泽、杨秉义、孔禄食、严嘉乐、巴多明经常应召，参与数表的编制与原理的解释工作，历算活动相当频繁。

杜德美、傅圣泽、巴多明等法国耶稣会士来华，都和白晋有关。杜德美、傅圣泽作为康熙的数学教师而出入宫廷，或随侍左右。杜德美有较高的科学素养，对数学极感兴趣，1701年到达中国，在北京时曾给康熙及其皇子讲解数学，并参与了《皇舆全览图》的测绘与总图拼接工作。他对清代数学的贡献莫过于传授"杜氏三术"，即牛顿等人的三个无穷级数公式，这是西方数学的新成果。《数理精蕴》编纂期间，梅毂成、明安图均在蒙养斋，杜德美大概是在1713—1720年间把"杜氏三术"传授给中国数学家的。梅毂成把杜德美的方法收入《宣城梅氏历算丛书辑要》的附录《赤水遗珍》中，称为"求周径密率捷法"和"求弦矢捷法"，这为计算圆周率和三角函数值提供了新的算法。杜德美对当时欧洲微积分发展有一定了解，

---

[1] 参见1716年（康熙丙申）程大位曾孙程光绅、程钫的重刻本《直指算法统宗》，海阳率滨维新堂藏版。
[2] 《康熙朝满文朱批奏折全译》，第806页。

洪若对他给予了很高评价，说他非常精通解析法、代数学、机械以及钟表理论[1]，这与他在中国的活动可以相互印证。虽然杜德美并不情愿传播科学，但他所介绍的数学知识，受到了清代数学家的重视，并引发了无穷级数展开式的研究，成为明清数学史的重要内容之一。[2]

《几何原本》的编纂经历了相当长的时间，从1689年康熙开始学习数学开始，似乎一直没有停止过。直到1713年，康熙仍对胤祉说："《几何原本》一书，互证之处甚多，务十分留意修之才好。"[3]他对《几何原本》的编辑要求十分严格，并专门下达旨意："一部成型好书内，若有错字，算何规矩，详校之。"[4]正是因为康熙的认真和严格要求，直至1722年《数理精蕴》才以铜活字印刷完成。

---

[1] 1704年1月15日洪若致拉雪兹神父的信，载 *Lettres édifiantes et curieuses, écrites des missions étrangères, par quelques missionnaires de la Compagnie de Jésus* (Paris: Chez Nicolas le Clerc, 1708), Tome VIII, p.88.
[2] 韩琦《数学的传入及其影响》，载董光璧主编《中国近现代科学技术史》，长沙：湖南教育出版社，1997年，第87—127页。
[3] 《康熙朝满文朱批奏折全译》，第914页。
[4] 《康熙朝满文朱批奏折全译》，第918—919页。

第四章 科学与权力：日影观测与康熙时代的历法改革

康熙时代的西学传播，是清代科学史上最饶有兴味的篇章。科学不仅作为康熙皇帝的业余爱好，也成为他政治生命的重要部分，在权力运作中扮演了十分重要的角色。康熙勤奋学习西学，事必躬亲，不仅因为他的确有此爱好，更是因为他试图借欧洲新知来达到控制汉人和洋人之目的。本章将根据宫廷官方文献，结合汉族大臣的文集与欧洲所藏档案，以1711年日影观测为例，希冀从社会史、政治史、宗教史的视角，探讨康熙皇帝、耶稣会士和文人在历法改革中的不同作用，并阐释康熙时代科学传播以及知识和权力交织的复杂背景。[1]

第一节 康熙热衷日影观测之经过

1688年，是清代科学史上的重要转折之年。这一年南怀仁去世，洪若、白晋、张诚等法国"国王数学家"到达北京。[2]和南怀仁时代不同，法国耶稣会士除传教外，还肩负着皇家科学院的使命，并且和科学院院士保持了密切的来往，因此能及时获取欧洲

---

[1] 此章据拙作《科学、知识与权力：日影观测与康熙在历法改革中的作用》，《自然科学史研究》2011年第1期，第1—18页。
[2] 当时在钦天监工作的只有闵明我、安多、徐日昇等人，而徐日昇对科学所知不多。

科学新知。[1]"国王数学家"一行带来了法王路易十四赠送的大量礼物,包括科学仪器和书籍,共计大中小三十箱。康熙二十七年二月二十一日,皇帝在乾清宫大殿接见,"天颜喜悦,赐茶优待"[2]。这些西洋礼物给康熙留下了深刻的印象,而他重新燃起对科学的兴趣,与这些西洋仪器也不无关系。1690年底,康熙还不满足于这些礼物,甚至派苏霖到广州采购数学仪器和欧洲奇珍,但他不想公开这项活动,而是秘密进行。从此,欧洲科学在宫廷的传播进入了新的阶段。1689—1691年间,康熙甚至一周数次,频繁向传教士学习几何、算术,乃至哲学[3]、天文、音乐、解剖学知识,也时常询问一些欧洲的形势,表现了对西方新知强烈的好奇心。在学习了欧洲科学知识后,康熙在公开场合有所表现,1691年2月28日发生日食,他和大臣作了观测,意在让大臣知道他学习取得的进步。

康熙对日影测量也颇为关注,张诚在日记中写道:

> (1690年10月)30日,正是我进宫的日子,我与安多神父一起被传入皇上的房间,我们与他一起度过了近两个小时。在我为他读出满语解释的同时,他亲自翻动书页,然后他要求将如何测定日晷指针投影的方法解释给他听。[4]

张诚、白晋经常受命随康熙出巡,作为科学顾问,备询天文、数学乃至其他知识。1691年5月,康熙外出,途中请张诚、白晋一起复习实用几何学,并向张诚请教星象知识,也提到了有关日影观

---

[1] 韩琦《康熙朝法国耶稣会士在华的科学活动》,《故宫博物院院刊》1998年第2期,第68—75页。韩琦《中国科学技术的西传及其影响(1582—1793)》。
[2] 韩琦、吴旻校注《〈熙朝崇正集〉〈熙朝定案〉(外三种)》。
[3] 白晋和张诚曾介绍皇家科学院院士 Jean-Baptiste du Hamel (1624-1704) 的哲学著作。
[4] Jean-Baptiste du Halde, *Description géographique, historique, chronologique, politique, et physique de l'empire de la Chine* (Paris, 1735), T.4, p.240.

测的问题。张诚在日记中还写道：

> 11日，我们像之前一样清晨就出发了，我们在一个离密云三十里叫 Chin Choan 的村子里进餐，晚上则睡在一个叫石匣城的镇子上，一天我们共走了六十里。我们到达之后不久，皇帝派人来问我此地北极高度（纬度）要比北京高多少，并想知道在计算正午日影时需要作哪些变化。[1]

康熙以耶稣会士为师，勤学不息，不耻下问，科学水准有了大幅提升。之后，在与大臣的接触中，历算、音乐便成为交谈的话题，亦可说是康熙炫耀的资本。康熙三十年（1691）十月十一日辰时，康熙到乾清门听政：

> 部院各衙门官员面奏毕，大学士伊桑阿、阿兰泰、王熙、张玉书，学士彭孙遹、西安、王国昌、年遐龄、王尹方、满丕、图纳哈、思格则、布喀以折本请旨后，上顾谓大学士等曰："《性理大全》所言三分损益、径一围三之法，尔等以为可行否？明时人有论乐律之书，前令熊赐履看阅，昨赐履阅毕进呈，其意仍以蔡元定之说为主。朕问蔡元定之说果吻合乎？赐履云：'似亦相近。'以朕观之，径一围三之法推算必不能相符，若用之治历，必多违舛。今试以此法算日月交食，其错缪可立见矣。又有为密率乘除之说者，径一则围三有奇，径七则围当二十有二，递推之，皆用此法，然止可算少，不可算多，少则所差微渺，积至于多，而所差或什伯或千万矣。即圆十方九之说，其法似乎少密，若数多，亦未能悉合。明末有郑世子载堉，

---

[1] Jean-Baptiste du Halde, *Description géographique, historique, chronologique, politique, et physique de l'empire de la Chine* (Paris, 1735), T.4, p.253.

其论乐律，极言三分损益隔八相生之非，但其说亦不能无弊。总之，算法明显易见，不容毫厘有差，试之于事，皆可立验，虽不谙文义之人，亦能辨其是非，欲以空言取胜，不可得也。"王熙、张玉书奏曰："凡事必求实验，况算法争在铢黍，关系最要，律度量衡，皆从此出，历代论岁差亦只重算法，胶执偏见，茫无实验，何补于用？"[1]

其中谈到的径一围三，就是圆周率；隔八相生，则是音乐的问题。张玉书对此也有记载，从不同方面勾勒了这场对话的场景，事件描述更为清晰。非常有趣的是，康熙还在这一场合首次提到了数学家梅文鼎：

上又谕曰：近日有江南人梅姓者，闻其通算学，曾令人试之，所言测景，全然未合。从来测景之法，某日某时，太阳到某度，影之长短，其辨至细。此人立表甚短，虽所差微渺，但一寸中差一分，至尺则差一寸，至丈即差一尺。彼因算法不密，故测景用短表，以欺人不见耳。[2]

接着说：

算法之吻合者，其本原具在，止因人不能穷究，如熊赐履言算法，皆踵袭宋人旧说，以为是径一围三之法，深晰其非者有人，今若直指其误，必群起而非之，以为宋人既主此论，不

---

[1]《清代起居注册》（康熙朝）第二册，台北故宫博物院藏，台北：联经出版事业有限公司，2009年，第986—989页。又见张玉书《张文贞公集》卷七，第1—2页，侍直恭纪，松荫堂藏版，乾隆五十七年。
[2]《清代起居注册》（康熙朝）第二册，第989—990页。或作"此人立表至短，曾不逾寸，一寸中差一秒，至尺则差一分，至丈即差一寸"。见张玉书《张文贞公集》卷七，第1—2页，侍直恭纪。

可不从，究竟施诸实用，一无所验。尔等第依其法试之，当自了然也。王熙等奏曰：前人所言，岂能尽当？径一围三之法推算不符，虽蔡元定之言，何可从也？皇上洞悉律数，究极精微，真是超越千古。臣等疏陋，得闻所未闻，不胜欣幸。[1]

梅文鼎当时在京城已颇有名声[2]，康熙大约是从李光地口中得知其名字，还专门派人考察他的日影测量知识，结果却令康熙大为失望。梅文鼎未能马上受到朝廷的重用，大约也与这次测试有关。康熙这番对算法的大肆造作，是不折不扣的作秀，却对汉人官员造成了很大触动。康熙借机当着大臣张玉书、王熙的面批评熊赐履对历算的无知，显然是对汉人的一种警示。

第二节　1692年乾清宫之日影观测

时隔不久，康熙三十一年（1692）正月，皇帝在乾清门听政，又旧话重提，现身说法，再次作了一场精彩的表演，其中也包括日影观测：

甲寅（初四）。上御乾清门，召大学士九卿等至御座前。上取《性理》展阅，指太极图谓诸臣曰：此所言皆一定之理，无可疑论者。又指五声八音八风图曰：古人谓十二律定，而后被之八音，则八音和，奏之天地，则八风和，而诸福之物，可致之祥，无不毕至，其言乐律，所关如此其大，而十二律之所从出，其义不可不知。如《律吕新书》所言算数，专用径一围三

---

[1]《清代起居注册》（康熙朝）第二册，第990—991页。又见张玉书《张文贞公集》卷七，第1—2页，侍直恭纪，但文字略有差异。
[2] 1691年夏，梅文鼎移榻李光地寓邸，次年仍在北京。参见李俨《梅文鼎年谱》，《中算史论丛》（三），北京：科学出版社，1955年。

之法，此法若合，则所算皆合，此法若舛，则无所不舛矣。朕观径一围三之法，用之必不能合，盖径一尺，则围当三尺一寸四分一厘有奇；若积累至于百丈，所差至十四丈有奇，等而上之，其为舛错可胜言耶？因取方圆诸图，指示诸臣曰：所言径一围三，止可算六角之数，若围圆，则必有奇零，其理具在目前，甚为明显。朕观八线表中半径勾股之法，极其精微，凡圆者可以方算，开方之法即从此出，逐一验算，无不吻合；至黄钟之管九寸，空围九分，积八百一十分，是为律本，此旧说也。其分寸若以尺言，则古今尺制不同，自朕观之，当以天地之度数为准。至隔八相生之说，声音高下，循环相生，复还本音，必须隔八，此一定之理也。随命乐人取笛和瑟，次第审音，至第八声，仍还本音。上曰：此非隔八相生之义耶，以理推之，固应如是。上又曰：算数精密，即河道闸口流水，亦可算昼夜所流分数，其法先量闸口阔狭，计一秒所流几何，积至一昼夜，则所流多寡，可以数计矣。又命取测日晷表，以御笔画示。曰：此正午日影所至之处。遂置乾清门正中，令诸臣候视。至午正，日影与御笔画处恰合，毫发不爽。诸臣等奏曰：臣等今日仰承圣训，得闻所未闻，见所未见，不胜欢庆之至。[1]

乾清宫是皇帝接见大臣、议政和接见外宾的重要场所。一位大清帝国的皇帝，在御门听政的场所，和大臣讨论的却是历算问题，时值严寒，还命大臣"候视"日影，更命人当场演奏音乐，这是何等不寻常的一幕！这一记载，充分显现了康熙借助西学，"活学活用"的真实场景。皇帝口授音乐理论，而且亲自测量日影无误，当然更使得大臣们"钦服"不已。

---

[1]《清圣祖实录》卷一五四，第698—699页。又见《熙朝新语》卷五，第2页，嘉庆二十三年刻本；《养吉斋余录》卷三。

通过上述史料，可以看到康熙关注律吕（音乐）、圆周率等问题，以及水流量的计算、日影的观测，涉及数学、天文学、音乐等理论。比较两次听政，可以看到康熙对圆周率的认识有了进一步的提高。而康熙科学素养的提高，则是这场作秀成功实现的关键。结合耶稣会士的记载可知，其中的某些知识（如日影观测），康熙刚刚学到不久；而音乐知识，则很可能得自耶稣会士徐日昇的传授。经过1689—1691年约两年的时间，耶稣会士系统的历算教育使康熙受益匪浅，使他能够运用欧洲新知，来作这场精彩的"演出"。

除《清圣祖实录》之外，在场的大臣对此事也有记载，如王熙（1628—1703）"奉召于乾清门，同满汉正卿及翰林掌院学士等恭睹上亲算乐律历法，并令善算人于御前布算《九章》等法，测日水平日晷，午后始出"[1]。半天之内，大凡音乐、数学和天文历法以及河道水流量的计算等等，都有涉及。康熙的举动给大臣留下了深刻的印象，他们"仰承圣训，得闻所未闻，见所未见，不胜欢庆之至"[2]。感叹之余，也感到无形的压力："退而相顾惊喜，深愧从前学识浅陋，锢守陈言，而不自知其迷惑也。"于是向康熙建言，编纂乐律、历算著作，"垂示永久"[3]。康熙的表演实际上隐含了重要的政治动机，并不是单纯的个人炫耀，而是从文化方面向汉人"示威"，凸显满族君主的才能，以慑服汉族大臣。[4]这场作秀不仅对在场的大臣产生了很大触动，还载诸邸抄，对文人造成了很大的影响，翰林院检讨毛奇龄在看到报

---

[1] 王熙《王文靖公集》，康熙四十六年王克昌刻本，内年谱"六十五岁"条，但年谱给出的日期是"初五日"，比官方史料晚一天，可能有误。
[2] 《清圣祖实录》卷一五四，第699页。
[3] 张玉书《张文贞公集》卷二，第9—11页，请编次乐律算数疏，乾隆五十七年镌，松荫堂藏版。
[4] 在其他场合，康熙的表演也让儒臣"佩服"得五体投地，恭维不已，康熙为此也沾沾自喜，陶醉其间。凭借自己的博学和科学才能，康熙甚至公然批评汉人"全然不晓得算法"。大臣李光地之所以聘请数学家梅文鼎，和学生一起学习算学，其目的正是为了迎合皇上的兴趣。参见韩琦《君主和布衣之间：李光地在康熙时代的活动及其对科学的影响》，《清华学报》（新竹）1996年新26卷第4期，第421—445页；《康熙时代的数学教育及其社会背景》，《法国汉学》（第八辑），第434—448页。

道之后，还专门恭进乐书，以迎合康熙。[1]

不幸的是，历算改革的倡议当时并没有引起应有的反响。究其原因，历算人才的缺乏是最为关键的因素。当时梅文鼎著作尚未刊刻，其他擅长算学之人也屈指可数。加之1692年之后的数年间，康熙国事繁忙，有亲征噶尔丹之役，历算教育出现了停顿，种种因素使得历算改革不能及时进行，但是康熙在这段时间内所积累的天文、数学、音乐知识，却为他晚年从事《律历渊源》的编纂打下了基础。

回过头再来看康熙的这场"历算秀"，无疑是早有"预谋"。当时不仅有满汉大臣在场，他还特地请来了明代遗民方以智之孙方正珠，情形实属罕见。[2] 官方史料对此并没有任何记载，幸运的是，清初文人王士禛生动地记录了这一场景：

> （康熙三十一年正月）初四日，有旨召内阁满汉大学士、满汉尚书、左都御史、吏部汉侍郎彭孙遹、兵部满汉侍郎朱都纳、李光地、翰林院汉掌院学士张英等入。上御乾清门，命礼书熊赐履、兵侍李光地、学士张英近御座，上指示诸图，论古今乐律得失大旨，以隔八相生为合，围三径一为未合，复命侍卫鼓瑟，教坊司吹管以验之。再试江南桐城监生方正珠开方立方算法，移晷而退。方明崇祯庚辰进士翰林简讨以智之孙也。隔八相生，谓宫一徵二商三角四羽五，变宫六，变徵七，八复为宫。李少司马云：自昔论乐律诸家，无人研究及此。[3]

专门征召方正珠，并测试其数学水平，不仅表明康熙对数学的一贯兴趣，也表明他希望借机让更多汉人了解自己的历算才能，而

---

[1] 毛奇龄："呈进乐书并圣谕乐本加解说疏"（康熙三十一年五月十五日），载《西河合集·文集》奏疏，第4—8页，乾隆间重修本，中国科学院文献情报中心（国家科学图书馆）藏。
[2] 上面王熙年谱中提到的"善算人"可能就是指方正珠。
[3] 王士禛《居易录》卷一五，第3页，康熙辛巳年（1701）刊本。

这场"历算秀"无疑扩大了"演出"的观众面,因为方正珠回到桐城之后,势必也会向人道及此事。除了王士禛的记述之外,皇帝和方正珠的见面,旁人也有所闻。桐城县志对此便有记载:

> 方正珠,字浦还,中通二子。幼承家学,精于律数。康熙壬申春,以明经召对,问律吕之学,示以中和乐诸法器,奏对称旨。进父中通所著《数度衍》,并自著《乘除新法》,一时从学者奉为准绳。[1]

从这里可以看到,方正珠进呈其父方中通的数学著作《数度衍》,以迎合康熙的算学兴趣,不过康熙对此书的反映如何,尚未发现任何资料记载。从1691年底对梅文鼎历算水平的测试,到1692年初对方正珠的征召,可以看出康熙对略懂历算的汉人十分关注,不过梅文鼎和方正珠的表现都不能令他满意。直至1702年,康熙还说"汉人于算法一字不知"[2]。

从康熙初年的历法之争、南怀仁的日影观测,到1692年乾清宫的君臣之对,并没有引起大规模的历算活动。在之后的十多年间,康熙有关历算活动的作秀并不多见,这并非说明康熙对西学失去了兴趣,实际上,在不同场合,康熙仍有不少关于历算的言论。

第三节　1711年日影观测与历法改革的缘起

杨光先反教案之后,西学在清廷逐渐占据了主导地位。"国王数学家"到达北京后不久,康熙对西学的求知欲则到达了顶峰。此后他

---

[1] 廖大闻等修,金鼎寿纂《桐城续修县志》卷一六《人物志·文苑》,道光十四年(1834)刻本,《中国地方志集成》第十七辑第十二册《安徽府县志辑》,南京:江苏古籍出版社,1998年,第552—553页。
[2] 李光地《榕村语录续集》卷一七《理气》,傅氏藏园刻本。

对西学颇有好感,直至1704年仍对新法推算深信不疑。

康熙对日影观测十分关注,1709年,在和陈厚耀的谈话中再次提到日影的话题,陈厚耀《召对纪言》对此有生动记载:

> (康熙四十八年四月二十二日)上召大学士张玉书、陈廷敬入问话,少刻,内监召厚耀入畅春苑内,引至南书房。两中堂传旨问云:闻汝精通历算之学,毕竟所学何算?可写数语回奏。臣厚耀对云:臣幼读性理,研思历法,因未知算,故又学算法,渐通《九章》,复讲三角,其理本于割圆,用之测量,精微奥衍,妙义无穷,臣仅得其大略,未识其全义,复乞皇上指示,容臣再加学习。中堂据此具折回奏。上特撤御馔以赐,命内监赍至南书房,中堂及臣厚耀皆跪谢。午刻,内侍李玉传旨问:汝测量是用何法?臣跪对云:测量之法,由近可以测远,由卑可以测高,由浅可以测深。又问:能用仪器否?臣对云:臣家无仪器,只用丈尺亦能测量,与仪器同是一理,仪器以圆测方,须用八线表,丈尺以方测方,直用三率法。又问云:能测每日日景长短否?臣对:日景随各地北极高下方可测。[1]

值得注意的是,康熙和陈厚耀谈话的时间是1709年,离大地测量开始仅有约一年时间。与此相关,全国各地进行了日影和北极高度的测量。为配合测量活动,传教士编纂了《算日影细草》一书[2],由此可以推想,康熙在向传教士学习了日影测量的知识之后,与陈

---

[1] 韩琦《陈厚耀〈召对纪言〉释证》,载《文史新澜》,杭州:浙江古籍出版社,2003年,第458—475页;《蒙养斋数学家陈厚耀的历算活动:基于〈陈氏家乘〉的新研究》,《自然科学史研究》2014年第3期,第298—306页。
[2] 《算日影细草》,里昂市立图书馆藏稿本,藏书号Ms.81。此书有题目"假如康熙四十七年十一月初十日京都午正日影长短几何?",由此可推测成书年代在康熙四十七年前后。该馆还藏有康熙时代历法改革时的其他手稿,如《黄赤距度表》《清蒙气差表》《地半径差表》,以上三册一函;《地平线离地球圆面表》《蒙求各法细草》,由耶稣会士巴多明寄回法国。

厚耀有了这段对话,并详细谈论了北极高度的测量问题。有意思的是,大约在同时,康熙还写了《量天尺论》一文,专门提到了日影观测一事:

> 或曰:古有量天尺,然天可量乎?对曰:此数学之不解,天文之不明。自古未定之学,况万几不暇,惟日孜孜,宵衣旰食,用心治理,不当论及。奈自弱龄读书,凡有学问,必细心考索,务求真实。少得历根、三角、勾股之精微,故不辞无文,而援笔论之。夫天者,高明在上,万物覆焉。《易》云:"天尊地卑,乾坤定矣。"[1]《书》云天高听卑,至理明矣。言其德也。天无私覆,无为而成者,天之道也。苍苍在上,不可阶而升者,理也,何能量之乎?圣人作而有太极阴阳,河图洛书出焉,所以仰观俯察,用一三五七九之奇数、二四六八十之偶数,验之于推测,考之于鸟兽草木,而后定历元,分闰余,察黄钟之律,而万事之本得矣。齐政授时黎民于变时雍者,圣人之德也。后世不察究天文历元之所由来,只求于末节,图捷易为,所以日离月远而不悟。兼之文章聪明各出己见,后世数学茫然不传矣,岂不惜乎?历元之测天者,最关于度数分秒。天之三百六十度,地亦三百六十度。地之一度,以周尺测验,得二百五十里而无余,以今尺测验,得二百里无余。知其天度地度同也,以之而测太阳之某日某地高度,即得北极之高度。按法算之,不在表之大小,地方之远近,丝忽不爽。扩而充之,七政凌犯交食,虽千万年,或前或后,可坐而待也,岂不信乎?前儒尝论,总因理深者太过而不明数学,数学者不及而未必得理,各涂各作,不能合而为一。后人以文章之雌雄为断,亦不劳心静思,求圣人敬授人时之本也。朕尝试之,至二十里不测太阳之高度,种

---

[1]《周易·系辞上》。

种差分之数少有疏忽，其表影即不准矣。又考古人先定影数，不究表之长短，只定冬至一影，而纷纷立议，所以不明者甚矣！此至理之所在，非难事也。傥见理不确，以聪明寻去，再无头绪，不得表影之准则矣。依此论及，天不可量，地可量也。古人精于测器，凡有岁差、月差、日差、时差、蒙气差之类，皆自测量而得，非有他伎也。朕偶有测量，无不细究。帝王之家，物无不有，往往以测器中留心又如此。设使改历元作八线，皆可以目前试得。总而论者，测日影长短则有所据，若量天则非吾之所能也。[1]

当时钦天监所采用的仍是第谷的折中体系，然而到了康熙五十年十月十六日，康熙提到钦天监用西法计算夏至时刻有误，与实测夏至日影不符，于是对大臣说：

> 天文历法，朕素留心。西洋历大端不误，但分刻度数之间，久而不能无差。今年夏至，钦天监奏闻午正三刻，朕细测日影，是午初三刻九分。此时稍有舛错，恐数十年后所差愈多。犹之钱粮，微尘秒忽，虽属无几，而总计之，便积少成多。此事实有证验，非比书生作文，可以虚词塞责。今且看将来冬至如何。[2]

1711年夏至的日影观测，让康熙对西学的看法有了转变，认为欧洲天文学精度不高，希望钦天监对此加以注意。那么康熙是如何

---

[1]《御制文第三集》卷一九，第9—13页。据《四库全书总目提要》，此集成书于康熙三十七年至五十年（1698—1711）。
[2]《清代起居注册》（康熙朝）第二十册，第11004—11005页。又见《清圣祖实录》卷二四八，第456页，但缺"今且看将来冬至如何"一句。

发现其中奥秘的呢？

有意思的是，宫廷文献对此事起因有一定的描述。事情可以上溯到康熙五十年五月初九日，耶稣会士闵明我、纪理安收到康熙"手谕算法"，"细读毕，喜之不尽"，并吹捧康熙"乃天生圣贤，无微不通。虽算学之七政皇历日食月食等诸原理，精通详核，故每年节气所定时刻，较推算原理又甚难，且皇上之圣学渊博，得之如此，此亘古未有者矣"。文中还提到"唯杨秉义之算法，不知本自何年，或京城、或热河地方经度几何，亦未书之。臣等尚未明了，故不敢即奏"，接着详细解释了康熙皇帝的日影观测和钦天监可能不同的原因：

> 再，查阅钦天监验算皇历官员向来所学新法文表内所开，日差分秒均无错误。又查得，七政皇历中夏至、冬至，以新法里数验算，必用日差之分秒增减。若修皇历，唯用时刻分数，此皆遵循旧例定书者。倘若衙门常用表中有细微误差，亦一时难以核查。虽在西洋表中，亦有所不同。因非一人所修，名虽同，或处相异。再者，用表虽知有误，亦不可即信。必于数年中核查一次，用测量之法加以核对，是亦所以纠正也。唯皇上日晷之法甚善，大小日晷其皆一。西洋人每观测日影，向南立高墙数丈，凿孔以通日影于地，铺一铜板于平地，分为万分之数观之，则见之甚易。比较铜板之日光照在何宫，则较目视日晷，极其清晰。等语。[1]

十三日，闵明我、纪理安、钦天监衙门官员对日影进行了计算。十五日，内务府官员王道化、和素收到"计算之书"，并转递康熙皇帝。康熙在看了这份奏折后，作了批示：

---

[1] 康熙五十五月十二日闵明我、纪理安奏折，《康熙朝满文朱批奏折全译》，第 1675 页。

> 初六日夜，初七日子时，日在何宫何度，初八日子时，日在何宫何度，加此二宫之度而平分，方得初七正午日之位置。若谓尔七政皇历无误，着尔等即将尔七政皇历分算奏来。何其卑鄙！〔1〕

康熙用"何其卑鄙"这样的词句严厉斥责他一向信任的耶稣会士，显然是十分震怒。皇帝对自己的计算与观测十分自信，加之他已通过杨秉义得知一些新的知识，因此更觉得闵明我等人的答复不过是找出种种理由来推脱，没有应有的勇气来承认自己的错误。王道化、和素在接到康熙朱批之后，"即召闵明我、纪理安、钦天监衙门官员来看"。闵明我、纪理安等跪读毕，奏言："所谕甚是。前我等苟且粗算便奏，至急报迁。闵明我、纪理安我等不胜惶愧。今蒙颁旨指教，详细分算七政皇历谨奏。"钦天监监正明图等亦跪读毕，言："奴才等亦钦遵训旨，详细分算七政皇历再奏。"十六日，王道化等将闵明我、纪理安、钦天监官员此奏报康熙皇帝，十八日收到康熙朱批："彼等无论怎样着急，还是彼等之皇历也。此次可以固执，俟回宫后，当面计算，或许知之矣。"〔2〕十九日，王道化等在给皇帝的奏折中写道：

> 奴才等恭阅，思之，闵明我、纪理安极为固执，竟掩饰已咎，因此愈觉其卑贱。钦天监等先仅照闵明我等法子计算，今遵皇上训谕计算，始赞皇上计算详细。奴才等斥责闵明我、纪理安曰：尔等掩饰失误，甚为卑鄙，尔等可欺我等，岂能逃皇上睿鉴？等语。所有皇上御制算法一张，闵明我、纪理安、钦

---

〔1〕康熙五十五月十二日闵明我、纪理安奏折，《康熙朝满文朱批奏折全译》，第1675页。
〔2〕王道化等奏报计算太阳位置折（康熙五十年五月十六日），《康熙朝满文朱批奏折全译》，第723页。

天监等计算满汉文奏折二件，一并谨奏。[1]

从上述官方文献中可知，闵明我和纪理安是这场争论中的主人公。闵明我是意大利耶稣会士，时任钦天监监正（由纪理安协助）。从1688年到1711年，因年老体弱，他曾挑选庞嘉宾（1707年到京，1707年11月至1709年）协助，但1709年11月庞氏去世。1700年，闵明我向康熙帝建议，在宫廷给每个耶稣会士一个职位，康熙起初同意，但后来没有实现。他曾编有《交食表》（1703）[2]、《方星图解》（1711年刊）[3]，后者根据法国耶稣会士巴蒂斯的星图而作[4]。大约是受到康熙的斥责，在夏至日测量之后不久，闵明我就提交了辞呈，由纪理安接任，康熙马上批准了他的请求。据《康熙起居注》记载，康熙五十年十月十六日，上御畅春园，"又覆请钦天监治理历法闵明我年老告休一疏。上曰：闵明我年老，准其告退，着季（纪）理安治理历法"[5]。纪理安为德国耶稣会士，1695年抵京，1711年接任闵明我在钦天监的工作，直至1719年病退，主要从事太阳位置计算以及天文表的制作。1715年，他设计制作了地平经纬仪，为此熔化了古代的天文仪器，遭到了梅毂成等人的批评。[6] 1705—1720年间，他作为视察员，负责教会的事务，维护葡萄牙耶稣会士的利益，不遗余力。

---

[1] 王道化等奏报闵明我等人情形折（康熙五十年五月十九日），《康熙朝满文朱批奏折全译》，第724页。
[2] BnF，Chinois 5007.
[3] 中国国家图书馆藏；BnF, Department des Estampes, Oe 167. 此图依据 I.-G. Pardies, *Globi coelestis in tabulas planas redacti descriptio latina gallica*. Paris, 1674. F.-T. de Choisy, *Journal du voyage de Siam* (Paris: Fayard, 1995, p.49) 提到1685年3月13日 Choisy 见到此图后很高兴，说明洪若翰身带了这幅星图。
[4] 韩琦《耶稣会士和康熙时代历算知识的传入》，《澳门史新编》（三），澳门：澳门基金会，2008年，第967—986页。
[5] 《清代起居注册》（康熙朝）第二十册，第10998页。大约是批准闵明我辞职的当天，康熙旧话重提，谈among了夏至日影的测量。
[6] 韩琦《"自立"精神与历算活动：康乾之际文人对西学态度之改变及其背景》，《自然科学史研究》2002年第3期，第210—221页。

实际上，在这场日影观测的背后，还有一位很重要的人物，那就是新来的波希米亚耶稣会士杨秉义。杨秉义1710年与麦大成（João Francisco Cardoso, 1677-1723）到澳门，11月27日，一同经大运河启航北上，此外还有德理格、山遥瞻（Guillaume Fabre Bonjour, 1669/1670-1714）和马国贤（Matteo Ripa, 1682-1745）。[1]

康熙五十年四月，皇帝和往年一样到热河避暑。巴多明和德理格、马国贤、杨秉义、罗德先（Bernard Rodes, 1646-1715）等人随行，杨秉义作为数学家，罗德先作为外科医生，马国贤作为画家，巴多明、德理格主要担任翻译之职。根据西文档案，康熙在热河就日影问题询问了刚到中国不久的杨秉义，杨秉义不知皇帝的用意，就用耶稣会士利酌理的表计算，结果发现夏至点在午前20分钟，与钦天监的计算不一致，这使康熙知道西方已有新的天文表，确信是钦天监出错。[2]康熙试图强迫杨秉义赞同他的意见，但是这位神父坚决不认可，总是回答说天文表之间的差别不能称之为错误。康熙不能在他那里得到满意的答复，转而将计算结果寄送北京，并且还附上一份他亲笔书写的谕旨，要求对何以出现这一错误进行检查并向他报告。而这正好可以和上面所引的满文奏折互相印证。此事让康熙对传教士产生了怀疑，更加深了因教廷特使来华之后所引起的对欧洲人的不信任感。

康熙五十年九月二十二日，皇帝从热河回到北京，在畅春园过冬，而那里总有一些传教士随时备询。自从夏至日影测量事件之后，康熙对历算问题练习得更加勤奋。据传教士记载，皇帝是这样度过那些日子的："他醒着的时候思考的问题，使他彻夜不眠。他把杨秉义神父和翻译巴多明神父从早到晚留在宫中，并且不断给他们送去

---

[1] Matteo Ripa, *Memoirs of Father Ripa, during Thirteen Years' Residence at the Court of Peking in the Service of the Emperor of China*. Selected and translated from the Italian by Fortunato Prandi (London, 1844), p.37.
[2] 参见本书附录傅圣泽的报告。

有关几何、数字和天文学的问题。这些考察和试验显然是一种不信任的结果。"

那么，是何种因素引起了日影观测结果的变化？这需要对当时天文学背景作一回顾。

从1668年南怀仁观测日影，到1711年，时间已经过去了四十多年，而在这期间，欧洲天文学有了长足的进步。首先是明末传入的蒙气差理论，到了18世纪初，已有了较大的修正，对这些因素作出重要改进的是天文学家卡西尼等人。其次，"地半径差"（parallax）理论在当时也有新的变化。上述因素，导致了黄赤交角数值的变化。1711年日影观测的争论，和耶稣会士传入的欧洲天文学新进展有密切联系。后来康熙御制《钦若历书》（雍正初改名《历象考成》）和乾隆时《历象考成后编》的编纂，正是引进了上述新的成果。[1]

1711年，是康熙科学活动十分频繁的一年，他不仅参与了日影观测的活动，还于二月初九日带领皇太子、亲王和大臣测量大地，并进行指导，谈到《易经》、算学、"阿尔朱巴尔"（代数）、西学中源等问题，科学内容十分丰富。需要注意的是，在这些谈话背后，耶稣会士白晋等人及其活动，起到了一定的作用。[2]十分有意思的是，康熙还重提旧事，谈及算学家梅文鼎：

"昔有一善算者，名梅文鼎，年逾七十，朕召问算法，彼所识甚多，彼所问朕者亦皆切要，然定位彼却不知。朕执笔画圈纸上

---

[1] 这些新的天文学成果多为来华法国耶稣会士所掌握。参见韩琦《〈历象考成〉的内容》《〈历象考成后编〉的内容及其改进》，载陈美东主编《中国科学技术史·天文学卷》，第668—670、710—712页。

[2] 韩琦《白晋的〈易经〉研究和康熙时代的"西学中源"说》，《汉学研究》1998年第1期，第185—201页；《再论白晋的〈易经〉研究：从梵蒂冈教廷图书馆所藏手稿分析其研究背景、目的及反响》，载荣新江、李孝聪主编《中外关系史：新史料与新问题》，北京：科学出版社，2004年，第315—323页；《科学与宗教之间：耶稣会士白晋的〈易经〉研究》，载陶飞亚、梁元生编《东亚基督教再诠释》，香港：香港中文大学崇基学院宗教与中国社会研究中心，2004年，第413—434页。

以示之，彼顿省悟，呆视泣下。"副将胡琨奏曰："彼时臣曾侍侧，彼言：'吾研穷至老，了不知此，若不遇圣主指示，吾将没世不知矣。'因悲喜交集，不禁泣下。"上复取矢画地，作数圈示诸臣曰："此即定位之理，虽千万品类不能出此，即今凡物若干，几人应得若干之数，用此顷刻可得，不特此也，声音之高下，亦可测之。"[1]

这段记载生动地重温了君主和布衣之间的交谈，并通过侍臣的恭维和补充，凸显了康熙算学的高明。

1705年，教廷特使多罗来华引起了清廷和教廷之间的严重冲突[2]，不仅给天主教在中国的发展蒙上了阴影，成为中西关系史上的转折点，也导致了康熙对欧洲人信任感的丧失。1711年，传教士藏匿有关教皇禁止祭祖祭孔的旨意和信件，使得康熙对传教士更加缺乏信任，于是内务府官员受命对西洋人所言加以防备，这无疑影响了康熙科学策略的转向和西方科学在华的传播。而正好在同一年，康熙也发现了夏至日影计算有误。

康熙对传教士失去信任和上述有关日影观测的一连串事件，成为康熙时代历算活动的重要转机。1712年，皇帝传旨，希望能有人给他讲授天文学原理，于是杨秉义和傅圣泽受命向康熙介绍天文学。为此傅圣泽开始翻译西方天文学著作，介绍开普勒、卡西尼、腊羲尔等人的学说，许多是根据皇家科学院的著作写成的，其中有《历法问答》等天文译著，以及代数学著作《阿尔热巴拉新法》、荷兰数学家佛拉哥（Adriaan Vlacq, 1600-1667）的对数著作等。[3]

1713年，康熙下旨设立蒙养斋算学馆，让最懂科学的皇三子胤

---

[1]《清代起居注册》（康熙朝）第十九册，第 10512—10513 页。
[2] A. S. Rosso, *Apostolic Legations to China of the Eighteenth Century* (South Pasadena: P. D. & Ione Perkins, 1948). 罗光《教廷与中国使节史》，台中：光启出版社，1961年。
[3] J. W. Witek, *Controversial Ideas in China and in Europe: A Biography of J.-F. Foucquet, S.J. (1665-1741)* (Rome, 1982).

祉负责历法改革，为此从全国召集了一百余位学有所长的人才，编纂《律历渊源》，成为清代最大的科学工程。[1] 师洋人之"技艺"，为我所用，便成为康熙晚年的重要目标，他觉得中国人应该自立，编纂历算著作，最后达到摆脱洋人垄断之目的。

1668 年的日影观测，给康熙造成了很大的震动。之后康熙向南怀仁学习，而法国耶稣会士的到来，更让他沉迷于西学。大概是从传教士身上，康熙学到了欧洲科学的实证精神，加之他十足的好奇心，时时打听西方新知，进步很快。1689 年，康熙在南京所作的有关老人星的观测以及 1692 年日影的观测，都是康熙早有准备的作秀，科学知识无疑是其中举足轻重的一环。正是通过对西学的学习和宣扬，康熙塑造了博学多能的自我形象，从而赢得了汉族大臣的尊重，进而达到了控制汉人之目的。[2]

无论是 1689 年，还是 1691、1692 年的表演，康熙的谈话对象都是汉人。到了 1711 年，康熙则利用科学新知来批评洋人，以达成其权力操控之目的。从中西史料可以看出，康熙非常善于运用人际关系，通过内务府官员的居间周旋，利用传教士缺乏对"形势"的判断，采取各个击破的策略。杨秉义因新来乍到，不知状况，最后泄露了"天机"，使得康熙借此乘胜追击，借助西方科学的新知，掌握了科学的话语权。日后杜德美、傅圣泽等法国耶稣会士奉命翻译欧洲新的天文学著作，也正是这场日影观测所引发的直接后果。最后导致了 1713 年蒙养斋的开馆和《律历渊源》的编纂。从这一角度看，1711 年的日影观测，实在是康熙时代科学史最为重要的事件

---

[1] 关于蒙养斋算学馆的成立、人员及其工作，参见 Han Qi, "Chinese Literati's Attitudes toward Western Science: Transition from the Late Kangxi Period to the Mid-Qianlong Period," *Historia Scientiarum* Vol.24-2 (2015), pp.76-87。
[2] 亲历这两次场景的人不多，而李光地躬逢其事，感触颇深。1689 年之后，李光地虽然已和梅文鼎有了接触，并向他学习数学，但仍然还不能和康熙皇帝进行实质性的对话。

之一。

在科学活动的背后,康熙的心理也暴露无遗。作为堂堂大清皇帝,康熙总要显示自己的威严,加之通过对西学的学习,更为自信,更何况对夏至日影的"真理"了然于胸,耶稣会士的态度让康熙觉得传教士缺乏诚信和谦虚为怀的人格,因此他出言不逊,在朱批中大骂传教士"何等卑鄙"。而闵明我、纪理安等耶稣会士出于保守心态,不愿使用新天文表,被康熙抓到把柄,只得找出各种借口,聊以塞责,处于十分被动的境地。而居间传话的内务府官员狐假虎威,作威作福,更让传教士倍觉诚惶诚恐。

综上所述,日影观测看似简单的科学活动,但其背景却极为复杂。它与权力运作、满汉和中外关系,甚至与宗教也有密切的关联,特别是与"礼仪之争"纠结在一起,成为康熙朝政的一个缩影。以往在研究中往往叹息康熙朝汉文资料的不足,现在不仅有满文资料的补充,而且还有欧洲文献的互证。因此,不仅需要查看满汉文宫廷资料,查阅士大夫的文集,更要佐以欧洲的档案(尤其是耶稣会士留下的丰富信件、报告),以(欧洲)史证(中国)史,才能对事件的诸面相有完整的认识,才能生动重现真实的、丰富的历史场景。以上只是作了初步尝试,试图以小见大,说明康熙时代科学传播的复杂经过。但即便只是一个小小的日影观测,还有许多细节需要作进一步考证和厘清,才能获得一个更加完整的历史图像。

附:在北京发生的与欧洲天文学有关事件的详细报告(1711年6月至1716年11月初)[1]

---

[1] "Relation exacte de ce qui s'est passé à Péking par raport à l'astronomie européane depuis le mois de juin 1711 jusqu'au commencement de novembre 1716." 罗马耶稣会档案馆(Archivum Romanum Societatis Iesu,简称 ARSI)藏,Jap.Sin. II 154. 又见 John W. Witek, *An Eighteenth-century Frenchman at the Court of the K'ang-Hsi Emperor: A Study of the Early Life of Jean-François Foucquet* (Ph.D diss., Georgetown University, 1973).

自从安提阿宗主教多罗事件发生之后——宗主教已经享有枢机主教头衔与尊荣在澳门去世，中国皇帝看起来对于欧人有厌恶之心，对于他们的好意表示也明显减少许多，令人担忧他试图摆脱他们，有确切理由证实这种担忧年年递增，并且如今似乎到达了最后关头，所有与传教士有关的事都面临被永远逐出这一庞大帝国的危险。

1711年皇帝这种不友善的态度在天文学上面以一种相当明显的方式展示出来。这一事件发生在夏至，根据人们所说，皇帝本人亲自计算并观测夏至点。当时这位君主身在鞑靼，他一年中要在那里待5—6个月。根据他本人对夏至点的计算和观测，他发现，或者说他相信自己发现，它应该出现在午前。但是钦天监却在历书上标明夏至点是在午后56分。当时有位刚刚来到宫廷的波希米亚传教士名叫杨秉义的，因精通天文学而被引见给皇帝，随驾去到皇帝的避暑山庄所在地热河。他受命检查为何计算结果有差别，并进行观测。他利用利酌理的天文表计算出夏至点在午前20分。他受命将计算结果以书面形式记录下来，皇帝看到之后更坚信钦天监出错了。皇帝企图强迫杨秉义也赞同他的意见，但是这位神父坚决不认可。他总是回答说天文表之间的差别不能称之为错误。当时有位内监奉命传达旨意与带回神父回复，然而来回数次均无功而返。同时带去的还有许多有关杨秉义神父使用的天文表的问题，而由此皇帝也得知在欧洲有着不同的天文表。以上这些出自杨秉义神父之口，并且当时担任他翻译的法国耶稣会士巴多明所说与他一致。皇帝不能在他身上得到满意的答复，转而将计算结果寄送北京，并且还附上一份他亲笔书写的谕旨：要求对何以出现这一错误进行检查并向他报告。圣旨于6月26日（康熙五十年五月十一日）到达北京。

钦天监官员试图走出困境，回答说他们依据自己的天文表，而根据他们的表夏至点就是应该在午后。但是葡萄牙副省的神父们却倍感担忧。他们聚集在会院里，商议这一他们认为很重要的事件。他们对于商议的内容严加保密，法国神父根本未被邀请参加，因此无法清楚了解事情的经过。法国神父只是大致被告知在给皇帝的回复中，包括有以下几点：1）对影子的观测造成一些错误。2）历书是给没有精确概念的一般百姓用的，并不需要深究其价值。3）陛下使用的是小型仪器，而在钦天监使用的是大型仪器，这可能会引起一些差异。

这一答复使得皇帝大为震怒，他对于自己的计算与观测十分自信，认为钦天监出错了，并且强迫神父们承认这一点。那位内府官员名叫王道化的，曾经预见到皇帝会被触怒，并且确实曾经建议神父们不要呈上这样的回复。他警告他们说皇帝等待的是一种顺从，以某种方式承认自己曾经出错。他甚至对德国耶稣会士纪理安——当时作为钦天监监正闵明我的副手说道：震怒之下的皇帝完全可能将钦天监交给别人。"那好吧，如果他愿意就给别人好了，"纪理安神父回答说，"我来中国可不是为了这个。有什么关系？""我知道得很清楚，"这位官员说，"您就是死了也没什么关系。不过要是钦天监被人从欧洲人手中夺走，那对别人可就大有关系了。你们的宗教都是建立在它之上的。南怀仁神父可不会这样回答。"这位多嘴的官员后来在法国耶稣会士面前重复讲述了这次对话，也就是从后者那里我们才了解到情况。尽管皇帝很不高兴，但是他表面上并未完全表现出来。他只是将这份回复留下了，并在上面用御笔批道：这份回复出自"恶劣卑下之人"。他说此话之意是指神父们未有好人所应有的勇气与谦虚来认识到自己的错误。一位内府官员受命向他们传达旨意。6月30日，闵明我和纪理安两位神父被传到宫中聆听旨意。上述所有情况都出自一位居留北京可靠人士的日记：日记写于北京，与发生事件的时间同步。

皇帝于1711年11月初由鞑靼回到北京。他在距北京城两法里（lieue）半的行宫畅春园过冬。其间他会回北京城几次，准备祭祀上帝，或是为了什么别的事务。但通常他只待很少几天，之后马上又回畅春园。当他在北京的时候，欧洲人通常都要全数到宫廷，以这种不懈怠的方式表示他们执行皇命的迅捷。如果有人不到的话会让皇帝很不高兴;并且他自己也会查询看是否全数到齐。当他在畅春园的时候,总有一些欧洲人在那里,都擅长他当时正在学习或是正在拿来消遣的东西,而这些学业或是消遣常常变换不定。有时是绘画,有时是音乐,有时是数学,就这样这些艺术与科学轮番上阵。不像是在欧洲,那些大人物都以自己的无知为荣,这里可不一样。这里的大人物中都以有知识为荣,而皇帝本人特别喜欢这种荣耀,想在各种知识方面都表现得出类拔萃。我们曾经不止一次听他说过他学习数学已有40年之久,他还补充说:"对我精通数学也不必感到吃惊,我有过优秀的老师并且我勤加练习。"自从测量夏至点事件之后,他练习得更加勤奋了。他是这样度过那些日子的:他醒着的时候思考的问题,使他彻夜不眠。他把杨秉义神父和翻译巴多明神父从早到晚留在宫中,并且不断给他们送去有关几何、数字和天文学的问题。这些考察和试验显然是一种不信任的结果。而他的这种不信任在另外一件事上表现得更加清楚:在很多满汉朝臣在场之时,皇帝遣人询问所有欧洲人,他们测量的喀喇和屯的纬度为何与他本人测量到的有几分的差别。而不信任与怀疑表现得更加突出则是当他回到北京城时,所有欧洲人都根据惯例来到皇宫,有关官员过来向暂时代理病中的闵明我神父职务的纪理安神父提出了一个令人不快的问题:为何神父们在钦天监教导多年的人还是那样无知,而由皇上亲自教导几何学的人却学得既快又好,最先懂得他给他们所演示的知识?皇帝确实是建立起了某种形式的学校。每天一些选中的人都来到他的面前,皇帝亲自给他们讲解欧几里得的某些原理,享受着显示精通抽象科学的乐趣,同时也享受着这些新学生一定会给他的赞美,通常他听都不听。但是这个学校不会持续很久,因为它只是当时皇帝策划的一个"学院"的开始。他曾经在北京和中国的其他省份寻找精通数学某些方面的满汉人士。那些巡抚大员们,为了讨好皇帝,举荐给他最优秀的精英,学习科学最有才能的人。人们从各地将人送来,就在这批精英中,他选择了一些人,多为年轻人,放进上文提及的"学院"。那里已有超过百人，有管事的官员，有算术家、几何学家、音乐家、天文学家，还有各门学科的学生，这还没有将人数可观的制造仪器的工人计算在内。他将畅春园内房舍众多的大片地域划归这一学院，并且指定他的第三子作为这个新建学院的领导。他有18个儿子，这还没有计算那些仍然留在宫中由妇女和内监照顾的（年幼者）。在这18个儿子中，有三个已经去世，即第六子、第十一子与第十八子。长子与次子即皇太子如今被监禁。对他们的囚禁是让其他儿子的心里产生惧怕，由此他作为一个专制的父亲，儿子对他的绝对依赖在欧洲不可想象，罕有其匹。为了帮助第三子管理这个新学院，他又派了第十二子、第十五子与第十六子辅助。在这四位皇子中，第十二子对数学知之甚少，而第十五子及十六子都还年轻，每天都还在学习，其中十五子只有25岁而十六子约22岁。说到第三子，他40岁左右，从小就学习数学并且颇有造诣。他的老师是佛兰德尔耶稣会士安多，教给他算术与几何。他现在教导两位年轻的弟弟。但是依据惯例，他每天早上带领他们去见皇帝，由皇帝亲自教导他们三个，并且检查皇帝布置给他们的作业的结果。人们说皇帝让他们做这些事，尤其是对于第三子，是出于政治的考量，是为了阻止他们寻衅生事。所有读至此处的人都根本无法想象皇子们在他面前表现出的谨慎与谦虚。他们跪下与他说话，至少是为了长时间与他们说话，他也不令他们起身，只是让他们把膝盖搁在一种高些的台阶之上，而他本人就坐在上面如同坐在宝座之上。第三子除了用某个满语词表示赞同之外，几乎一言不发。而两位较年轻的皇子除非被提问，也不敢打破这种沉默。这就是我们与皇子们同在皇帝面前时不止一次所看见的景象。皇帝经常在接见大臣之时，让他们在房门口等上两三个小时。正是用这种方式他使得他们那样温顺、那样服从。皇三子在此之外可是一位骄傲的皇子，生性严厉而苛刻，甚至会做出某些不可靠的事情，与他的出身地位大不相称。他在那一群里不受爱戴，特别是对欧洲人很不友好，如今他想用他从他们那里学来的同样的科学来摧毁他们，因此他被看作是欧洲天文学的最可怕的敌人。他立誓要毁灭它，并且他不遗余力竭尽所能来达到他的目的。夏至日事件很多与他有关。他极力保持和扩大皇帝对于钦天监使用的天文表准确性的怀疑。由于他手下的数学家中有一些人非常精于计算，因此他在日月食的观测中发现了这些不准确性。他让手下的人检查钦天监的计算。一旦他发现其中的错误，便立刻报告给他的父亲。三年前由此曾让以纪理安神父为首的官员到皇帝面前来承认错误。与此同时，他还借助官府，或者说借助强力将几部欧洲著作据为己有。他在 Prestet 书中第二册的末尾发现了一张平方及立方数表。他将数表带给了他的父亲，后者在此之前曾下令计算过类似的表，以此来向皇帝说明欧洲人甚至不了解自己的数表，或是曾经将这张表隐藏起来。这就是皇三子的性格，他的行为使我们不能不产生必要的担忧，然而接下来发生的事更使得这种担忧与日俱增。

1712年4月6日，皇帝回到北京。8日，所有欧洲人都来到宫廷，一位内监传来皇帝的旨意：他希望能有人给他解释天文学原理，而原理一词在此表示的是通过某种理论方式使得一个懂得几何与算术的人可以制作出天文表。旨意里还让欧洲人选择两位能胜任此事的人，尤其是解释中要用图形使得原理更易理解。主持欧洲人事务的官员与他们一起商议。那时已经担任钦天监监正的纪理安神父提供了几个名字，但是那些官员希望能带给皇帝确切的回音，即明确的两个姓名。于是德国纪理安神父、葡萄牙苏霖神父以及法国巴多明神父，三位都是皇帝任命负责欧洲人事务的神父，他们相互询问并且也询问了其他一些神父，最后他们得出了一致的意见，推选了法国耶稣会士傅圣泽与杨秉义神父，后者已经为皇帝熟知并且因为去年夏至点事件而著名。值得一提的是巴多明神父那时正担任法国神父团体的负责人，而傅圣泽神父当时就住在这个团体当中，因此巴多明神父就是他的顶头上司了。皇帝允准了欧洲人的提议。官员从皇帝房间出来就向两位被任命的神父宣布了让他们立刻工作以便使皇帝满意的旨意。

第五章 "自立"精神与康熙时代的"西学中源"说

从崇祯改历开始,徐光启等人就借助耶稣会士,大规模翻译欧洲历算著作,试图达到"超胜"之目的;同时耶稣会士为能在宫廷立足,也要借重徐光启等高官的威望和力量,双方在历算方面的合作颇有成效。相比之下,康熙时代的历法改革则复杂得多:当时传教士已经在宫廷站稳了脚跟,并且控制了钦天监,由于他们来自不同国家,分属不同修会,又牵涉到中国礼仪问题,因此他们之间就有冲突与对立;天主教在中国传播既久,信徒众多,耶稣会士、奉教天文学家和文人之间也引发了矛盾。此外,部分传教士为确保他们在科学方面的优势,采取了留一手的策略。以上众多因素综合的结果促使康熙帝下定决心编制新的历法,以达到独立自主,亦即"自立"之目的,这种精神一直延续到嘉庆朝之后,影响了中国科学的发展。

从康熙到乾隆中期,士人对西学的态度发生了不小的变化,主要表现在"西学中源"说的盛行和对西学的拒斥,这种转变进而影响了乾隆后期及嘉庆之后对西学的看法。本章试图结合中西文献,通过对当时科学、社会、政治、宗教诸因素的考察,探讨这一转变形成的社会原因,并透过对康熙帝、何国宗、梅瑴成等人物的分析[1],阐述清初科学发展的社会背景,指出历算活动中自上而下的

---

[1] 关于梅瑴成对西学的看法,参见刘钝《清初民族思潮的嬗变及其对清代天文数学的影响》,《自然辩证法通讯》1991年第3期,第42—52页;刘钝《梅瑴成》,载杜石然《中国古代科学家》(下),北京:科学出版社,1993年,第1070—1076页。韩琦《从〈明史〉历志的纂修看西学在中国的传播》,载《科史薪传:庆祝杜石然先生从事科学史研究40周年学术论文集》,沈阳:辽宁教育出版社,1997年,第61—70页。

"自立"精神与传教士活动有密切关联；进而考察康熙至乾隆时代士人对西学态度演变的内在理路及其对后世产生的深刻影响。

第一节 康熙西学态度的转变及其背景

17世纪60年代的历法之争，是有清一代科学史上的重要事件，直接影响了西方宗教和科学在中国传播的进程。这一事件也使康熙幼小的心灵受到震撼，并导致了他日后对西学的浓厚兴趣。康熙开始对天文历法感兴趣，首先是因为"不知历"就无以息讼，这是他学习科学的直接原因。而杨光先和汤若望之间的历法之争，则使康熙认识到西法优于中法，这是他学习西学的重要因素之一。1672年，南怀仁开始为康熙讲授西学。1689年后，耶稣会士白晋、张诚、安多、徐日昇向康熙传授西方科学知识。

康熙向南怀仁学习时还很年幼，他虽对西学感兴趣，所学却非常有限。法国耶稣会士（"国王数学家"）到达北京之后的一二年内，天下承平，康熙年富力强，求知欲极其旺盛，频频把传教士请到宫中，传授西方历算和医学知识。此后的近二十年间，他一直对西法深信不疑。直至1704年，他还断言"新法推算，必无舛错之理"[1]，明确表示"新法为是"，西法优于中法。康熙不仅相信西法，爱屋及乌，也重用在宫廷供职的传教士。但值得指出的是，康熙对天主教本身并无多大兴趣。1705年之后，围绕是否应禁止祭孔、祭祖的"礼仪之争"达到高潮。传教士各派为礼仪吵争不休，使康熙对天主教愈发反感，但仍不改喜好西方历算的初衷，继续推行"用其技艺"的政策。

1711年，由于和教廷的紧张关系，康熙对西洋人失去信任。[2]

---

[1]《清圣祖实录》卷二一八，北京：中华书局，1985年，第202页。
[2] 韩琦《"自立"精神与历算活动：康乾之际文人对西学态度之改变及其背景》，《自然科学史研究》2002年第3期，第210—221页。

同年，康熙也"发现"钦天监用西法计算夏至时刻有误，与实测夏至日影不符，就此问题，康熙询问了耶稣会士杨秉义，他用利酌理的表计算，所得结果与钦天监的计算不一致，康熙这才知道西方已有新的天文表，而钦天监未用。[1] 此事不仅使他对传教士的不信任感进一步加深，而且也动摇了他对西法绝对优势的信心。打破传教士的垄断，让中国人能够独立掌握历算知识，便成为康熙晚年的重要目标。康熙的这种想法，在传教士的信件中便可得到印证，如耶稣会士徐懋德的信就很好地反映了这种情况，信这样写道：

> 当今皇上的父亲，我们可以称他为欧洲人之父的康熙皇帝，对于在欧洲人面前无休止地辩论中国的礼仪终感厌倦。他预见到欧洲人不可能长期在他的帝国里呆下去。而且，他甚至可能最后向他们下逐客令。在这之前，他想尽可能地把他们拥有的科学和艺术转为己有，以传给他的臣民。为此目的，每当一位传教士从欧洲抵达北京，只要他在中国人所喜爱的科学或艺术上有所特长，康熙皇帝就马上派子弟随从学习。康熙这一努力终结硕果。中国今天在绝大部分欧洲科学艺术方面已培养出了杰出人才。[2]

康熙晚年一直想让教皇派遣技艺之人到宫廷，这也是实现理想的重要步骤。为实现自己的旨意，他委派皇三子胤祉来组织宫廷的科学活动[3]，而据耶稣会士的记载，胤祉在很大程度上是想摆脱传教

---

[1] 韩琦《"格物穷理院"与蒙养斋：17、18世纪之中法科学交流》，《法国汉学》（第四辑），北京：中华书局，1999年，第313页。
[2] 佛朗西斯·罗德里杰斯（Francisco Rodrigues）《葡萄牙耶稣会天文学家在中国（1583—1805）》，澳门：澳门文化司署，1990年，第104页。
[3] Han Qi, "Emperor, Prince and Literati: Role of the Princes in the Organization of Scientific Activities in Early Qing Period," in Yung Sik Kim & Francesca Bray eds., *Current Perspectives in the History of Science in East Asia* (Seoul: Seoul National University, 1999), pp.209-216.

士的指导，使中国人能独立胜任历算工作：

> 多年的经验使皇帝确信，中国人主要或唯一对欧洲人的依赖是，如果没有欧洲人的帮助和指导，他们就无法正确地在天文学方面进行管理及准确无误地预告日蚀和月蚀。皇帝千方百计尽力铲除这一弊端，使中国人能够自立。为达到这一目的，皇帝不惜代价按皇室的排场建立起一所皇家数学院，诏命第三子为院长。此人担任这一职务是受之无愧的。因为他自幼就是我们神父的弟子，学习成绩斐然。皇帝还命其第十二子和十六子作为他的伙伴及继承人。皇帝还从各省召来全部数学家，扩大和加强数学院。这些被选拔的数学精英进行了十六年的忘我工作，花费了庞大的开支，提高和发展了天文学，编纂了一本天文学著作。该书一七二五年以已故康熙皇帝的名义出版。[1]……为了掩饰书（指《历象考成》）中的一切都是取材于外国人，著者添加了一些东西，即他们自己的一些观测结果。为此目的，他们的院士们曾奔赴各省作实地观测，这也是他们自惹麻烦的起因。他们期于一逞，信心十足地以自身的观测作为理论的依据和基础。但是，因这一依据和基础缺乏可靠及坚固性，他们建筑的整座科学和艺术大厦是立于流沙之上。
> 康熙皇帝具有非凡的才能，在数学上受过很高的教育。他非常熟悉我们的天文学和他们的天文学之间存有巨大的分歧。他明智地颁布法令，不准他们的院士发表任何未经欧洲人修改和认可的刊物书籍。倘若康熙皇帝能多活几年，他定能实现自己的愿望。正是这样一本天文著作，令著者的名声随之远扬。不过，该书实际上是由我们的神父所著作并予加工，为了他们

---

[1] 佛朗西斯·罗德里杰斯《葡萄牙耶稣会天文学家在中国（1583—1805）》，第104页。

的利益而供其使用而已。他们企图在数学上摆脱我们。[1]

这封信提到的内容，是指 1713 年蒙养斋开馆前后，清廷进行的一系列科学观测活动，如日月食的观测（以决定经纬度），观象台、畅春园（澹宁居后）的日影观测（每日测量，以决定黄赤距度，即黄赤交角），以及全国范围内的大地测量（北极高度的测定）等。

既然已有钦天监这样编纂历法、预测天象的专门机构，为什么康熙要另立蒙养斋算学馆来进行历算编纂活动，而独立于钦天监之外？

看看钦天监的历史，就可以知道，自崇祯时代（1628—1644）起，在徐光启、李天经等人的支持下，耶稣会士进入钦天监工作，参与了西方天文学、数学著作的翻译，最终完成《崇祯历书》的编纂。但他们来华的使命是传播福音，把天主教义介绍给中国人，传授科学并非他们的本意。因和耶稣会士经常接触，许多在钦天监工作的天文学家受感化而皈依上帝。直至 1700 年前后，钦天监仍有大量奉教天文学家，他们在"礼仪之争"中扮演了重要的角色。[2] 传教士不仅是他们天文学、数学的老师，更是信仰上的指导者。于是，钦天监不仅作为历算中心，也成为天主教的重镇。[3] 因此，皇三子

---

[1] 参见上引《葡萄牙耶稣会天文学家在中国（1583—1805）》，第 105 页。C. Jami 据其他史料指出胤祉摆脱传教士的努力，参见 "Learning Mathematical Sciences during the Early and Mid-Ch'ing," in B. Elman & A. Woodside eds., *Education and Society in Late Imperial China 1600-1900* (Berkeley: University of California Press, 1994), pp.223-256。

[2] Han Qi, "The Role of the Directorate of Astronomy in the Catholic Mission during the Qing Period," in N. Golvers ed., *The Christian Mission in China in the Verbiest Era: Some Aspects of the Missionary Approach* (Leuven: Leuven University Press, 1999), pp.85-95；韩琦《奉教天文学家与"礼仪之争"（1700—1702）》，载《相遇与对话：明末清初中西文化交流国际学术研讨会文集》，北京：宗教文化出版社，2003 年，第 381—399 页；繁体字本收入 Wu Xiaoxin ed., *Encounters and Dialogues: Changing Perspectives on Chinese-Western Exchanges from the Sixteenth and Eighteenth Centuries* (Nettetal: Steyler Verlag, 2005), pp.197-209。

[3] 黄一农对清初钦天监天文学家的争斗进行了研究，见其《清初钦天监中各民族天文学家的权力起伏》，《新史学》1991 年第 2 期，第 75—108 页；《清初天主教与回教天文学家的争斗》，《九州学刊》（纽约）1993 年第 3 期，第 47—69 页。

胤祉在康熙支持之下，设立独立于钦天监之外的蒙养斋，直接负责历算著作的编纂，以达成最终摆脱传教士之目的。[1]

至此我们可以清楚地看到康熙对西学从信至疑的转变过程，以及对传教士由"用其技艺"，最后欲摒弃不用而"自立"的变化过程。这种转变的结果有二：一是蒙养斋的建立和一些历算著作的编纂等"自立"科学活动的开展；二是对天主教进行了日趋严厉的控制。

第二节　康熙与"西学中源"说的流行

在康熙皇帝对于西学态度的转变过程中，不能不提到"西学中源"说，其主旨认为西方天文历算源自中国。此说发端于明遗民，影响颇为深远，它对调和西学、中学之争起到了一定作用。关于"西学中源"说的产生和发展，学者已多有论述[2]，下面将主要讨论康熙帝和传教士在"西学中源"说发展中所扮演的角色。

1703年，康熙写下了《御制三角形推算法论》一文，讨论西历传自中国，提出"西学中源"说，其中称："论者以古法今法之不同，深不知历。历原出自中国，传及于极西，西人守之，测量不

---

[1] 韩琦《从〈律历渊源〉的编纂看康熙时代的历法改革》，载吴嘉丽、周湘华主编《世界华人科学史学术研讨会论文集》，新北：淡江大学历史学系、化学系，2001年，第187—195页。
[2] 关于"西学中源"说，参见 John B. Henderson, "Ch'ing Scholars' Views of Western Astronomy," *Harvard Journal of Asiatic Studies* 46:1(1986), pp.121-148; 李兆华《简评西学源于中法说》，《自然辩证法通讯》1985年第6期，第45—49页；江晓原《试论清代西学中源说》，《自然科学史研究》1988年第2期，第101—108页；陈卫平《从"会通以求超胜"到"西学东源"说》，《自然辩证法通讯》1989年第2期，第47—54页；刘钝《清初民族思潮的嬗变及其对清代天文数学的影响》，《自然辩证法通讯》1991年第3期，第42—52页；韩琦《君主和布衣之间：李光地在康熙时代的活动及其对科学的影响》，《清华学报》（新竹）1996年新26卷第4期，第421—445页；Han Qi, "Patronage Scientifique et Carrière Politique: Li Guangdi entre Kangxi et Mei Wending," *Etudes Chinoises* 1997, 16(2), pp.7-37；韩琦《从〈明史〉历志的纂修看西学在中国的传播》，载《科史薪传：庆祝杜石然先生从事科学史研究40周年学术论文集》，沈阳：辽宁教育出版社，1997年，第61—70页；王扬宗《明末清初"西学中源"说新考》，载《科史薪传：庆祝杜石然先生从事科学史研究40周年学术论文集》，第71—83页。

已,岁岁增修,所以得其差分之疏密,非有他术也。"[1]这是康熙有关"西学中源"说的最早表述。他之所以提出此说,是有感于杨光先反教案造成的后果而发,目的是平息由中西学说不同而产生的争论,为学习西学寻找借口。此文写成后,康熙十分重视,不仅让翰林院词臣修改,而且译为满文,以两种文字刊刻,并在1703—1705年之间,在宫中乃至南巡的多种场合出示给词臣。[2]

1705年,通过李光地的引见,康熙在德州召见梅文鼎,无疑也把文章出示给梅氏。梅氏受宠若惊,为此写了一首感恩诗,把康熙说成是古代圣贤的再现:

> 圣神天纵绍唐虞,观天几暇明星烂。论成三角典谟垂,今古中西皆一贯。御制三角形论言西学实源中法,大哉王言,著撰家皆所未及。[3]

梅文鼎对康熙"西学中源"说大加赞赏,强调此说对结束"诸家聚讼"的作用,不免有阿谀奉承之嫌,因为梅氏有关"西学中源"的学说,实际上在《历学疑问》(大约完成于1692年)中已有表现。[4]梅文鼎一直致力于宣扬"西学中源"说,在同时代人中已有一定影响。1705年底,李光地升任大学士,离开了保定,梅文鼎也于1706年初返回南方,继续从事他的历算研究。梅文鼎感恩戴德,不遗余力强调"西学中源"说,以迎合康熙,实际上已稍稍偏离了康熙本意,但梅氏著作流传颇广,使"西学中源"说在清中叶影响至为深远。

---

[1] 满汉对照《御制三角形推算法论》。
[2] 关于此文形成年代和影响的考证,参见韩琦《康熙帝之治术与"西学中源"说新论:〈御制三角形推算法论〉的成书及其背景》,《自然科学史研究》2016年第1期,第1—9页。
[3] 梅文鼎《绩学堂诗钞》卷四《雨坐山窗》(1706)。
[4] 参见上引韩琦《君主和布衣之间:李光地在康熙时代的活动及其对科学的影响》一文。

《御制三角形推算法论》所传递的信号无疑是极其明显的，正是由于康熙的宣讲，使"西学中源"说从庙堂之说，成为文人的谈资。之后，以梅文鼎为代表的诸多文人的迎合响应以及转述，使之成为影响清初学界的重要论说，对康熙时代乃至后来的科学发展产生了很大影响，甚至波及晚清。康熙作为满族的君主，处心积虑想通过对西学的掌握，来证明自己圣明天纵、学问日新，文治光昭已超越唐虞三代，学问高于汉人，从而达到从文化上来制服汉人的目的，西学成为其权术和政治生命中的重要部分。

清代流行的"西学中源"说，由于康熙的提倡及一批文人的宣传，成为影响有清一代天文历算研究的重要言论。如果说《御制三角形推算法论》提出了"西学中源"说，那么到了1711年，康熙对"西学中源"说有了新的看法。同年二月，康熙谕直隶巡抚赵弘燮，称："夫算法之理，皆出自《易经》。即西洋算法亦善，原系中国算法，彼称为阿尔朱巴尔。阿尔朱巴尔者，传自东方之谓也。"[1]第二年十月，康熙谕大学士李光地："尔曾以易数与众讲论乎？算法与易数吻合。"又说："朕凡阅诸书，必考其实，曾将算法与朱子全书对校过。"[2]康熙在《周易折中》凡例中亦称："朕讲学之外，于历象九章之奥游心有年，涣然知其不出易道。"这里康熙指出历算之学"不出易道"，与他和直隶巡抚的讲话完全一致。上述种种都为"西学中源"说提供了更多依据。

若从当时的背景中分析康熙的看法，我们不难发现，这些看法在很大程度上受到了白晋《易经》研究的影响，因为康熙讲述这些言论，恰恰与白晋向康熙介绍《易经》象数理论同时。[3]另外颇为有趣的是，当时白晋等人也向康熙汇报了莱布尼茨关于二进制研究

---

[1]《清圣祖实录》卷二四五，第431页。
[2]《清圣祖实录》卷二五一，第490页。
[3] 关于康熙时代的"西学中源"说及其和康熙、耶稣会士的关系，参见韩琦《白晋的〈易经〉研究和康熙时代的"西学中源"说》，《汉学研究》1998年第1期，第185—201页。

的文章。[1]这足以证明白晋的《易经》研究,为"西学中源"说创造了条件、提供了依据。

"西学中源"说的另一种表现形式,即称代数学(algebra)为"东来法",代数在康熙时代或音译为"阿尔热巴拉""阿尔朱巴尔""阿尔热八达",或称为"借根方"。15世纪初,这门产生于阿拉伯的学科传到了欧洲,此后代数学发展迅速。[2]因此,代数学来自东方的阿拉伯这一事实,来华的耶稣会士是应当熟知的,在向康熙讲解代数学的过程中,他们很可能会把代数学的词源介绍给康熙。

除对《易经》感兴趣之外,在蒙养斋算学馆开馆的当年(1713)年底,康熙对传统数学也产生了兴趣,并注意到了《周髀算经》一书。[3]《周髀算经》作为"算经十书"之首,对传统历算产生过十分重要的影响。书中提到了与勾股有关的问题,从明末西学输入开始,就有人试图加以研究。康熙阅读此书,究竟出于何种动机,并没有证据加以说明。但有两点值得注意,其一,耶稣会士对此书也非常感兴趣,如傅圣泽就曾专门研究过此书,还藏有此书的明刻本(现存大英图书馆),上面有不少眉批,甚至在和别人的书信中,还提到此书,传教士的研究是否影响了康熙的兴趣?其二,梅文鼎已经在《历学疑问》中有《论盖天周髀》《论周髀仪器》《论周髀所传之说必在唐虞以前》等文,专门谈到《周髀算经》;《历学疑问补》中则有《论西历源流本出中土即周髀之学》《论周髀中即有地圆之理》《论浑盖之器与周髀同异》,证明古历之悠久,并论证历学西传的途径。而

---

[1] 此文即莱布尼茨发表在法国皇家科学院杂志上的文章,讨论二进制和《易经》卦爻的关系,参见 Han Qi, "Between the Kangxi Emperor (r. 1662-1722) and Leibniz—Joachim Bouvet's (1656-1730) Accommodation Policy and the Study of the *Yijing*," in Shinzo Kawamura & Cyril Veliath eds. *Beyond Borders: A Global Perspective of Jesuit Mission History* (Tokyo: Sophia University Press, 2009), pp.172-181.

[2] J.-F. Montucla, *Histoire des mathématiques* (Paris, 1802), T.1, p.536.

[3] 参见 Han Qi, "Rethinking the Ancient Mathematical Text: Ming-Qing Scholars' Critical Reflections on *The Gnomon of Zhou [Dynasty]*," in A. Keller and K. Chemla (eds.), *Shaping the Sciences of the Ancient World. Text Criticism, Critical Editions and Translations of Ancient and Medieval Scholarly Texts (18th-20th Centuries)*. Dordrecht: Springer, 2018.

康熙在 1702 年已读过《历学疑问》一书，对梅文鼎的观点有所了解。

此外值得注意的是，康熙和梅文鼎提倡的"西学中源"说，还收入《数理精蕴》（1722）开头"周髀经解"中，对有清一代历算的发展和传统历算的复兴产生了深远的影响，原文如下：

> 我朝定鼎以来，远人慕化，至者渐多，有汤若望、南怀仁、安多、闵明我，相继治理历法，间明算学，而度数之理，渐加详备。然询其所自，皆云本中土所流传。

这段话很可能是主编者梅毂成所加，因为其祖梅文鼎曾从《史记》"幽、厉之后，周室微……故畴人子弟分散，或在诸夏，或在夷狄"出发[1]，作过论证，而这正和《周髀经解》相一致，这种观点无疑也得到康熙的首肯。《数理精蕴》分为"立纲明体""分条致用"两编，把《周髀经解》放在上编"立纲明体"之首，编者的用意可以想见，即想表明古代中国的算学著作为西学之源，西法基于《周髀》之上，是最基本的"体"。

1723 年，雍正皇帝登基，严禁天主教，下令驱逐传教士。除在宫廷供职之外，大多数传教士被逐到澳门，不得在内地传教。此外，由于雍正帝对西学毫无兴趣，故和康熙时代相比，雍正时代的科学进步很小，显得黯然失色，无可称道，除戴进贤编《御制历象考成表》《黄道总星图》之外，当时编纂的科学著作少得可怜，"自立"的科学活动更谈不上。乾隆皇帝继位后，兴趣主要转向欧洲艺术，在继续奉行禁教政策之余，试图在科学上有所作为，编纂了《历象考成后编》《仪象考成》，但其规模已不能和康熙时代相提并论。

---

[1]《史记》卷二六，《历书第四》，北京：中华书局，1975 年，第 1258—1259 页。

第三节　士人对西学态度的演变

我们看到从康熙到乾隆，皇帝对西学的看法有很大的改变，那么一般的士人的看法又是怎样呢？

首先，值得一提的是，当时士人接触西学的氛围已产生了很大变化。杨光先反教案不仅直接造成了李祖白等奉教天文学家被斩的惨案，连时人提起天主教都谈虎色变，如常熟儒童许嘉禄信教的经历，即为典型的例子，江南士人、教徒何世贞对此作了生动描述，称：

> 方今杨光先流言煽祸，秉教诸铎德奉旨居广东，贵同宗之奉教者按察鹤沙公（许缵曾）以建堂被逮，御史青屿公（许之渐）以作序见黜，汝得无虑于心乎？嘉禄曰："志已决，无他虑。"[1]

这段记载至少反映了教案在时人眼中造成的恐惧与不安。反教案之后，士人心有余悸，存有后怕，很少在自己的著作中谈及和传教士的交往，明哲保身成为心照不宣的处世哲学。明末士人和传教士多有唱和，传教士常请士人写序，而杨光先教案之后，特别是教皇特使多罗来华之后，此风几近消失。

实际上，前面所述康熙晚年提出的科学"自立"精神，在士人的著述中则早有反映。被时人誉为"南王北薛"的清初历算大家薛凤祚在《历学会通》序中曾这样写道："中土文明礼乐之乡，何讵遂逊外洋？然非可强词饰说也。要必先自立于无过地，而后吾道始尊，

---

[1] 何世贞《许嘉禄传》，BnF，Chinois 1022。何世贞是耶稣会士鲁日满（François de Rougemont, 1624-1676）的"相公"，曾著《崇正必辩》（BnF，Chinois 5002），对杨光先提出批评，关于何世贞，参见 Noël Golvers, *François de Rougemont; S. J., Missionary in Ch'ang-Shu (Chiang-Nan): A Study of the Account Book (1674-1676) and the Elogium* (Leuven: Leuven University Press, 1999)。

此会通之不可缓也。"清初学者潘耒也曾表示了类似的看法,因他之劝,张雍敬赴宣城向梅文鼎学习历算,潘耒为此兴奋不已,在给张氏《宣城游学记》所写的序中,他这样写道:

> 西人历术诚有发中人所未言、补中历所未备者,其制器亦多精巧可观,至于奉耶稣为天主,思以其教易天下,则悖理害义之大者,徒以中国无明历之人,故令得为历官掌历事,而其教遂行于中国,天主之堂无地不有,官司莫能禁。夫天生人材,一国供一国之用,落下闳、何承天、李淳风、一行辈,何代无之?设中国无西人,将遂不治历乎?诚得张君辈数人相与详求熟讲,推明历意,兼用中西之长,而去其短,俾之厘定历法,典司历官,西人可无用也。屏邪教而正官常,岂惟历术之幸哉?序之以为学历者劝。[1]

潘耒序中称天主教为"邪教",是当时士人的共同看法,他鼓励别人学习历算,其目的是达到"西人可无用也",即达到"自立"之目的,和康熙的看法如出一辙。到了乾隆时代,一些士人仍怀有强烈的"自立"精神。在这里,不能不提到两个重要的人物:何国宗和梅毂成,他们既是士人,又出自历算世家,参与了许多历算活动,在康乾之间对西学态度的转变中起到了承前启后的作用。

一 何国宗:家世、生平及反教背景

何国宗,字翰如,顺天府大兴县人[2],"世业天文,故国宗以算学

---

[1] 潘耒《遂初堂集》卷七,康熙刊本,第28页。
[2] 实际上,何氏家族原籍杭州。康熙时代钦天监官员的籍贯,以江南和北京地区为多。关于何国宗的生平,参见韩琦《何国宗生年史事小考》,《自然科学史研究》2016年第4期,第387—388页。

受知圣祖仁皇帝，钦赐进士，入翰林，官至礼部尚书。"[1]1712年，何国宗成为进士，后改翰林院庶吉士，在宫廷学习算法，1713年蒙养斋开馆后，负责《律历渊源》的编纂，与梅毂成一起充当汇编官。雍正刚一上台，他就得到重用，担任起居注官，随侍皇帝达四年之久。从钦天监家族的低微出身，跃升到这一显赫的职位，极不寻常。此后，何国宗曾先后任乐部大臣、左副都御史、工部左侍郎、工部右侍郎、左都御史和礼部尚书，负责水利工程及《历象考成后编》《仪象考成》的编纂，并率领传教士赴伊犁测绘地图。[2]乾隆时，他还负责天文仪器的制造[3]，试图借用徐光启"熔彼方之材质，入大统之型模"的看法，来达到复古之目的。[4]至于他的家世，因文献所限，尚难细考。但从现存时宪历书看，钦天监官员中有许多何姓，与何国宗多为一家。[5]

有意思的是，西方文献为理解何国宗的家庭背景提供了重要线索。法国国家图书馆藏有安多1688年9月8日在北京写给神父们的信，详细描述了南怀仁去世后钦天监的人事升迁及其矛盾。当时清廷曾派大臣向耶稣会士征询南怀仁的继承人问题，安多等人推荐了闵明我（他当时在欧洲），皇帝首肯了这一建议，但钦天监表示了不同意见，上疏推荐了另一位官员做监正，他是杨光先的学生。皇帝留中不发，宣布闵明我为监正，当他不在时，由宫中的两位耶稣会士代替，尽些责任。[6]

杨光先反教案后，钦天监内部权力斗争相当激烈，上面所引安多的信即说明了这一点。此信表明，虽然钦天监参与了监正的推荐

---

[1] 阮元《畴人传》卷四一，琅嬛仙馆嘉庆四年（1799）序刊本。
[2] 《清史稿》卷二八三《何国宗传》，北京：中华书局，1977年。
[3] 童燕等《玑衡抚辰仪》，《故宫博物院院刊》1987年第1期，第28—35、48页。
[4] Han Qi, "Astronomy, Chinese and Western: The Influence of Xu Guangqi's Views in the Early and Mid-Qing," in Catherine Jami, Peter Engelfriet and Gregory Blue eds., *Statecraft and Intellectual Renewal in Late Ming China: The Cross-cultural Synthesis of Xu Guangqi (1562-1633)* (Leiden: Brill, 2001), pp.360-379.
[5] 屈春海《清代钦天监暨时宪科职官年表》，《中国科技史料》1997年第3期，第45—71页。
[6] BnF, 西文手稿部，藏书号7485 n.a.F.

工作，但决定大权仍由皇帝一手操纵。特别是法国耶稣会士来华后，康熙对西方科学更为热衷，而且经常参与有关决策，对西方科学的学习和控制成为他政治生命的重要组成部分。[1] 有趣的是，中文史料对钦天监的人事变动也有记载，与安多的信恰好可以互相印证。据《熙朝定案》记载，南怀仁去世后，监正之位空缺，于是礼部专门讨论了钦天监的人员安排，并向康熙作了汇报：

> 礼部为请旨事。查得先因钦天监监正员缺，将监副胡振钺拟正，李光显拟陪，等因题请。奉旨，历法天文既系南怀仁料理，其钦天监监正员缺，不必补授，钦遵在案。品级考内开钦天监监正员缺，由监副升任，监副员缺，由五官正等官升任等语。今南怀仁病故，补授钦天监监正员缺，或将监副鲍英齐拟正挨俸，将冬官正何君锡拟陪，移送吏部，或将通晓历法之人，令其治理，为此请旨。康熙二十七年二月二十九日题，本日奉旨，闵明我谙练历法，着顶补南怀仁治理历法，闵明我现今执兵部文出差，如有治理应行之事，着问徐日昇、安多。[2]

这里提到的鲍英齐是奉教天文学家，来自安徽休宁，自1664年至1667年担任五官司历，因受杨光先反教案的影响，曾有一段时间没有任职，1678年复出，担任右监副，一直到1686年，1687年起至1707年担任左监副[3]，在"礼仪之争"中非常活跃[4]，他是由耶稣

---

[1] 韩琦《君主和布衣之间：李光地在康熙时代的活动及其对科学的影响》，第421—445页。
[2] 《熙朝定案》，BnF，Chinois 1330。
[3] 屈春海《清代钦天监暨时宪科职官年表》，第45—71页。
[4] Han Qi, "The Role of the Directorate of Astronomy in the Catholic Mission during the Qing Period," in N. Golvers ed., *The Christian Mission in China in the Verbiest Era: Some Aspects of the Missionary Approach* (Leuven: Leuven University Press, 1999), pp.85-95；韩琦《奉教天文学家与"礼仪之争"（1700—1702）》（《相遇与对话：明末清初中西文化交流国际学术研讨会文集》，北京：宗教文化出版社，2003年，第381—399页）对鲍英齐等奉教天文学家在"礼仪之争"中所起的作用，作了进一步论述。

会士一手培养起来的，显然不可能是杨光先的学生，安多信中提到的绝不会是他。而礼部奏折指出另一位监正候选人是何君锡，由此可以推断钦天监推荐的正是此人，当无疑问。依据安多的信，又可知何君锡是杨光先的学生，被耶稣会士视为"敌人"。

从清初时宪历书看，何君锡从1672年至1710年任钦天监冬官正、1711年至1714年任春官正之职。[1]康熙"五十一年五月，驾幸避暑山庄，征梅文鼎之孙梅瑴成诣行在。先是命苏州府教授陈厚耀，钦天监五官正何君锡之子何国柱、国宗，官学生明安图（1692?—1763?），原任钦天监监副成德，皆扈从侍直，上亲临提命，许其问难如师弟子"[2]。据此可确证何君锡、何国宗的父子关系。透过徐懋德的同一封信，还可看出耶稣会士和中国天文学家的严重冲突，为说明问题起见，现详细摘录如下：

> 令我们的神父诧异不已的事还在于：中国人放出风声说，欧洲人将放弃数学这把交椅。如果预言成真，中国人对欧洲数学的依赖将告结束。在这个帝国传教的得以依靠的唯一根基将被拔掉。我们的神父惊慌不安确不是空穴来风：因为，一个姓何的贵族，院士，天主教的敌人，汤若望神父时期曾残酷迫害过我们的那个人的后代，他利用这一机会向皇上呈上一份请愿书。在书中他对皇帝说，鉴于中国院士们已完成了天文学的著作，欧洲人主持数学院并指导行星和日月蚀的天文记录似无此必要。该职位贵族院士梅氏即可胜任。他请求皇帝以梅氏取代欧洲人。此外，何还向皇帝说了其他一些事项。皇帝大动肝火，拒绝了何的要求，重申只有欧洲人才懂天文学，只有他们才能对天文学精确计算。[3]

---

[1] 屈春海《清代钦天监暨时宪科职官年表》，第49—52页。
[2] 《清史稿》卷二八三《何国宗传》，第1668页。
[3] 佛朗西斯·罗德里杰斯《葡萄牙耶稣会天文学家在中国（1583—1805）》，澳门：澳门文化司署，1990年，第106页。

这封信写于 1732 年 11 月 20 日，就当时参加天文学工作的情况看，这里提到的何姓官员是指何国宗无疑，而姓梅的则是指梅瑴成。徐懋德把何国宗看成是天主教的敌人、"汤若望神父时期曾残酷迫害过我们的那个人的后代"，实际上指出了何君锡在康熙初年反教案时曾站在杨光先一边，这恰好说明了何国宗和传教士矛盾的根源以及反教的家庭渊源。遗憾的是，中文史料从未直接透露出何国宗对西学的态度，于是西方文献就显得十分重要。由此也可推断梅瑴成对西方传教士非常反感的原因所在了，关于这点，后面将详加论述。

二　梅瑴成对西学的态度及其家学渊源

另外一位值得注意的人物就是梅瑴成，他在科学史上占有重要地位，康熙提出的"西学中源"说之所以能够在 18 世纪中叶之后广为流传，他起到了关键作用。[1] 梅瑴成的反教倾向是人所共知的，但其根源可追溯到康熙时代，特别是与他的祖父梅文鼎对西学的态度有关。

梅文鼎作为清初历算大师，耶稣会士是如何看待他的，这是很有意思的问题。笔者在法国耶稣会士宋君荣（Antoine Gaubil, 1689-1759）[2] 的信中找到一条有趣的记载，这封信是他在 1734 年写给法国碑铭和文学院院士弗莱雷（Nicolas Fréret, 1688-1749）的，其中写道：

---

[1]　韩琦《从〈明史〉历志的纂修看西学在中国的传播》，载《科史薪传：庆祝杜石然先生从事科学史研究 40 周年学术论文集》，沈阳：辽宁教育出版社，1997 年，第 61—70 页。
[2]　宋君荣 1722 年到达北京，到 1759 年去世，在北京工作长达 37 年，是 18 世纪来华耶稣会士中最博学的一位，对中国天文学史和年代学有深入的研究。他与巴黎、伦敦和圣彼得堡科学院的科学家有密切的往来，是圣彼得堡科学院和伦敦皇家学会的通讯院士，1750 年 8 月 22 日成为德利勒（Joseph-Nicolas Delisle, 1688-1768）的通讯员。

> 我发现一本在康熙时代写成的书,由一位博士执笔,他是回回的朋友,并且实在是欧洲人的敌人;况且他非常能干;这位博士姓梅,他对这个难题进行了考证,并且解决了它。[1]

此信虽然主要讨论历法问题,但明确提到梅文鼎是"回回的朋友","欧洲人的敌人",显然把梅文鼎归入反教派之列。宋君荣来华时,梅文鼎刚刚去世,而梅氏《兼济堂历算全书》已由魏荔彤刊刻,宋氏对其著作显然是了解的,这一点当无疑问。关于梅文鼎是"回回的朋友"这种说法,也许来自前辈耶稣会士的看法。这封信不是空穴来风,完全有根有据,于是梅瑴成反教的"家学渊源"昭然若揭。作为梅瑴成的同代人,宋君荣、徐懋德的看法恰可作为佐证,说明梅氏家族反教、反西学的倾向显然是公开的事实。

实际上,梅文鼎对西学大体上采取的是折中的态度,试图调和中西,缓解矛盾,他的言论,温和而不偏激,但内行人读之,仍可从字里行间体会到其中的反教倾向。并且在他的著作中,对杨光先颇致敬意,尊其为"杨监正"。

不仅仅耶稣会士的信件表明了梅文鼎的反教情结,即使在中文文献中,梅文鼎和钦天监天文学家之间的恩怨和矛盾冲突也可略见端倪。梅文鼎的友人毛际可及朱书,在他们所写的梅氏传记中,即已道破了这一点。毛氏的传记中称:"于是辇下诸公皆欲见先生,或遣子弟从学,而书说亦稍稍流传禁中,台官甚畏忌之,然先生素性恬退,不欲自炫其长以与人竞。"[2]这里提到的"台官",即指钦天监官员而言。朱书在谈到梅文鼎时亦称:"辇下巨公人人欲一见勿菴,或遣子弟从游,勿菴书说稍流传禁中,台官甚畏忌之,而勿菴雅不

---

[1] A. Gaubil, *Correspondance de Pékin* (Genève, 1970), pp.391-392.
[2] 1699年,梅文鼎和毛际可再次在杭州相见时,毛氏为梅文鼎作传,见《勿庵历算书目》附毛际可《梅先生传》(知不足斋丛书本)。

欲以其学与人竞。"[1]两相对照，即可看出传记内容大同小异，由此说明二传均出自梅氏的自述，梅氏显然想把他与钦天监官员的矛盾公之于世。梅文鼎作为儒者，未必对钦天监的一官半职感兴趣，但是，他的能力毕竟对钦天监构成了威胁。康熙时代钦天监的官员大都是耶稣会士和教徒，钦天监亦为天主教中心，这或许已向我们揭示钦天监反对梅文鼎的根本原因所在。

和梅文鼎有矛盾的人具体指谁，尚缺乏足够的证据加以说明。但有理由认为，这些人应该是指在钦天监工作的耶稣会士和奉教天文学家。从钦天监人事年表中，可以知道梅文鼎在北京期间（1689—1693），负责钦天监的是徐日昇和安多，任左监副的是鲍英齐，任春官正的是孙有本，均为奉教天文学家，这些人当是毛际可、朱书传中提到的"台官"中的核心人物。

以梅文鼎之孙之故，梅瑴成受到康熙的特别恩赐，被赐予举人，参加殿试。分别在《御纂周易折中》以"翰林院庶吉士"、在《御制性理精义》以"翰林院编修"担任御前校对；以"翰林院编修"参与《历象考成》，担任"汇编"官。那么梅瑴成本人对西学的看法又是如何呢？

首先，他本人与传教士就有矛盾。时任钦天监监正的耶稣会士纪理安曾熔化元、明的天文仪器，以铸造新的仪器，此事遭到了梅瑴成的强烈反对，在《操缦卮言》中他写道：

> 康熙五十四年，西洋人纪理安欲炫其能而灭弃古法，复奏制象限仪，随将台下所遗元明旧器作废铜充用，仅存明仿元制浑仪、简仪、天体三仪而已。[2]

---

[1] 朱书《朱杜溪先生集》（光绪癸巳重刊本）卷二，荫六山庄藏版，第21页。他和梅文鼎曾同在福建约一年。
[2] 《宣城梅氏历算丛书辑要》卷六二附录二《操缦卮言》，承学堂乾隆十年（1745）梅瑴成序刊本。

除梅毂成自己的记述之外，在清代官修的《大清国史天文志》中，我们也找到了类似的记载：

> 康熙五十四年，西洋人纪理安欲炫其能而灭弃古法，复奏制象限仪，遂将台下所遗元明旧器，作废铜充用，仅存明仿元制浑仪、简仪、天体三仪而已，所制象限仪成，亦置台上。……又臣梅毂成于康熙五十二、三年间，充蒙养斋汇编官，屡赴观象台测验，见台下所遗旧器甚多，而元制简仪、仰仪诸器，俱有王恂、郭守敬监造姓名，虽不无残缺，然睹其遗制，想见其创造苦心，不觉肃然起敬也。乾隆年间，监臣受西洋人之愚，屡欲检括台下余器，尽作废铜送制造局，廷臣好古者闻而奏请存留，礼部奉敕查检，始知仅存三仪，殆纪理安之烬余也。夫西人欲藉技术以行其教，故将尽灭古法，使后世无所考，彼益得以居奇，其心叵测，乃监臣无识，不思存什一于千百，而反助其为虐，何哉？乾隆九年冬，奉旨移置三仪于紫微殿前，古人法物，庶几可以千古永存矣。[1]

这里我们可以看出他对西洋人的极度不满。这段记载和梅毂成《操缦卮言》的话如出一辙，很可能出自梅氏手笔。梅毂成的观点能被采入官史，一方面说明其影响力之大，另一方面也说明他直接参与了其中有关章节的写作。纪理安销毁旧仪器的行为，除梅毂成的反弹之外，其他大臣也多有警觉，乾隆五年"闰六月戊午，礼部议覆，刑部右侍郎张照奏称，元臣郭守敬仿玑衡遗意，制造仪器。向置观象台上，流传至今四百余年。嗣因西洋人纪里安因制造新仪，将旧仪销毁，惟存简仪、浑仪、仰仪等数件。今又有交养心殿改造

---

[1]《大清国史天文志》一（原钞本），台北故宫博物院藏，乾隆时稿本。《畴人传》和此段内容几乎完全相同。

器皿之议。窃思羲和以来中国所存躔度遗规,惟此一线,良可爱重,岂宜销毁?乞敕下礼部,会同钦天监查观象台旧仪完全者几座,不全者几座,开造清册三本,分贮内阁、礼部、钦天监,以昭慎重。从之"[1]。

梅瑴成不仅继承其祖梅文鼎的反教倾向,而且还有进一步发展。在《梅氏丛书辑要》序,表明了他对西学的看法:

> 明季兹学不绝如线,西海之士乘机居奇,藉其技以售其学,学其学者,又从而张之,往往鄙薄古人以矜创获,而一二株守旧闻之士,因其学之异也,并其技而斥之,以戾古而不足用,又安足以服其心,而息其喙哉?夫礼可求野,官可求郯,技取其长,而理唯其是,何中西之足云。[2]

梅瑴成的目的是"以见西法之不尽戾于古实,足补吾法之不逮","将见绝学昌明,西人自无所炫其异"。[3]梅瑴成对耶稣会士"乘机居奇"的做法有所批评。实际上,在乾隆年间这种做法还有所体现,上述徐懋德的信便是很好的例子。

从上述分析可看出,乾隆年间为文人学者所认同的反教言论,早在康熙时代就已定调,梅瑴成等人起到了决定性作用,并影响了乾嘉学者的历算研究。钦天监与蒙养斋算学馆文人学者之间的争论,导致了梅瑴成等人对传教士的嫉恨,双方若即若离,爱恨交加。耶稣会士的"保留"政策固然不可取,但中国文人的自大情结,似乎也应负起一定责任。

---

[1]《清高宗实录》卷一二一,北京:中华书局,1986年,第778—779页。这里是不点名指戴进贤、徐懋德等钦天监人员想私毁古代天文仪器。
[2] 实际上这段文字源自与丁维烈的谈话,见梅瑴成序,载《宣城梅氏历算丛书辑要》卷六〇,承学堂乾隆十年(1745)梅瑴成序刊本。
[3] 韩琦《从〈明史〉历志的纂修看西学在中国的传播》,第61—70页。

从利玛窦开始，耶稣会士就想通过历算来提高他们的荣誉，从而为其传教服务。耶稣会士熊三拔则通过寻找借口，延缓编历的进度来达到控制西方历算之目的。但在明末，文人还没能真正认识到传教士的保留态度。到了康熙时代，随着与传教士交往的加深，朝野对传教士的传教目的及对西学的保留态度才有真正了解，康熙从深信不疑到通过努力摆脱传教士对历算编制的控制，梅瑴成则公然指出西人不过"欲藉技术以行其教"，自炫其长，这种态度成为康熙时代西学传播的主线。

权力争夺构成了科学社会史的重要方面，透过中西方文献的对证，这一观点得到了更好的诠释。从文中分析可看出，对西学的看法不仅涉及科学本身的问题，而且涉及钦天监内部的权力斗争，以及个人之间的明争暗斗。这不仅是科学的问题，也与宗教问题密切相关。雍正乾隆年间，由于《历象考成》在预测日月食方面不能达到预期目的，不得不再次依赖耶稣会士进行历法改革，编纂《历象考成后编》。自康熙皇帝开始倡导的"自立"精神，并没有取得胜利，历算"自立"运动也以失败而告终。

对乾隆时期文人的言行作一考察，就会发现对西学的看法，通过康熙皇帝影响到了像何国宗、梅瑴成这样的宫廷文人，继而通过他们影响了钱大昕等人。钱大昕作为乾嘉学派的领袖，深受梅氏祖孙著作的影响，同时在北京期间他又与何国宗有密切的交往，何国宗、梅瑴成等人对西学的看法无疑会对钱大昕产生深远影响。由于钱大昕后来从北京回到江南，于是对西学的看法完成了从朝廷向江南的转变，从而奠定了乾嘉时期对西学态度的基调，导致了乾嘉之后"西学中源"说之盛行，影响了西学在中国的传播。阮元无疑受钱大昕影响最深，他从内心深处发出了这样的声音："我大清亿万年颁朔之法必当问之于欧罗巴乎？此必不然也，精算之士当知所自立矣。"[1]这种看法代表了乾嘉时期文人的共同看法，是康熙时代"自立"精神的再现。

---

[1] 阮元《畴人传》卷四五，琅嬛仙馆嘉庆四年（1799）序刊本。

第六章　欧洲天文学新知的传入与《钦若历书》的编纂

和康熙同时，法国"太阳王"路易十四雄心勃勃，想摆脱葡萄牙对保教权的控制，和中国建立更为直接的交往，并进行科学考察活动，以促进科学和艺术的发展。出于对西学的爱好与政治的需要，康熙利用这种机会，通过来华的法国耶稣会士，和法国建立了联系。下面将以比较科学史的视野，通过对法国皇家科学院（当时曾译为"格物穷理院"）科学考察计划的介绍，揭示康熙时代蒙养斋算学馆设立所受到的法国影响；分析法国耶稣会士傅圣泽传入欧洲新天文学的背景，以及御制《钦若历书》的编纂及其内容。

第一节　蒙养斋算学馆与格物穷理院

康熙时代为何编纂《钦若历书》《数理精蕴》等天算著作？法国耶稣会士如何向康熙介绍法国皇家科学院及其活动？他们来华的科学使命康熙是否了解？康熙时代的科学活动与科学院的活动有何关系？这是中法科学交流史上非常重要的问题。在介绍康熙时代所从事的科学活动之前，这里先对法国耶稣会士和皇家科学院的关系进行简单介绍。

1687年7月23日，"国王数学家"到达宁波后，由于浙江巡抚的刁难，一直在那里停留到11月底。在此期间，洪若写下了许多信件，据此可以清楚地了解耶稣会士和法国学术界的密切交往。11月8日，他致信皇家科学院，目的是为了向科学院寻求帮助，以便他们能完成所需从事的工作,并汇报了当时的科学分工,他本人负责中国天文学史、地理学史和天体观测,以与巴黎天文台所作的天文观测相比较。在另一封给科学院的信中,他写道:

> 向我们传授你们的智慧;为我们详细解释你们所特别需要的;为我们寄送示范,亦即你们对同一课题将会怎样研究,在科学院为我们每一位配备一名通讯员,不仅代表你们指导我们的工作,而且在我们遇到困难和疑问时可为我们提供意见。在这样的条件下,我希望"中国科学院"会渐渐完善,会使你们非常满意。[1]

洪若等人想按照法国皇家科学院的做法来作为他们研究的指导,所谓的"中国科学院",实质上是皇家科学院的中国分院,即由在华法国耶稣会士科学家组成的科学机构,他们来华的真正目的并非为中国人建立起真正独立的科学研究机构。

1687年11月8日,洪若给卡西尼写信,呼吁寄来更多的天文仪器,并请求指导。他也要求寄在科学院观测基础上刻印的法国地图,以了解各地经度的观测结果。为了能为巴黎天文台服务,他认为必须在北京安装有同样的天文仪器,来装备北京的天文台,希望科学院能够提供一些神奇的新仪器,介绍一些新方法。

洪若在宁波期间,还写信给国务大臣卢瓦,请求政府赠送更多的仪器和书籍[2],这体现了耶稣会士对科学调查之热情与周密之考虑,以为他们来华的科学使命服务。之后,皇家科学院指定了一些院士与在华耶稣会士通信,耶稣会士则把科学观测报告发回法国,同时回答科学院交给他们的有关中国的各种问题,科学院则经常给

---

[1] AMEP,Vol.479,fol.33.
[2] 韩琦《康熙朝法国耶稣会士在华的科学活动》,《故宫博物院院刊》1998年第2期,第68—75页。

在华耶稣会士寄送科学院杂志与其他科学书籍，对他们进行指导，还不时把新的科学仪器运到中国，以供观测之用，这种密切交往使耶稣会士能及时掌握法国科学的新进展。洪若等"国王数学家"肩负皇家科学院的科学使命，自称为皇家科学院的"中国科学院"成员，明确说明他们在华的工作是科学院计划的一部分。下面将探讨蒙养斋的设立和皇家科学院的关系。

如上所述，法国耶稣会士肩负了传教与科学考察的双重使命，其在华科学活动是皇家科学院全球科学考察的一部分。和洪若一样，白晋也抱有在中国建立科学院的设想。1693年7月8日，他作为康熙帝的钦差离开北京，回法国招募耶稣会士来华。1694年1月从澳门启航，1697年3月到达法国，其间他撰写了《康熙皇帝》(*Portrait historique de l'Empereur de la Chine*) 一书，提到康熙想在中国建立科学院，并附属于皇家科学院，这种想法显然出于白晋自己的考虑，因为作为"天朝大国"，康熙绝不会把大清帝国的科学院作为法国皇家科学院的分支机构。白晋完全是为了迎合路易十四的旨意，以满足法国的需要，并达到向中国派遣更多耶稣会士之目的。[1] 这至少说明康熙对法国皇家科学院有所了解，但在1700年之前，由于大批法国耶稣会士尚未来华，康熙时代大规模的科学活动未能展开。

1713年，康熙在畅春园蒙养斋设立算学馆，并在全国范围内进行天文测量，受到了法国皇家科学院的影响。傅圣泽在《历法问答》中介绍了"格物穷理院""天文学宫"（亦即法国科学院和巴黎天文台）在天文学方面的最新成就，也介绍了法国天文学家到各地进行测量的情况，书中云：

> 昔富郎济亚国之格物穷理院中，诸天文士皆于此讲究，因

---

[1] 白晋和莱布尼茨通信中也谈到在中国创建科学院之事，参见 Rita Widmaier ed., *Leibniz korrespondiert mit China: der Briefwechsel mit den Jesuitenmissionaren (1689-1714)* (Frankfurt am Main: Vittorio Klostermann, 1990), p.177.

二道相距之说，各有异同，难以意见断定。然此实天文之枢机，又正不可以无定也。乃于康熙十年时，上请于王，爰差数人，分至古昔天文名家所测候之所，以测验近今之天行，与古昔之天行，有变易否，又且不远万里，使院中名士利实尔，至近赤道下之海岛，名为噶耶那。此处离赤道下，不过将近五度耳。[1]

此外，大约在1714年，因葡萄牙耶稣会士为教堂管理权之争，告状到康熙皇帝那里，于是白晋、巴多明、傅圣泽、杜德美、罗德先等人给皇帝递交了奏折，报告了他们来华之目的，以及和皇家科学院、巴黎天文台等科学机构的关系：

> 康熙三十五年，法郎济亚国王闻皇上柔远弘恩，即立志以后多令修士入中国，一为效力于皇上，一为传教，遂命本国差在罗玛府之大人，向耶稣会大会长云，以后我法郎济亚国修士往中国，往小西洋传教者，必有自住之堂，不许波耳都噶国会长管，是时大会长闻知其故之重，商议之后，遵从国王之意，定有自住之堂，又许人多时再立本国会长，自此法郎济亚国修士多有欲入中国者，国王正备带修士之船，时适值皇上差臣白晋至本国，遂同聂云龙、巴多明、雷孝思等于康熙三十七年至广东。又有同时开船至中国者，即傅圣泽、樊记训（Pierre Frapperie，1664-1703）、罗德先等，因过小西洋，于次年至福建。后又有杜德美、汤尚贤（Pierre Vincent de Tartre，1669-1724）、陆百佳（Jacques Brocard，1664-1718）等陆续来者，至今存三十余人，无不由大会长之命而来。于是大会长当康熙三十九年立臣等本国会长，现今名殷弘绪，其权如

---

[1]《历法问答》日躔，第52页，大英图书馆藏，add.16634. 参见韩琦《"格物穷理院"与蒙养斋：17、18世纪之中法科学交流》，《法国汉学》（第四辑），北京：中华书局，2000年。

林安（António da Silva，1654-1726）与亚玛辣尔（Miguel do Amaral，1657-1730）二会长，同在总会长属下。臣等来中国者，在本国临行之时，国王亲嘱有三，一云：尔等往中国，不许为波耳都噶国二会长管；一云：若有别国修士要从直路到中国者，许同坐本国船到中国，与本国修士同住，亦赐其供给；一云：本国天文格物等诸学官广集各国道理学问，中国其来甚久，道理极多，又闻中国大皇帝天纵聪明，超绝前代，尔等至中国，若得其精美者，直寄本国，入学宫，垂之不朽。[1]臣等所以有本会长之由来，乃自大会长所定，则臣等本无不遵大会长之命，亦无不合耶稣会规，臣等同甘在总会长属下，如林安与亚玛辣尔所管之人，更万万无违背皇上旨意。[2]

"天文格物诸学宫"即指巴黎天文台和皇家科学院等机构。以上史料说明，康熙和皇三子胤祉等人对法国科学院、巴黎天文台多有了解，于是加以仿效，设立蒙养斋算学馆，编纂《钦若历书》《数理精蕴》等大型历算著作，无疑法国耶稣会士对中国的科学改革起到了促进作用。

综上所述，蒙养斋的科学活动和法国科学院的活动有一定的关系，这两个机构在某些方面相似，但又有本质上的不同。首先，它们的共同点是，蒙养斋和法国科学院都得到国家的支持。法国科学院在世界范围内进行天文观测，以确定经纬度、绘制地图，推动了天文学和地理学的发展。蒙养斋设在畅春园中，由胤祉亲自领导，创建伊始就打上了皇家的色彩。在传教士的指导下，法国科学院的计划在中国得到了实施。康熙时代的大地测量和法国的科学活动密切相关，法国耶稣会士在华的活动可视作法国科学院科学考察活动的一部分。没有

---

[1] 白晋的暹罗旅行记中也曾提到，国王嘱咐要从有四千年悠久历史的中国尽可能多地吸收知识，参见 J. C. Gatty, *Voiage de Siam du Père Bouvet*. Leiden: Brill, 1963, p.7.
[2] 梵蒂冈教廷图书馆（Biblioteca Apostolica Vaticana，简称 BAV），Borg. cin. 439.

科学院的全力指导，这种科学考察活动无法圆满完成。

法国皇家科学院设立了院士制度，招聘外国科学家，以推动本国科学的进步，这是法国在17、18世纪科学成功的重要原因之一。通讯院士的设立，也促进了法国科学的发展，他们被派到国外进行动植物考察和天文观测，以收集更多的科学数据，并寄回欧洲。而蒙养斋只是临时性的机构，虽然从全国各地招聘了一批学习历算的人才，由朝廷给予一定的支持，在畅春园和各地进行观测活动，除了经纬度测量之外，很少进行其他天文观测，对法国天文学的新进展，特别是在木卫观测方面的成果，没有加以吸收。清廷也没有建立院士和通讯院士制度，没有一定的奖励机制，对有功人员给予较高的荣誉。雍正继位之后，蒙养斋的科学活动没有再继续下去。法国皇家科学院负责科学出版物的审查和优秀论文的颁奖，使得科学院在公众中的地位得到提高；而康熙时代根本没有定期刊物，也没有设立论文奖，科学著作不能广泛流传和普及，不利于科学的发展。

第二节　傅圣泽与欧洲新科学的介绍

傅圣泽来华前曾在巴黎路易大帝学院学习，当时洪若担任数学教授，白晋、张诚、李明、刘应也在那里学习，正好是这批"国王数学家"来华的前夜。1686—1689年，他继续在该学院工作了三年。之后，在巴黎继续停留。从1695年到动身来华前的一段时间内，他曾担任耶稣会La Fleche学校的数学教授。[1]康熙三十七年（1698），傅圣泽从法国出发，次年六月到达厦门，先在福建传教一年半，后被派到江西传教，达十一年之久。在江西时，他先读中国书，通览

---

[1] J. W. Witek, *Controversial Ideas in China and in Europe: A Biography of J.-F. Foucquet, S.J. (1665-1741)* (Rome, 1982). 1693年，白晋受康熙帝之命返回法国，招募十余位耶稣会士来华，傅圣泽就是其中之一。1699年8月，洪若作为康熙帝的使节前往巴黎，答谢白晋带来的耶稣会士和礼物。

五经,对《易经》"倍加勤习",故"略知其大概"。[1]五十年,经白晋推荐,傅氏奉旨进京,于六月二十三日到北京,与白晋一起研究《易经》,并经杜德美推荐,向康熙帝传授欧洲天文学新成就。五十年至五十五年间,他翻译了大量欧洲天文学著作,特别介绍了很多法国天文学的最新成果,在历算改革方面扮演了重要角色,其《易经》研究则引起了很多争议。五十九年返回欧洲,在北京共停留了八年多时间。

一 欧洲数学的编纂活动

关于傅圣泽被康熙召到北京的经过,梵蒂冈教廷图书馆所藏档案中曾有这样的记载:

> (康熙五十年)四月初九日,李玉传旨与张常住,据白晋奏说:江西有一个西洋人曾读过中国的书,可以帮得我。尔传与众西洋人,着带信去,将此人叫来,再白晋画图用汉字的地方,着王道化帮着他料理,遂得几张,连图着和素报上带去,如白晋或要钦天监的人,或用那里的人,俱着王道化传给。钦此。[2]

四月十三日,江西巡抚郎廷极之子郎文焕接到养心殿赵昌、王道化所传御旨,将临江府居住的傅圣泽送到北京,五月初三日,郎廷极接到家信,五月十五日派家人护送傅圣泽登船进京,六月二十三日抵京。傅圣泽在到达北京后,也曾给清廷官员报告到北京后的情形:

> 臣傅圣泽在江西叩聆圣旨,命臣进京,相助臣白晋同草

---

[1]《康熙朝满文朱批奏折全译》,第736页。
[2] BAV, Borg. cinese 439.

《易经》稿，臣自愧浅陋，感激无尽，因前病甚弱，不能陆路起程，抚院钦旨，即备船只，诸凡供应，如陆路速行，于六月二十三日抵京，臣心即欲趋赴行宫，恭请皇上万安，奈受暑气，不能如愿，惟仰赖皇上洪福，望不日臣躯复旧，同臣白晋竭尽微力，草《易经》稿数篇，候圣驾回京，恭呈御览。[1]

傅圣泽和白晋一起研究《易经》，和白晋一样，试图用象征论（Figurism）的观点研究《易经》。[2] 但从1711年开始，康熙对白晋的研究已渐渐失去兴趣，更多的时间对历算著作感兴趣。在杜德美的推荐之下，傅圣泽向康熙传授数学。在此之前，已有安多介绍借根方，傅圣泽则从1712年开始传授阿尔热巴拉新法，也就是符号代数。就代数编译问题，康熙帝让内务府官员负责联系：

> 字启傅先生知。尔等所作的阿尔热巴拉，闻得已经完了，乞立刻送来，以便平订，明日封报，莫误。二月初四日。和素、李国屏传。[3]

> 六月二十二日二更报到，奉旨：在这里都算得了，虽然，仍教他们算完启奏。钦此。

> 传三堂众西洋人，明日黑早俱到武英殿来，有奉旨交的事，不可遗漏一人，傅圣泽更要先到。八月初四日，和、李传。

> 十月十八日奉上谕：新阿尔热巴拉，朕在热河发来上谕，

---

[1] BAV, Borg. cinese 439.
[2] 韩琦《白晋的〈易经〉研究和康熙时代的"西学中源"说》，《汉学研究》1998年第1期，第185—201页。
[3] BAV, Borg. cinese 439.

原着众西洋人公同改正，为何只着傅圣泽一人自作？可传与众西洋人，着他们众人公同算了，不过着傅圣泽说中国话罢了，务要速完。钦此。王道化传纪先生知。[1]

启傅、巴、杜先生知。二月二十五日，三王爷传旨：去年哨鹿报上发回来的阿尔热巴拉书在西洋人们处，所有的西洋字的阿尔热巴拉书查明，一并速送三阿哥处，勿误。钦此。帖到，可将报上发回来的阿尔热巴拉书，并三堂众位先生们所有的西洋字的阿尔热巴拉书查明，即刻送武英殿来，莫误。二月二十五日，和素、李国屏传。[2]

这里提到的和素、李国屏和王道化，都是内务府的官员，负责和传教士的接触，事情大致发生在1712—1713年。这里提到的新阿尔热巴拉，也就是《阿尔热巴拉新法》[3]，这是第一部介绍符号代数学的著作，但康熙不能理解符号代数的真正价值，并认为傅圣泽"算法平平尔"，使得这部著作始终未能刊刻，广为流传。[4]一道上谕这样写道：

谕王道化：朕自起身以来，每日同阿哥等察阿尔（热）巴拉新法，最难明白，他说比旧法易，看来比旧法愈难，错处亦甚多，鹘突处也不少。前者朕偶尔传于在京西洋人，开数表之根写的极明白，尔将此上谕抄出，并此书发到京里去，着西洋人共同细察，将不通的文章一概删去，还有言者甲乘甲，乙乘乙，总无数目，即乘出来亦不知多少，看起来想是此人算法平

---

[1] BAV, Borg. cinese 439.
[2] BAV, Borg. cinese 439.
[3] 现有稿本传世，保存在梵蒂冈教廷图书馆。代数在康熙时代或音译为"阿尔热巴拉""阿尔朱尔""阿尔热八达"。
[4] C. Jami, *Jean-François Foucquet et la modernisation de la science en Chine: la "Nouvelle Méthode d'Algèbre"* (Mémoire de maîtrise, Université de Paris VII, 1986).

平尔，太少二字即是可笑也。特谕。[1]

从康熙五十二年六月初五日开始，孔禄食参加了《数表根源》的编纂活动，孔禄食是意大利耶稣会士，1707年到达澳门，1708年受命作为数学家到达北京，在宫廷服务，但他对数学并不擅长。内务府官员觉得他"急躁，不得头向，多日未果，看其情形，似不可能"，于是召集所有西洋人，请他们共同商量，将来由缮明具奏。为此纪理安召集杨秉义、傅圣泽、杜德美等人参与相关著作的编写。

在罗马所藏的档案中也有相关的资料，与此可互相印证。六月二十二日，和素、李国屏给纪理安、傅圣泽、杜德美、杨秉义等四人写信：

> 字与纪、傅、杨、杜四位先生知。二十三日是发报的日子，若有发报的《数表问答》书，四位先生可一早将书送进来，以便发报，为此特字。[2]

六月二十五日，和素、李国屏又写信给他们四位：

> 字与纪、傅、杨、杜四位先生知。明日是发报的日子，有《数表问答》，无《数表问答》书？四位先生一早进来，有商议事，为此特字。[3]

七月十七日，译成《数表问答》一卷四十八篇，进呈康熙。所谓《数表问答》，无疑是指对数的造表方法。十一月十九日，又完成

---

[1] 中国第一历史档案馆编《清中前期西洋天主教在华活动档案史料》第一册，北京：中华书局，2003年，第52页。
[2] BAV, Borg. cinese 439.
[3] BAV, Borg. cinese 439.

《御制数表精详》六十五篇，二十二日，完成《数表》《对数阐微》，这里提到的《对数阐微》，也就是常用对数表，后来收入《数理精蕴》。从1714年到1716年底，还编制了《对数广运》和大小各种数表，包括正弦、正切、正割对数表[1]，对数表的编制很可能与天文计算有关，有些数表很小，为了便于携带。《数理精蕴》介绍了对数造表法，其中包括英国数学家巴理知斯（Henry Briggs，1561-1630）的《对数术》（Arithmetica Logarithmica，1624）和佛拉哥的对数表，以往对这些著作的编写情况和参与人员都不清楚，通过上述档案，可以了解耶稣会士在其中所起的作用和《数理精蕴》的来源等问题。

二 《历法问答》与欧洲新天文学的传入

康熙开始向南怀仁学习西方科学时，因年幼对西学了解有限，但已明确西法优于中法。《圣祖实录》有这样一段记载：

> （康熙十五年八月）谕钦天监，尔衙门专司天文历法。任是职者，必当习学精熟。向者新法旧法是非争论，今既深知新法为是，尔衙门习学天文历法满洲官员，务令加意精勤。[2]

康熙笃信西法，明确表示"新法为是"，并重用在宫廷供职的传教士，直至1704年仍深信西法推算。清初沿用明末编成的《崇祯历书》（后改名为《西洋新法历书》），所采用的仍是第谷的折中体系，已不能满足天文精度的需要。康熙五十年之后，皇帝的态度有了转变，对西法表示了怀疑。是年夏，康熙在热河避暑，亲自测量了夏至日影的长度，发现钦天监用西法计算夏至时刻有误，与实测夏至

---

[1] 故宫博物院图书馆藏有不少对数表，应该就是康熙时代编译的。
[2] 《清圣祖实录》卷六二，北京：中华书局，1985年，第804页。

日影不符[1],而这些表基于第谷理论之上。

当时耶稣会士杨秉义随康熙到热河,因此康熙请他重新加以计算,所得结果与钦天监的计算不符,此事导致康熙对欧洲天文学的怀疑,因此命皇三子胤祉等向传教士学习,同时,自己也向耶稣会士学习天文数学知识。

五十一年三月,康熙回到北京,随即召见在京耶稣会士,要求派两人对天文学原理进行解释。杨秉义和傅圣泽受命担当此任,但他们向康熙解释的原理颇不一致。杨秉义当时是纪理安的助手,同属葡萄牙耶稣会管辖,因此决定支持第谷学说,而傅圣泽却极力反对。

傅圣泽向康熙介绍了刻伯尔(开普勒)、噶西尼(卡西尼)、腊羲尔、呵肋(哈雷,Edmond Halley,1656-1742)等人的学说,许多是根据皇家科学院的著作写成的,成《历法问答》(1716)一书,介绍了法国皇家科学院和巴黎天文台在天文学方面的最新成就、法国天文学家到世界各地进行测量的情况。[2]其中采用了新的天文常数,如黄赤交角值即采用了腊羲尔天文表(*Tabulae Astronomicae*.

---

[1]《清圣祖实录》卷二四八,康熙五十年十月辛未,第456页。康熙帝发现夏至应在中午之前,而钦天监的计算则在中午之后56分。参见韩琦《科学、知识与权力:日影观测与康熙在历法改革中的作用》,《自然科学史研究》2011年第1期,第1—18页。大约在1708年前后,传教士曾编撰有关日影计算的著作,康熙很可能阅读过此类著作。之后畅春园和观象台进行日影观测,应参考了传教士的著作。

[2] 傅圣泽在来华之前已是耶稣会学校的数学教授。关于傅圣泽和西方天文学传播的背景,参见 J. W. Witek, *Controversial Ideas in China and in Europe: A Biography of J.-F. Foucquet, S.J. (1665-1741)* (Rome, 1982)。1995年、1997年,笔者分别在大英图书馆、梵蒂冈教廷图书馆见到两部《历法问答》稿本。关于《历法问答》,参见 J.-C. Martzloff, "A Glimpse of the post-Verbiest Period: J.-F. Foucquet's *Lifa Wenda* (Dialogue on Calendrical Techniques) and the Modernization of Chinese Astronomy or Urania's Feet Unbound," in John W. Witek ed., *Jesuit Missionary, Scientist, Engineer and Diplomat 1623-1688* (Nettetal: Steyler Verlag, 1994), pp.519-529; Hashimoto Keizo & Catherine Jami, "Kepler's Laws in China: A Missing Link? J.-F. Foucquet's *Lifa wenda*," *Historia Scientiarum* 6-3 (1997), pp.171-185。韩琦《"格物穷理院"与蒙养斋:17、18世纪之中法科学交流》,《法国汉学》(第四辑),北京:中华书局,1999年,第302—324页。Hashimoto Keizo, "A Cartesian in the Kangxi Court (as obersved in the *Lifa wenda*)," in Alan K. L. Chan, Gregory K. Clancey & Hui-Chieh Loy eds., *Historical Perspectives on East Asian Science, Technology and Medicine*. Singapore: Singapore University Press, 2001, pp.406-414;桥本敬造《中国康熙时代的笛卡儿科学》,《相遇与对话:明末清初中西文化交流国际学术研讨会文集》,北京:宗教文化出版社,2003年,第366—380页。傅圣泽撰,桥本敬造编著《历法问答》,吹田:关西大学出版部,2011年。

Paris，1702）的值。[1]傅圣泽还介绍了开普勒的椭圆运动理论，涉及哥白尼日心学说，认为日心说只是假说，便于推步，并非真有此理。负责钦天监的纪理安等人加以反对，仍然支持第谷学说，认为新天文学的传入会让中国人觉得西方天文学并不可靠，会使南怀仁以来传教士在钦天监的地位受到损害，影响天主教在中国的传播，此外还与天主教教义相左，表现了其保守的一面。最后《历法问答》只有手稿流传，没能对清代天文学的发展产生任何影响。

当康熙发现南怀仁的天文学与傅氏所解释的有差异时，十分惊讶。在读过一本关于太阳运行理论的小册子之后，康熙比往常更为高兴，询问为什么南怀仁没有给他介绍这个理论，傅圣泽就此作了解释。傅圣泽主要根据利酌理、噶西尼（卡西尼）的天文学著作。后者曾担任巴黎天文台台长和皇家科学院院士，主持了法国的天文学工作，在观测方面居于欧洲领先地位。

从梵蒂冈教廷图书馆保存的傅圣泽和内务府官员王道化的通信，可见傅圣泽在其中所起的作用：

> 字奉王老爷。弟所作日躔，共二十节，前十七节已经台览，尚有三节存于相公处，还求昭监。论日躔之工，不过数月当完，因弟多病，竟迟至一年，抚心甚愧！兹启者，向虽头痛，犹有止时，今岁以来，痛竟不止；若见风日，骑马走路，必须增重，倘再勉强，恐至不起，故虽敝教斋规，亦竟不能守也。若得月余静养，此身稍健，自能究心月离矣。但此系旨意，望老爷代为周旋，弟自铭感五内耳。余情不悉。[2]

这里提到的日躔，应当就是《历法问答》中的日躔数理，月离

---

[1] 关于腊羲尔，参见 René Taton, "Philippe de la Hire," in *Dictionary of Scientific Biography*. New York: Charles Scribner's Sons, 1973, Vol.7, pp.576-579。

[2] BAV, Borg. cinese 439.

就是关于月亮运动的理论。这里提到的"相公",也就是在法国耶稣会士教堂中帮助耶稣会士工作的传道人员,从档案资料可考知,他的名字叫陆若翰,是一位举人,他不仅帮助傅圣泽,也帮助过白晋、宋君荣等人,是一位有学问的文人和教徒。[1]

在《历法问答》编写期间,傅圣泽与王道化有许多通信:

> 字启王老爷。先传旨命弟修交食历书,八月内上卷草稿已完,奈抄写之人每日所录甚少,又常不来,数日前竟不来矣。闻传在别处用,弟不得已烦白先生请教老爷。闻云命弟向纪先生言之。昨纪先生字云:此时写字之人甚忙,十二日到畅春园商议此人。弟恐又不得人,思事有关系,不敢不明告于老爷,将如之何?祈示之为感。弟傅圣泽具

王老爷即为王道化,下面这封信没有署名,也应该出自王道化之手:

> 上出外五个月有余,先生之书若早与抄写之人,则早晚矣,俟今甚忙之际始与人抄写,岂不迟乎?明日纪先生来时,弟向彼借一人可也,况先生处既有作稿之人,亦可以写真,即着其人抄真亦可也。

这里提到的纪先生,即为纪理安,他是当时耶稣会的视察员,又担任钦天监监正,负责历算事务,凡是人员的使用,都要征得他的同意。

《历法问答》分《日躔》、《月离》、《交食》(上下卷)、《恒星历

---

[1] 韩琦《再论白晋的〈易经〉研究:从梵蒂冈教廷图书馆所藏手稿分析其研究背景、目的及反响》,载荣新江、李孝聪主编《中外关系史:新史料与新问题》,第315—323页。

指》、《五纬历指》(上下卷)等部分[1]，介绍了17世纪50、60年代以来欧洲天文学的新发展，说明第谷体系在观测、理论方面已经过时，已为新天文学的传播铺路。书中指出六十多年来，在观测仪器方面有了长足进步，包括带测微器的望远镜，此外蒙气差、地半经差（视差）、黄赤交角的相关理论也多有进步。[2]书中介绍的日、月运动理论，主要采用了利酌理的《新至大论》(*Almagestum novum*, 1651)，而一些常数则基于利氏的《天文学革新》(*Astronomia reformata*, 1665)和法国天文学家腊羲尔的著作，还介绍了利实尔（Jean Richer, 1630-1696) 1672年的天文学观测，哈雷1677年在圣赫勒拿岛所进行的南天星座的观测，并给出了350颗恒星名[3]，《历法问答》云："康熙十六年间西洋有一名士呵肋，特为此故，渡海过赤道之南，至桑得肋纳岛，其地南极高十五度五十五分，用此等新仪器测验绕南极诸星，定三百五十星之真所而著之于书。"书中也谈到了1681年哈雷的彗星观测。关于金木水火土五大行星的运动周期，以及木星、土星的卫星，木星表面环等内容，都有介绍。

《崇祯历书》中已经提到哥白尼的名字，但并没有对日心说进行系统介绍，《历法问答》则介绍了有关哥白尼学说。在介绍许日尼（惠更斯，Christiaan Huygens, 1629-1695）土星环的发现，以及描述丹麦天文学家洛默尔的七政仪时[4]，傅圣泽谈到了日心说。此外，他在《五纬历指》中，介绍了新发现的四颗木卫和土星的五颗卫星，并解释说它们与五大行星一起绕太阳运转。也许是迫于天主教会的压力，《历法问答》对哥白尼学说的介绍并不详细。

---

〔1〕 大英图书馆所藏《历法问答》稿本有663页。
〔2〕 1667年巴黎天文台建立之后，欧洲天文学取得了长足的进步，特别是一些天文参数（如蒙气差、黄赤交角、视差）都有所修正。
〔3〕 Edmond Halley, *Catalogus stellarum Australium*. London, 1678.
〔4〕 梵蒂冈教廷图书馆稿本《历法问答》详细介绍了洛默尔的两个仪器，一是日月交食仪（1681），一是七政仪。

傅圣泽介绍了喀尔德（笛卡儿）和惠更斯的"精气"理论，用"旋圈之波"来指 vortex（旋涡）。他还介绍了新的科学发现，如惠更斯《光论》(*Treatise on Light*, 1690) 的翻译以及洛默尔通过观测木星的一颗卫星的食决定光速的方法（《五纬历指》下卷）；以及通过两颗木卫凌木（木卫的食）决定地理位置经度的方法，这些介绍可能为康熙朝大地测量服务。

《历法问答》最重要的内容是详细介绍了开普勒定律。开普勒在 1609 年出版的《新天文学》(*Astronomia nova*) 中提出火星沿椭圆轨道运行，并首先介绍了开普勒第一、第二定律，1619 年在《宇宙和谐》(*Harmonice mundi*) 一书中进一步提出第三定律，但关于行星轨道的形状仍然是一个颇具争议的问题。17 世纪末，卡西尼和腊羲尔寻求用椭圆轨道之外的理论对行星的不规则运动进行解释。腊羲尔在其天文表中，既没有把轨道看成椭圆的，也没有使用开普勒的面积定理，他的著作对开普勒的著作和椭圆定理提出了挑战，因为开普勒的理论和他的实际观测相冲突。

在谈到行星理论时，《历法问答》首先对欧洲天文学史的发展进行了历史回顾，并谈到了新仪器与天文发现的关系，讨论了行星运动为什么偏心圆被椭圆轨道所代替；还解释了从刻白尔（开普勒）到卜略（Ismail Bouillaud, 1605-1694）、巴冈（Blaise-François de Pagan）的修正以及卡西尼的修正理论，然后谈到利酌理的螺丝线；并介绍了开普勒的思想，以及作为革新家所起到的重要作用，指出他第一个放弃圆周运动，提出五星运动的椭圆轨道理论。

《五纬历指》介绍了开普勒的第一、第二定律。第一定律主要用几何的形式，解释椭圆（"蛋形线"）、焦点（"聚点"）的几何性质；第二定律被称作"刻白尔之法"，解释平均运动和真实运动之关系；但没有介绍第三定律。傅圣泽在行星运动的第一部分介绍了椭圆轨道，但是在第二部分却以腊羲尔的观测结果为基础，试图在开普勒理论和腊羲尔的观测结果之间作出综合。[1]他在第谷宇宙体系的框架之下，采用椭圆轨道来解释行星运动。《历法问答》不注重整个宇宙体系，而是以观测为基础，这是傅圣泽之所以使用腊羲尔观测结果的原因。

傅圣泽从17世纪欧洲天文学的历史发展入手，介绍了一些新的假设和天文常数，法国天文学内容占了重要篇幅。他介绍了天文观测和精确天文表的制作，而宇宙论的介绍则处于次要的地位，这在某种程度上满足了中国历法和预测的需要。清初《西洋新法历书》采用的黄赤交角是23°31′32″，傅圣泽《历法问答》改为23°29′。《历法问答》把大量法国皇家科学院的著作介绍到中国，但此书编译后，并未刊刻，只在宫廷和皇子中流传。[2]《钦若历书》的编纂参考了《历法问答》一书，应无疑义。《历象考成后编》介绍了椭圆轨道体系，但仍采用地心体系。与《历法问答》不同，《历象考成后编》把椭圆轨道运用于日月运动和交食的计算，而并未讨论行星的运动。

是否向中国人介绍哥白尼学说，在传教士中间争论十分激烈。如傅圣泽翻译开普勒的著作（椭圆运动理论，介绍哥白尼学说），遭到了一些耶稣会士的反对，当时负责钦天监的纪理安就不支持傅圣泽的做法，仍主张采用第谷的体系，认为傅圣泽这样做会让中国人觉得西方天文学并不可靠，使南怀仁以来传教士在钦天监的地位受到损害，影响天主教在中国的传播，此外还认为日心说与天主教教义相左。

---

[1] Hashimoto Keizo & Catherine Jami, "Kepler's Laws in China: A Missing Link? J.-F. Foucquet's *Lifa Wenda*," *Historia Scientiarum* 6.3(1997), pp.171-185.
[2] 康熙十三子胤祥及其后裔之《怡府书目》曾有记载。

第三节 《钦若历书》的编纂与内容

康熙和士人对西学态度的转变,并由此导致的"自立"精神,是在畅春园设立蒙养斋算学馆的主要原因,这是临时性的修书机构,即"奉旨特开之馆"。编译《钦若历书》[1]《数理精蕴》等书成为其主要目的。在此之前,朝廷曾在全国征访精通历算、音乐及其他有特长的人才,许多学者被吸收进馆,江南武进县杨文言因"颇通才学,兼通天文",被胤祉召到北京。1706年,"李光地荐苏州府学教授陈厚耀通天文算法,引见改内阁中书,圣祖试以算法。……圣祖命入值内廷,授编修,与梅瑴成同修书"[2]。1712年,梅瑴成受征汇编《律历渊源》,明安图当时也应参与其事,受征的人聚集在畅春园。在《钦若历书》《数理精蕴》编纂时,亦即大地测量期间,传教士经常出入畅春园,指导算学馆历算编纂人员进行学习和测量。1714年,康熙谕和硕亲王胤祉等:

> 北极高度、黄赤距度,于历法最为紧要,着于澹宁居后每日测量寻奏。测得畅春园北极高三十九度五十九分三十秒,比京城观象台高四分三十秒。黄赤距度,比京城高二十三度二十九分三十秒,报闻。[3]

同年,胤祉上奏至各地测北极高度事,并"以《御制律吕正义》进呈,得旨:律吕、历法、算法三书,着共为一部,名曰《律历渊源》"[4]。

---

[1]《钦若历书》雍正时改名《历象考成》,康熙时代文献中从未出现过《历象考成》之名。现存《钦若历书》,版心"钦若历书"都被墨笔涂黑。清华大学、中国人民大学、英国牛津大学、日本京都大学人文科学研究所、美国哥伦比亚大学都藏有《钦若历书》。
[2] 章梫《康熙政要》卷一八。
[3]《清圣祖实录》卷二六〇,第565页。
[4]《清圣祖实录》卷二六一,第571页。

王兰生是大学士李光地的学生，精通音韵，因为李光地的引见，与梅文鼎之孙梅毂成一起，受到康熙的格外重视。王兰生1713年被赐予举人，参加会试；1721年，又被赐予进士。允许精通音韵、历算的人士破格参加会试和殿试，这种优厚待遇在有清一代十分罕见，反映了康熙对编制历算著作之重视。康熙五十二年（1713），王兰生撰《历律算法策》，从"西学中源"出发[1]，为康熙时代编修天文历法书籍作舆论宣传。正是在王兰生等人的建议下，同年九月二十日，康熙给诚亲王、十六阿哥下旨，在畅春园奏事东门内蒙养斋开局。王兰生进入蒙养斋后，分校《律吕正义》《数理精蕴》《卜筮精蕴汇义》等书。

　　蒙养斋算学馆不仅征访了杨文言、陈厚耀、梅毂成和蒙古族数学家明安图等学者进馆，同时，耶稣会士纪理安、杜德美、傅圣泽、杨秉义、孔禄食和严嘉乐也经常出入畅春园。耶稣会士时常受康熙召见，回答各种问题，还参与数表的编制与原理的解释工作，这些内容后来成为《数理精蕴》对数造表法的基础。明安图和藏族喇嘛也曾经向杜德美学习。此外，传教士也传授了一些实用的知识，如严嘉乐向梅毂成传授了"测北极出地简法"[2]。

　　《钦若历书》的成书大概经过了两个阶段，首先在畅春园和全国各地进行测量（如黄赤交角的测定），之后以传教士为指导进行计算和编纂。自1708年开始大地测量至《钦若历书》编纂期间，庞嘉宾、杜德美、严嘉乐等耶稣会士起到了一定的作用。在皇三子胤祉周围，聚集了一批文人（如陈梦雷、王兰生、杨文言等）为其编书，其中肯定包括天文方面的著作。需要提及的是李光地在康熙年间，聘请梅文鼎讲学，培养了一批人才，为《钦若历书》的编成创造了条件。参与《钦若历书》纂修编校的包括庄亲王胤禄、诚亲王胤

────────────

[1] 王兰生在《历律算法策》中从多方面论证了西学源自中国，这种看法受到了时代的影响，与康熙和梅文鼎的提倡密切相关。
[2] 见梅毂成《赤水遗珍》，但此书所用汉名为颜家乐。

祉；汇编何国宗、梅瑴成；分校魏廷珍、王兰生、方苞；考测顾琮、明安图等十人；校算何国柱等十五人；校录吴孝登等十五人，而梅瑴成、魏廷珍、王兰生等人都可称是李光地的弟子。[1]

《钦若历书》上编"揆天察纪"，共分十六卷，包括"历理总论"（卷一），对天象、地体、历元、黄赤道、经纬度、岁差等天文学的基本概念、常数作了解释。关于岁差，"今新法实测晷影，验之中星，得七十年有余而差一度，每年差五十一秒"；还介绍了天文计算所使用的球面三角形（卷二、卷三"弧三角形"），《西洋新法历书》原来没有"正弧三角形"，《钦若历书》作了补充说明。

在这基础上，"日躔历理"对太阳运动的模型作了详细介绍（卷四）。《钦若历书》在计算"时差"（《西洋新法历书》作"日差"）时，考虑了太阳近地点每年有移动，把太阳高卑和赤道之升度两种因素，分别列表，比《西洋新法历书》"日差"把两个因素（太阳不在赤道上运动的影响和太阳视运动不均匀性的影响）合在一起考虑、更为精确。[2]《西洋新法历书》在推算日食三差时以黄道为根本，而三差生于月亮，因此《钦若历书》改为白道为根本。[3]日躔历理介绍太阳近地点[4]，《钦若历书》的近地点位置（7°43′49″40）与南怀仁所编的《康熙永年表》（7°43′49″）相近，而与《西洋新法历书》相差较大，参照了《西洋新法历书》的方法，而具体历表计算参考了《康熙永年表》。"求两心差及最高"说明太阳的平均运动，其中两心差 e（eccentricity 的两倍）有所改变，《西洋新法历书》从春分、立夏、秋分三节气的日时的间隔得到两心差值 e＝0.0358415，而《钦若历书》根据1717年二至（夏至、冬至）后太阳位置的观测定出 e＝0.0358977。从《西洋新法历书》以来，不精确的地方，用《康熙

---

[1]　见"雍正二年五月十七日奉旨开载纂修编校诸臣职名"。
[2]　中国天文学史整理研究小组《中国天文学史》，北京：科学出版社，1981年，第232页。
[3]　同上。
[4]　"最卑"，《西洋新法历书》为"最高冲"。

永年表》得到了部分订正补充。[1]

"月离历理"详细介绍了月亮的各种行度（卷五），关于月亮运动，第谷发现了二均差（variation），用本天、本轮、均轮、次轮、次均轮体系描述，《钦若历书》用更清晰的图来表示，并用来解释因月亮的不均匀运动引起的初均数、二三均数。其中"黄白距度及交均"用图解方式说明，《钦若历书》补充了月亮运动的不备。"交食历理"介绍了交食预报的各种数据（卷六、卷七、卷八）。[2]在计算月食方位时，《钦若历书》为了避免黄道上的方位被人理解成地平方位，故采用月面方位的方法，这是根据王锡阐、梅文鼎《交食管见》上下左右的直观表示法。[3]《钦若历书》还介绍了五大行星（卷九至卷十五"五星历理"）和恒星的原理（卷十六"恒星历理"），根据《灵台仪象志》，以康熙二十三年甲子天正冬至为历元，考虑岁差推算。

黄赤交角对《钦若历书》坐标（黄、赤道）换算特别关键，因为当时的许多测量工作都在畅春园进行，所以畅春园纬度的正确测定很重要，"黄赤距纬"介绍了根据多次测量夏至午正太阳高度得出的新的黄赤交角值，即23°29′30″，《钦若历书》据此重算了天文表（如庞大的"黄赤经纬互推表"），而《灵台仪象志》也起到了重要作用。《西洋新法历书》采用的黄赤交角是23°31′32″，傅圣泽改为23°29′，《钦若历书》的值23°29′30″与此值很接近，说明《钦若历书》的编纂和傅圣泽的《历法问答》有很大关系，亦即和法国皇家科学院及巴黎天文台的工作密切相关，因为傅圣泽提到"二道相距之说""实天文之枢机"，强调了实测黄赤交角的重

---

[1] 桥本敬造《〈历象考成〉の成立：清代初期の天文历算学》，载薮内清、吉田光邦编《明清时代の科学技术史》，京都：京都大学人文科学研究所，1970年，第71页。

[2] 桥本敬造列出了《新法历书》和《历象考成》的地影半径、太阴半径、太阳半径、南北差等数据的比较，桥本敬造《〈历象考成〉の成立：清代初期の天文历算学》，第75页。

[3] 参见桥本敬造《〈历象考成〉の成立：清代初期の天文历算学》；中国天文学史整理研究小组《中国天文学史》，第232页。

要性。[1]

《钦若历书》下编"明时正度",包括日躔、月离历法(卷一、卷二);月食、日食历法(卷三、卷四),以及五星历法(卷五至卷九)、恒星历法(卷十)等共十卷,主要介绍各种天文数据及表格的用法。此外还有《御制钦若历书表》十六卷,包括日躔表(卷一)、月离表(卷二至卷四)、交食表(卷五至卷八)、五星表(土、木、火、金、水星,卷九至卷十三)、恒星表(卷十四)、黄赤经纬互推表(卷十五、卷十六),在每一表前说明用法。

总之,《钦若历书》在天文体系上仍沿用第谷的体系,只是反复进行观测,提高了精度,并改进了一些天文数据,使得日月食的预报更为精确。和《西洋新法历书》相比,《钦若历书》图、表和文字配合,逻辑比较清楚。从内容上看,《西洋新法历书》《灵台仪象志》《康熙永年历法》等清初天文历算著作是《钦若历书》的必要基础。[2] 由于《钦若历书》在理论上没有多大改进,因此在日、月食的预报上,误差仍然不小,其缺陷很快被后来负责钦天监工作的耶稣会士戴进贤发现,这导致了《历象考成后编》的编纂。

除了天文学著作《钦若历书》之外,此时编成的《数理精蕴》则是康熙时代西方数学的集大成之作,其工作在17世纪90年代就已经开始,即耶稣会士向康熙传授数学之时,到1722年成书,历时三十余年之久。此书收录了安多《算法纂要总纲》的部分内容,如下编卷八、卷九讲盈朒、借衰互征、迭借互征,取材于《算法纂要总纲》和李之藻《同文算指》,还收入了巴蒂斯的《几何原本》。安多《借根方算法》(代数学)一书也被改编,收入书中。《数理精蕴》被冠以御制的名义,对后世产生了重要的作用,乾嘉数学家对借根

---

[1] 关于18、19世纪中国和欧洲在黄赤交角理论方面的交流,参见韩琦《中国科学技术的西传及其影响》,石家庄:河北人民出版社,1999年,第78—80页。
[2] 桥本敬造《〈暦象考成〉の成立:清代初期の天文暦算学》,第85页。

方与天元术的比较，促进了古算的研究和宋元数学的复兴。[1]清代中晚期数学家大多是先读《数理精蕴》，后来才转入研习新传入的西方数学，从传统数学向近代数学转变，《数理精蕴》起到了承上启下的作用。清末数学家关于二项展开式、级数展开式的研究无不受此书的影响。[2]

---

[1] 《借根方算法》是最早传入中国的代数学著作，译者也是安多，参见 Han Qi, "Antoine Thomas, SJ, and His Mathematical Activities in China: A Preliminary Research through Chinese Sources," in *The History of the Relations Between the Low Countries and China in the Qing Era (1644-1911)*, ed. W. F. Vande Walle (Leuven: Leuven University Press, 2003), pp.105-114。此书引用了不少《算法纂要总纲》的内容。
[2] 韩琦《数学的传入及其影响》，载董光璧主编《中国近现代科学技术史》，长沙：湖南教育出版社，1997年，第87—127页。

第七章 科学和宗教之间：耶稣会士、礼仪之争和日心说的传播

钦天监是编纂历法、预测天象的重要机构。崇祯年间，在徐光启、李天经等人的支持和推荐下，耶稣会士开始进入钦天监[1]，参与西方天文学、数学著作的翻译与编纂。他们来华的使命是宣扬天主教义，而科学则被作为重要手段，为传播福音服务。在监内供职的中国天文学家因与耶稣会士经常接触，许多成为虔诚的教徒；他们不仅在钦天监担任要职，参与历法的编纂，在宗教活动中也扮演了十分重要的角色。因此，钦天监不仅作为历算研究机构，也成为中西文化角逐之中心，其职能也大为拓展，除制历、择日、星占、预测天象外，连制炮、水利等也成为监内的事务，除科学之外，也必然涉及宗教的问题。

第一节 科学和信仰：耶稣会士、奉教天文学家与礼仪之争

康熙初年杨光先挑起的反教案，是清初政治史、学术史、科学史上的重要事件，直接影响了西方宗教和科学在中国传播的进程，对钦天监的打击尤大。近年来，科学史家已经对清初钦天监各民族

---

[1] 德国耶稣会士汤若望是第一任钦天监监正（1644—1666），继任者先后有南怀仁（1669—1688）、闵明我（1688—1707）、纪理安（1711—1720）、戴进贤（1717—1746）、刘松龄（1746—1774）、傅作霖（1774—1781）、高慎思（1781—1788）等人。他们除了在钦天监工作之外，也负责传教工作。

天文学家的争斗进行了研究[1]，对奉教天文学家在"礼仪之争"中扮演的角色也有论及。[2]但是仍有一些问题没有解决，如奉教天文学家在钦天监内部的分布如何？除了从事历算活动之外，如何看待礼仪问题？为什么要对祭孔、祭祖表态？他们的看法是如何到达罗马的？和耶稣会士有何种联系？下面依据罗马耶稣会档案馆新发现的史料，详细探讨1700—1702年前后奉教天文学家在"礼仪之争"中所起的作用。

一 奉教天文学家：身份、职位及其分布

从利玛窦进入中国以来，一批文人开始接受西学，并进而信仰天主教。这些人中著名的有徐光启、李之藻、杨廷筠、王徵、叶向高等人，宣扬西学，不遗余力；同时也有保守势力（包括佛教徒）猛烈攻击天主教，于是形成了对西学态度截然不同的两股势力。为推进西学的传播，开明人士总是请教徒或同情西学的人士来处理相关事务，钦天监作为传播西学的重镇，人员的安排无疑是要务之一。崇祯改历之初，徐光启主持钦天监的工作，并亲自到观象台视察，提拔了一批奉教人士。崇祯五年，他推荐李天经（1579—1659）到北京，负责历算活动的组织工作，其教徒身份应该是获得徐光启信赖的原因之一。[3]奉教高官在钦天监任职，可压制反教势力，以免

---

[1] 黄一农《清初钦天监中各民族天文学家的权力起伏》,《新史学》1991年第2期，第75—108页;《清初天主教与回教天文学家的争斗》,《九州学刊》（纽约）1993年第3期，第47—69页。Jonathan Porter, "Bureaucracy and Science in Early Modern China: The Imperial Astronomical Bureau in the Ch'ing Period," *Journal of Oriental Studies* Vol.18 (1980), pp.61-76.

[2] 黄一农在《被忽略的声音：介绍中国天主教徒对"礼仪问题"态度的文献》（载《清华学报》, 1995年新25卷第2期，第137—160页）一文中讨论了奉教天文学家与"礼仪之争"的关系，并证认了部分人名。参见 Han Qi, "The Role of the Directorate of Astronomy in the Catholic Mission during the Qing Period," in N. Golvers ed., *The Christian Mission in China in the Verbiest Era: Some Aspects of the Missionary Approach* (Leuven: Leuven University Press, 1999), pp.85-95.

[3] 柏应理著，徐允希译《一位中国奉教太太：许母徐太夫人甘第大传略》，台中：光启出版社，1965年，第27页，其中提到徐光启推荐新教友李天经任钦天监监正。

改历的努力付之东流，钦天监在很大程度上成为奉教和传播西学的中心。

从明末开始，传教士陆续深入内地，许多地方相继成为传教中心。如与徐光启同被称作天主教"三大柱石"的杨廷筠、李之藻邀请耶稣会士郭居静（Lazzaro Cattaneo，1560-1640）、傅汎际、伏若望（João Froes，1591-1638）等人到杭州传教，此后又有意大利耶稣会士卫匡国、殷铎泽、艾斯玎（Agostino Barelli，1656-1711）等活跃其间[1]，从此杭州天主教盛行不衰，成为传播中心之一。从文献可知，钦天监的许多天文学家来自杭州，如李之藻之子李次彪曾在钦天监负责《五纬历指》等书的校算工作；又如在17世纪60年代历法之争中被斩的李祖白也来自杭州，曾参与《五纬历指》《月离历指》《交食历指》《浑天仪说》《测量全义》《民历铺注解惑》的编纂。由此推测，在钦天监任职的这些杭州籍人士，很可能从小受到耶稣会士的熏陶，并被推荐进入钦天监工作。[2]至于这些奉教天文学家的入教时间，因史料所限，尚难考证。

康熙初年的反教案造成一些奉教天文学家被杀，使天主教在中国的传播大受影响。时人提起反教案，都心有余悸，视信教为畏途。尽管如此，仍有不少教徒参与钦天监的活动，如刘蕴德、孙有本、孙有容、鲍英齐、焦秉贞、鲍英华、鲍选、席以恭等人参加编写《灵台仪象志》（1674年，见下表），他们多是耶稣会士南怀仁的学生。[3]由此可见，反教案之后，钦天监仍为天主教的活动中心之一。

---

[1] 关于艾斯玎，参见韩琦《张星曜与〈钦命传教约述〉》，*Sino-Western Cultural Relations Journal* XXII(2000), pp.1-10。

[2] 山西绛州也是天主教最早传播的地方，在钦天监任职的天文学家席以恭来自那里，很可能也是由耶稣会士推荐进京工作。康熙时代随传教士赴欧洲的绛州教徒樊守义，也曾在钦天监担任天文生。

[3] 南怀仁《新制灵台仪象志》序（1674），BnF，Chinois 4923-4925。

《灵台仪象志》	合作者
卷一、二、三、四、五、一二	右监副刘蕴德笔受，春官正孙有本、秋官正徐瑚详受
卷六	博士加一级孙有容、历科供事鲍英齐、博士焦秉贞
卷七	从八品博士加一级鲍英华、秋官正张问明、博士宁完璧
卷八	博士加一级鲍选、主簿殷铠、博士张登科
卷九	从九品顶带天文生朱世贵、从八品博士加一级又加一级刘应昌、从九品顶带生薛宗胤
卷十	从九品顶带天文生萧尽礼、博士李文蔚、从九品顶带天文生冯方庆
卷一一	从九品顶带天文生席以恭、博士李颖谦、从九品顶带天文生张文臣
卷一三	从九品顶带天文生张士魁、博士林升霄、从九品顶带天文生李式、从九品顶带天文生刘昌胤
卷一四	从九品顶带天文生封承荫、从九品顶带天文生萧尽性、博士魏起凤、从九品顶带天文生冯迈、从九品顶带天文生戈掌镇

首先值得一提的是刘蕴德（1628—1707），字素公，湖广巴陵（今湖南岳阳）人，是汤若望的学生，曾参与《五纬历指》《日躔历指》《月离历指》《浑天仪说》和《古今交食考》的编纂，后来跟南怀仁学习，帮助编纂星图。[1]他通过和南怀仁经常接触而奉教受洗，取名巴腊斯（Blaise Verbiest）。从清代官方历书看，1671年他被任命为主簿，1672—1676年升为右监副，1677年升为左监副，掌握钦天监的实权，因为满、汉监正实际上只是虚位，并不主事。1684年，刘蕴德入耶稣会，1688年8月1日，与万其渊、吴历一起，在澳门由罗文炤（Gregorio Lopez, 1617-1691）主教祝圣为神父。[2]在钦天监工作时，他热心教会事务，1680年在福州期间曾给著名天主教徒李九功的《文行粹抄》写序。1690年，他不仅在南京和湖广，也在广州停留了一段时间；1692—1701年，他时在上海，时在南京传教。[3]后面将看到，

---

[1] 南怀仁立法，楚郢刘蕴德笔受《简平规总星图解》，康熙甲寅，BnF, Chinois 12097。
[2] 罗马耶稣会档案馆藏有罗文炤碑文和其侄罗日藻的信件，据此可确定其出生年月，立碑人中有"国王数学家"洪若，说明两人在南京期间可能有来往。"罗文炤"以前均误作"罗文藻"。
[3] Louis Pfister, *Notices biographiques et bibliographiques sur les Jésuites de l'ancienne Mission de Chine 1552-1773* (Shanghai, 1932), pp.402-403. Joseph Dehergne, *Répertoire des Jésuites de Chine de 1552 à 1800* (Rome: Institutum Historicum S.I., 1973), p.288.

1702年在南京时,他也参与了"礼仪之争"中的活动。

此外还有焦秉贞,字尔正,山东济宁人,曾任钦天监博士、五官正,与传教士来往密切,因擅长绘画,入值内廷。己巳年(1689),康熙临摹董其昌《池上篇》,"命钦天监五官焦秉贞取其诗中画意",胡敬称其"工人物山水楼观,参用海西法","职守灵台,深明测算,会悟有得,取西法而变通之。圣祖之奖其丹青,正以奖其数理也"。[1] 对他在绘画史方面的成就,特别是1696年绘制的《耕织图》,学者已有讨论[2],但很少有人注意到他是教徒(考证见下《北京教中公同誓状》),曾在"礼仪之争"时不遗余力地维护祭孔、祭祖的习俗。[3]

在古代中国,医学、历算等职业常常是世袭的,钦天监中即有这样几个天主教家庭,世代从事天文历算研究。鲍姓来自安徽休宁,鲍英齐是这个家族中官位最为显赫的天文学家。早在顺治时代,他在钦天监已非常活跃[4],帮助汤若望编纂《古今交食考》和《交食历指》,1678—1686年任右监副,1687—1707年升任左监副,掌控钦天监大权。除他之外,在《灵台仪象志》中还可找到与他同族的人,如鲍英华、鲍选等。在时宪历书中可看出,鲍可成在1701—1717年间任秋官正,鲍钦辉在1733—1755年间任冬官正,应出于同一家庭。另一奉教家族姓孙,浙江钱塘人,孙有本在1671—1702年间任春官正,孙尔蕙在1707—1734年间任夏官正,孙有容应该也来自同一家族。[5] 此外,宋氏家族也世代信奉天主教。教堂是教徒例行聚会的场所,所以不少奉教天文学家在那里服务,有的还担任教堂的"相公",帮助

---

[1] 胡敬《国朝院画录》卷上,第1页,嘉庆二十一年刊本。
[2] 聂崇正《焦秉贞、冷枚及其作品》,载《宫廷艺术的光辉:清代宫廷绘画论丛》,台北:东大图书公司,1996年,第51—63页。
[3] 韩琦《科学、艺术与宗教之间:康熙时代宫廷画家焦秉贞史事考释》,《法国汉学》(第十七辑),北京:中华书局,2016年,第70—82页。
[4] 据汤若望奏疏,顺治元年已出现鲍英齐的名字。
[5] 屈春海《清代钦天监暨时宪科职官年表》,《中国科技史料》1997年第3期,第45—71页。

耶稣会士传教。

如上所述，康熙时代有大量奉教天文学家在钦天监工作，但教徒在监内各科分布不均。据《大清会典》记载，顺治年间钦天监设有历科、天文科、漏刻科和回回科，1674年，因"回回科推算虚妄，革去不用"，之后只剩三科。值得注意的是，奉教天文学家大多集中在历科（时宪科），这是因为耶稣会天文学家在那里掌握历法的编纂和天象的预测。相反，在天文科中任职的官员中[1]，只发现极个别奉教记录，这与大量奉教天文学家任职历科的情况恰恰相反。首先，天文科、漏刻科是传统机构，自成一体，和西法关系不大。其次，天文科"职司观候天象，日月旁气，风云雷雨，气晕飞流，测绘日出日没，中影中星，月五星凌犯，占验周天星座，移徙动摇，芒角喜怒，七曜躔度，五星妖变等事"[2]，也就是说主要负责天文、气象、星占等涉及迷信的活动，而根据耶稣会的规矩，他们不能参与这类活动，因此极少有教徒进入天文科工作。

二 礼仪问题：耶稣会士和康熙、文人的互动

1693年3月26日，巴黎外方传教会（Missions Etrangères de Paris）传教士颜珰（Charles Maigrot，1652-1730）在福建将乐发布了敕谕（七条命令）[3]，令福建代牧区的传教士都应严禁祭孔祭祖的礼仪，主要内容包括：（1）God一词应称作天主，而不应称作天或上帝。（2）严禁在教堂悬挂"敬天"之匾。（3）传教士不得容许

---

[1] 史玉民《清钦天监天文科职官年表》，《中国科技史料》2000年第1期，第34—47页。
[2] 伊桑阿等纂修《大清会典》卷一六一，康熙内府刊本。
[3] 颜珰深得方济各（F. Pallu, 1626-1684）的赞赏，担负起在中国的传教重任，1687年起任福建宗座代牧。参见 Adrian Launay, *Mémorial de la Société des Missions Etrangères* (Paris, 1916), pp.417-423；Claudia von Collani, "Charles Maigrot's Role in the Chinese Rites Controversy," in D. E. Mungello ed., *The Chinese Rites Controversy: Its History and Meaning*, pp.149-183。Maigrot的汉文名字有多种译法，据其所撰《天主圣教要理》（闽三山怀德堂刻本），自题"闽圣教会颜珰述"。

第七章 科学和宗教之间：耶稣会士、礼仪之争和日心说的传播

教徒参加敬孔祭祖之活动；这些活动视为迷信。（4）在祭悼死者的活动中，应移去一些匾额，若不能移去，也至少去掉"神祖""神位""灵位"等字样，只能书写死者的名字。[1]1694年，他又派两名"圣而公会"传教士赴罗马，将禁令上呈教宗，以期获得批准。1697年，当他升为福建宗座代牧，此意见始得教廷之重视[2]，教皇英诺森十二世（Innocent XII）把这一敕令交给圣职部（Sacred Congregation of the Holy Office）去审慎讨论[3]，四位红衣主教受委派讨论了有关问题，1699年末，初步工作完成。准备好的材料交由教皇指定的四位神学家。1700年，教皇英诺森十二世去世，调查工作受到阻碍，后来由教皇克莱门十一世（Clement XI）继续，1704年11月20日得到批准。[4]

起初，在中国的耶稣会士不知道颜珰已派人在罗马上书，1698年消息传回中国。法国耶稣会士李明感到问题的严重性[5]，于是敦促北京的耶稣会士寻求清廷对有关礼仪问题的支持。[6]作为对颜珰敕令的反应，康熙三十九年（1700）十月，以钦天监监正闵明我为首的北京耶稣会士试图请康熙皇帝发表对中国礼仪的看法[7]，之前，他们先研究了"称天称上帝之义，敬孔子、祀祖先之礼"，并就祭孔、祭祖等礼仪问题发表了看法[8]，闵明我等人写给康熙奏折的全文如下：

---

[1] *100 Roman Documents concerning the Chinese Rites Controversy (1645-1941)*. Translations by Donald F. St. Sure, Edited with introductions and summaries by Ray R. Noll (San Francisco: The Ricci Institute for Chinese-Western Cultural History, 1992), pp.9-10.
[2] 罗光《教廷与中国使节史》，台中：光启出版社，1961年，第96页。
[3] *100 Roman Documents*, p.11.
[4] George Minamiki, *The Chinese Rites Controversy from Its Beginning to Modern Times* (Chicago: Loyola University Press, 1985), p.43.
[5] 李明在1692年返回法国。
[6] 颜珰的敕谕由巴黎外方传教会传教士Louis Quemener（1644?-1704）带到罗马，又由颜珰的罗马代表、同会的蒙尼阁（Nicolas Charmot, 1655-1714）告诉巴黎大主教Louis A. de Noilles，敦促他交由Sorbonne神学家讨论，而李明身在巴黎，知道形势的发展，参见G. Minamiki, *The Chinese Rites Controversy*, pp.39-40。
[7] 这些耶稣会士包括闵明我、徐日昇、安多、张诚和白晋。
[8] 荣振华（J. Dehergne）详细讨论了耶稣会士天文学家在"礼仪之争"中的作用，见其"L'exposé des jésuites de Pékin sur les cultes des ancêtres présentés à l'empereur K'ang-Hi en novembre 1700," *Actes du IIe Colloque international de Sinologie. Chantilly 1977* (Paris, 1980), p.204。

治理历法远臣闵明我、徐日昇、安多、张诚等奏为恭请睿裁，以求训诲事。臣等看得西洋学者闻中国有拜孔子及祭天地祀祖先之礼，必有其故，愿闻其详等语，臣等管见，以为拜孔子，敬其为人师范，并非求福祈聪明爵禄而拜也。祭祀祖先，出于爱亲之义，依儒礼亦无求佑之说，惟尽孝思之念而已。虽设立祖先之牌位，非谓祖先之魂在木牌位之上，不过抒子孙报本追远如在之意耳。至于郊天之礼典，非祭苍苍有形之天，乃祭天地万物根原主宰，即孔子所云郊社之礼，所以事上帝也。有时不称上帝，而称天者，犹如主上不曰主上，而曰陛下、曰朝廷之类，虽名称不同，其实一也。前蒙皇上所赐匾额，亲书"敬天"之字，正是此意。远臣等鄙见，以此答之，但缘关系中国风俗，不敢私寄，恭请睿鉴，训诲远臣等，不胜惶悚待命之至。

闵明我等把这些观点送给康熙，请求皇帝声明敬孔敬祖的意义，其目的显然是为了寻求朝廷的支持，从政治和社会方面使祭孔祭祖合法化。11月19日，他们先向满族官员、武英殿总监造赫世亨提交了一份请求书，30日，他们受到康熙接见。[1]在见到耶稣会士有关中国礼仪的意见之后，康熙作了批示："这所写甚好，有合大道，敬天及事君亲敬师长者，系天下通义，这就是无可改处。"[2]他同意耶稣会士的看法。1701年，文字被译成拉丁文，题为 *Breuis relatio*，在北京印刷后寄回欧洲，据说，*Breuis Relatio* 的某些内容也在当时流行的报纸《京报》上发表。[3]闵明我等人的奏折及康熙的御批也

---

[1] 同前 Dehergne, "L'exposé des jésuites de Pékin," p.201。
[2] *Breuis relatio eorum, quae spectant ad declarationem Sinarum Imperatoris Kam Hi circa Coeli, Cumfucij, et Auoru cultu, datam anno 1700*. Reprinted in Tokyo, 1977. 此书原刊本欧洲不少档案馆仍有收藏，参见 Paul Pelliot, "Un recueil de pièces imprimées concernant la 'Question des Rites'," *T'oung Pao* Vol.23 (1924), pp.347-355。罗丽达《一篇有关康熙朝耶稣会士"礼仪之争"的满文文献》，《历史档案》1994年第1期，第94—97页。
[3] 同前 Dehergne, "L'exposé des jésuites de Pékin," p.202。

被单独刻板，以广流传。[1]

耶稣会士认为，康熙的批示对在中国抛弃无神论观点会有所帮助，耶稣会士表述的出版和康熙的批示将是上帝存在的有效说教，可能对异教徒、许多官员、大部分文人和广大人民的思想带来影响。[2] 于是耶稣会士把这一批示，由四条不同的路线寄往罗马。[3] 1701年11月，康熙关于礼仪的"批示"寄到罗马。12月5日，教皇举行御前大会，在大会中声明，将派特使到中国，这就是多罗出使中国的缘起。

实际上，早在1689年，耶稣会士就请皇帝就葬礼问题发表意见，为此他们把南怀仁的《天主教丧礼问答》送给康熙[4]，于是康熙发表了自己的看法。但当时教廷并未就礼仪问题展开讨论，耶稣会士也没有把这些意见送到罗马作为证词。直到1700年"礼仪之争"达到高潮之后，康熙的评论才受到重视。笔者在罗马耶稣会档案馆见到此书，发现上有耶稣会士安多的几行拉丁文题字[5]，译成中文大意是："写在原来（文件）上的红字和注释是1689年康熙皇帝的亲笔，这本书是那个原本的完全精确的照抄，特此证明，耶稣会中国副省会长安多，1701年10月26日于北京。"由此说明此书某些段落上的朱笔圈点是康熙所加。在正文旁边，有康熙用朱笔写的评语，现举例如下：

（1）正文："谓已亡者之魂在地狱，亦需金银等项为费用，亦须衣食、使唤之人，与在现世之时无异，故特备纸造之金银、房屋、器皿、人像，用火焚之，即谓能改变真金银、房屋、器皿、真人，以为实用，此等不合理之甚也。"康熙批道："言整理顺。"

---

[1] 欧洲的档案馆还保留有这一印刷品，见 AMEP, Vol.432, fol.576-577。
[2] 同前 Dehergne, "L'exposé des jésuites de Pékin," p.205。
[3] 罗光《教廷与中国使节史》，第96—97页。
[4] ARSI, Jap.Sin 38/42 (38/1):《天主教丧礼问答》1682年刻本，"远西耶稣会士南怀仁答述，康熙二十一年九月十三日，同会闵明我、徐日昇同订"。此书主要批评了中国葬礼的迷信成分。
[5] "Litterae rubrae et notationes in originali/scriptae sunt proprio manu Imperatoris/Cam Hi anno 1689, cui esse conforme hoc exemplar, testor/Antonius Thomas. V ≈ Provlis Soctis Jesu/ V ≈ Provae Sinensis/ Pekini/ 26 Oct /1701," 此书上有耶稣会中国副省之红印。

（2）正文："岂人见为纸灰，而神魂反独见为真实乎？夫楮钱金银锞，当其未焚，不过纸耳，岂既焚乃有大能，变为真钱、真金银乎？"康熙批道："说得爽快透理。"

（3）正文："世间岂有人不犯罪，而先将银钱买监牢去坐乎？"康熙批道："有理有理，但恐得罪人。"

安多把此书送到罗马，其用意显而易见，是为了在罗马开会时，能够提供更多中国人有关礼仪的看法，以说服教廷，反驳巴黎外方传教会、多明我会和方济各会的攻击。而康熙作为清朝国君，一言九鼎，更具说服力。1700年，闵明我再次寻求皇帝的支持，也是出于同样的考虑。但康熙对耶稣会士取证的真正用意是否知晓，耶稣会士是否把教廷正在讨论祭祖、祭孔，并禁止中国礼仪的内幕告诉康熙，尚不得而知。

为了在"礼仪之争"中取得更有利的地位，耶稣会士在各地多方取证，以便送达罗马。为此，闵明我等人把自己的阐述送给中国文人，请他们发表意见，这些人包括宛平王熙（1628—1703）[1]、桐城张英（1638—1708）、长洲韩菼（1637—1704）、阙里孔毓圻[2]、闽中林文英、嘉定孙致弥、淮阴吴晟、山阳李铠、枚里刘愈等人，多是对天主教怀有好感的文人（包括一些高官或教徒）。如王熙与南怀仁有来往；韩菼是礼部尚书，1703年曾为白晋的《天学本义》（《古今敬天鉴》）写序[3]；孙致弥是孙元化之孙，也是徐光启之孙徐尔斗的女婿。并且这些同情西学的人之间关系也十分密切，如王熙和韩菼、孙致弥有师生之谊。[4]耶稣会士选择这些文人作为取证对象，用意昭然若揭。这些文人都发表了简短的意见，并被分别单独成册，

---

[1] 王熙是王崇简（1602—1678）之子，而王崇简与汤若望有来往。参见《通报》（*T'oung Pao*），1924，p.365，及恒慕义（Arthur W. Hummel），*Eminent Chinese of the Ch'ing Period (1644-1912)* (Washington, D.C.: United States Government Printing Office, 1944), Vol.2, p.819。
[2] 孔毓圻是孔子后裔，来自山东曲阜，是衍圣公，在康熙时代名声显赫。
[3] 恒慕义编 *Eminent Chinese of the Ch'ing Period (1644-1912)*. Vol.1 (1943), pp.275-276。
[4] 王熙《王文靖公集》，康熙四十六年刻本。

第七章　科学和宗教之间：耶稣会士、礼仪之争和日心说的传播

寄回欧洲。[1]他们对闵明我的看法全表赞同,内容大同小异,如韩 㷍的评论写道:

> 钦惟我皇上御极以来,文教诞敷,声讫海外,西洋诸先生挟历数之学来游中国,习见夫日用常行之道,如郊社祭祀、奉先尊师数大典,罔弗默识心融。今阅其所答国人书,独能体会前圣制作之遗意,允协典籍之奥蕴,以昭示后学,吾道之修明,实有赖焉。爰缀数言,用志盛事,且举手加额,为圣天子化成之庆。[2]

三 "誓状"与"公书":奉教天文学家对祭祖、祭孔的看法

除了达官文人之外,耶稣会士还向钦天监的奉教天文学家取证,这些教徒就礼仪问题阐述了自己的看法,名为《北京教中公同誓状》[3],落款康熙四十一年七月十七日,由鲍昧多为首的北京教徒撰写。他们之中的大多数是天文学家,如鲍昧多、焦保禄、席物罗(以恭)、鲍巴尔多禄茂(可成)、方弥额尔和一些博士、天文生和候补天文生,共有33位天文学。[4]所谓"誓状",也就是教徒有关祭

---

[1] 此册上有1702年10月3日比利时耶稣会士安多的手迹,并盖有耶稣会中国副省的红印,因安多1702年任副省会长之职。小册子上尚有1703年1月22日澳门主教收到此件后的手迹。因此这一小册子是由安多寄往澳门,再由澳门寄回罗马耶稣会总部。
[2] ARSI, Jap. Sin.157.
[3] ARSI, Jap. Sin.160. 此誓状上有1702年10月1日副省会长安多及耶稣会士闵明我、白晋、苏霖等人手迹签名,1703年1月20日寄达澳门,此件又有拉丁文译文。法国国家图书馆藏有类似的文件,巴黎藏本与罗马耶稣会档案馆所藏誓状文字略有差别。
[4] 钦天监左监副鲍昧多、原任钦天监五官正焦保禄(六品)、中官正席以恭(物罗)(六品)、秋官正鲍可成(巴尔多禄茂)(六品)、钦天监春官正方亮(弥额尔)(六品)、原任钦天监五官监候朱老楞including他、钦天监博士鲍历山(九品)、钦天监博士冯多默(九品)、钦天监博士张良(九品)、钦天监博士孙若瑟(九品)、钦天监博士林弥额尔(九品)、天文生(王嘉禄、梁德望、王伯多禄、孙斐理伯、陈若瑟、鲍雅进多、侯保禄、鲍玛弟亚)、候补天文生(方葛思默、国玛弟亚、吴若翰、李若瑟、宗玛窦、上官意纳爵、任伯多禄、李若瑟、赵巴辣济多、杨方济各、王历山、苏安当、佟雅歌伯、朱若瑟),见ARSI, Jap. Sin.160。人名后之官品依据的是拉丁文译本。

160　通天之学:耶稣会士和天文学在中国的传播

祖、祭孔看法的证词（testimony）。这些人的真实姓名和职位很难从中文文献中看出。幸运的是，"誓状"被译成拉丁文，后署教徒的姓氏、洗名和官品，如鲍昧多时任钦天监左监副，职位最高，是四品官，由此可以确定其真实姓名是鲍英齐；焦保禄原任钦天监五官正，为六品官，而康熙时在历科担任过五官正的正是焦秉贞，由此可以断定焦保禄就是焦秉贞；方弥额尔是六品官[1]，和清代时宪历书相对照，便可知方弥额尔是春官正方亮。[2]

从"誓状"可以看出，教徒们认为之所以禁止敬孔子、祭祖先，是因为福建一位神父问几个不明"正理"之人，"说敬孔子、供祖宗牌位，亦不合正理"，于是这位神父以此为凭，发往罗马，呈与教皇及"管圣教衙门"，导致"西国亦疑惑中邦进教行邪"。在证词中，教徒们表示了下列观点：（1）孔子在中国不是"佛、菩萨、邪神"之类。（2）拜孔子实际上敬他是师傅。（3）敬孔子之礼节、规矩均为历代所定，"不过感谢其教训，推尊其仪表"，连朝廷也行跪拜之礼，并无求望之处。（4）供奉祖先之礼，上自朝廷，下至庶民，一体遵行，是为了"表爱亲报本之意，感谢生身养育之恩，不过视死如事生"，也无任何祈求之意。（5）设祖先牌位，书写名号，"见此牌位则动孝敬之情"，不致遗忘祖先父母之恩。

同时，教徒亦指出，有些人把供奉祖先之礼，掺入佛、道两教，"致失正理"。在当时人看来，"不敬孔子者，谓之背师"，"不供祖先牌位者，谓之灭祖"，而背师灭祖，将被视为"禽兽""无礼无义大没体面之人"，若有告首，必定受刑问罪。最后教徒指出，若禁止敬孔祭祖之礼仪，中国"断无人进教"，而教外之人视之，"人人仇敌"，各省神父亦将被驱逐，故请神父将这些危险转告教皇。此外，在京的教徒还就中国经书所载事天昭事上帝之语陈述了自己的看法，

---

〔1〕 ARSI, Jap. Sin. 148.
〔2〕 黄一农《被忽略的声音》一文已指出鲍昧多是鲍英齐、方弥额尔是方亮，但他误以为焦保禄是焦应旭。焦应旭是太平人，实际上只担任过主簿之职。

认为中国文字用法灵活，万物之主、天、上帝、真宰、造物者等均用来称天主，若禁止这些用词，则将对教会诸书及语言称谓带来极大不便，另外中国人比较尊重古代经书，教徒常引用经书和教外的读书人辩论教义，故从古代典籍中引证这些字样，可使人信服这些字与天主教义和中国的道理相符合，因此恳求教皇不要禁止教徒称天、称上帝、称造物、称真宰、称万物主等字样。

和北京的钦天监教徒相呼应，前钦天监左监副刘蕴德和其他在江宁的教徒也在同年八月十六日写了"誓状"，请求教皇允许中国人使用"天""上帝"来指 God，不应该禁止祭孔、祭祖。[1]此外，来自福建福清的天文学博士林巩（弥额尔）也在1702年单独写了"誓状"，他家"四世在教"，他本人从幼领洗，认识到多明我会神父以拜孔子祀祖先牌位为异端，"阻挡无数读书人进教"，于是写下自己的感受，要耶稣会士送到罗马，原文云：

> 钦天监博士林弥额尔，福建福州府福清县人，住居省会，从幼领洗，一家遵守教规，知本省福安县有圣多明我会铎德以拜孔子祀祖先牌位为异端，致通省人士讪毁天教，为不孝不弟，同于畜类，冷却许多人心，阻挡无数读书人进教，即在教之读书者，尽含口不敢与人辩论，亦有人说佛道邪教，俱属不经，难与天主教之理相较。若照艾儒略所传，亦与儒教相合，积月累年，到底必定大行。但近来西洋人行事不依前人，堂中讲堂者亦与前辈互异，大都欲另立门户，看此光景，不用中国人害他不给他行，西洋人自相矛质（盾）攻击，败坏教中，不久就要招惹事故，危险可立决也。又闻福安县有一教友进学，圣人会铎德禁拜孔子，教友听命，不敢随班行礼，本学教官查觉，差拘要详学道褫革，无奈馈送官吏，官虽受礼，免其申详，仍

---

[1]"誓状"上有南京主教罗历山（Alessandro Ciceri, 1639-1703）的签名。

要本生补拜孔子，教友赴堂请问处置之道，铎德许其往拜，但教其拜时说我是拜天主，不是拜汝。此是闻人所说，并无虚妄。中土久疑远西心怀不测，幸际清时，无嫌华夷，故尔稍息，兹变易风化，迹更可疑，欲毁御书"敬天"扁额，目无国主，其祸尤烈，弥额尔四世在教，目击伤心，故敢在天主台前发誓质证。[1]

除"誓状"之外，还有《北京教友公书》，即北京教徒致教皇的"公开信"，署名者有"教下门生鲍昧多、焦保禄、吴若翰、黄若瑟、方弥额尔等"[2]。鲍英齐等人撰写《北京教友公书》的原因是因为他们觉得"圣教中有人违背经书大义解说，欲禁行孝敬礼节，将必有不测之大险"，故特拟数条，交给在京的神父，要求神父将数条意见和先前的"誓状"译成拉丁文，送到罗马，转呈教皇。向传教士说明的这几条内容包括：（1）由于语言、文字、礼节、饮食、服饰等鄙陋不如中国，故中国人历来轻视外国人，或称为外夷，或称为戎狄。（2）中国博学文人"何等骄傲，不特外国正学道德放不在眼，即本地略知读书及文艺未优者，悉目为村夫下流"。（3）释道及各种邪教忌恨天主教，"常凌辱教中之人，诽谤圣教之理，著书妄证，欲灭圣教，并阻人进教之路"。（4）中国之定礼不能禁，"况官长之威权利害，百姓之性情软弱，心窄胆小"，倘遇急事，会有不测。（5）杨光先反教案之后，"大显达"奉教者甚少，不能为圣教所倚托，而信仰天主教的不过是贫穷而无官职之人。（6）天主教能够流行，不过是康熙的"优隆"，但"其爱意尚未显露"，因此奉教的满人和内廷太监"俱不欲显示其在教，或督其引别者奉教，俱答不敢"，害怕皇帝知道而不高兴。这篇"公书"全面反映了鲍英齐等人对教会事务

---

[1] ARSI, Jap. Sin.157（Testimonia Imperatis et Doctorum Circa Ritus，1700-1705），左上角写有1702这一年份。ARSI, Jap. Sin.160 有真迹一份（拉、汉两种文字），上有林氏章；1702年10月安多手迹，白晋亦有题写。

[2] ARSI, Jap. Sin.157。

的深入反思，指出禁止中国传统祭礼诸多危害，可谓十分中肯，部分体现了奉教文人对事态的深切关注。他们的观点代表了一批教徒的看法，耶稣会士对这些看法应该是赞同的，因此将它译成拉丁文，转呈罗马。

耶稣会士之所以请文人、官员和教徒作证，无疑是要利用他们的道德文章、社会地位和威望，向罗马教廷说明祭孔、祭祖等礼仪并非迷信。问题是有哪些耶稣会士参与了取证工作？这些证词是如何达到罗马的？下面将通过对罗马耶稣会档案馆所藏证词的考察，试图对这些问题加以解释。

1702年是"礼仪之争"关键的一年。在此前后，至少闵明我、白晋、张诚、苏霖、雷孝思、傅圣泽、汤尚贤、戈维理（Pierre de Goville，1668-1758）、聂崇正（若翰，Jean Noëlas，1669-1740）、顾铎泽（Etienne-Guillaume Le Couteulx，1667-1731）等耶稣会士分别在北京、福建、江西参与了取证的工作。而安多在1701—1704年间担任耶稣会中国副省会长之职，负责教会事务，在"礼仪之争"中扮演了十分重要的角色，相当多的文件上面都有他的签名，如上面提到的有关丧礼的书即是其中之一。为使教廷了解中国文人对"礼仪之争"的看法，1702年底，安多在"誓状"上签名之后，寄往澳门，再由澳门主教Cazal签名后寄至罗马。1704年，许多"誓状"到达罗马，其中一些"誓状"上有卫方济（François Noël，1651-1729）和庞嘉宾在罗马的签名[1]，有些"誓状"可能是经由他们之手译成拉丁文的[2]，他们作为耶稣会的代表，有责任把教徒（包括奉教天文学家）的观点转呈教廷。除安多之外，耶稣会士（如傅圣泽）也写信给耶稣会总会

---

[1] 罗马耶稣会档案馆有些"誓状"上有他们两个人的手迹，可以为证。据罗光《教廷与中国使节史》（台中：光启出版社，1961年，第99页），教皇克莱门十一世（1700—1721年在位）曾建议耶稣会士派代表到罗马，因此卫方济、庞嘉宾于1702年12月30日抵罗马。1704年，耶稣会士从北京接到许多文据，闵明我等人请钦天监官员所写的"誓状"，即是这一年到达罗马。

[2] 为了更好地向教廷解释，在京的耶稣会士和卫方济等人参与了"誓状"的翻译工作。

长,谈到这些"誓状"。此外,南京主教罗历山负责江南的天主教事务,也参与了取证工作,有些"誓状"上有他的签名。[1]

从 1697 年教廷开始调查颜珰的敕令,到 1704 年 11 月 20 日教皇克莱门十一世发布敕谕,共经历约七年时间,期间教廷组织了一班人马调查祭祖、祭孔之事。为了达到禁止祭祖祭孔之目的,巴黎外方传教会传教士设法寻求证据和证人,并在罗马和巴黎四处活动。与此相对抗,耶稣会士也多方游说,作为耶稣会的代表,卫方济、庞嘉宾在罗马积极活动,现存档案即有生动反映。

康熙皇帝对"礼仪之争"所发表的评论,是对耶稣会士的最大支持,同时,通过《京报》的传播,也使平常百姓能够了解皇帝在祭祖、祭孔上的看法。于是,一些文人和部阁大臣才敢仿效皇帝之例,对闵明我等耶稣会士的看法发表评论,这些活动无疑对天主教在中国的传播起到了推动作用。耶稣会士和皇帝、文人和教徒的互动,其目的无非是为了向罗马教廷施压,阻止教廷发布禁止祭孔、祭祖的禁令。但不幸的是,康熙的参与,其结果适得其反,康熙的评论被认为是清廷对纯粹宗教、神学问题的干涉。[2] 可以想见,耶稣会士所收集的其他证词,也未能达到预期目的。

从取证的情况看,耶稣会士应该是采取了主动,在许多情况下,教徒是应耶稣会士之请参与"誓状"的写作的。教徒的证词可反映出他们对"礼仪之争"的关切,及其对禁止祭祖、祭孔的担忧。在 1704 年 11 月发布敕谕之前,这批"誓状"应该已经到达罗马,但究竟起到什么作用,尚需进一步研究。[3]

---

[1] 值得注意的是,耶稣会士取证的对象是哪些人?他们的身份如何?通过对"誓状"加以统计,发现取证主要集中在江苏(苏州、江宁、松江、常熟)、江西(赣州、南昌)、湖南(湘潭、衡阳)、福建、北京等天主教传教中心,对象大都是教徒,多任教职(如县学教谕),或任知府、知县,其中只有一人是进士、举人,有的是监生。
[2] G. Minamiki, *The Chinese Rites Controversy*, p.42.
[3] 耶稣会士大规模取证,是为了供教廷讨论之用,教皇应该是在收到"誓状"之后才在 1704 年最后定夺。

第七章 科学和宗教之间:耶稣会士、礼仪之争和日心说的传播

1700年之后的"礼仪之争",主要是耶稣会和巴黎外方传教会为代表的两造在罗马教廷的直接交锋,其结果巴黎外方传教会一方取得了胜利,这对耶稣会方面的打击是相当大的。作为"礼仪之争"的"功臣",颜珰等人理应"庆祝"一番,但是,当他回到欧洲之后,却保持相当低的姿态,专注于中国宗教问题的研究。也许他预感到了禁教将给中国的传教事业带来灾难性的影响,或许让他回想到1700年福建教徒愤怒的情景[1],即使作为"胜利者",他也没感到应有的喜悦。"礼仪之争"的结果,给天主教在中国的传播蒙上了阴影,也波及耶稣会在华的活动。1700—1702年间奉教天文学家和耶稣会士的活动,正好反映了当时复杂的社会和宗教背景。

钦天监奉教天文学家是由耶稣会士培养出来的,具有双重身份,他们崇尚西学,在科学活动之余,又怀有强烈的宗教热情,参与教会活动,关注教会事务,除钦天监工作之外,还参加教堂的例行活动。和明末相比,由于达官文人入教渐少,钦天监的官员教徒的身份显得颇为特殊,尽管其品位不高,但在"礼仪之争"中扮演的角色却格外引人注目。特别是在康熙时代,他们的表现十分活跃,以其呼声有力地支持了耶稣会士。在与教会和神父、教廷的交涉中,他们也起了突出的作用。[2]

之后"礼仪之争"愈演愈烈,传教士内部意见分歧,争执不下,无法统一,最后上书罗马,由教廷作最后之仲裁。教廷于是分别于1705年、1720年两度派遣特使多罗、嘉乐来华,觐见康熙皇帝,其目的不仅为了平息争论,禁止祭祖、祭孔,并希望天主教能在康熙

---

[1] 1693年颜珰发布敕令之后,造成了巨大反响,之后与教徒发生冲突,他心中的不安显然是存在的,最后不得不采取了妥协,参见吴旻、韩琦《"礼仪之争"与中国天主教徒:以福建教徒和颜珰的冲突为例》,《历史研究》2004年第6期,第83—91页。
[2] 本章只谈及1700—1702年奉教天文学家在"礼仪之争"中的作用,实际上,多罗来华后,他们也扮演了积极的角色。约成于1717年的《同人公笥》的主要作者、"京都总会长"王伯多禄即是奉教天文学家,他1665年出生于北京,从小入教,曾任钦天监天文生、博士,是耶稣会的"相公"。

的庇护和支持下日益发展，但两次出使均未能达到预期目标。其中教皇对多罗来华期望尤大，但多罗出使不仅没有达到目的，反而使矛盾激化。多罗于 1705 年到达澳门，继而前往广州，然后进京觐见康熙。1707 年 6 月 30 日，多罗及其随员在官员们的护送下，回到澳门，失去了人身自由，直至 1710 年 6 月病故于囚所。在多罗被软禁期间，各地也加紧了对天主教的迫害，并驱逐传教士。在这一紧急关头，传教士再次寻求自保，并于康熙四十六年九月二十九日通过钦天监治理历法发布了上谕，发至闽浙总督、福建和浙江巡抚，以保全天主堂和传教士的活动：

钦天监治理历法堂为钦奉上谕事。案查康熙三十一年二月初十日，准礼部札付前事，内开：康熙三十一年二月初二日大学士伊等奉上谕：前部议将各处天主堂照旧存留，止令西洋人供奉，已经准行，现在西洋人治理历法，前用兵之际制造军器，效力勤劳，近随征阿罗素，亦有劳绩，并无为恶乱行之处，将伊等之教目为邪教禁止，殊属无辜，尔内阁会同礼部议奏。钦此。该本部会议得，查得西洋人仰慕圣化，由万里航海而来，现今治理历法，用兵之际，力造军器火炮，差往阿罗素，诚心效力，克成其事，劳绩甚多，各省居住西洋人并无为恶乱行之处，又并非左道惑众，异端生事，喇嘛僧道等寺庙尚容人烧香行走，西洋人并无违法之事，反行禁止，似属不宜，相应将各处天主堂俱照旧存留，凡进香供奉之人仍许照常行走，不必禁止，俟命下之日，通行直隶各省可也。康熙三十一年二月初三日题，本月初五日奉旨：依议。钦此钦遵到部，相应札行钦天监。等因。遵照在案。今查福建、浙江等省所属各天主堂居住西洋人内有蒙覩、巴禄茂等奉旨回国，所遗各堂系西士焚修之所，诚恐该地方官不加禁伤，致遭侵占，亦未可定，相应移咨贵院，转行各地方官，将所属各天主堂俱遵旨照旧存留外，并令给示严饬，毋使土豪借端生事，凡进香供奉之人，仍许照常行走，俟陛见给照准留传教之西士到日，听其居住焚修可也。为此合咨前去，烦为查照，转饬赐覆施行。须至咨者。

康熙四十六年九月二十九日。

一行浙闽总督

一行福建巡抚

一行浙江巡抚[1]

这一活动暂时阻止了地方对天主教的迫害，使得那些领票的传教士得以继续留住各地天主堂，钦天监官员再次扮演了重要的协调者角色。

第二节　耶稣会士和日心说的传入

日心说的提出是天文学史上的重要事件。1543年，波兰天文学家哥白尼在《天体运行论》一书中对日心体系进行了系统阐述，但由于此书和天主教义相违背，因此被教会视作禁书，严重妨碍了日心说的传播，也影响了耶稣会士对哥白尼学说的介绍。[2]明末欧洲耶稣会士来华后，邓玉函、汤若望、罗雅谷等人在编译《崇祯历书》时，已经提到哥白尼的名字，并大量引用了《天体运行论》的材料，基本上全文译出了八章，采用了哥白尼发表的十七项观测记录，并且承认哥白尼是四大天文学家之一，但并未介绍日心地动说。[3]除了宗教的原因之外，日心体系的观测精度并不及第谷的地心体系，

---

[1] ARSI, Jap. Sin. 171 (1707-1708), fol.55.
[2] 关于天主教会对哥白尼学说的不同反应，参见 J. L. Russell, "Catholic Astronomers and the Copernican System after the Condemnation of Galileo," *Annals of Science* 46 (1989), pp.365-386。
[3] 席泽宗、严敦杰、薄树人、王健民、陈久金、陈美东《日心地动说在中国》，《中国科学》1973年第3期，第273页。参见 Nathan Sivin, "Copernicus in China," in *Science in Ancient China* (Aldershot, Variorum, 1995), IV(pp.1-53)。

而天象的精确预测，是编制历法的重要保障，这些因素综合的结果，使第谷体系得以在中国流行，而影响了日心说在中国的传播。

一 安多、黄百家与日心说的传播

有清一代，康熙皇帝与西学渊源最深。南怀仁和杨光先有关日影观测的争论，使得少年时代的康熙开始对历算产生兴趣，由此他不断孜孜向学。在康熙的一生当中，先后有多位耶稣会士为他传授西学，而这些"帝师"中享有盛名的有铸造大炮的南怀仁，撰写康熙帝传的白晋，以及参与《尼布楚条约》谈判的徐日昇和张诚等。相对而言，同为"帝师"的安多则因中文史料零散，较少为人注意。下文将主要依据汉文史料，参以满文奏折和西文资料，重构安多在康熙时代的科学活动，希冀能更好理解康熙时代的科学传播。

安多早年加入耶稣会后就准备前往远东，1680年离开里斯本前往印度，经由卧亚、马六甲、暹罗，于1682年7月4日到达澳门，停留到1685年中才应召前往北京。此后他一直在宫廷效力，从1689年起，与徐日昇、白晋、张诚一起[1]，正式成为康熙的"帝师"，介绍科学知识，还和徐日昇一起，在钦天监"治理历法"，直到1695年由闵明我接替，1709年7月去世。

从现存白晋、张诚日记可看到安多作为"帝师"的具体活动以及康熙对他的宠渥。1690年3—5月间，安多给康熙介绍代数学问题；6月18日，他提供了十分方便的开立方的小表，第二天，康熙用安多的表开立方，又快又好，十分高兴。安多常在宫廷传授历算知识，深受康熙的赏识，因此给他配备了两名精通满、汉文字的官员，为其服务。1691年6月和8月间，安多和张诚一起，到畅春园

---

[1] 白晋、张诚1688年到北京，次年开始向康熙进讲法国耶稣会士巴蒂斯的几何学著作，是为《数理精蕴》本《几何原本》的来源。

为康熙上数学课。1696年,康熙西巡,安多和张诚、徐日昇陪同,还有六位皇子随行。康熙对传教士多有眷顾,上课时供茶,冬天时还赏赐御寒衣服。安多身体欠佳,康熙还多次送上人参,遣医看视。

安多之所以能被选定为"帝师",与其出色的西学造诣是分不开的。明清之际入华的耶稣会士大多受到良好的科学训练,而安多可称为其中的佼佼者。1679年,在离开欧洲之前,安多曾停留葡萄牙的科因布拉城,并在耶稣会学院教授了一整年的数学。在此期间,他利用闲暇写成《数学纲要》(*Synopsis Mathematica*. Duaci,1685)一书。

《数理精蕴》的编纂是康熙时代最重要的科学活动,此书开头曾专门肯定了安多等耶稣会士所起的重要作用。书的内容大多基于耶稣会士给康熙的教材,其中一些以稿本形式流传至今。但这些著作均未署名,其作者和译者也难以认定。通过对西方文献的研读,并对现存稿本《算法纂要总纲》和《数学纲要》的比对,发现前者完全是在后者基础上翻译的。[1]《算法纂要总纲》主要介绍欧洲算术,除此之外,安多还向康熙介绍了代数学知识,现存稿本《借根方算法》《借根方算法节要》就是当时的教材。[2]这是西方代数学著作首次传入中国,对清代数学产生了重要影响,并影响了乾嘉学派对天元术的研究,促进了宋元数学的复兴。

安多的活动事实上并不仅限于作为"帝师",他还参与了其他历算活动。1697年,他跟随康熙西巡,途中还专门预测日食。1702年,康熙派遣皇三子胤祉和安多到京师附近进行经度测量,历时一月,实测经线上霸州到交河的直线长度,研究天上一度和地上距离的对

---

[1] 韩琦、詹嘉玲《康熙时代西方数学在宫廷的传播:以安多和〈算法纂要总纲〉的编纂为例》,《自然科学史研究》2003年第2期,第145—155页。
[2] 关于安多介绍借根方及其和《数理精蕴》的关系,参见 Han Qi, "Antoine Thomas, SJ, and His Mathematical Activities in China: A Preliminary Research through Chinese Sources," in *The History of the Relations Between the Low Countries and China in the Qing Era (1644-1911)*, ed. W. F. Vande Walle (Leuven: Leuven University Press, 2003), pp.105-114.

应关系，这次测量确定了天上一度和地上二百里相当，奠定了大地测量的基础。[1] 1705 年，安多和白晋、雷孝思、巴多明一起还测量过北京北郊的地图。

安多与钦天监的中国天文学家应有交往，但遗憾的是目前未见文献记载。我们知道的是数学家梅文鼎曾拜访过他，黄百家也与他多有接触。黄百家对历算颇有兴趣，在自己的文集《学箕三稿》之《天旋篇》中介绍了欧洲天文学，先谈及托勒密的宇宙体系，接着介绍了哥白尼的日心说：

> 至万历间，西洋之法入，而言天之事更详矣。顾稽彼历之源流，亦是增华者愈密。意罢阁以前，虽崇历学，诸法尚疏。自多禄某（又名多勒茂，汉顺帝时人）用曲线三角形量天，而后能以圆齐圆，而所求诸曜之度分更准，设不同心圈及诸小轮以齐七曜之行，著书十三卷，立法三百余条，为历算推步之宗祖，无能出其术者。至明正德间，而有歌白泥别创新图，自外而内，作圈八重。外第一重为恒星，各系原处，永古不动，即天亦不动。第二重为填星道，三重岁星道，四重荧惑道，五重地球道，地球日东旋于本道一周，地球之傍，别作一小圈，为月道（附地球之本体，其圈在八重之外），月绕地球，周围而行。六重为太白道，七重辰星道，中为太阳，如枢旋转，不移他所。[2]

明末徐光启等人编译的《崇祯历书》只提到了哥白尼的名字，对其宇宙体系并没有介绍，因此这段史料显得十分重要。[3]那么黄

---

[1] H. Bosmans, "L'oeuvre scientifique d'Antoine Thomas de Namur, S.J. (1644-1709)," *Annales de la Société Scientifique de Bruxelles* T.44(1924), pp.169-208.
[2] 黄百家《天旋篇》，载《黄竹农家耳逆草》内《学箕三稿》甲编，第26—27页，康熙刊本。
[3] 杨小明《哥白尼日心地动说在中国的最早介绍》，《中国科技史料》1999年第1期，第67—73页。

百家是如何获得这一消息的呢？在《学箕三稿》中另有这样一段记载：

> 又百家修史在京时，亦曾与敦伯南公怀仁、寅公徐公日昇、平施安公多频相往返，尽得本朝颁行新历之奏疏缘由，与杨光先、吴明烜之争讼颠末，最悉最真。[1]

黄百家1687年初至京，南怀仁已垂垂老矣，旋在1688年初去世。徐日昇精通音乐，擅长修理乐器和自鸣钟，然历算知识稍逊，此一理论得之于他似乎缺乏说服力。反观安多的《数学纲要》，其中除了介绍数学的内容之外，实际上还包括很多物理学及天文学知识。尤其是在书后附录了多幅宇宙体系图，其中就包括哥白尼日心体系。因此，黄百家有关哥白尼的知识得自安多的可能性最大。[2]

康熙时代科学的传播，离不开皇帝的喜好和文人的仿效。而传教士作为"帝师"，又与文人积极互动，无疑在其中起到了重要的作用。通过对安多活动的分析，看到安多作为宫廷"帝师"，不仅为康熙介绍了算术知识，而且还首次介绍了代数学，直接影响了清代数学的发展，其功不可没。而安多与文人多有交往，在交谈中极有可能为他们介绍了哥白尼学说。尽管教廷明令禁止传播哥白尼学说，但是仍有清代文人从传教士那里了解到日心学说。因此，在讨论宗教对科学传播的阻碍因素时，必须考虑当时复杂的背景，才能有完整的认识。对康熙时代科学传播历史的研究，应多利用中西档案和史料的互证，才能获得更开阔的视野、更生动的信息。

---

[1] 黄百家《上王司空论明史历志书》，载《黄竹农家耳逆草》内《学箕三稿》乙编，第4页，康熙刊本。

[2] 韩琦《西学帝师：耶稣会士安多在康熙时代的科学活动》，《故宫文物月刊》2011年第10期，总第343期，第52—57页。

二 蒋友仁与日心说的传入及其反响

康熙时代,耶稣会士傅圣泽对日心说已有所介绍,但因译稿没有出版,因此日心说并未广为传播。乾隆时期,有两个演示日心体系的天文仪器传入宫廷,后被载入《皇朝礼器图式》(1759年成书),名为"浑天合七政仪""七政仪",现仍保存在故宫博物院。[1]一直到了18世纪末,由于阮元等人出版《地球图说》,日心说才广为流传,介绍这一学说的是法国耶稣会士蒋友仁(Michel Benoist,1715-1774)。

蒋友仁年轻时曾师从著名天文学家德利勒(Joseph-Nicolas de Lisle,1688-1768)、辣喀尔(Nicolas-Louis de la Caille,1713-1762)和勒莫尼(Pierre-Charles Le Monnier,1715-1799),具有较好的科学素养,在天文学方面有一定造诣。1744年,蒋氏到达澳门,戴进贤奏请令其来京;次年,应乾隆帝之命,以数学家的身份进入北京。[2]两年之后,经意大利耶稣会修士郎世宁(Giuseppe Castiglione,1688-1766)的推荐,负责圆明园的水法建造。蒋友仁抵京后,曾在北堂负责天文观测,寄给德利勒,和他的老师辣喀尔也保持通信联系。[3]他还负责了乾隆战图以及乾隆内府舆图的印刷。

乾隆对西学的兴趣似乎远远不能和乃祖康熙相比,但他热衷艺术,也时而把玩西方奇器(如反射望远镜、验气筒),时而热衷世界地图。蒋友仁的书信生动地反映了宫廷的一些科学活动,特别是他

---

[1] 刘炳森、马玉良、薄树人、刘金沂《略谈故宫博物院所藏"七政仪"和"浑天合七政仪"》,《文物》1973年第9期,第40—44页。
[2] 戴进贤奏请让蒋友仁、吴直方(Bartolomeu de Azevedo)、艾启蒙(Ignaz Sichelbarth, 1708-1780)、那永福(Joseph Max Pruggmayer, 1713-1791)来京效力(乾隆九年九月二十七日),《明清时期澳门问题档案文献汇编》(一),北京:人民出版社,1999年,第203页。参见刘芳辑,章文钦校《葡萄牙东波塔档案馆藏清代澳门中文档案汇编》(下册),澳门:澳门基金会,1999年,第532页,乾隆十年九月十三日署香山县丞行理事官牌。
[3] 韩琦《蒋友仁〈坤舆全图〉(〈地球图说〉)与日心地动说》,载陈美东主编《中国科学技术史·天文学卷》,北京:科学出版社,2003年,第720—721页。

和乾隆帝的对话，如乾隆曾问及欧洲是否都采用地动说，从此看出他对天体运动规律的兴趣。

当蒋友仁发现皇帝对地图有兴趣，于是在乾隆二十五年（1760）皇帝五十岁生日时，进献了一幅彩绘世界地图《坤舆全图》并图说二卷[1]，此图分东西两个半球，图旁配有多幅精美插图，并附有文字，介绍地球和行星运动的新体系、彗星的运动等（其中有关日心说的介绍最为重要），旨在宣扬法国国王在完善艺术和科学方面所作的努力，特别是在完善地理和天文学方面所作的工作。他描述了在世界各地的旅行、测量经纬度的情况以及一些重要的人物，如卡西尼、辣喀尔、勒莫尼等学者的工作。乾隆看到这幅地图和上面的解释文字之后非常高兴，向蒋友仁提出了许多有关天文学和地理学的问题。八月初二日，乾隆还将此图发给庄亲王允禄和何国宗认看，是否有不对之处，并传问蒋友仁。蒋友仁指出，此图和南怀仁地图的差别在于"俄罗斯往东较旧图展开四十余度，北亚墨里加往西亦展开五十余度，皆系旧图所无。……乾隆六年有西洋人李勒（按：即 Joseph-Nicolas Delisle）等测量至其地，是以新图添入。……惟伊犁、回部等处山水形势较之明安图、傅作霖（Félix da Rocha, 1713-1781）等所画新图微有不合。询据蒋友仁云，此图系按伊犁旧图山水形势绘画，今应改正"[2]。

《坤舆全图》后来由翰林院馆臣参与润色，修订后进呈。[3]何国宗、钱大昕应参与了工作，钱大昕还将文稿携回苏州，让自己的学生李锐补绘了两幅地图和天文图，最后由阮元出版，名为《地球图说》

---

[1] 据蒋友仁信，1760年蒋友仁向乾隆进献世界地图。关于《坤舆全图》的完成时间及版本，参见鞠德源《蒋友仁绘〈坤舆全图〉》，载《中国古代地图集》（清代），北京：文物出版社，1997年，第120—125页。

[2] 中国第一历史档案馆《耶稣会传教士刘松龄档案史料》，《历史档案》2011年第1期，第40—41页。

[3] 1767年11月16日，蒋友仁在信中曾提到《坤舆全图》的修订经过。1998年11月16日，因英国拍摄龙腾影片，有幸目睹此图。蒋友仁还著有《坤舆图说稿》，参见方豪《中西交通史》，上海：上海人民出版社，2008年。

(1799)。《地球图说》主要是《坤舆全图》相关文字的摘录，介绍了一些地理知识，如经纬线和各大洲的情况，其中"测量地周新程"介绍了法国国王派天文学家到世界各地测量地球形状的工作，指出地球呈椭球形，"大圈之圆形不等，止赤道为平圆，而经圈皆为椭圆"，并给出了经线和赤道的周长。"七曜序次"介绍了一些新的天文现象。其中提到历史上四位重要的天文学家多禄亩、第谷、玛尔象和歌白尼[1]，并称"歌白尼论诸曜以太阳静，地球动"，"置太阳于宇宙中心"，"今西士精求天文者，并以歌白尼所论序次推算诸曜之运动"，并对日心说理论的依据进行了解释。此书以日心说为基础，解释了行星的各种运动；介绍了行星沿椭圆轨道运行（开普勒第一定律），并指出金、木、水、火、土、地球和月亮以及土星、木星周围的9颗卫星均有两种运动："一循行其本轮，一旋转于本心"；还给出了日、月、五星相对于地球的大小，行星距太阳最近、最远的距离，给出了日、月、地球和金星、火星、木星的自转周期，和地球、月亮和五大行星的公转周期，并给出了行星的椭圆运行轨道的数据；此外还介绍了恒星、客星、地平视差（地半径差）、蒙气差、交食等原理。

《地球图说》的出版反映了中国人对日心说的态度。当钱大昕把有关内容带到江南的时候，李锐、焦循等人对此产生了浓厚的兴趣，并和钱大昕讨论。一批乾嘉学者对宇宙体系感兴趣，这不能不使我们想到：正是蒋友仁所介绍的哥白尼学说，引发了一场热烈的讨论。在《畴人传·蒋友仁传》之后，李锐对哥白尼学说横加评论，写道：

    自欧逻向化远来，译其步天之术，于是有本轮、均轮、次轮之算。……乃未几而向所谓诸轮者，又易为椭圆面积之术，

---

[1] 玛尔象系指 Martianus Capella (ca. 365-440)，参见 Nathan Sivin, "Copernicus in China," in *Science in Ancient China* (Aldershot, Variorum, 1995), IV(pp.1-53)。

且以为地球动而太阳静，是西人亦不能坚守其前说也。夫第假象以明算理，则谓为椭圆面积可，谓为地球动而太阳静，亦何所不可，然其说至于上下易位，动静倒置，则离经畔道，不可为训，固未有若是甚焉者也。地谷至今才百余年，而其法屡变如此，自是而后，必更有于此数端之外逞其私知，创为悠谬之论者，吾不知其伊于何底也。[1]

有意思的是，蒋友仁在1767年11月的信中曾提到钦天监数学家在看到《坤舆全图》的文字后，都反对他的观点，无疑是指他所介绍的日心说而言。钱大昕很可能也持类似的看法，并影响了李锐和阮元等人。乾嘉学派对《地球图说》的严厉批评在某种程度上阻碍了哥白尼学说的传播。

到了19世纪中叶，西方天文学再次传入中国，英国新教传教士伟烈亚力（Alexander Wylie，1815-1887）和李善兰合译了英国侯失勒（John Frederick William Herschel，1791-1871）的《谈天》（Outlines of Astronomy，1859年墨海书馆活字印刷）。此书有李善兰的序，开门见山地对当时中国流行的对西方天文学的错误观点进行了批评：

> 西士言天者曰：恒星与日不动，地与五星俱绕日而行，故一岁者，地球绕日一周也，一昼夜者，地球自转一周也。议者曰：以天为静，以地为动，动静倒置，违经畔道，不可信也。西士又曰：地与五星及月之道，俱系椭圆，而历时等，则所过面积亦等。议者曰：此假象也，以本轮均轮推之而合，则设其象为本轮、均轮，以椭圆面积推之而合，则设其象为椭圆面积，

---

[1] 阮元《畴人传》卷四六，琅嬛仙馆嘉庆四年（1799）序刊本。《畴人传》实由李锐编定，阮元略加润色，蒋友仁传后的"论"则由李锐执笔，参见严敦杰《李尚之年谱》，载梅荣照主编《明清数学史论文集》，南京：江苏教育出版社，1990年，第455页。

其实不过假以推步，非真有此象也。窃谓议者未尝精心考察，而拘牵经义，妄生议论，甚无谓也。

上面提到的"议者曰"，是指阮元、李锐等人对西方天文学的保守看法。这种观点在当时颇为流行，李善兰针对这些谬见，提出了尖锐的批评，因此在某种程度上，《谈天》的翻译，是为了纠正阮元等人在《地球图说》中对西方天文学说的错误评论，从此哥白尼学说才为更多的中国人所接受。

第三节 "用其技艺"：康熙皇帝科学和宗教的两手策略

从明末以来，天主教在中国的传播，屡经波折，命运多舛。1616年的南京教案和康熙初年的杨光先反教案，对天主教在中国的传播产生了很大的负面影响。尽管耶稣会士在制历、造炮和《尼布楚条约》谈判中所起的作用，使得1692年"新旨颁行"（即所谓"容教谕旨"），容许天主教在中国传播[1]，但1705年教廷特使多罗来华，引起了清廷和教廷之间的严重冲突，无疑给天主教在中国的传播蒙上了阴影。

多罗来华宣布禁止中国教徒祭孔祭祖一事，对康熙造成了很大的触动。他预感到天主教日后在中国会后患无穷，1706年底，当大臣熊赐履和李光地在向康熙皇帝讲完朱子书后，"上令诸内官俱退，呼余（李光地）和孝感（熊赐履）近前，云：汝等知西洋人渐作怪乎，将孔夫子亦骂了。予所以好待他者，不过是用其技艺耳，历算之学果然好，你们通是读书人，见外面地方官与知道理者，可俱

---

[1] 韩琦、吴旻校注《〈熙朝崇正集〉〈熙朝定案〉（外三种）》，北京：中华书局，2006年，第183—186页。

道朕意"[1]。显见,康熙继续让耶稣会士在宫廷服务,只不过是为了"用其技艺"。

对于多罗来华所产生的冲突,康熙试图加以沟通,并两度派遣传教士回罗马,打听教皇的确切"旨意"。由于使节迟迟没有返回中国,康熙甚为焦急,不时向传教士打听"西洋消息",这在奏折中屡见不鲜。由于天不作美,时空的遥隔阻碍了罗马教廷和康熙的及时沟通,加之使节均未能回来复命,或途中不幸葬身海底,消息的阻塞使得"礼仪之争"变得更为错综复杂。一些传教士出于传教利益的考虑,想尽量避免触怒康熙,有时隐瞒消息,特别是有关教皇禁教的旨意和有关信件,久而久之,终于露出马脚,不免为康熙所察觉,最终导致康熙对传教士的怀疑。至迟在1711年,康熙对传教士缺乏信任已十分明显,称"现在西洋人所言,前后不相符,尔等理当防备"[2]。

康熙晚年已经察觉天主教会给统治带来许多麻烦,对传教士渐起戒心。但终其一生,他对西方科学都非常痴迷,直至晚年,仍请求教皇派遣精通历算、医学和艺术的人才到宫廷工作,在对待科学、艺术和天主教方面,康熙明显有着双重策略。一方面,康熙的目的是从传教士手中学会计算天象的方法,为皇权服务,于是让皇三子重用一批文人,设立蒙养斋,从历算、技艺等方面摆脱传教士的指导。[3]另一方面,康熙对天主教的传播则采取了更加严厉的态度,最终导致了雍正禁教。

---

[1]《榕村语录续集》卷六,傅氏藏园刻本。
[2]《康熙朝满文朱批奏折全译》,北京:中国社会科学出版社,1998年,第741页。参见韩琦《姗姗来迟的"西洋消息":1709年教皇致康熙信到达宫廷始末》,《文化杂志》2005年夏季号,第55期,第1—14页;又载吴志良等编《澳门人文社会科学研究文选》(历史卷之上卷),北京:社会科学文献出版社,2010年,第473—485页。韩琦《瀛洲圣阙关山重:1709年教皇信滞留澳门始末》,《文化杂志》2006年夏季号,第59期,第133—146页;又载吴志良等编《澳门人文社会科学研究文选》(历史卷之上卷),第526—540页。
[3] 韩琦《"自立"精神与历算活动:康乾之际文人对西学态度之改变及其背景》,《自然科学史研究》2002年第3期,第210—221页。

与此同时，康熙进一步加强了对澳门的管理，制定了相应的政策，下旨让封疆大吏处理有关澳门事务，打听西洋消息，有时也通过内务府官员询问和了解传教士的情况及专长，请他们从澳门入京工作。1700年之后，有许多传教士来到澳门，广东督抚加以考核，将有技艺之人送到北京，负责此事的有两广总督郭世隆（1702—1706）、赵弘燦（1706—1716）、杨琳（1716—1722），以及广东巡抚范时崇（1705—1710）、满丕（1710—1714）、杨琳（1714—1716）、法海（1716—1718）等。他们有时巡视澳门，与在澳门的传教士有接触。除两广总督、广东巡抚外，香山县知县则被授权管理澳门事务。有的传教士起先未得到清廷的容许，为达到进入内地传教之目的，往往会在澳门停留一段时间，加强语言和技艺的学习，伺机以别的名义进京。为使传教士能够更好地在宫廷发挥作用，康熙有时会让新来传教士在澳门学汉语，"再新来之人，若叫他们来，他俱不会中国的话，仍着尔等做通事，他心里也不服。朕意且教他在澳门学中国话语"[1]。有时也让传教士"留广州学汉话"，因为"若不会汉话，即到京里亦难用"。[2]

尽管康熙对传教士的信任已经大不如前，但对"技艺之人"仍相当重视。他曾让内务府官员佛保传旨给督抚："见有新到西洋人，若无学问只传教者，暂留广东，不必往别省去，许他去的时节另有旨意。若西洋人内有技艺巧思，或系内外科大夫者，急速着督抚差家人送来。"康熙四十六年八月十三日，两广总督赵弘燦、广东巡抚范时崇在收到御旨后，上奏称：

> 臣等凛奉圣谕，即将多罗安在澳门等旨情由恭缮折子，先差家人赍捧奏闻，仍一面速查有无技艺巧思，或系内外科大夫

---

[1] 陈垣《康熙与罗马使节关系文书》，北平：故宫博物院，1932年。
[2] 中国第一历史档案馆编《康熙朝汉文朱批奏折汇编》（第三册），北京：档案出版社，1984年，第6—11页。

之西洋人，以便急速差送。今查有新到西洋人十一名内，惟庞嘉宾据称精于天文，石可圣据称巧于丝律，林济各据称善于做时辰钟表，均属颇有技艺巧思。其余卫方济、曾类思、德玛诺、孔路师、白若翰、麦思理、利奥定、魏格尔等八名，俱系传教之人，并非内外科大夫，遵即暂留广东，不许往别省去。见在候旨遵行。今将庞嘉宾、石可圣、林济各三人，臣等专差家人星飞护送进京。[1]

"用其技艺"后来成为康熙对待传教士的一贯政策，一直到晚年，仍不时请人从澳门派遣懂得历算、医学和技艺的欧洲人到内地。[2]

1705年多罗使团的来华是康熙对待西士西学态度从充分信任到有所怀疑的一个转折点，尽管如此，康熙仍看重和欢迎有一技之长的传教士。从档案材料来看，康熙需要的大致是以下五方面的人才：一是医生，包括内科和外科；二是数学家，能从事数学的演算和历法的改革；三是画师；四是音乐家；五是精通技艺（包括钟表、珐琅、玻璃等）的欧洲人。每当传教士到来的时候，康熙皇帝总会请广东等地的官员将他们送到宫廷任职，直到晚年仍不断要求派遣有技艺之人到宫廷任职，如1714年12月，康熙让马国贤、德理格上书教皇："今特求教化王选极有学问，天文、律吕、算法、画工、内科、外科几人来中国以效力，稍报万一为妙。"[3]1719年，康熙面

---

[1] 中国第一历史档案馆编《康熙朝汉文朱批奏折汇编》（第一册），北京：档案出版社，1984年，第701—704页。
[2] 康熙时耶稣会士闵明我、徐日昇、安多、纪理安、庞嘉宾、杨秉义、孔禄食、严嘉乐、戴进贤等人相继到达北京，参与了历算工作。除白晋、张诚等"国王数学家"之外，1700年之后，白晋、洪若所带来的耶稣会士，如杜德美、傅圣泽等人，也成为御用教师，对康熙时代的历算活动作出了重要贡献。参见韩琦《康熙时代的历算活动：基于档案资料的新研究》，载张先清编《史料与视界：中文文献与中国基督教史研究》，上海：上海人民出版社，2007年，第40—60页。
[3] 《康熙罗马使节关系文书》，北平：故宫博物院，1932年。

谕耶稣会士视察员利国安（Giovanni Laureati，1666-1727）："除会技艺人留用外，其余众西洋人务必逐回，断不姑留。"[1]教廷特使嘉乐（Carlo Ambroise Mezzabarba，1685-1741）来华时，皇帝曾下旨："再尔等问嘉乐带来会技艺之九人，伊等情愿效力者，朕留用。不愿在中国者，即同回去。朕不强留。"最后除"会天文之陆嘉爵一人愿同嘉乐回去，其余八人俱愿在中国与皇上效力"[2]。

  康熙一贯采用的"用其技艺"的政策为后世所继承。到乾隆朝，在《四库全书总目》中，四库馆臣曾这样评论："欧罗巴人天文推算之密，工匠制作之巧，实愈前古。其议论夸诈迂怪，亦为异端之尤。国朝节取其技能而禁传其学术，具存深意矣。""节取其技能"无疑发端于康熙"用其技艺"的言论，清廷的这一国策一直延续到道光六年，随着传教士退出钦天监而告终。

---

[1]《康熙罗马使节关系文书》。
[2] 同上。

第八章　量天测地：耶稣会士与康乾时代的大地测量

康熙时代全国范围内的大地测量（1708—1717）是当时世界地理学和制图史上的大事，学者多有所论，但对测量的前期准备，多语焉不详。实际上，在大规模测量之前，康熙和皇三子已组织耶稣会士对京城和直隶附近作了测量。下面根据中西文文献和档案资料，就耶稣会士安多在子午线测量方面的贡献，康乾时期地图测绘的缘起、经过，耶稣会士在其中所起的作用，以及《康熙皇舆全览》对后世制图学的影响等一一探讨。

第一节　康熙朝地图测绘的背景

康熙皇帝早在幼年时就开始学习西学，为此南怀仁不仅为皇帝传授了许多天文、历法知识，还与利类思、安文思编写《西方要纪》（1669），介绍西方的地理知识。继利玛窦《坤舆万国全图》之后，南怀仁还编绘了《坤舆全图》（1674），使得康熙对于世界地理知识有了进一步的了解。

地图与疆域是皇权的体现，随着康熙朝大地测量的展开，通过天文观测决定经纬度，绘制舆图，疆域范围扩大，至乾隆时涵盖了新疆、西藏等地，宣告了大一统国家的形成。从康熙初年开始，日食、月食图标注了各省会日月食发生的时刻，如南怀仁推算的康熙十年二月十五日月食图，地点包括京师、盛京奉天府、浙江杭州府、福建福州府、江南江宁府、山东济南府、江西南昌府、河南开封府、湖广武昌府、广东广州府、山西太原府、广西桂林府、陕西西安府、贵州贵阳府、四川成都府、云南云南府和朝鲜,体现了大清帝国的统治区域。康熙每当外出,经常会让传教士随行,随时测量北极高度,以决定当地纬度。康熙二十一年八月,"钦天监治理历法南怀仁疏言:新法照各省北极之高度,另有推算日月交食表,名为九十度表,惟盛京无本地之表;今春随驾,测得盛京北极之高较京都多二度,应照各省制九十度表,以凭推算"[1]。二十二年十月,南怀仁"进盛京九十度表,令永远遵行"[2]。

在平定三藩和台湾之后,康熙在1686年下旨纂修《大清一统志》,在给总裁勒德洪的上谕中说:"惟是疆域错纷,幅员辽阔,万里之远,念切堂阶。……特命卿等为总裁官,其董率纂修官,恪勤乃事,务求采搜闳博,体例精详,陁塞山川,风土人物,指掌可治,画地成图。万几之余,朕将亲览。"[3]出于军事、政治、出巡、治河的需要,康熙对地图很感兴趣,十分重视测绘。

传教士在科学方面兼具多种才能,康熙十分信任他们,也时常委以测绘重任。1685年11月14日,安多到北京后不久,曾在信中提到康熙要求绘制鞑靼地图。[4] 1687年,洪若、白晋、张诚等五位"国王数学家"到达宁波,礼部请旨:"洪若等五人内有通历法者亦未可定,着起送来京候用,其不用者听其随便居住。"在得到皇帝同意后,咨行浙江巡抚,他们得以进京,并将"西洋地理图五张"作为礼物,献给皇帝。礼物中还有浑天仪、显微镜(象显器)、望远镜(千里镜)、单摆(看天文时锥子)等测量仪器。康熙二十七年二月二十一日,由耶稣会士徐日昇陪同,他们在乾清宫受到皇上召见,最后留下白晋、张诚在京备用。1689年之后,康熙向白晋、张诚学

---

[1]《清圣祖实录》卷一〇四,北京:中华书局,1985年,第54页。
[2]《清圣祖实录》卷一一二,第159页。
[3]《清圣祖实录》卷一二六,第342—343页。
[4] Mme Yves de Thomaz de Bossierre, *Un Belge mandarin à la cour de Chine aux XVIIe et XVIIIe siècles, Antoine Thomas 1644-1709* (Paris, 1977), p.67.

习《几何原本》，其中就有一些和大地测量有关的例题。[1]

康熙外出巡游，都有传教士扈从，随时备询。17世纪90年代前后，康熙西巡，随带仪器，测量北极出地高度（纬度），这些积累为以后大地测量的展开打下了基础。张诚曾多次陪同康熙出关，途中时常讲述欧洲地理知识[2]，很可能利用了带来的"西洋地理图"[3]。康熙三次西征及巡游东北、江南时，都令人测量经纬度。1696年，康熙亲征噶尔丹，谕皇太子用绳测量独石口至喀伦距离，并用仪器测量喀伦的北极高度。[4] 这些都得益于耶稣会士的传授，此类不间断的局部测量是日后全国性大地测量之先声。

第二节 "西洋筹人"安多与子午线的测量

要完成大规模的测量，非常重要的一点就是必须制定统一的度量标准。1702年，康熙南巡德州，皇三子胤祉受命测量经度，其目的就是为了确定里制。当时参与其事的大臣李光地曾有记载：

> 壬子（午）年（1702）十月，上南巡，至德州……又历家云，天上一度，抵地上二百五十里。朕虽未细测，觉得有

---

[1] 韩琦《康熙朝法国耶稣会士在华的科学活动》，《故宫博物院院刊》1998年第2期，第68—75页；《康熙时代的数学教育及其社会背景》，《法国汉学》（第八辑），北京：中华书局，2003年，第434—448页；《耶稣会士和康熙时代历算知识的传入》，载《澳门史新编》（三），澳门：澳门基金会，2008年，第967—986页。

[2] Mme Yves de Thomaz de Bossière, *Jean-François Gerbillon, S.J. (1654-1707): Mathématicien de Louis XIV, premier Supérieur général de la Mission française de Chine* (Leuven: Ferdinand Verbiest Foundation, 1994).

[3] 中国第一历史档案馆藏有法国地图，可能是康熙时传入宫廷的。

[4] 《康熙御制文集》二集，卷一九："自独石口至喀伦，以绳量之有八百里，较向日行人所量之数日见短少。自京师至独石口为路甚近，约计不过四百二十三里。皇太子可试使一人绳量之。喀伦地方用仪器测验北极高度，比京师高五度。以此度之，里数乃一千二百五十里。"卷二四，康熙三十六年闰三月初五日，谕皇太子："朕至此以仪器测验北极，较京师低一度二十分，东西相去二千一百五十里。今安多以法推算，言日食九分四十六秒，日食之日晴明，测验之，食九分三十几秒，并未至昏暗见星。曾宁夏视之，京师在正东而微北。"

二百五十里。刻下已叫三阿哥自京中细细量来，三阿哥算法极精。如今至德州，虽少偏东，用钩股法取直量来，钉桩橛以记之，再无不准者。至念一日回京，语师云：三阿哥已量来了，恰好天上一度，地上二百里。师云：若是这样，以周尺八寸计之，恰是二百五十里当一度也。上曰：正是，余此行大有所得，少知得算法，又考求得明尺即古尺，存古人一点迹，亦是好的。[1]

胤祉天资聪颖，喜好历算，康熙自幼就让他跟安多学习，其天资深得传教士赞扬，他因此直接参与了地图的测绘和组织工作。之后李光地对此事仍记忆犹新，在《历象本要》中再次提及此事：

壬午（1702）冬，銮舆南巡，命皇子领西洋筹人，自京城南至德州七百余里，立表施仪，密加测望，淹历旬月，乃得星度道里之真，计地距二百里而极高差一度。旧说云二百五十里者，大疏阔矣。然所用者今工部营造尺，或古尺当今八寸，则未可知尔。臣地实厪从与闻之。[2]

对照西方文献，"西洋筹人"或"西人"即指耶稣会士安多。[3]

---

[1] 李光地著，陈祖武点校《榕村续语录》卷一七《理气》，北京：中华书局，1995 年，第 813 页。《清圣祖实录》卷二一〇也有类似记载。
[2] 李光地《历象本要》，乾隆刻本，第 44—45 页。康熙时代宫廷还传入了法国的标准尺。Han Qi, "Cartography during the Times of the Kangxi Emperor: The Age and the Background," in *Jesuit Mapmaking in China: D'Anville's "Nouvel Atlas de la Chine" (1737)*. (Early Modern Catholicism and the Visual Arts Series, Vol.11). Edited by Roberto M. Ribeiro with John W. O'Malley, S.J. (Philadelphia: Saint Joseph's University Press, 2014), pp.51-62.
[3] 当时参与其事的安多也详细谈到了测量一事，与中文资料恰可互为佐证。参见 H. Bosmans, "L'oeuvre scientifique d'Antoine Thomas de Namur, S.J. (1644-1709)," *Annales de la Société Scientifique de Bruxelles* T.44 (1924), pp.169-208; T.46 (1926), pp.154-181. Mme Yves de Thomaz de Bossierre, *Un Belge mandarin à la cour de Chine aux XVIIe et XVIIIe siècles, Antoine Thomas 1644-1709* (Paris, 1977). 前者详细介绍了安多的测量工作。参见 John W. Witek, "The Role of Antoine Thomas, SJ, (1644-1709) in Determining the Terrestrial Meridian Line in Eighteenth-century China," in *The History of the Relations between the Low Countries and China in the Qing Era (1644-1911)*. Edited by W. F. Vande Walle. Leuven: Leuven University Press, 2003, pp.89-104. 现存康熙时代宫廷数学手稿《测量高远仪器用法》与测量密切相关，正是配合 1702 年测量子午线一度长度所作，多方证据表明，此书亦由安多完成。

康熙派遣胤祉和安多到京师附近进行经纬度测量，实测经线上霸州到交河的直线长度，研究天上一度（地球子午线一度）和地上距离的对应关系。胤祉是测量的组织者和实践者，扮演了重要角色。在胤祉主持下，安多等人的精确测量，纠正了古代尺度的错误。此后，朝廷对尺度作了新的规定，以天上一度相当于地下二百里，采用了工部营造尺为标准尺，以营造尺十八丈为一绳，十绳（一百八十丈，即一千八百尺）为一里。关于二百里合经度一度，是当时的创举，受到了安多等人的影响。

对于1702年的测量，皇帝本人也有记录。康熙四十一年十月二十四日，皇帝谕扈从大学士张玉书、直隶巡抚李光地："用仪器测量远近，此一定之理，断无差舛。万一有舛，乃用法之差，非数之不准。以此算地理、算田亩，皆可顷刻立辨，但须细用工夫，方能准验，大抵不离三角形耳。三角形从前虽无此名，而历来算法必有所本。如勾股法亦不离三角形，是此法必自古流传，特未见于书，故不知所始也。"[1]这里提到的是大地三角测量的方法。

康熙五十年（1711），皇帝巡视通州河堤，七个皇子随驾。二月，康熙自和韶屯乘舟阅河，当场示范怎样用仪器丈量土地，"因谕诸皇子大臣等曰：用此可以测量天地，推算日月交食，至此等微事，算之甚易"[2]。同年五月，谕大学士等曰：

> 天上度数俱与地之宽大吻合，以周时之尺算之，天上一度即有地下二百五十里。以今时之尺算之，天上一度即有地下二百里。自古以来，绘舆图者俱不依照天上之度数，以推算地理之远近，故差误者多。朕前特差能算善画之人，将东北一带山川地里，俱照天上度数推算，详加绘图视之。[3]

---

[1]《圣祖仁皇帝御制文集》（三集）卷三。
[2]《清圣祖实录》卷二四五，第431页。
[3]《清圣祖实录》卷二四六，第440—441页。

可见，1702 年前后制定的标准，到了大地测量期间，在测量东北和朝鲜的边界时被继续遵循。康熙在测量了京师附近的经纬度后，巡视东北和南方，常命随行的传教士测定经纬度。标准的统一为以后大地测量的全面展开奠定了基础。新的标准后来在御制《数理精蕴》中也被采用："里法则三百六十步计一百八十丈为一里，古称在天一度，在地二百五十里，今尺验之，在天一度，在地二百里，盖古尺得今尺之十分之八，实缘纵黍横黍之分也。"[1]

第三节 地图测绘的缘起和展开：测绘过程及路线

康熙时代大地测量起自 1708 年，到 1717 年结束，历时约十年之久，最后完成《皇舆全览图》的绘制。现对大地测量的缘起和经过作一简论。

1705 年，安多和白晋、雷孝思、巴多明参加了北京周围地图和河流的测量。之后在全国范围内进行大规模测绘，是因为康熙听从了巴多明的劝说。[2] 测绘始自 1708 年 7 月 4 日，由传教士指导，这些人主要有耶稣会士雷孝思、杜德美、冯秉正（J. M. A. de Moyriac de Mailla，1669-1748）、汤尚贤、德玛诺（Romain Hinderer，1668-1744）、白晋、麦大成、费隐（Ehrenbert Xaver Fridelli，1673-1743），和法国奥古斯丁会传教士山遥瞻[3]等人。1708 年白晋、雷孝思、杜德美测量了长城，1709 年，雷孝思、杜德美、费隐测量了辽东（吉林、辽宁）和蒙古地区，之后测量直隶，1710 年测量了黑龙江地区，后来测量了山东、山西、陕西、江南、浙江、河南、

---

[1]《数理精蕴》下编卷一。关增建《量天度地衡万物：中国计量简史》，郑州：大象出版社，2013 年，第 195 页。
[2] A. Gaubil, *Correspondance de Pékin, (1722-1759)*. Edited by R. Simon, Genève, 1970, p.301.
[3] 关于山遥瞻，参见 Ugo Baldini, "Guillaume Bonjour (1670-1714): Chronologist, Linguist, and 'Casual' Scientist," in Luís Saraiva ed., *Europe and China: Science and the Arts in the 17th and 18th Centuries*. Singapore: World Scientific, 2013, pp.241-294.

江西、广西、广东、湖广、福建、台湾等地和西南、西北的部分地区。西藏部分是委派在钦天监学习过数学的喇嘛楚儿沁等和理藩院主事胜住同往测量的。[1]

在测绘大地的同时，康熙从全国各地选拔了不少历算人才（如梅瑴成、何国宗、明安图等人），编纂《律历渊源》，他们聚集在畅春园蒙养斋算学馆，并受到传教士的指导。白晋、巴多明、杜德美、傅圣泽等人都曾传授相关历算知识。[2]在算学馆工作的一些历算家也参与了测绘工作，如何国宗之弟国栋"亦以通历法直内廷"，五十三年，受命"周历江以南诸行省，测北极高度及日景。五十八年，图成"[3]。

康熙五十一年，朝廷派遣"善画之人"测绘东北一带山川，地理俱照天上度数推算，详加绘图。五十三年十一月初七日，胤祉等奏："昔郭守敬修授时历，遣人各省实测日景，故得密合。今修历书，除畅春园及观象台逐日测验外，亦不必各省尽测。惟于里差之尤较著者，如广东、云南、四川、陕西、河南、江南、浙江七省，遣人测量北极高度及日景，则东西南北里差及日天半径皆有实据。得旨：广东着何国栋去，云南着索柱去，四川着白映棠去，陕西着贡额去，河南着那海去，江南着李英去，浙江着照海去。"[4]

朝廷对测绘非常重视，康熙亲自过问，并派钦天监、武英殿和地方官员参与其事，由军方护送相关人员。[5]并由地方巡抚将有关地图送至宫廷，1716年完成测绘。最后由耶稣会士雷孝思、杜德美完成全图的拼接工作，1718年制成康熙《皇舆全览图》。

---

[1] 耶稣会士杜德美曾教授过喇嘛数学知识。
[2] 韩琦《格物穷理院与蒙养斋：17、18世纪之中法科学交流》，《法国汉学》（第四辑），北京：中华书局，1999年，第302—324页。
[3] 《清史稿》卷二八三《何国宗传》，北京：中华书局，1994年，第10185页。
[4] 《清圣祖实录》卷二六一，第571页。
[5] 康熙朝奏折中保留了不少这样的史料，参见中国第一历史档案馆编《康熙朝汉文朱批奏折汇编》，北京：档案出版社，1984年。

康熙年间的测绘，主要是全国范围内大规模的三角测量，经纬度测量也十分重要。当时主要通过观测月食和木卫掩食来决定经度，吸收了法国天文学家卡西尼等人的新成果。傅圣泽《历法问答》"用交食以正地理图"，介绍在两地观测月亮斑迹的入影出影，来定经度（《交食历指》）；还详细介绍了卡西尼测量土星、木星卫星的方法，指出木星四卫星中，第一卫星"其行为更速，其伏现为更多，故多用测之，以定各方之经度，而正地理图"（《五纬历指》）。

纬度主要靠测量太阳正午高度和北极星高度，耶稣会士严嘉乐还介绍了测量纬度的方法，测量时使用了不少欧洲传入的新仪器。测量的经纬度点达六百余处，是当时世界上最大规模的大地测量。[1]彼时法国也在皇家科学院天文学家的指导下进行测绘[2]，传教士的制图工作自然受到了皇家科学院的影响。参加测绘的大多是法国耶稣会士，他们掌握了新的测绘方法，利用著名天文学家卡西尼的木卫表，通过观测木卫来求经度，使得测量精度有所提高。康熙四十九年，雷孝思和杜德美在东北实测了 41°—47° 间每度的直线距离，通过测量发现，纬度越高，每度经线的直线距离越长，因此认为每度经线长度肯定是不等的。[3] 18 世纪初，牛顿扁圆说与卡西尼长圆说互相对立，尚无定论，而牛顿的扁圆说实际上为我国的大地测量数据所证实。[4]

---

[1] 康熙《皇舆全览图》测绘前，有的地方已进行经纬度测量，如耶稣会士卫方济、安多、洪若等人，在中国各地进行了大量天文观测，手稿仍存巴黎天文台，有的已经发表。参见 E. Souciet, *Observations mathématiques, astronomiques, géographiques, chronologiques et physiques tirées des anciens livres chinois ou faites nouvellement aux Indes et à la Chine, par les Pères de la Compagnie de Jésus, redigées et publiées par le P. E. Souciet*. Paris, 1729-1732。

[2] Josef Konvitz, *Cartography in France 1660-1848: Science, Engineering, and Statecraft* (Chicago: The University of Chicago Press, 1987), pp.1-31.

[3] J.-B. du Halde, *Description géographique, historique, chronologique, politique, et physique de l'empire de la Chine et de la Tartarie chinoise*. Paris, 1735, preface, p.XLV. 关于雷孝思，参见 Shannon McCune, "Jean-Baptiste Régis, S.J., An Extraordinary Cartographer," in *Chine et Europe: Evolution et Particularités des Rapports Est-Ouest du XVIe au XXe Siècle* (Taipei, 1991), pp.237-248。

[4] 杜石然等《中国科学技术史稿》（下），北京：科学出版社，1982 年，第 213 页。

康熙五十八年二月十二日，皇帝谕内阁学士蒋廷锡："《皇舆全览图》朕费三十余年心力始得告成"，并将图颁发给大臣。[1]《皇舆全览图》共有五种版本，一是铜版本，由意大利传教士马国贤镌刻。[2]两种是木刻本（康熙五十六年、六十年刻本），一是彩绘本（现藏中国第一历史档案馆）[3]，一是木刻本[4]。在这些地图的基础上，在大地测量之后，乃至雍正初年，耶稣会士对经纬度值仍有改进，并把相关数据和地图寄回法国[5]。后来法国耶稣会士杜赫德（J.-B. du Halde，1674-1743）委托法国皇家制图学家唐维尔（J.-B. Bourguignon D'Anville，1697-1782）制成地图，收入其编著的《中华帝国全志》一书[6]，此书被译成多种文

---

〔1〕《清圣祖实录》卷二八三，第765页。

〔2〕有民国间金梁石印本。参见韩琦《从中西文献看马国贤在宫廷的活动》，in *Matteo Ripa e il Collegio dei Cinesi* (Atti del Colloquio Internazionale, Napoli, 11-12 febbraio 1997), eds. Michele Fatica and Francesco D'Arelli (Napoli, 1999), pp.71-82.

〔3〕冯宝琳《康熙〈皇舆全览图〉的测绘考略》，《故宫博物院院刊》1985年第1期，第23—31、35页。

〔4〕Walter Fuchs, *Der Jesuiten Atlas der Kanghsi Zeit: China und die Aussenlaender* (Peking, 1943). 此图采用的是法国制图学家Nicolas Sanson（1600-1667）的投影，见汪前进《康熙铜版〈皇舆全览图〉投影种类新探》，《自然科学史研究》1991年第2期，第186—194页。也有的人认为是三角投影。参见翁文灏《清初测绘地图考》，《地学杂志》1930年第3期，第405—438页。王庸《中国地图史纲》，北京：生活·读书·新知三联书店，1958年，第90—96页。李孝聪《记康熙〈皇舆全览图〉的测绘及其版本》，《故宫学术季刊》2012年第1期，第55—80页。

〔5〕法国国家图书馆有《内府舆地图》（Res. Ge. FF. 14550）盒装一函，共九册（第一册缺），每册黄色封面，主要是省图和府图，内府刊本。包括：天下全图、直隶（热河附）、盛京、宁古塔、乌苏里江、乌喇（二册）；江南（三册）；江西、湖广（四册）；福建、山东、山西、河南（五册）；陕西（六册）；四川（七册）；广东、广西（八册）；云南、贵州（九册），有BLBLIOTHEQUE DU ROY章，可能是耶稣会士寄到法国的。

〔6〕J.-B. du Halde, *Description géographique, historique, chronologique, politique, et physique de l'empire de la Chine et de la Tartarie chinoise, enrichie des cartes générales et particulieres de ces pays, de la carte générale & des cartes particulieres du Thibet, & de la Corée, & ornée d'un grand nombre de Figures & de Vignettes gravées en Taille-douce* (Paris: Chez P. G. Le Mercier, 1735), T.1-4. 相关研究参见 T. N. Foss, *A Jesuit Encyclopedia for China: A Guide to Jean-Baptiste du Halde's Description... de la Chine (1735)* (PhD. diss., University of Chicago, 1979); T. N. Foss, "Reflections on a Jesuit Encyclopedia: Du Halde's Description of China (1735)," *Appréciation par l'Europe de la Tradition Chinoise* (Paris, 1983), pp.67-77; 韩琦《中国科学技术的西传及其影响》，石家庄：河北人民出版社，1999年；Isabelle Landry-Deron, *La preuve par la Chine: la "Description" de J.-B. Du Halde, jésuite, 1735* (Paris: Editions de l'Ecole des Hautes Etudes en Sciences Sociales, 2002).

字[1]，在欧洲其他国家引起了很大反响。

1737年，在荷兰海牙单独出版了唐维尔的《中国新图》（*Nouvel Atlas de la Chine*）。[2]《中国新图》包括中国和周边国家图（1734）、中国图（汉族地区）、北直隶、江南、江西、福建、浙江、湖广、河南、山东、山西、陕西、四川、广东、广西、云南、贵州、鞑靼（1732）、朝鲜、西藏等图，还包括中国东北部的一些区域地图，共四十二幅。[3] 无论是杜赫德书中的地图，还是《中国新图》，在20世纪之前，一直是世界上最精确、最权威的中国地图，被广为引用，影响了欧洲人的中国地理观。遗憾的是，康熙《皇舆全览图》只是深锁宫中，没有广泛传播，限制了清代士人地理知识的拓展。

第四节　乾隆时代的地图测绘

康熙年间因准噶尔部叛乱尚未平定，西北地区仅测量到哈密。为解决准噶尔问题，乾隆二十年二月分兵两路至伊犁，平定准噶尔以西诸部，统一西域。三月癸卯，皇帝"谕大学士等：西师报捷……西陲诸部，相率来归，愿入版图。其日出入昼夜节气时刻，宜载入时宪书，颁赐正朔，以昭远裔向化之盛。侍郎何国宗素谙测量，着加尚书衔，带同五官正明安图，司务那海，前往各该处，测

---

[1] 1736年在荷兰海牙出版了盗印本，很快又被译成英文、德文、俄文出版。J.-B. du Halde, *A Description of the Empire of China and Chinese-Tartary* (London, 1738-1741), Vols.1-2. Printed by T. Gardner in Bartholomez-Close, for Edward Cave, at St. John's Gate. 序中称书中地图是地理的巨大宝藏（These maps are an immense treasure in geography）。J.-B. du Halde, *The General History of China. Containing a geographical, Historical Chronological, political and physical description of the Empire of China, Chinese Tartary, Corea and Thibet.* (London, Printed by and for John Watts, 1736), 4 vols.

[2] Jean Baptiste Bourguignon D'Anville, *Nouvel Atlas de la Chine* (A la Haye, 1737); *Mémoire de M. D'Anville, Premier Géographe du Roi* (A Pekin, 1776); *Traité des mesures itinéraires anciennes et modernes* (Paris, 1769).

[3] 《中华帝国全志》第一卷的中国图（Carte générale de la Chine），完成于1730年，而1737年版《中国新图》中国图，并未标年代。《中国新图》中国周边图，与杜赫德《中华帝国全志》（第四卷）图有差异。而《中华帝国全志》第一卷的图（包括各省图），与《中国新图》一样。

其北极高度,东西偏度,绘图呈览。所有坤舆全图,及应需仪器,着何国宗酌量带往"[1]。六月,又命左都御史何国宗、五官正明安图、副都统富德,带西洋人两名前往,测量经纬度,以绘制地图,但这年因故未能成行。

乾隆在平定了准噶尔叛乱之后,先后三次派人到西北地区进行测量。

第一次从乾隆二十一年开始,命"都御史何国宗率西洋人由西北二路,分道至各鄂托克测量星度、占候节气,详询其山川险易、道路远近,绘图一如旧制"[2]。天山北路由努三负责,天山南路由何国宗、哈清阿负责。此次测量主要在天山北路进行,天山南路仅测量吐鲁番地区及开都河流域一带。担任测绘工作的有钦天监耶稣会士傅作霖、高慎思(José de Espinha,1722-1788)等人。正月辛未,乾隆帝下谕旨"努三着授为三等侍卫,协同左都御史何国宗等,挈带仪器,前往伊犁测量晷度"[3]。正月己卯,又谕曰:"同左都御史何国宗前往伊犁等处测量之监副傅作霖着赏给三品职衔,西洋人高慎思着赏给四品职衔,俱准照衔食俸,其马匹廪给亦即照衔支给。"[4]二月丙午,"又谕:现遣何国宗等前往绘图。哈清阿奉到此旨,即不必追赶策楞,仍回巴里坤。等候何国宗到后,努三带领一起由山北去,哈清阿带领一起由山南去,分为两路前往绘图。一切着哈清阿俱问努三"[5]。四月丙午,"又谕曰:何国宗奉差前往伊犁测量晷度、绘画地图,现由巴里坤一带及额林哈毕尔噶等处办理,约需半年,

---

[1] 《清高宗实录》卷四八五,北京:中华书局,1986年,第79页。钦天监的职能,除了预测日月食之外,每年时宪历的编制和颁布也是重要的工作。而时宪历中常注明各省会的经纬度,因此地图测绘为时宪历打下了基础。耶稣会士参与康熙时代乃至乾隆年间新疆等地的测绘,大大拓展了对西部各地经纬度的了解。各地经纬度载入时宪历,扩大了平民的疆域观。
[2] 乾隆丙子夏御题十三排地图诗自注。
[3] 《清高宗实录》卷五〇四,第357页。
[4] 《清高宗实录》卷五〇四,第362页。
[5] 《清高宗实录》卷五〇六,第388页。

至冬间冰雪凝寒，着仍回至巴里坤居住，俟明春再往办理。并着刘统勋会同前往，将该处山川道里详悉考验，纂录进呈"[1]。四月乙丑，"命何国宗专办西域舆图事务，刘统勋即驰驿回京"[2]。十一月丙辰，"又谕：前命何国宗等赴伊犁测量，并绘舆图，今大段形势皆已图画，其余处所可以从容再往，是此事已属完竣。何国宗及西洋人等现已回至肃州，闲暇无事，可即令其乘驿来京，着传谕遵行"[3]。

第二次从乾隆二十四年五月开始，至次年三、四月间结束，明安图负责，耶稣会士傅作霖、高慎思参加了测量工作。五月庚辰，"谕军机大臣等：回部将次竣事，应照平定伊犁之例，绘画舆图。明安图、傅作霖着赏银二百两，西洋人高慎思吁请同行，亦赏银二百两。二等侍卫什长乌林泰、乾清门行走蓝翎侍卫德保，赏银各一百两，德保仍授为三等侍卫，整装驰驿前往"[4]。闰六月己卯："又谕：昨兆惠、富德等将叶尔羌、喀什噶尔等处地图呈览，着发给明安图、德保，至回部时按图阅看，再将该处地形高下、日月出入度数测量，则易于定稿。又所至之地，其山河城邑村堡，若与此图有不相符合者，即阅看更正。"[5]通过这两次测量，获得了哈密以西至巴尔喀什湖以东以南广大地区90多个点的测量资料。[6]乾隆年间经纬度测量，采用了天文和三角测量方法。纬度的测定用午正日晷测南北极来决定。测量经度通过观测月食，也通过观测木卫来决定。

在以上测量结果基础上绘制了《皇舆全图》[7]，由耶稣会士蒋友仁刻成104块铜版（现存故宫博物院），共十三排，每排五度，又

---

[1]《清高宗实录》卷五一〇，第446页。
[2]《清高宗实录》卷五一一，第462页。
[3]《清高宗实录》卷五二七，第638页。
[4]《清高宗实录》卷五八六，第497页。
[5]《清高宗实录》卷五九〇，第555页。
[6] 一说有一百多个经纬点，见冯立昇《乾隆时期西北地区的天文大地测量及其意义》，《中国边疆史地研究》1999年第3期。
[7] 故宫博物院藏有此图四部，版本不同，一部为初印本（1760），参见冯宝琳《〈皇舆全图〉的乾隆年印本及其装帧》，《故宫博物院院刊》1990年第2期，第93—96页。

称乾隆十三排图[1]。十三排图以康熙《皇舆全览图》为基础，吸收了《钦定皇舆西域图志》（五十二卷）等书的成果。此图所涵盖的地区辽阔，幅员广大，包括西域准部、回部地区（新疆及其以西地区），东至萨哈林岛（库页岛），北至北冰洋，南至海南岛，西至波罗的海、地中海及红海，西南至印度洋。东北和关内各省与《皇舆全览图》大体相同，新增哈密以西部分，实测之处绘得比较详细。后世编绘地图多以此为蓝本。[2]

第三次测绘西北的时间是乾隆三十七年，皇帝派乾清门侍卫保宁、德保、阿木巴图和傅作霖参加，次年二月自哈密启程，返回京城。与前两次不同的是，此次测绘范围更加扩大，且增加了新设卡伦、驿站及各部落的交界。[3]乾隆四十年之后，对局部地区还有增测补绘。[4]

---

[1] 蒋友仁1773年前后于信中曾提到用铜版印刷地图之事。《皇舆全图》铜版104幅并御制诗印了100套，乾隆四十四年十一月至四十五年正月间，被赏赐给封疆大吏、亲王、皇族和宫内大臣。有人推测乾隆十三排铜版地图主体刻板时间在乾隆二十六年（1761），三十八年（1773）之后有修改或重刻，参见靳煜《乾隆年间三次西域测绘再分析》，《西域研究》2016年第1期，第27—34页。
[2] 《中国古代地理学史》，北京：科学出版社，1984年，第328页。
[3] 郭美兰《乾隆年间西北地区三次绘图始末》，《满语研究》2013年第1期，第139—144页。
[4] 汪前进《康熙、雍正、乾隆三朝全国总图的绘制》，载汪前进、刘若芳整理《清廷三大实测全图集：乾隆十三排图》，北京：外文出版社，2007年。

第九章 复古与求新：雍正、乾隆间耶稣会士与宫廷天文学的传播

雍正初年禁教，大批传教士被逐，或遣往澳门，只有少数有一技之长者（天文学家、医生、画家及钟表、玻璃和珐琅制作者）继续留在宫中任职，科学活动主要限于北京和广州。雍正、乾隆年间，耶稣会士戴进贤、徐懋德等人编纂了《历象考成后编》《仪象考成》等著作，来华的耶稣会士重要者有徐懋德、刘松龄（August von Hallerstein，1703-1774）和高慎思等人。禁教政策的影响导致乾隆时期对天主教的迫害，加之来华耶稣会士科学水平有所下降，乾隆中叶之后他们和欧洲科学界的来往相对减少，传入的西方科学内容也很有限，主要对清初所沿用的第谷体系作了修正和补充，在理论体系方面并没有重大的改进。

第一节 宇宙体系的折中：《历象考成后编》的编纂

一 《历象考成后编》编纂缘起

明末编成的《崇祯历书》与康熙时编的《钦若历书》，采用的都是第谷的宇宙体系，而当时西方天文学在观测、理论方面已有长足的进步。《钦若历书》由于在理论上没有作重大改正，只是黄赤交角比《西洋新法历书》减少了约二分，其余天文常数虽作了个别调整，但仍不能满足日月食的精确预报。这导致了《历象考成后编》的编纂，其中耶稣会士戴进贤起到了重要作用。

戴进贤 1716 年 8 月 30 日到澳门，应康熙之召，1717 年 1 月抵达北京，佐理历政。康熙五十八年十一月二十九日，上谕："非通晓历法之人，不能细查微小增减，不觉渐错，戴进贤虽系新来，尚未全晓清、汉话语，其历法、算法上学问甚好，为人亦沉重老实，着放纪理安员缺。"（戴进贤墓碑拓片）因参与《历象考成》的校对，雍正三年三月二十日，钦授钦天监监正，加礼部侍郎衔，为二品官，在钦天监任职达 29 年之久。[1]乾隆三年，戴进贤任耶稣会中国省区副会长。戴进贤在华期间进行了大量天文观测，其观测之勤，科学素养之高，在来华耶稣会士中实属少见。他与法、英、俄等国科学院的许多科学家保持着联系，如与在俄国的法国科学家德利勒通信密切，并及时吸取欧洲天文学的新发现。在当时的耶稣会士看来，他是一位很好的天文学家。

戴进贤来华时，正值清廷对耶稣会士由宽容转为严厉之际。雍正元年，闽浙总督满保发布谕帖，禁止传教，将西洋人递解澳门。戴进贤凭借天文学的特长和在钦天监的地位，在次年上书皇帝，恳求允许传教士暂留广州，暂不催逼往澳门，雍正作了批示：

> 朕自即位以来，诸政悉遵圣祖皇帝宪章旧典，与天下兴利除弊。今令尔等往住澳门一事，皆由福建省住居西洋人在地方生事惑众。朕因封疆大臣之请、庭议之奏施行。政者，公事也。岂可以私恩惠尔等，以废国家之舆论乎？今尔等既哀恳乞求，朕亦只可谕广东督抚暂不催逼，令地方大吏确议再定。[2]

―――――――――

[1] 和硕庄亲王允禄、詹事府少詹事何国宗曾上奏折（雍正三年），请改授戴进贤的职衔，雍正批示"加礼部侍郎衔"，此一职位为向皇帝上呈奏折提供了方便，有助于天主教的传播和保护。乾隆二年五月，戴进贤受命"总裁增修时宪算书"，欲辞未果。关于戴进贤的研究，参见 Christian Stücken, *Der Mandarin des Himmels: Zeit und Leben des Chinamissionars Ignaz Kögler SJ (1680-1746)*. Sankt Augustin: Institut Monumenta Serica, 2003.

[2]《雍正朝汉文朱批奏折汇编》第三册，南京：江苏古籍出版社，1991 年，第 27 页。戴进贤的一些奏折保留至今，部分收入《睿鉴录》，乾隆刊本，参见吴旻、韩琦《欧洲所藏雍正乾隆朝天主教文献汇编》，上海：上海人民出版社，2008 年，第 33、54—60 页。

雍正四年（1726）十一月，葡使麦德乐（Alexandre Metelo de Sousa e Meneses，1687-1766）抵达广州，麦有年（Paulo de Mesquita，1692-1729）、陈善策（Domingos Pinheiro,1688-1748）因精于历算[1]，随行来华，在朝廷任职，后者曾担任南堂院长15年，两次担任耶稣会中国副省会长。

雍正时，钦天监监正戴进贤、徐懋德用第谷的方法推算日食，觉得有微差。雍正八年（1730）六月初一日日食，发现推算和实测不合[2]，于是钦天监监正明图上奏，请求对《历象考成》进行重修，得到了雍正的批准，同年已修成日躔月离表。[3]

据乾隆二年（1737）礼部尚书顾琮之奏书，当时的日躔、月离表共三十九页[4]，由武英殿刊刻，续于《历象考成》之末，但此表无解说和推算之法，当时只有戴进贤、徐懋德和明安图能用此表，其他人都不会，于是顾琮请求增修图表解说，并推荐梅瑴成、何国宗为总裁，来编纂《历象考成后编》，以监正戴进贤、徐懋德与梅瑴成、何国宗、明安图等负责考测推算。

实际上，戴进贤等早就知道《历象考成》之误，但一直没有报告。从传教士信件可知，1728年皇子允祥、允禄等已经知道卡西尼的名字，并希望了解其方法。[5]乾隆三年，和硕庄亲王允禄的奏书中提到噶西尼（即卡西尼，G. D. Cassini）、法兰德（J. Flamsteed,

---

[1] 陈善策曾在葡萄牙教授数学，并担任葡萄牙国王若望五世之弟若瑟的教师。
[2] 关于此事的详细经过，参见徐懋德1732年11月20日信，见佛朗西斯·罗德里杰斯（Francisco Rodrigues），*Jesuitas Portugueses Astronomos na China*（《葡萄牙耶稣会天文学家在中国，1583—1805》），Macau: Instituto Cultural de Macau, 1990. 巴黎天文台藏有戴进贤推算的《雍正十年十月十五日己巳望月食图》（1732年12月2日）、《雍正十一年四月十六日丁卯望月食图》（1733年5月28日）、《雍正十一年十月十五日癸亥望月食图》（1733年11月21日），满汉对照，刻本，戴进贤随1732年7月20日信寄给德利勒；还藏有日食图刻本"雍正十三年岁次乙卯九月初一日丁酉朔日食分秒时刻并起复方位"，应是戴进贤推算。
[3] 但据"中研院"历史语言研究所藏钦天监监正明图雍正九年十二月十三日奏折：雍正八年六月二十八日，因交食微有不合，因此上奏，雍正下旨重修，戴进贤、徐懋德与钦天监人员于是完成日月交食表二册，进呈御览。
[4] 此表即为巴黎天文台保存的《御制历象考成表》二卷，详下。
[5] A. Gaubil, *Correspondance de Pékin* (Genève, 1970), p.209.

1646-1719）的新成就，包括：（1）太阳地半径差[1]；（2）清蒙气差；（3）日月五星之本天由原来的平圆改为椭圆。至1738年，成稿本日躔九篇已完成，共一百零九页，表六十二页，用数算法七页，而月离、交食全书尚未完成。乾隆七年（1742），日躔、月离、交食稿本十卷完成，约刻于1744—1745年。书中采用了开普勒、牛顿、卡西尼等人的成果。

为编译《历象考成后编》，主管工作的庄亲王允禄在乾隆七年四月十二日的奏疏中称："窃惟钦若授时，当顺天以求合，故必随时修改，此古今之恒宪也。我朝之用西法，本于前朝徐光启所译《新法算书》，其书非一家之言，故图表或有不合，而解说多所难晓，圣祖仁皇帝《御制历象考成》上下二编，熔西法之算数，入中法之型模。理必穷其本源，数必究其根抵，非惟极一时推测之精，固已具万世修明之道矣。"

"熔彼方之材质，入大统之型模"，是徐光启在明末改历时提出的重要看法，在清初曾有很大的影响。而上述奏折表明清代官方编历，仍然赞成徐光启的改历主张，这种观点在编撰《仪象考成》时也得到再次体现。

二　《历象考成后编》的内容及其改进[2]

（一）关于开普勒、牛顿、卡西尼等人的学说

《历象考成后编》共分十卷，包括日躔数理；月离数理；交食数理；日躔步法、月离步法；月食步法；日食步法；日躔表；月离表；交食表。下面介绍此书传入的新的天文学知识。

---

[1] 旧定为三分，今测只有十秒。
[2] 韩琦《〈历象考成后编〉与〈仪象考成〉的编纂》，载陈美东主编《中国科学技术史·天文学卷》，北京：科学出版社，2003年，第708—718页；《〈历象考成后编〉》，载《中国古代天文学的转轨与近代天文学》，北京：中国科学技术出版社，2009年，第177—186页。

卷一"日躔数理"：主要根据开普勒、卡西尼的椭圆运动理论，来阐述太阳的运动。

1．"岁实"：介绍了奈端（即牛顿）等新测的回归年长度，即365.2423344201415日，而不用《历象考成》上编所采用的第谷的数据，即365.2421875日。

2．"黄赤距纬"（即黄赤交角）：康熙五十二年测得黄赤交角为23°29′30″，而《历象考成后编》采用了利酌理、卡西尼的数据，即23°29′，因为编者认为"近日西法并宗噶西尼，故黄赤大距为二十三度二十九分"。根据西方和中国的实测经验，《历象考成后编》的编者已经认识到黄赤交角变小这一现象，而当时欧洲天文学界对黄赤交角变化尚没有确定的认识。[1]

3．"清蒙气差"：详细用图介绍了卡西尼的蒙气差理论及计算方法。《历象考成》介绍了蒙气差的理论，而表仍据第谷之旧。戴进贤根据卡西尼的理论，采用了卡西尼的蒙气差数值，纬度44°处最大为32′19″，并介绍逐度计算蒙气差的方法。[2]

4．"地半径差"（Parallax）："地半径差者，视高与实高之差也。"主要介绍1672年卡西尼、利实尔分别在法国巴黎和南美圭亚那岛所作的火星观测，所得的火星的周日地平视差，"康熙十一年壬子，秋分前十四日，火星与太阳冲，西人噶西尼于富郎济亚国测得火星距天顶五十九度四十分一十五秒。利实尔于噶耶那岛测得火星距天顶一十五度四十七分五秒，同时用千里镜、能测微秒之仪器与子午线上最近一恒星，测其相距，噶西尼所测火星较低一十五

---

[1] J. Cassini 之 *Elemens d'Astronomie* (Paris,1740) 在谈到黄赤交角的历史时，也没有定论。一直到19世纪初，法国天文学家拉普拉斯才根据法国耶稣会士宋君荣对中国古代天文记录的研究，对黄赤交角变小的原因进行了分析。

[2] 根据的是 G. D. Cassini, *Les Elemens de l'Astronomie verifiez par Monsieur Cassini par le rapport de ses Tables aux Observations de M. Richer faites en l'isle de Caienne.* 1684. 载其 *Divers ouvrages d'astronomie*, 为法国皇家科学院杂志 *Mémoires de l'Académie Royale des Sciences, contenant les ouvrages adoptez par cette académie avant son Renouvellement en 1699.* 的第五卷。

秒"[1]。并用图详细介绍了视差理论，火星的最大地半径差为25″（视差），比例得太阳在中距时，地平上最大地半径差为10″。

5."用椭圆面积为平行"（开普勒第二定理）：解释了太阳绕地球以椭圆轨道运行的理论。"计太阳在椭圆周右旋，其所行之分椭圆面积，日日皆相等。"又说："故太阳循椭圆周行，惟所当之面积相等，而角不等，其角度与度度之较，即平行实行之差。"实际上是开普勒第二定理（面积定理）的定性描述，这在开普勒1609年出版的《新天文学》中首次出现，但《历象考成后编》以地为心，以太阳绕地旋转，采用了颠倒形式的开普勒定理。

6."椭圆角度与面积相求"与开普勒方程的介绍：关于太阳运动的计算有两类问题，一是从实际观测到的太阳离开轨道近地点的角距离（"实行"，即真近点角）算出太阳轨道向径所扫过的椭圆面积，由此算出按平均运动计算的平均近点角（"平行"），《历象考成后编》称之为"以角求积"。另一计算是据平均运动推算在给定时刻的太阳的观测位置，《历象考成后编》给出三种解法，即"以积求角""借积求积""借角求角"。此节实际上介绍了开普勒方程。[2]

这些是当时比较新的内容，蒙气差、地半径差、黄赤交角等值的改进，是精确预报日月食的基础。

卷二"月离数理"：主要介绍关于月亮运动的理论。

"月离总论"先介绍《新法算书》《历象考成》关于月亮运行的理论："《新法算书》，初均而外，又有二均、三均、交均，盖因朔望之行有迟疾，故有初均。两弦又不同于朔望，故有二均，两弦前

---

[1] 同199页注2，及 Jean Richer, *Observations astronomiques & physiques faites en l'Isle de Cayenne* (Paris, 1679)，载 *Recueil d'observations faites en plusieurs voyages par ordre de sa Majeste, pour perfectionner l'Astronomie et la geographie. Avec divers Traitez Astronomiques. Par Messieurs de l'Academie Royale des Sciences. Paris.*1693。傅圣泽在这之前更详细介绍了这次观测的过程。关于利实尔的天文观测活动，参见 John W. Olmsted, "The Scientific Expedition of John Richer to Cayenne (1672-1673)," *Isis* 34 (1942-1943), pp.117-128。

[2] 薄树人《清代对开普勒方程的研究》，《中国天文学史文集》（第三集），北京：科学出版社，1984年。

后又不同于两弦，故有三均，此经度之差也。朔望交行迟而大距近，两弦交行疾而大距远，故有交均，此交行之差，而亦纬度之差也。"由于月球轨道是椭圆，月球公转速度并不均匀，造成了中心差。月球轨道又有偏心率的变化，《历象考成后编》对这些现象作了介绍。

自从开普勒引入椭圆运动规律以来，牛顿、卡西尼等人对月亮运动理论和观测作了重要改进。月球在环绕地球作椭圆运动的同时，也随地球绕太阳公转，月球不但受到地球的引力作用，同时也受到太阳的引力的影响，《历象考成后编》介绍了开普勒、牛顿、卡西尼等人的新成果，包括开普勒、牛顿用椭圆轨道计算月亮运行的方法，在卷一提到了"西人奈端等屡测岁实"一事，"奈端"即牛顿的译名，这是中文著作首次提到牛顿的名字。新引入了一平均、二平均、最高均、三平均，它们的含义是"自西人刻白尔（即开普勒）创为椭圆之法，专主不同心天，而不同心天之两心差，及太阴诸行，又皆以日行与日天为消息，故日行有盈缩，则太阴平行、最高行、正交行，皆因之而差，名曰一平均。日距月天最高有远近，则太阴本天心有进退，两心差有大小，而平行面积亦因之而差，名曰二平均。其最高之差，名曰最高均。又白极绕黄极而转移，则白道度有进退，而太阴之在白道，亦因之而差，名曰三平均。此四者皆昔日之所无，而刻白尔以来，奈端等屡测而创获者也"。也就是介绍牛顿以来发现的由于太阳的摄动的影响所造成的各种周期差。由于太阳运动的快慢，造成了月亮运动的不同，这就是一平均；由于太阳和月亮距离的不同，月亮椭圆轨道不同，形成月亮运动不均，叫作二平均。三平均则是由于摄动的影响造成的月亮运动的不均匀。

又新引入了"末均"，"求初均数"不再使用《西洋新法历书》用本轮、均轮推初均数的办法，"自刻白尔以平行为椭圆面积求实行，用意甚精，而推算无术，噶西尼等立借角求角之法，亦极补凑之妙矣"。也就是用新的方法对二均差作了介绍。而二均、三均以及关于黄白交角的数值也有了改变，这是开普勒以来，牛顿、卡西尼等屡测而改定的数据，与《历象考成》不同。并介绍了月亮的"地半径差"。以上是《历象考成后编》传入的最重要的内容。

卷三"交食数理"：主要介绍交食原理。

《历象考成》上编已经论述了交食的原理，"近日西人噶西尼等益复精求，立为新表"。卡西尼的新成果"如求实朔望，用前后二时日月实行为比例，昔之用平朔平望实距弧者未之及也"。因此《后编》在考虑了太阳、月亮上述种种不均匀性之后，在计算交食时，也把这些因素计算在内，为日食、月食的精确计算提供了保证。而这些方法也是用卡西尼的方法为依据的。此外，戴进贤还介绍了当时西方新的日月实径与地球半径之比例、视经的大小，与《新法算书》《历象考成》都不同，这些都是计算日食和月食必须考虑的因素。另外还介绍了新的求影半径及影差的方法，"求高下差"则考虑地半径差（视差）的影响。对求日食甚、初亏、复圆时刻，以及日食带食也进行了介绍。

卷四"日躔步法""月离步法"：介绍计算太阳、月亮位置所需的数据及其所用的方法。

卷五、卷六"月食步法""日食步法"：介绍了推算月食、日食所用的常用数据和具体步骤。

（二）戴进贤与《历象考成后编》之月离表

戴进贤的科学贡献包括两个方面：其一，向中国人介绍了西方天文学的新成就，编纂《黄道总星图》《历象考成后编》与《仪象考成》，出力最多；其二，在华进行了大量的天文观测，发回欧洲，并被欧洲科学界所利用。[1]

牛顿关于月亮的椭圆轨道理论是在开普勒三定律基础之上得出的，

---

[1] 伦敦皇家学会保存有戴进贤的观测记录，其信件保存于慕尼黑、巴黎、维也纳及里斯本等地的图书馆和档案馆中。

他证明了在和距离平方成反比的引力作用下，行星的运动将符合开普勒定律，并对月亮进行了计算。1687年，牛顿提出万有引力定律，从力学原理上解释了月亮运动。在《自然哲学的数学原理》中证明，由于太阳摄动的影响，产生了月亮运动的主要周期差和近地点的进动，牛顿还发现以前不知的各种周期差。牛顿的月亮理论影响了当时在德国 Ingolstad 的耶稣会士数学与天文学教授 N. Grammatici（约 1684-1736），他根据牛顿理论对月亮的运行进行了新的计算，著有月离表，其书名即与牛顿有关[1]，这份月离表是首次用牛顿原理计算的天文表[2]。

戴进贤也在 Ingolstad 工作过，和欧洲天文学界多有来往，至迟在 1728 年已收到了 Grammatici 的月离表。[3] 他们之间经常通信，保持着密切的关系。Grammatici 对戴进贤寄往欧洲的天文观测予以宣传、介绍，并打算印刷戴进贤寄给他的在华天文观测报告，同时把他所了解的天文学知识告诉戴进贤。[4]

为迎合中国人天象观测的需要，戴进贤很自然考虑把 Grammatici 的月离表收入《历象考成》作为附录[5]，最后略作增补，收入《历象考成后编》。由于引入了根据牛顿理论编纂的月离表，能更好预测日月食的发生，满足了中国人的需要，这是牛顿月亮运动理论能够间接

---

[1] 标题为 *Tabulae lunares ex theoria et mensuris Geometrae celeberrimi Domini Isaaci Newtoni Equitis Aurati in gratiam Astronomiae Cultorum concinnatae a quodam Uranophilo e Societate Jesu*. Ingolstadii, 1726. Par le P. Nicasius Grammatici, 书上有 J.-N. Delisle 手迹，巴黎天文台藏。来华耶稣会士在书信中也特别强调了 Grammatici 工作的牛顿力学基础。此书很短，只有说明 3 页，表 8 页（12 个表），据序言，除牛顿的著作外，还参考了 G. D. Cassini、J. Cassini、E. Menfredius、D. E. de Louville 的著作。

[2] 据 *Tabulae Lunares ad Meridianum Parisinum quas supputavit vir clarissimus D. Tobias Mayer Academiae Regiae Goettingensis Socius, ante Hac Norimbergae Astronomus Celeberrimus. cum supplemento reliquarum tabularum lunarium D.Cassini, D. de la Lande et P. Hell e S.J.* Vindobonae.1763 一书的评论。

[3] 1728 年 11 月 26 日宋君荣致 Souciet 信，A. Gaubil, *Correspondance de Pékin* (Genève, 1970), p.219。

[4] 宋君荣 1729 年 10 月 24 日信，A. Gaubil, *Correspondance de Pékin* (Genève, 1970), p.246。

[5] 在《历象考成》之后附录，是戴进贤的想法，见宋君荣 1734 年 7 月 13 日致德利勒信，A. Gaubil, *Correspondance de Pékin* (Genève, 1970), p.375。

传入的重要原因。[1]在月离表编制过程中,耶稣会士徐懋德和宋君荣都帮助过戴进贤。[2]法国天文学家德利勒在给来华耶稣会士的一封信中,也详细讲述了戴进贤编纂月离表的经过:

> 戴进贤和徐懋德神父于1734年曾共同给我寄了一份根据Grammatici神父的日躔月离表编成的中国式样的表,并且为了方便识别和使用,他们将每一表的名称加注了拉丁文译名,由于我手头就有Grammatici神父的拉丁文原著,因此我便很容易看出中国式样的表与欧洲式样的表之间的不同之处。另外,戴进贤、徐懋德两神父在1732年7月15日写给Grammatici神父的一封信中,告知在将他的表编成中国式样时曾使他们很费劲。除此之外,他们还发现一些有关表的疑难,对此Grammatici神父在他们出版这些表之前,没有给出解决办法。……Grammatici神父的表是在牛顿理论基础上计算出来,并于1726年在Ingolstadt印刷,他保证此表是根据60次以上的观测结果计算出来的,只在其中发现了极其微小的差别,对于这些差别人们更多地归咎于观测的误差和在应用牛顿理论过程中人们不得不使用的数字的不确定性,而不是归咎于理论本身的缺陷。戴进贤决定在北京钦天监对这些表的使用优先于其他表的做法是正确的。在上面已提到的信中,戴进贤神父告知Grammatici,他也发觉这些表与他自己的观测相当符合,特别是对于1731年12月间的二次月食,其发生时间正好与之前通过这些表计算出来的时间相符,皇帝本人也在这一时刻满意地观测到了月食。[3]

---

[1] 韩琦《戴进贤》,见杜石然主编《中国古代科学家传记》(下),北京:科学出版社,1993年,第1330—1332页。

[2] 宋君荣1752年11月12日致德利勒信,A. Gaubil, *Correspondance de Pékin* (Genève, 1970), pp.676, 702。

[3] 此信藏巴黎天文台,参见韩琦《〈数理格致〉的发现:兼论19世纪以前牛顿学说在中国的传播》,《中国科技史料》1998年第2期,第78—85页。

或以为《历象考成后编》介绍牛顿学说之原因是因为当时牛顿学说在欧洲已开始得到更广泛的承认，因此才得以介绍到中国来，这种看法并不全面。因为，耶稣会士介绍这些知识是为了满足中国人更精确地预报日食、月食，因此天文数据精确显得特别重要，而 Grammatici 的著作正好满足了这方面的需要；另外，在华耶稣会士与欧洲耶稣会士同行保持着密切的联系，使欧洲耶稣会士的科学著作能够及时介绍给中国人。[1]

法国巴黎天文台现存来华耶稣会士所寄的《御制历象考成表》刻本两卷[2]，刻于1732年，书上有各表的拉丁文名称[3]。卷上日躔包括：太阳年根表、太阳周岁平行表、太阳周日平行表、太阳均数表、均数时差表、升度时差表、太阳视径表（《后编》作"太阳视半径表"）、太阳实行表、日距地数表（《后编》作"太阳距地心表"）、清蒙气差表。卷下月离包括：太阴年根表、太阴周岁平行表、太阴周日平行表、太阴第一平均表、太阴第二平均表、太阴第三平均表、日距地立方较表、太阴最高均数表（《后编》卷八作"太阴最高均及本天心距地表"）、太阴初均表、太阴二均表、太阴三均表、太阴末均表、太阴正交均数表（《后编》卷九作"太阴正交实均表"）、交角加分表、黄白距纬表、黄白升度差表、太阴视径表（《后编》卷十作"太阴视半径表"）、太阴实行表、地半径差表（《后编》作"太阴地半径差表"）、月距地数表（《后编》作"太阴距地心表"）。

《御制历象考成表》与《钦若历书表》相比，月离表多有增加。《历象考成后编》与《御制历象考成表》相比，承袭了月离表的名

---

[1] 这种例子还有很多，如法国耶稣会士巴蒂斯的几何著作就被翻译成《几何原本》，收入《数理精蕴》中，而他的星图也被刻成中文（《方星图解》）。
[2] 巴黎天文台编号为：A B1/11, Portef. 151. 至少在1751年以前，耶稣会士刘松龄也给英国寄了月离表，见宋君荣1751年致英国皇家学会秘书 Cromwell Mortimer 信，A. Gaubil, *Correspondance de Pékin* (Genève, 1970), p.643。
[3] 应该是耶稣会士的手笔，这样可清楚了解中文表的来源。《御制历象考成表》与 Grammatici 表的对应关系，尚待研究。巴黎天文台所藏 Grammatici 表，为与耶稣会士有密切关系的法国天文学家德利勒所藏。

称而多有扩充，而日躔表多"黄赤距度表"（卷七）、"黄赤升度表"（卷七）、"黄道赤经交角表"（卷十"交食表"）。《御制历象考成表》月离表大体上依据 Grammatici 的表制成，是《历象考成后编》月离表的基础。上述三种日躔、月离表的递修关系是《钦若历书表》（《历象考成》表）→《御制历象考成表》（卷上、卷下，巴黎天文台藏）→《历象考成后编》表（参见下表）。

《钦若历书表》《御制历象考成表》《历象考成后编》日躔月离表对照表

	《钦若历书表》	《御制历象考成表》	《历象考成后编》
日躔表	太阳年根表	太阳年根表	太阳年根表
	太阳周岁平行表	太阳周岁平行表	太阳周岁平行表
	太阳周日平行表	太阳周日平行表	太阳周日平行表
	太阳均数表	太阳均数表	太阳均数表
	黄赤距度表		黄赤距度表
	黄赤升度表		黄赤升度表
	黄道赤经交角表		黄道赤经交角表（交食表，卷十）
	升度时差表	升度时差表	升度时差表
	均数时差表	均数时差表	均数时差表
	视半径表（交食表，卷五）	太阳视径表	太阳视径表（交食表，卷十）
	太阳地半径差表		
		日距地数表	太阳距地心表
	清蒙气差表	清蒙气差表	清蒙气差表
	太阳实行表	太阳实行表	太阳实行表（交食表，卷十）
月离表	太阴年根表	太阴年根表	太阴年根表
	太阴周岁平行表	太阴周岁平行表	太阴周岁平行表
	太阴周日平行表	太阴周日平行表	太阴周日平行表
		太阴第一平均表	太阴一平均表
		日距地立方较表	日距地立方较表
		太阴第二平均表	太阴二平均表
		太阴第三平均表	太阴三平均表
		太阴最高均数表	太阴最高均及本天心距地表
	太阴初均表	太阴初均表	太阴初均表
		太阴二均表	太阴二均表

续表

	《钦若历书表》	《御制历象考成表》	《历象考成后编》
月离表		太阴三均表	太阴三均表
		太阴末均表	太阴末均表
		太阴正交均数表	太阴正交实均表
		交角加分表	交角加分表
	交均距限表		
	黄白距度表	黄白距纬表	黄白距纬表
	黄白升度差表	黄白升度差表	黄白升度差表
	视半径表（交食表，卷五）	太阴视半径表	太阴视半径表（交食表，卷十）
	太阴地半径差表	地半径差表	太阴地半径差表（交食表，卷十）
	太阴实行表	太阴实行表	太阴实行表（交食表，卷十）
	二三均数表		
		月距地数表	太阴距地心表（交食表，卷十）

《历象考成后编》由于介绍欧洲新的天文学知识，使得日、月食的预报更为精确，戴进贤和徐懋德为此也得到雍正帝的赞赏而得以升官。令人感兴趣的是，《历象考成后编》为何采用颠倒的开普勒定理，下面对此略作解释。

值得指出的是，18 世纪上半叶，法国天文学家并没有完全采用日心说和开普勒的椭圆运动学说，也只是把它当作一种假设而已。法国天文学家 J. 卡西尼的《天文学基础》(Elemens d'Astronomie) 介绍了开普勒的学说，并同时介绍了颠倒的椭圆运动理论，也介绍了其父 G.D. 卡西尼的曲线运动学说以及地心学说。[1] 从当时的背景看，法国耶稣会士与法国皇家科学院科学家关系极为密切[2]，能较快（一年左右）得到欧洲的天文学著作，而法国耶稣会士和戴进贤、徐懋德等人

---

[1] 见 J. Cassini, *Elemens d'Astronomie* 第六章，1740。关于开普勒学说，1710 年、1719 年法国科学院杂志对此有过解释。

[2] Han Qi, "The Role of the French Jesuits in China and the Académie Royale des Sciences in the Development of the Seventeenth- and Eighteenth-Centuries European Science," in K. Hashimoto, C. Jami et L. Skar eds., *East Asian Science: Tradition and Beyond*. Osaka: Kansai University Press, 1995, pp.489-492.

的关系也很密切,因此他们选择当时颠倒的开普勒运动规律,是有一定背景的[1]。只要符合天象,法国天文学家经常采用不同的运动方式来说明天体现象。

《历象考成后编》在日、月食的预报上,精度大为提高,但对五星运动并没有改进,在介绍牛顿和说明月亮的运动时,也没有介绍引力概念[2],而康熙时傅圣泽早已介绍,他的这些成果没有被编入《钦若历书》和《历象考成后编》,不能不说是极大的遗憾。

除编纂《历象考成后编》之外,戴进贤还编纂了《黄道总星图》和《仪象考成》一书。《黄道总星图》雍正元年(1723)问世,是现存第一幅具有西洋风格的铜版星图,由戴进贤立法,利白明(利博明,Ferdinando Bonaventura Moggi,1684-1761)镌刻。利氏是佛罗伦萨人,身为画家和雕刻家,1721年9月来华,曾与郎世宁作过画,大部分时间在北京度过。此星图镌刻细致、精确,以黄极为中心,以外圈大圈为黄道,分南极、北极二图。现录其说明文字如下:

> 黄道南北两总星图,中心为两极,外圈为黄道,以直线分为十二宫,边列宫名,节气随之。每宫分为三十度,按度查恒星经度,以丑宫线至中心,又分九十度,为恒星纬度。但恒星之纬从无变更,其经度每年自西往东,定行五十一秒,大约积七十一年满行一度。图上有赤道分界,一在南图,从初度至一百八十度,一在北图,从一百八十度至三百六十度,每三十度虚线相交至赤道南北两极。查看赤道经度,得识恒星每日旋行一周天之数。又周天星形,自古迄今,稍有隐见不一,假如旧见,而今偏隐,又有旧隐,而今反见,光之大小亦不相等,此理即习知天文者亦难明彻。此类星形,大约隐见于天汉之内,聚集无数小星,莫可

---

[1] 实际上,傅圣泽在1715年之前已经介绍了开普勒及其后人的椭圆运动规律。
[2] 韩琦《〈历象考成后编〉的内容及其改进》,载陈美东主编《中国科学技术史·天文学卷》,北京:科学出版社,2003年,第710—714页。

纪极。两星图外，又有七政体象。太阳之面，有小黑影，亦常无定，运行二十八日满一周。太阴之面，以太阳之光，正照显明影，偏照显黑影。土星之体，仿佛卵形，亦有变更，远于赤道，其星圈所宕甚宽，近于赤道，其星圈相逼甚窄。外有排定小星五点，非大千里镜不能测视。其旋行土星之体，相近土星者为第一，大约行二日弱，第二星行三日弱，第三星行四日半强，第四星略大，行十六日，第五星行八十日，俱旋行土星一周。木星之面，常有平行暗影，外有小星四点，第一星行一日七十三刻，第二星行三日五十三刻，第三星体略大，行七日十六刻，第四星行十六日七十二刻，俱旋行木星一周。火星之面，内有无定之黑影，金水星俱借太阳之光，如月体相似，按合朔弦望以显其光。

大清雍正元年岁次癸卯，极西戴进贤立法，利白明镌。

图内有多幅插图，描绘了蛾眉相时的金星、太阳黑子、木星的条斑和四颗卫星、土星环与五颗卫星、火星的黑暗表面及月面图等现象，包括了伽利略、惠更斯、卡西尼等人的天文发现[1]，这些插图参考了意大利天文学家Francesco Brunacci（1640-1703）的星图 *Planisfero del Globo Celeste*（Roma，1687）。

第二节 会通中西：《仪象考成》的编修

一 《仪象考成》的编纂经过

乾隆九年（1744），戴进贤给乾隆上奏书，因《灵台仪象志》有解、有图、有表，但由于岁差的关系，恒星的运行已与表不

---

[1] 木星、土星及其卫星的知识在傅圣泽《历法问答》已有介绍。关于戴进贤《黄道总星图》，参见韩琦《西方铜版术的传入及其影响》，《印刷科技》（台湾）1991年第6期，第21—29页，收入《中国印刷史料选辑·装订与补遗》，北京：中国书籍出版社，1993年，第388—400页。

合；另外编纂《灵台仪象志》时，黄赤交角为23°32′，当时测得为23°29′，而书中所列表均据原来的值推算，与天象已经不合；而且当时发现星的数量不同，因此请求重修。于是经乾隆同意，由和硕庄亲王允禄负责，制造天文仪器，以观测天象。1752年，新测恒星经纬度表告成，1753年成书，乾隆帝命名为《仪象考成》。[1]

据《仪象考成》记载，乾隆十七年（1752）十一月参加人员有允禄、何国宗，考测戴进贤、刘松龄、鲍友管（Anton Gogails, Gogeisl, 1701-1771, 1738年到中国），推算明安图等。[2] 十九年闰四月，监造诸臣职名，比上述多了傅作霖，而无明安图。[3]

《仪象考成》由戴进贤奠定基础，但他于1746年去世，最后的工作主要由刘松龄在鲍友管及中国人的帮助下完成。刘松龄1738年到达澳门，12月收到乾隆同意赴京的命令[4]，次年抵京，1743年任钦天监监副，1746年继戴进贤任钦天监监正[5]，1753年赏三品食俸，1751—1762年任耶稣会视察员，是天文学家和地理学家，又是英国皇家学会通讯会员。他还亲自在南堂设立了观象台，清代学者赵翼

---

[1] 《仪象考成》有1756年乾隆序，正式刊刻当在1756年或稍后。
[2] 1753年乾隆提升刘松龄、郎世宁为三品，高慎思四品，鲍友管、傅作霖六品，应与《仪象考成》的编成有关。
[3] 高慎思也参加了鲍友管、刘松龄的观测，见A. Gaubil, *Correspondance de Pékin* (Genève, 1970), p.853, 1758年10月30日宋君荣致德利勒信。
[4] 原本打算与刘松龄同时到北京的还有擅长历算的南怀仁（Gottfried Xaver von Laimbeckhoven, 1707-1787）、擅长音乐的魏继晋（Florian Bahr, 1706-1771），因为刘松龄的到来，南怀仁没有被选作宫廷天文学家赴京。此年傅作霖也到澳门。南怀仁1735年离开维也纳，经里斯本赴华，途中经过印度卧亚，1738年8月5日抵达澳门。
[5] 关于刘松龄的档案资料，参见鞠德源《清钦天监监正刘松龄：纪念南斯拉夫天文学家刘松龄逝世二百一十周年》，《故宫博物院院刊》1985年第1期，第53—62页。乾隆十七年七月初七日，葡萄牙使节巴哲格（Francisco Xavier Pacheco de Sampaio, ?-1767）抵达澳门，并随带通晓天文的汤德徽、林德瑶（João de Seixas, 1710-1785）和擅长外科的张继贤（Inácio Francisco, 1725-1792）。朝廷派刘松龄到澳门迎取，刘松龄与郎中官柱于九月十九日启程，十一月初五日到广州，初六日启程前往澳门迎接，使节于十五日自澳门启程，二十一日到广州，二十三日下船，二十四日开行，启程赴京，汤德徽"因正音未谙，不能赴京"。巴哲格于乾隆十八年九月初二日返抵广州，初十日回澳门，并拟于十二月十一日由澳门开船回国。参见中国第一历史档案馆《耶稣会传教士刘松龄档案史料》，《历史档案》2011年第1期，第34—44页。据"中研院"历史语言研究所藏大学士陈世倌乾隆十八年四月奏折，林德瑶和张继贤于四月二十八日到京。关于巴哲格出使，参见金国平《中葡关系史地考证》，澳门：澳门基金会，2000年。

对此曾有专门记述：

> 天主堂在宣武门内，钦天监正西洋人刘松龄、高慎思等所居也。……堂之旁有观星台，列架以贮千里镜，镜以木为箭，长七八尺，中空之而嵌以玻璃，有一层者、两层者、三层者。余尝登其台，以镜视天，赤日中亦见星斗；视城外，则玉泉山宝塔近在咫尺间，砖缝亦历历可数。而玻璃之单层者，所照山河人物皆正；两层者悉倒，三层者则又正矣。[1]

刘松龄热衷于天文观测，在乾隆三十四年七月底向皇帝奏报观象台观测到长周期彗星，并用地平经纬仪测量，追踪观测二十余天，详细记录了彗星的大小、颜色和形状。[2]他经常从欧洲得到天文仪器，并请伦敦皇家学会将英国制造的带测微器的望远镜带到广州，大大提高了观测精度。[3]《仪象考成》最后成书，刘松龄最费心血。《仪象考成》包括卷首上、下（玑衡抚辰仪说卷上、卷下），恒星总纪一卷，恒星黄道经纬度表十二卷，恒星赤道经纬度表十二卷，月五星相距恒星黄赤经纬度表一卷，天汉经纬度表四卷。

二 复古思潮与玑衡抚辰仪的制作

玑衡抚辰仪在《仪象考成》中占很大篇幅，其制造经过了相当

---

[1] 赵翼《簷曝杂记》卷二，"西洋千里镜及乐器"，嘉庆湛贻堂刊本，第15页。
[2] 《天国的宝藏：教廷文物特展》，台北：台北故宫博物院，2016年，第242—245页。
[3] 刘松龄、宋君荣还被授予英国皇家学会外国会员，见宋君荣1751年10月30日致 Cromwell Mortimer 信，A. Gaubil, *Correspondance de Pékin* (Genève, 1970), pp.644-645。参见韩琦《17、18世纪欧洲和中国的科学关系：以英国皇家学会和在华耶稣会士的交流为例》，《自然辩证法通讯》1997年第3期，第47—56页。关于刘松龄的研究，参见斯坦尼斯拉夫·叶茨尼克著，周萍萍译《刘松龄：旧耶稣会在京最后一位伟大的天文学家》，上海：上海三联书店，2014年；米加主编，朱晓珂、褚龙飞译《斯洛文尼亚在中国的文化使者：刘松龄》，郑州：大象出版社，2015年。

长的过程，与当时的社会背景有密切关系。

康熙初年，南怀仁设计了六件大型天文仪器，大致仿照第谷著作制成。康熙末年，纪理安又造了地平经纬仪。到了乾隆年间，戴进贤等耶稣会士发现，南怀仁所造天文仪器，其观测精度已不能满足需要，因此倡议修《仪象考成》，并铸造玑衡抚辰仪，在正式制造以前，先设计了三辰仪。

三辰仪是玑衡抚辰仪的模型，约为后者的五分之一。[1]而三辰公晷仪是三辰仪的前身，有何国宗乾隆甲子（1744）长至所写说明书一份。[2]何国宗主持钦天监事务，负责《历象考成后编》及《仪象考成》等书的编译。"三辰公晷仪"的含义是指："此仪测日、月、星皆可以知时刻，依各省北极高度为低昂，随处皆可用。"故名。

三辰仪是在三辰公晷仪基础之上改进的。乾隆九年十一月二十六日的奏折中曾提到："现设黄道、赤道两仪，俱径六尺，座高四尺五寸，今应按其尺度制造，谨用五分之一拟制成样，恭呈御览。"三辰仪上刻有乾隆丙寅年制字样，即1746年制造，有何国宗所写说明书（乾隆丙寅十二月，即1747年初）。三辰公晷仪环架结构是西式的，而三辰仪座标环已采用传统浑仪中的双环结构，不过子午圈仍为单环。[3]

乾隆九年（1744）十月二十七日，皇帝到观象台视察。十一月允禄奏请：因"三辰公晷仪制规仿玑衡，其用广大简易，为从前所未有"，因此请求制造大仪，安放在观象台上，来进行观测。十九年（1754），又上奏曰："臣等谨按：《尚书》蔡沈注云：宋钱乐（之）作浑天仪即璇玑玉衡遗法。本朝因之，为仪三重，其在外者曰六合仪，

---

[1] 现藏故宫博物院，此外故宫还藏有三辰公晷仪，参见童燕等《玑衡抚辰仪》，《故宫博物院院刊》1987年第1期，第28—35、48页。内廷还制有月晷仪，亦有何国宗乾隆甲子（1744）长至题写说明书。乾隆九年（1744）制有看朔望入交仪，收入《皇朝礼器图式》。乾隆乙丑（1745）年制有日月晷仪。乾隆九年皇帝视察观象台与天文仪器的制造有密切关联。
[2] 乾隆戊戌年（1778）、庚子年（1780）亦制有三辰公晷仪，前者附有永瑢题写之说明书。
[3] 同上童燕等人《玑衡抚辰仪》一文。

次其内曰三辰仪，其最在内者曰四游仪。臣等从前制造三辰公晷，规仿其制……故名三辰。"[1]但当时制造大仪，省略了黄道地平二环，以免遮蔽，实际上就是玑衡遗法，而更为简明，最后由乾隆定名为玑衡抚辰仪。《仪象考成》卷首上称：

> 我皇上敬天法祖，齐政勤民，亲莅灵台，遍观仪象，以浑天制最近古，而时度信宜从今，观其会通，斯成钜典。于是用今之数目，合古之型模。御制玑衡抚辰仪，用神测候，诚唐虞之遗意，昭代之新观也。其在外者，即古之六合仪，而不用地平圈。……次其内即古之三辰仪，而不用黄道圈。……其在内者即古之四游仪。……夫羲和遗制不可考已，汉世以来，或作而不传，或传而不久，盖制器尚象若斯之难也，而稽古宜今，至我朝乃臻尽善。《易》系传云："备物致用，立成器以为天下利，莫大乎圣人"，讵不信乎？

上面所引"用今之数目，合古之型模"，显然参考了康熙的谕旨。康熙五十三年四月初五日，皇帝谕和硕诚亲王胤祉等："古历规模甚好，但其数目岁久不合。今修历书，宜依古之规模，用今之数目为善。"[2]可见，从康熙朝到乾隆朝，就历法改革而言，延续了徐光启在编修《崇祯历书》时所提出的"熔彼方之材质，入大统之型模"的策略[3]，并切实地把这种观点用于改造中国古代传统的天文仪器。

---

[1] 蔡沈注《书经集传》，上海：上海古籍出版社，1987年，第5页。
[2] 《清圣祖实录》卷二五八，北京：中华书局，1985年，第552页。这段话也被收入《圣祖仁皇帝圣训》卷五。
[3] 关于徐光启这一策略提出的背景及其在明末清初的反响的讨论，参见 Han Qi, "Astronomy, Chinese and Western: The Influence of Xu Guangqi's Views in the Early and Mid-Qing," in *Statecraft and Intellectual Renewal in Late Ming China: The Cross-Cultural Synthesis of Xu Guangqi (1562-1633)*, eds. Catherine Jami, Peter Engelfriet and Gregory Blue (Leiden: Brill, 2001), pp.360-379。

与传统浑仪相比,玑衡抚辰仪去掉了地平单环、黄道双环和二分单环的上半部,安装了望筒微孔和十字丝,观测更为精确,用途与赤道经纬仪相仿,但赤道经纬仪仅能测得天体赤道经度,而玑衡抚辰仪设有固定赤道环(天常赤道环),能和游旋赤道相互比较,容易通过换算读出天体赤道经度。[1]玑衡抚辰仪座标环架均采用传统形式,但仪器刻度、游表、调平方式仍然是西方的,因此这一仪器是中西合璧的产物,是徐光启主张的再现。[2]问题是,为什么在乾隆中期,再次出现了这种复古的倾向,其中原因何在,这里将作简单解释。

中国古代天文二十八宿中,觜与参宿最为相近,但13世纪之后,因岁差的原因,传统觜前参后的顺序颠倒过来。清初耶稣会士负责钦天监事务,从科学和宣扬西法的角度出发,在制历时采用参前觜后的顺序。但这种改动遭到支持术数的保守人士的反对,在清初社会引起较大反响。乾隆五年修成的《协纪辨方书》,即主张恢复古代的传统顺序,但未获成功。[3]乾隆年间编纂《仪象考成》时,保守人士成功地恢复了觜前参后的传统:"自古皆觜宿在前,参宿在后,其以何星作距星,史无明文。《仪象志》以参宿中三星之西一星作距星,则觜宿在后,参宿在前,今依次顺序以参宿中三星之东一星作距星,则觜前参后,与古合,亦经顺序改正。"在乾隆年间这种复古思想的影响下,通过制造传统的天文仪器,来实现古代的规制,正是玑衡抚辰仪产生的原因。在此,徐光启"熔彼方之材质,入大统之型模"的主张成为保守人士复古的指导思想。

乾隆十九年三月三十日何国宗奏疏称:《仪象考成》武英殿刊刻

---

[1] 同前童燕等人《玑衡抚辰仪》一文。
[2] 玑衡抚辰仪还被收入《皇朝礼器图式》,作为皇权的象征。
[3] 黄一农《清前期对觜、参两宿先后次序的争执:社会天文学史之一个案研究》,见杨翠华、黄一农主编《近代中国科技史论集》,台北:"中研院"近代史研究所、新竹:清华大学历史研究所出版,1991年,第71—93页。

将次竣事，而玑衡抚辰仪告成，请求编制仪说，附成全帙。允禄等奉旨于乾隆十九年闰四月成仪说，首仪制，次制法，次用法，次算法，共上下二卷，请求交武英殿刊刻。[1]

《玑衡抚辰仪说》卷上分仪制、制法，介绍仪器的各个零件的结构、用途及制造、安装方法。卷下则介绍仪器用法，即测太阳时刻、日出入时刻及昼夜永短、太阳赤道经纬度、午正太阳高弧、月星赤道经纬度，测恒星求时刻、测月五星求时刻、测月星当中及偏度、测月星出入地平时刻，以及南北真线、北极高度、黄赤距度、黄白距度的测量方法；还用具体例子介绍了各种时刻、经纬度的换算方法。

三 《仪象考成》的恒星观测和星表编制

在《仪象考成》星表编成以前，戴进贤已编成《黄道总星图》，是以黄极为中心，以外圈大圆为黄道的二幅南北恒星图。此图以直线分为十二宫，边列宫名，节气随之，星分六等，参考了南怀仁的《灵台仪象志》，但又有补充，如三角形星座就比《灵台仪象志》多"南增三""南增四"二星，后来戴进贤编纂的《仪象考成》即收录了这两颗星，看来在《仪象考成》成书之前，他已着手修订星图。

当时经实测，发现《灵台仪象志》多不合，1744年，戴进贤奏请修订，开始由他负责此事，1746年去世后，由刘松龄、鲍友管率同监员明安图等详加测算，何国宗也参与其事。"于是逐星测量，推其度数，观其形象，序其次第，著之于图，计三垣二十八宿，星名与古同者，总二百二十七座，一千三百一十九星，比《仪象志》多十八座，一百九十星，与《步天歌》为近"，对"诸星纪数之阙者补之序之，紊者正之"。戴进贤等根据天文观测，并参考了中国古星图

---

[1] 乾隆十九年，因庄亲王允禄、侍郎何国宗进呈增修仪象志恒星图表，乾隆下旨，制造包括新测恒星并增星的天球仪。

与西方星图，改正了顺序颠倒者105官445星[1]，又增加了1614星，"按其次序分注方位，以备稽考"。又近南极星23官150星，"中国所不见，悉仍西测之旧"，共计恒星300官3083星。与《步天歌》相比，星座星数凡有变化的，《仪象考成》都予列出。[2]因书内星图体制微小，另绘制了大图。[3]

由于《仪象考成》星表编制在玑衡抚辰仪完成之前，恒星的观测不可能用玑衡抚辰仪完成，因此当时所用的仪器很重要。值得注意的是，除了钦天监的观象台以外，耶稣会士也有自己的观象台。

北京宣武门天主堂是葡萄牙耶稣会士的住处，历任钦天监监正汤若望、南怀仁、纪理安、闵明我、戴进贤、刘松龄、鲍友管、傅作霖等都在此居住[4]。他们从欧洲运来各种观测仪器，如象限仪，带有测微计、望远镜的各种天文仪器等，因此能够精确地进行观测，并对钦天监进行指导。他们同时把大量的观测报告寄给欧洲的耶稣会士科学家和法国皇家科学院、英国皇家学会、俄国圣彼得堡科学院及德国、葡萄牙等地的科学家。他们与欧洲科学家联系密切，能够及时得到欧洲的科学杂志，了解欧洲天文学的最新发展，如他们及时获得了耶稣会士天文学家Grammatici的著作、哈雷的天文表、德利勒的天文著作等，为在中国进行天文观测服务，并为钦天监提供咨询，以获得皇帝的信任。现在保存下来的戴进贤、刘松龄观测记录，就是当时在南堂勤奋观测的结果，对欧洲天文学的发展作出了贡献。[5]因此《仪象考成》星表的完成，所用的仪器，也可能得到了耶稣会士的帮助。但《仪象考成》星表主要是靠折算而成的，

---

[1] 但《仪象考成》偏离传统星象的程度相当严重，见潘鼐《中国恒星观测史》，上海：学林出版社，1989年，第383页。
[2] 以上参见潘鼐《中国恒星观测史》，第379页。
[3] 宋君荣1752年信提到星表完成，但未刻。见 A. Gaubil, *Correspondance de Pékin* (Genève, 1970), p.676.
[4] A. Gaubil, *Correspondance de Pékin* (Genève, 1970), p.576.
[5] 此外居住在北堂的耶稣会士宋君荣对天文学的发展也作出了极大贡献，他并帮助了戴进贤等人在钦天监的工作，是18世纪来华耶稣会士中对天文学作出贡献最大的一位。

测量并不占很大比重。[1]

关于《仪象考成》的星表的来源，据研究参考了 Flamsteed 的星表[2]，其精度较《灵台仪象志》有很大提高，这是很有可能的，因为 1731 年，葡萄牙耶稣会士就已经得到了 Flamsteed 的著作，而且 1734 年，宋君荣也写信要求欧洲天文学家赠送英国人所著 *Historia Celestis*[3]，同时我们还发现刘松龄有使用 Flamsteed 表的记载[4]。

《仪象考成》星表的精度，较《灵台仪象志》有很大提高，使用 Flamsteed 星表是精度提高的主要因素。二十八宿距星赤道经、纬度的误差，远小于（抽样）黄道经、纬度的误差，证明《仪象考成》是根据 Flamsteed 星表的赤道坐标值归算而得的。二十八宿距星的平均误差为 34″ 或 26″，说明计算并不很精确。《仪象考成》的星名和《崇祯历书》《灵台仪象志》的系统并不一致，这是由于对传统星象没有作很好的考定。[5]

第三节　耶稣会士与朝鲜燕行使的交往

朝鲜和中国自古以来保持朝贡关系，采用中国的历法。崇祯四年，朝鲜使节郑斗源出使明朝，曾在登州与葡萄牙耶稣会士陆若汉（João Rodrigues，1561-1633）晤面，获赠西洋器物和耶稣会士翻译的天文书籍。明清之际，朝鲜从中国传入了很多西学著作，特别是耶稣会士的历算书籍，包括《几何原本》《同文算指》《天学初函》《崇祯历书》等书，涉及几何学、三角、球面三角、笔算以及筹算等计算工具。此后一直到 18 世纪末，都有朝鲜人到北京，他们和传教

---

[1] 潘鼐《中国恒星观测史》，第 380 页。
[2] 伊世同《中西对照恒星图表》，北京：科学出版社，1981 年，第 187 页。
[3] 此书即为 Flamsteed 所著，见宋君荣 1734 年 7 月 13 日致德利勒信，A. Gaubil, *Correspondance de Pékin* (Genève, 1970), p.375.
[4] 同时刘松龄还有哈雷表，而哈雷曾刊刻过 Flamsteed 的成果。
[5] 潘鼐《中国恒星观测史》，第 382—383 页。

士直接接触,把学会的科学知识带回朝鲜,为天文观测服务。

朝鲜赴清朝的燕行使扮演了重要的交流角色,"探索历法,购贸书器"是他们的主要目的,许多历算著作都是通过他们带回朝鲜。康熙四十四年冬,朝鲜派观象监官员许远到北京,向钦天监官员何君锡学习推步之术,但未学得交食推算等法,于是在四十七年冬再次到北京学习,回国后撰写了《玄象新法细草类汇》。[1]五十九年,李器之(1690—1722)到教堂拜见杜德美、白晋、殷弘绪、汤尚贤、雷孝思等法国耶稣会士,还有苏霖、张安多(António de Magalhães, 1677-1735)、麦大成、戴进贤、费隐、徐茂昇(盛)(Giacomo Filippo Simonelli, 1680-1754 或 1755)等人[2],还与钦天监夏官正邵云龙、历科博士孙尔茂有往来,并访问观象台。杜德美是康熙时代来华的最为重要的数学家,因介绍"杜氏三术",对清代数学产生了重要影响,但他在华的工作,国内流存的材料十分稀见,因此朝鲜使节有关杜德美的资料,特别是他去世之前几天的活动,弥足珍贵。李器之还记载了和杜德美弟子袁文林(太原府祁县人)的对话,袁氏提道:"杜先生最贤明,晓天文历法,肚里极明白,不幸以中风数日不起。"[3]值得注意的是,在与传教士戴进贤的谈话中,杭州人奉教天文学家、春官正孙尔蕙居间沟通,详细讨论了天文学问题。[4]同年,奏请使李颐命(1658—1722)访问了耶稣会士苏霖和戴进贤,之后还有通信,讨论天文学问题。[5]面对年年接受清廷颁历的情景,李颐命十分伤感,写下了下面一首诗:

---

[1] 林宗台《17—18世纪朝鲜天文学者的北京旅行:以金尚范和许远的事例为中心》,《自然科学史研究》2013年第4期,第446—455页。

[2] 徐茂盛曾在钦天监工作,后被派往山东传教,雍正时被遣送广州,有大量天文观测报告存世。

[3] 李器之《一庵燕记》,载《燕行录选集补遗》上册,东京:大东文化研究院,2008年,第377页。

[4] 李器之还提到"天主堂三处皆有浙江贡生,以通笔舌",也就是担任"相公"一职,为传道服务。在北堂担任"相公"的是教徒杨达,来自杭州,曾与张星曜等人合写了一部颂扬天主教的著作,名叫《钦命传教约述》。参见韩琦《张星曜与〈钦命传教约述〉》,Sino-Western Cultural Relations Journal XXII (2000), pp.1-10.

[5] 李颐命《与西洋人苏霖、戴进贤书(1720)》,《疏斋集》卷一九(第1—3页),载《韩国文集丛刊》(172),首尔:民族文化推进会,1996年,第461—462页。

>　　崇祯嗟如晋义熙，剥阳犹待复生期。人间岁月初周甲，天下衣冠久化夷。大统今成西国历，明堂谁见汉时仪。年年颁朔三韩耻，燕土逢春泪更垂。陶征士，义熙以后不书年号。皇朝用大统历，西洋人利玛窦辈入，启祯间精于历法，以大统为有差，时议欲改而未及，清改太初历，百神受纪于明堂。[1]

乾隆三十年，随谢恩使到北京的洪大容，在琉璃厂访书，还到天主堂拜访钦天监监正刘松龄、鲍友管，见到自鸣钟、望远镜、天文仪器、地图等，询问五星推步之法，还用望远镜观测，著有《刘鲍问对》。[2] 四十五年，朴趾源（1737—1805）也曾到北京，并到热河，留下了游记，记载了前辈对西学的看法，并提及洪大容又创"地转之论"（地动说）。

据朝鲜《增补文献备考》记载，英祖元年（1725），改用新修时宪七政法。之后，朝鲜历算家能够初次正确计算日月五星的交食，也能够正确地制订历法。李朝政府派遣天文历法学者到清朝，学习最新的成果，1730年和1735年传入了最新的历书。当《历象考成》修订之后，1741年，即用《历象考成》的日躔、月离表来计算太阳和月亮的运动，而五星运动则用《历象考成》的方法来计算。《历象考成后编》是1742年之后刊成的，而1741年，观象台的译官安国麟、卞重和等人到北京，多次往天主堂，与戴进贤、徐懋德等人多有交往，他们归国时带回了《日月交食表》《八线对数表》《八线表》《对数阐微表》《日月五星表》《律吕正义》《数理精蕴》《日食筹稿》

---

[1] 李颐命《次副使见新历有感韵》，《疏斋集》卷一（第20—21页），载《韩国文集丛刊》（172），第65—66页。
[2] 洪大容《湛轩书》外集卷七，《刘鲍问对》，载《韩国文集丛刊》（248），首尔：民族文化推进会，2000年，第247—250页。参见黄时鉴《朝鲜燕行录所记的北京天主堂》，载《东西交流史论稿》，上海：上海古籍出版社，1998年，第405—432页；杨雨蕾《燕行与中朝文化关系》，上海：上海辞书出版社，2011年。燕行使提到次数最多的传教士有戴进贤和刘松龄。

《月食筹稿》等书。[1] 其中《日食筹稿》《月食筹稿》，大概是《历象考成后编》的部分内容，与日躔、月离表有关。[2] 1744 年，观象台的天文学者金泰瑞，跟戴进贤学习了新的计算方法。[3] 1745 年 7 月，金泰瑞及翻译官安命说购得《历象考成后编》而归，安国麟则学习这些新成果。这样李朝学者知道了开普勒的椭圆运动理论及交食的计算方法。1742 年，朝鲜人金泰瑞、安国麟直接跟戴进贤学习，摹绘了戴进贤 1723 年的《黄道总星图》（共 300 座 3083 颗星）。[4]

朝鲜学者多去教堂拜访传教士，或与钦天监官员交往请教，有时还试图访问观象台。康熙五十二年，金昌业随其兄谢恩使金昌集访问北京期间，曾想邀中国人同往观象台参观，此人答曰："观象台即我国观天象的所在关系，足下独自往看无妨，我则不便同去。虽相亲，却有外国之分，恐有傍人是非。"[5] 他此次虽没有成行，后来在回国之前，又设法访问，并对所见仪器作了详细记述：

> 沿河北行到钦天监，遂入大门，门内有正堂，扁书：观察惟勤。东墙下有一铜器，形如鸡卵，中空，其经可四尺许，盖天像也。其腹纵横刻周天度数，又刻细字，两头有柄，此则南北两极，而置在粪壤间，似是废弃之物也。正堂东南隅则仪台，台上立人，与前日东台下有小屋，庭有一器，状如大甑，高四尺许，亦铜造，不知何器也。元建见屋中人，求上台，其人

---

[1] 韩琦《〈历象考成后编〉与〈仪象考成〉的编纂》，载陈美东《中国科学技术史·天文学卷》，第 717 页。《增补文献备考》卷一象纬考，第 7 页。

[2] 韩琦《〈历象考成后编〉与〈仪象考成〉的编纂》，载陈美东《中国科学技术史·天文学卷》，第 708—717 页。

[3] 《数理精蕴》《历象考成》《历象考成后编》刊印后，传入朝鲜，也作为范本流传。1745 年，译官安命说、金挺豪、李箕兴、皇历赍咨官金泰瑞等购得《历象考成后编》十册，并且很快在历法计算中加以应用。

[4] 全相运《韩国科学技术史》，东京：高丽书林，1978 年，第 38—40 页，现藏法住寺，共八幅天文图屏风。1834 年，金正浩木刻的《黄道北恒星图》和《黄道南恒星图》，也取自戴进贤的《黄道总星图》，南秉哲编集的《星镜》二卷二册，也收录了同样的星图。闵明我的《方星图解》也曾传入朝鲜。

[5] 《韩国汉文燕行文献选编》（十），上海：复旦大学出版社，2011 年，第 18—19 页。

曰：须有皇旨，方许上去。元建言：俺们是外国人，那里得皇旨？当与面皮，许暂登。其人曰：第当问台上人。遂上去，久待不下，念此地异于他处，不可轻上，恐或惹事，遂行。大门左右，各有廊屋，壁上有告示榜，是禁各省赴试者不得拦入，盖试院在其西边，而数日前行庆科故也。出门回望，台上南北各有浑天仪，两仪中间置一器，经纬玲珑，上下凡数层，而上尖下广，其高丈许，亦不知何器也。[1]

观象台作为测候之所，为"皇上禁地，人不敢近"，朝鲜人还曾试图贿赂监官，"登眺而归"，其后事发，监官遭到革职。康熙晚期至乾隆时期，清人文集中保留的与传教士的交往很少，韩国燕行使的记录弥补了这方面的不足，为我们提供了东亚汉字文化圈与欧洲传教士交往的更广泛的背景。

第四节　后耶稣会士时代的宫廷天文学家

耶稣会士是17、18世纪中西科学交流的重要中介，对有清一代科学的传播作出了重要贡献。康熙采取了"用其技艺"的国策，聘用擅长历算和技艺的传教士在宫廷任职。雍正初年禁教，大批传教士被逐，或遣往澳门。乾隆虽热衷欧洲艺术，但对西方科学兴趣不大。1759年、1764年，耶稣会分别在葡萄牙、法国被禁；1773年7月21日，被教皇克莱门十四世解散，1775年在中国也被取缔[2]，直至19世纪重新恢复之前，不再有耶稣会士被派往中国，因此乾隆中后期和嘉庆年间，也就是"后耶稣会士时代"，成为中西交流相对

---

[1]《韩国汉文燕行文献选编》（十），第104—106页。
[2] 1773年，即教宗解散耶稣会的那一年，耶稣会士潘廷璋（Giuseppe Panzi, 1734-1812）、李俊贤（Hubert Cousin de Méricourt, 1729-1774）到达北京，当时在华法国耶稣会士有十二名。耶稣会解散之后，仍有少数耶稣会士留在宫中服务，直到嘉庆十年耶稣会士索德超去世。

沉寂的时期。但当时还是有其他修会的传教士来到中国，并继续在钦天监任职，那么清廷对有一技之长（特别是历算）的西洋人的策略如何？受聘的西洋人身份和聘用的途径如何？下面根据档案文献，对这些问题作一初步的探讨。

顺治初年，汤若望首开在钦天监任职之先例，之后耶稣会士继续在钦天监担任监正、监副或供职，负责观测天象，编制历算著作。耶稣会被解散之后，倘无人接替钦天监职位，势必影响历算活动的继续和天主教在中国的地位。大约在乾隆二十四年（1759），清廷已形成定例，凡西洋人到澳门后，若愿意赴京效力，则由葡萄牙官员呈报海防同知；到广州后，则告知十三行行商，由行商呈报南海县，再转给督臣。乾隆三十一年九月甲戌，两广总督杨廷璋上奏乾隆，称：

> 西洋人在京效力者，其乡信往来，向系澳门夷目或在省行商雇人代为传递。嗣经奏准，严禁行商脚夫等私行代递，遇有公务，饬令夷目呈明海防同知，转详督臣，分别咨奏，原未尝阻其转达。但自定例以来，阅今六七年，未见有西洋人呈请转达奏咨之事，此系该夷等未能明白例义，中怀疑畏，自行隔越，应请嗣后西洋人来广，遇有愿进土物，及习天文医科丹青钟表等技，情愿赴京效力者，在澳门，则令其告知夷目，呈明海防同知；在省行，则令其告知行商，呈明南海县随时详报，代为具奏，请旨护送进京等语。应如所请，俾得共效悃忱，至该夷人等通达乡信之处，询问傅作霖、刘松龄等。据称，向来西洋人所有书信，在广东澳门者，俱由提塘递至京城，交与钦天监收拆。其从京城寄至广东者，亦由提塘递送等语。查该夷人等从前往来书信，俱经提塘转递，已历有年，并未见有违碍之处，似应循照旧例，交与提塘寄递，并令其在广省者，呈报海防同知及南海县查收，将原封交与该省提塘，递至京城，送钦天监转付本人。其在京夷人，亦令其将所寄书信交与提塘，递至广

省，仍由同知知县查收，将原封转寄行商夷目，该同知知县亦随时详报总督衙门，以备查核。从之。[1]

乾隆延续雍正时期的禁教政策，教案迭起。加之耶稣会在欧洲被禁直至取缔，在京传教士日少。乾隆沿用康熙"用其技艺"的策略，面对这一情况，在四十六年五月发布上谕：

> 向来西洋人有情愿赴京当差者，该督随时奏闻。近年来此等人到京者绝少，曾经传谕该督，如遇有此等西洋人情愿来京，即行奏闻，遣令赴京当差，勿为阻拒。嗣据该督覆奏，因近年并无此等呈请赴京者，是以未经奏送到京等因。但现在堂中如艾启蒙、傅作霖等，俱相继物故，所有西洋人在京者渐少，着再传谕巴延三，令其留心体察，如有该处人来粤，访问奏闻送京。[2]

为此，四十九年九月十六日，广州府海防同知多庆禀报：

> 西洋人汤士选（Alexandre de Gouvea，1751-1808）年三十二岁，谙晓天文，随带门徒二人，一名刘思永（Rodrigo della Madre di Dio），年二十三岁，亦谙晓天文；一名戴国恩，年二十七岁，谙晓绘画，该国令伊等赴京效力，遣送来广，并据汤士选自备土物，恳请代奏呈进。……廷璋奏准部覆，嗣后西洋人来广，遇有愿进土物及习天文医科丹青钟表等技赴京效力者，在澳门则令呈明海防同知，在省则令呈明南海县，随时详报总督衙门，代为具奏，护送进京。[3]

---

[1]《清高宗实录》卷七六八，第5页。
[2]《清高宗实录》卷一一三〇，第9—10页。
[3] 广东巡抚孙士毅乾隆四十九年九月十六日奏折，朱批奏折，档案号04-01-14-0044-048，中国第一历史档案馆藏。罗广祥也于乾隆四十九年进京。

汤士选为葡萄牙方济各会传教士，到达北京之后在钦天监任职（担任监正），他请求葡萄牙国王增派其他修会的传教士，国王将此任务交给了遣使会。[1]同时，法王路易十六出于传教和政治的考虑，希望遣使会代替耶稣会，以保存法国的传教事业，1783年12月得到传信部的公文，由遣使会接替耶稣会在华的事业。为此，遣使会挑选了熟悉科学和工艺的人，委派罗广祥（Nicolas-Joseph Raux，1754—1801）为会长，在离开法国的最后一年，学习天文和地理，听过著名天文学家拉朗德（Jérome Lalande，1732—1807）的课，以便接续耶稣会的事业，通过科学在朝廷服务，来保护天主教。此外，他对植物学也有研究。1784年3月20日，遣使会士罗广祥、吉德明（冀若望，Jean-Joseph Ghislain，1751—1812）、巴茂正（巴加禄，Charles Paris，1738—1804）离开法国，8月23日到达澳门对面，为避免葡萄牙当局所扰，没有下船，到广东登岸。1785年2月7日离开广东，4月29日抵达北京，住居北堂，接管耶稣会，罗广祥在钦天监工作。吉德明来前也温习了数学，曾上了实验物理课，还听过马凯（Pierre-Joseph Macquer，1718—1784）的课，精通机械，研究过灭火机、电力和气球，应清廷之请，本来可以入钦天监，后让给葡萄牙籍遣使会士；巴茂正则是钟表匠出身。

乾隆四十九年，皇帝上谕："到京西洋人已敷当差，嗣后可毋庸选派，俟将来人少需用之时，另行听候谕旨。钦此。"[2]五十七

---

[1] 汤士选1782年任北京教区主教。乾隆五十年，钦天监西洋人那永福、叶宗孝（Eusebio da Cittadella，1716—1785），还有钱德明（Jean-Joseph-Marie Amiot，1718—1793），参加了宫廷的活动，并有诗歌进呈，见《钦定千叟宴诗》卷二五。五十五年（1790），乾隆八十大寿，曾举行盛大庆典，在京的西洋人监正、监副，以及各教堂的供职人员都受邀参加，其中包括葡萄牙人安国宁、索德超、汤士选、张继贤、刘思永，法国人赵进修（François Bourgeois，1723—1792）、钱德明、潘廷璋、贺清泰（Louis de Poirot，1735—1813）、罗广祥、吉德明、巴茂兴（正），意大利人德天赐（Adeodato da Santo Agostino）、罗继洲（Romuald Koscieski，?—1799）、高临渊（Emanuele Conforti）、彦思莫（颜诗莫，Anselmo da Santa Margherita）、麦守德（Nicolas a Piticchio，?—1791）等人，见《八旬万寿盛典》卷五二。乾隆三十二年十二月十三日李侍尧奏请西洋人赵进修、金济时能晓天文算法，雕刻工作，情愿进京效力，此年奉旨进京。

[2] 刘芳辑，章文钦校《葡萄牙东波塔档案馆藏清代澳门中文档案汇编》（下册），澳门：澳门基金会，1999年，第533页。

年,"西洋人窦云山、慕王化（João Pinto Gomes）,又五十八年西洋人安纳（韩纳庆,Robert Hanna,1762-1797）、拉弥额特（南弥德,Louis-François-Marie Lamiot,1767-1831）等情愿赴京效力[1],均经奏奉谕旨,遵令伴送进京当差等因,钦遵在案"。

据一份档案材料显示,乾隆时在京各天主堂的传教士的人名有:

1. 宣武门内天主堂西洋人（系南堂）:刘松龄,钦天监监正（病故）;傅作霖,钦天监监副;鲍友管,钦天监监副（病故）;魏继晋,素习律吕（病故）;索德超,熟谙内外科;高慎思,素习天文舆图。

2. 西安门内蚕池口内天主堂西洋人（系北堂）:蒋友仁熟谙天文舆图,在圆明园御花园水法上行走（三十九年九月二十日病故）;钱德明素习律吕,在内阁蒙古堂翻译哦啰嗦腦定诺文;方守义（Jacques-François-Dieudonné d'Ollières,1722-1780）熟谙天文,在内阁蒙古堂翻译哦啰嗦腦定诺文（四十五年十一月二十九日病故）;韩国英熟谙水法（病故）;汪达洪在如意馆钟表上行走;巴新熟谙外科（病故）;赵进修素习天文;金济时素习天文水法;严守志（Pierre Vaquier de la Baume,1733-1770）素习天文水法（病故）;梁栋材（Jean-Baptiste-Joseph de Grammont,1736-1812?）素习天文水法,兼习律吕[2];李俊贤熟精钟表,在如意馆行走（病故）;潘廷章善画喜容人物山水,在如意馆行走;贺清泰善画山水人物,在如意馆行走。

3. 东安门外乾鱼胡同天主堂西洋人（系东堂）:艾启蒙素习丹青,在如意馆行走（病故）;高慎思素习天文舆图;林德瑶素习天

---

[1] 南弥德,法国遣使会士,精通科学,1791年（乾隆五十六年）4月10日离开法国,10月15日抵澳门,葡萄牙人不准进京,在澳门等候,后通过罗广祥的斡旋,获准于1794年（乾隆五十九年）6月30日与韩纳庆抵京,在朝廷任翻译之职,嘉庆十七年任北堂会长,二十四年被逐至澳门,道光十一年卒于澳门。韩纳庆也精通天文,协助罗广祥在钦天监工作。南弥德、韩纳庆抵达北京后,北堂有八位神父,五名遣使会士,三名耶稣会士。参见明晓艳、魏扬波主编《历史遗踪:正福寺天主教墓地》,北京:文物出版社,2007年。

[2] 严守志、梁栋材于乾隆三十三年到广州,由十三行商人潘同文推荐到宫廷,次年得到皇帝的批准。

文；张继贤素习外科；安国宁（André Rodrigues，1729-1796）素习天文。

4. 西直门内天主堂西洋人：安德义素习丹青，在如意馆行走；叶宗孝素习内科；相秉仁素习天文。

5. 海甸杨家井西洋人。

6. 西堂：那永福素习律吕；李衡良在如意馆钟表上行走。[1]

嘉庆皇帝继位之后，不仅禁教更为严厉，且对西方历算、艺术一无所好，故而到了嘉庆年间，来华传教士更少。嘉庆五年七月二十七日，两广总督觉罗吉庆、署广东巡抚瑚图礼上奏，提到七月初五日澳门夷目禀称："有本国西洋人福文高（Domingos-Joaquim Ferreira，1758-1824），年四十五岁；李拱宸（李拱辰，José Ribeiro-Nunes，1767-1826），年三十三岁；毕学源（Gaetano Pirès Pereira，1763-1838），年三十一岁，三人俱谙晓天文，该国王令其赴京效力。""今福文高、李拱宸、毕学源三名谙晓推算天文，该国王令其赴京当差，情殷效力，可否准其进京之处，恭候谕旨遵行。"[2] 嘉庆皇帝并没有马上答复，次年下旨："现在钦天监推算天文虽不乏人，但福文高等既已远涉重洋，前抵粤省，亦未便仍令归国，着吉庆将西洋人福文高、李拱宸、毕学源三人照例伴送来京效力。"[3] 因毕学源腿疾[4]，福文高、李拱宸先行进京[5]。嘉庆六年，严禁西洋人潜住内地，在京师任职的传教士只有七人，在钦天监工作的三人，西学的传入则更趋衰落。据《清仁宗实录》记载：

---

[1] 中国第一历史档案馆编《清中前期西洋天主教在华活动档案史料》第四册，北京：中华书局，2003年，第478—481页。
[2] 朱批奏折，档案号04-01-12-0257-110，中国第一历史档案馆藏。
[3] 广东巡抚瑚图礼奏折，朱批奏折，档案号04-01-01-0483-020，中国第一历史档案馆藏。
[4] 嘉庆九年（1804）毕学源与高守谦始进京。
[5] 福文高、李拱宸曾任澳门圣若瑟修院的教授，由汤士选主教召至北京，入住东堂，1812年东堂大火，移居南堂。罗广祥住在北堂。参见高智瑜、马爱德主编《虽逝犹存：栅栏——北京最古老的天主教墓地》，澳门特别行政区政府文化局、美国旧金山大学利玛窦研究所，2001年，第54页。

谕内阁：西洋人住居京师，原因其谙习算法，可以推步天文，备钦天监职官之选。昨据管理西洋堂务大臣查明，在京者共十一人，除福文高、李拱辰、高守谦（Verissimo Monteiro da Serra，1776-1852）三人现任钦天监监正、监副，南弥德在内阁充当翻译差使，又毕学源一人通晓算法，留备叙补，贺清泰、吉德明二人均年老多病，不能归国，此外学艺未精之高临渊等四人俱已饬令回国，现在西洋人之留京者只有七人，此七人中其有官职差使者，出入往来，俱有在官人役随地稽查，不能与旗民人等私相交接。其老病者，不过听其终老，不准擅出西洋堂，外人亦不准擅入。管理大臣及官员弁兵巡逻严密，谅不至听有传教惑众之事。至外省地方，本无需用西洋人之处，即不应有西洋人在境潜住，从前外省拿获习教人犯，每称传播始于京师，今京师已按名稽核彻底清厘。若外省再有传习此教者，必系另有西洋人在彼煽惑，地方匪徒私自容留，不可不加之厉禁，除广东省向有西洋人来往贸易，其居住之处应留心管束，勿任私行传教，有不遵禁令者即按例惩治外，其余各直省着该督抚等饬属通行详查。如现有西洋人在境，及续有西洋人潜来者，均令地方官即行查拿具报，一面奏闻，一面递交广东遣令归国，如地方官查办不力，致令传教惑众，照新定条例，严参重处。若内地民人私习其教，复影射传惑者，着地方官一律查拏，按律治罪，将此通谕知之。[1]

乾隆朝之前在钦天监任职的传教士都由葡萄牙当局决定，由于保教权的关系，葡萄牙、法国一直存在矛盾，因此没有一位法国传教士在钦天监担任职位。乾隆末年之后，英国人在华势力日益增强，引起了葡萄牙的警觉。嘉庆七年，索德超、汤士选上书清廷，对英

---

[1]《清仁宗实录》卷二四六，嘉庆十六年七月，北京：中华书局，1986年，第325—326页。

舰到达澳门甚为担忧，认为英国"在西洋素号谲诈，近数十年来常怀蚕食之志，往往外假经商之名遂其私计"。提请清廷多加防范。嘉庆年间，英国数学家万宁（Thomas Manning, 1772-1840）在广州学汉语，具呈粤海关官员，"精通天文医学两样，情愿赴京效力"，想得到两广总督的许可，到朝廷工作，但没有成功，这或许出于葡萄牙人的嫉妒和阻挠。万宁毕业于剑桥大学，擅长数学，写有代数学著作，曾在巴黎学习汉语和医学，他是第一位到西藏的英国人。

乾隆末期由遣使会士接管耶稣会在北堂的财产，并在钦天监担任职位。继耶稣会士汤若望、南怀仁、闵明我、徐日昇、安多、庞嘉宾、纪理安、戴进贤、徐懋德、刘松龄、鲍友管、傅作霖、高慎思、安国宁、索德超之后[1]，方济各会士汤士选，遣使会士罗广祥、福文高、李拱宸、高守谦、毕学源等人担任钦天监监正、监副一职[2]。到了道光六年（1826），随着高守谦的回国[3]，朝廷对西方科学毫无兴趣，传教士完全退出宫廷，西学传入进入相对停滞的状态。[4]一直到鸦片战争之后，西学才在列强的坚船利炮下重新大规模输入，从而使国人再次接触到欧洲近代科学。

《仪象考成续编》在道光二十四年成书，此时是中西科学交流相对沉寂的时代，是鸦片战争之后西学大规模传入前的过渡时期。《仪象考成续编》的重要工作是发现黄赤交角逐渐变小的规律

---

[1] 安国宁、索德超由刘松龄推荐来京，乾隆二十四年正月二十六日从澳门启程，二月初二日到广州，5月23日到达北京。索德超是担任监正的最后一位耶稣会士，嘉庆四年十二月奉旨与阮元管理国子监算学。除耶稣会士之外，方济各会士康和之（Carlo Orazi da Castorano, 1673-1755）雍正二年至十一年在钦天监服务，但没有担任职位。
[2] 除了上面提到的耶稣会士以外，朝鲜人和钦天监官员索德超、汤士选、福文高、李拱宸、高守谦等人也有往来，参见葛兆光《邻居家里的陌生人：清中叶朝鲜使者眼中北京的西洋传教士》，《中国文化研究》2006年夏之卷，第1—11页。高守谦嘉庆八年（1803）六月抵澳门，九年二月与毕学源自广州启程赴京，1804年10月抵京。
[3] 《清宣宗实录》卷一○五，道光六年九月上，北京：中华书局，1986年，第739页；卷一○六，道光六年九月下，第749页。左监副高守谦请假回西洋，后右监副毕学源也请求与高守谦一起回国，但未能成行，1838年卒于北京，由俄国人安葬。同年九月十四日，李拱宸卒。
[4] 1805年，有两位遣使会士熟悉天文、钟表，能种天花，由广州进京遇到困难。

("黄赤大距为古远而今近"),经过多年测量,得黄赤交角为23°27′,据此对恒星表进行了重修,新增许多恒星,在恒星观测诸方面作出了许多贡献。[1] 恒星观测很可能依据了当时传入的天文仪器,特别是望远镜。当时传教士已不再在钦天监任职,具体的观测和编修工作由中国人自己完成[2],但这种探索已远远落后于同时代欧洲科学的发展。至于是否参考了欧洲新的天文星图,是否有前期传教士留下来的手稿?这是值得我们考虑的问题。对这段沉寂时期的中西交往史,无论是中文史料,还是西方的记载,都仍有待深入挖掘。

---

[1] 韩琦《〈仪象考成续编〉》,载《中国古代天文学的转轨与近代天文学》,北京:中国科学技术出版社,2009年,第191—193页。
[2] 嘉庆、道光时,汪莱、罗士琳、陈杰等人在京师从事历算工作(或在钦天监,或在算学馆),但这一时期的历算工作并没有太多的创新。

结　语

　　有清一代科学传播的主体是传教士，道光之前以耶稣会士等天主教传教士为主，之后则多是新教传教士。道光之前，科学的传播主要集中在宫廷，由清廷主导，皇帝躬自过问，皇子、亲王和满族官员负责钦天监事务。道光至咸丰年间，科学的传播则集中在沿海港口，从东南亚转至澳门、香港、广州，后北上宁波、上海等地，在民间传播，以《谈天》的翻译出版为标志，近代科学开始系统传入中国。之后，西学的传入呈现多样化的特点，清廷通过洋务运动，成立江南制造局，主动聘请翻译人员，大规模翻译西书。

　　天文历法是皇权的象征，素为帝王所重视。清代传教士之所以得到重用，也是通过历算的一技之长，成功掌控钦天监达一百八十余年之久。清代天文学的传入大致可分为以下几个阶段：（1）顺治朝至康熙二十七年（南怀仁去世和法国"国王数学家"来华）；（2）康熙二十七年至康熙末年；（3）雍正朝至乾隆朝；（4）嘉庆朝至道光朝；（6）咸丰朝至清末。

　　顺治朝主要承袭了明代的《崇祯历书》，汤若望在此基础上时有修正，修订工作延续到康熙初年。康熙朝是中西科学交流最为频繁的时期，康熙七、八年，南怀仁通过日影和金星、水星的观测，最后击败杨光先、吴明炫，取得了胜利，重新树立了西洋历法的主导地位。但南怀仁仍沿袭第谷的宇宙体系，除铸炮、舆图知识之外，传授的新知有限，而当时欧洲科学的发展已日新月异。

　　法国"国王数学家"来华，开启了中西交流的新时代。1700 年前后，传教士分批进入京师，为朝廷效力。在康熙和皇三子的主导下，新知识大量传入，不仅有哥白尼、开普勒学说，还有卡西尼、腊羲尔的新观测结果，大量科学仪器也随之传入，玻璃、珐琅等技艺也在宫廷得到仿制。

雍正元年，因禁教令的发布，传教士来华大受限制。为满足日月食预测的需要，戴进贤及时引进了以牛顿月球理论为基础的天文表。乾隆时期，蒋友仁传入了哥白尼学说，对后世学者产生了一定影响。总体而言，雍正乾隆朝中国和欧洲科学的差距逐渐拉大，嘉庆、道光年间，则只有一些零星的天文学知识通过贸易和传教在沿海口岸传播。

科学近代化是中国科学史上的重要话题，明末以来耶稣会士来华，传入了西方科学，这本是科学发展极好的机会，但中国为什么没能抓住这个契机，完成近代化的道路？哪些因素阻碍了科学的传播？

《崇祯历书》的编纂，是对西方科学的积极回应。但是，清初由杨光先挑起的反教案造成学习西学的热潮陡然降温，明末乃至顺治初年传教士和文人密切互动、饮酒唱和的融洽氛围也随之云散。教案之后，文人噤若寒蝉，不敢和传教士交往，即使偶有交往，也很少载诸文字。翻开康熙时代诗文集，与传教士唱和之士人屈指可数，也就不足为怪了。南怀仁即使在教案之后重获康熙皇帝的信任，但与汤若望和文人热络的接触相比，已不可同日而语。这种强烈的反差，无疑是反教案的后遗症，其影响十分深远，严重阻碍了科学的交流和发展。

反教案之后，由于康熙对科学的兴趣，传教士重新受到信任和重用。1692年，康熙发布容教谕旨，令传教士欣喜万分，由此进入传教的黄金时代。

1688年，法国耶稣会士受路易十四派遣来华，由于有法国皇家科学院的支持，为康熙时代的科学传播和科学近代化提供了绝佳契机，这个时期正是欧洲科学革命的黄金时代，出现了牛顿等科学的伟人。路易十四是当时世界上最强有力的君主,他主动和康熙通信[1],想建立联系;相反,康熙碍于面子,并未主动和法王发生官方的来往。当时不仅有法国想跟中国建立关系,连德国数学家莱布尼茨也想与康熙沟通。法国耶稣会士来华后,两国确实发生了许多科学方面的接触。当时聚集了一批精通历算的传教士,在宫廷服务,可谓人才济济。同时,法国耶稣会士和皇家科学院联系密切,能及时得到欧洲的最新书刊和仪器,并同时得到科学院科学家的指导。在传教士的帮助下,皇家科学院的活动在中国也得到了实施,在某种程度上康熙时代的大地测量也可以说是皇家科学院测量活动的一部分,是被"卷入"的科学工程。

遗憾的是,由于康熙对知识的掌控,许多科学新知只是局限在宫廷流传,未能及时刊印和普及,影响了科学在中国的传播,其背后的因素十分复杂。首先,"礼仪之争"改变了晚年康熙对传教士的观感,作为皇帝,他一心想以朝廷之力来编纂历算书籍,以达到造就人才、摆脱西洋人控制之目的。[2]这也是当时设立蒙养斋算学馆,投入大量人力、物力的重要原因。其次,葡萄牙派耶稣会士和法国耶稣会士从一开始就有矛盾,明争暗斗。在钦天监任职的主要是葡萄牙派的耶稣会士,与欧洲的科学交往相对较少,同时比较保守,使得哥白尼学说未能较早传播。当时传进来的新知基本上关涉日月食的计算,因为这些知识对皇权来说非常重要,如果发生日食、月食,需要救护,皇帝则应自省,所以预测必须准确。另外,还有很多实用知识被介绍进来,如卡西尼的木卫表,但是未能刊印,传教士带来的西方科学并未完全被中国人所接受,令人遗憾。诸多因素综合的结果,使得康熙时代未能达成科学近代化的目标。

---

[1] 关于路易十四给康熙的信,参见杜石然、韩琦《17、18世纪法国耶稣会士对中国科学的贡献》,《科学对社会的影响》1993年第3期,第55—64页。
[2] 韩琦《"自立"精神与历算活动:康乾之际文人对西学态度之改变及其背景》,《自然科学史研究》2002年第3期,第210—221页。

从科学发展的角度评价康熙，因素十分复杂。他确实把一些西方新知传了进来，对18、19世纪中国科学的发展产生了重要作用；但他的作用非常有限，在很多场合，康熙只是把科学作为控制汉人的手段，而且一些科学新知翻译后，要等二三十年才能出版，如《几何原本》在1690年左右已经译成，但直到1722年才出版。如果早一点刊刻，并加以普及，情况会完全不同。从传教士的信件里可以看出，康熙实际上并不想把在宫廷里传播的科学内容让汉人及时知道。康熙曾把安多叫到宫里翻译代数学著作，并叮嘱他翻译好以后不要给别人讲，由此看出康熙实际上是想"留一手"，并不想把传进来的东西及时传授给大众。其目的是自己掌握后，可在满汉大臣和士人面前炫耀，以提高自己作为满族君主的权威。总的来说，康熙一方面促进了科学的部分传播，一方面也阻碍了科学的及时传播。

除此以外，康熙时代流行"西学中源"的观点，认为西学的很多东西是从中国传去的。这种看法后来与白晋的《易经》研究相关——让康熙有这种想法的重要原因是，白晋发现《易经》与二进制和莱布尼茨的研究相似，从而使康熙产生了《易经》包含所有数学原理的想法。"西学中源"说固然为学习西学找到合法借口，但在实际中却妨碍了科学在中国的传播，助长了国人的盲目自大。

科学的近代化关乎传播和接受两方面。一方面，耶稣会士来华的使命是传播福音，把天主教义介绍给中国人，传播科学并非他们的本意。耶稣会士杜德美在一封信中回顾了在华十三年的生活："仅仅作为一个工匠，为皇帝服务，有时制造钟表，有时测量长城，有时教授数学，而没有做一点实际的传教工作。"虽然服务于宫廷，杜德美觉得没能为教会做点工作，感到非常遗憾。后来，他不愿担任宫廷的数学工作，原因大概也在于此。传教士碍于教会的禁令，也不敢公然传播哥白尼学说。另一方面，接受方对西学的态度如何也影响了科学的传播。首先，作为皇帝，康熙的态度最为重要。虽然传教士介绍了许多科学新知，但由于康熙未能理解，妄加褒贬，最后未能刊刻，只在宫廷流传。康熙时代的科学活动，可谓轰轰烈烈了一阵，但最后却以偃旗息鼓而告终。导致这一悲剧的重要原因是，算学馆只是临时性的机构，历算书籍编竣即被撤销。雍正继位之后，施行禁教政策，加之权力斗争的残酷无情，科学活动的组织者、受过安多教育、精于西学的诚亲王（皇三子）胤祉受到了雍正帝的冷落，被打入冷宫，不再受重用，其地位也被允禄所代替，蒙养斋算学馆最后也不了了之。总之，雍正皇帝对科学很不热心，科学活动不再受到重视，科学著作也未能广泛流传和普及，影响了欧洲近代科学在中国的传播。

乾隆年间继续奉行禁教政策，乾隆皇帝更加关心欧洲艺术，加之来华的耶稣会士科学水平有所下降，他们和欧洲科学界的来往也相对减少，传入的西方科学内容也十分有限。大臣和文人对待西学的态度也颇为关键，在乾隆时代复古思潮的阴影下，在禁教的氛围中，变得愈加保守，从而导致对西学的排斥和抵制，徐光启"熔彼方之材质，入大统之型模"的主张也再次得到重视。接受和抗拒西学的张力，时时在接触西学的士大夫身上显现。遗憾的是，徐光启提出的"欲求超胜，必须会通"的目标和主张，在康乾盛世并没有达成，反而被突飞猛进的西方科学远远地抛在后边。

1793年，英国使节马戛尔尼来华，虽然带来了许多天文仪器，但由于中英双方对仪器态度的差异，并不能使中国人认清西方科学发展的态势。[1] 一直到鸦片战争之后，西学才在船坚炮利下大规模输入，从而使中国人再次接触到欧洲近代科学。

以往有学者认为，耶稣会士传播的科学是过时的、落后的观点，这种评价显然过于简单化，这从康熙时代耶稣会士所传授的天文学中就可见一斑。在近代科学的进程中，在华耶稣会士的贡献是多方

---

[1] 韩琦《礼物、仪器与皇帝：马戛尔尼使团来华的科学使命及其失败》，《科学文化评论》2005年第5期，第11—18页。

面的，他们不仅向中国人传授了欧洲的天文学，就天文学观测而言，也作出了无可替代的卓越贡献。耶稣会士中有多人擅长天文观测，如洪若、安多、卫方济、戴进贤、徐茂盛、宋君荣、刘松龄、鲍友管、安国宁等人[1]，他们的许多观测报告由他们的耶稣会士同事和欧洲天文学家整理发表。在法国皇家科学院的刊物和英国皇家学会的《哲学汇刊》上刊载的在华耶稣会士报告多为日月食、木卫、彗星、水星凌日的报告。木卫食掩的观测有助于帮助决定经度，从而为绘制地图提供精确数据。彗星的观测对计算轨道也很有帮助。英国皇家学会和法国皇家科学院作为17、18世纪的科学机构，刊发耶稣会士在华的科学观测报告，促进了欧洲科学的发展，这也展示了17、18世纪中西交流的一个重要方面。此外，宋君荣从上古史、年代学等方面研究中国天文学史，并对众多天象记录加以研究，改变了18、19世纪欧洲人的中国科学观，其成果至今仍有很重要的学术价值。[2]

传教士在历算方面的贡献及其在绘画、钟表、建筑、医学、玻璃、珐琅工艺诸方面的服务，能迎合皇帝之所好。他们不忘传教使命，以科学和艺术的名义，为天主教事业而工作，天文学成为通达皇帝的工具，维系了天主教在禁教期的艰难发展，使得近三百年的中西交往得以持续。清代科学发展之路不仅关乎中西的互动，关乎天主与天子，也关乎庙堂和山野，关乎士人与民众，是两个多世纪中各种因素错综复杂的结果，还有许多问题值得深思，值得进一步探究。

---

[1] 卫方济1687年被派至江南传教，作了许多天文观测，保存至今。
[2] 韩琦《中国科学技术的西传及其影响（1582—1793）》，石家庄：河北人民出版社，1999年，第73—80页。

附录一 傅汎际、李之藻译《寰有诠》及其相关问题

耶稣会士傅汎际（Francisco Furtado，1589-1653）是西学东渐的重要人物，在到达杭州后，他和明末士人、官员，被誉为天主教三大柱石之一的天主教徒李之藻合作，将亚里士多德的著作翻译成中文，1628年，宇宙论著作《寰有诠》刊刻。[1]这是亚里士多德自然哲学著作在中国的第一个译本，基于葡萄牙科因布拉耶稣会学院的教科书，即亚里士多德《论天》（De Caelo）的评注本。《寰有诠》不仅仅是科因布拉学院教科书的翻译，通过比较中文译本和拉丁文教材，本文将从更广泛的语境下分析译者关于宇宙论的观点，也就是分析傅汎际如何调和亚里士多德宇宙论和新的天文观测，同时将简要分析此书在晚明和清初的影响。[2]

---

[1] 笔者使用的《寰有诠》保存于巴黎法国国家图书馆（BnF, Chinois 3384）。中国国家图书馆也藏有一本，但不全。华东师范大学亦藏。中山茂教授曾指出，巴黎和北京藏本不同，巴黎本晚于北京本，参见他的文章《关于耶稣会士的贡献及评价》（日文）。

[2] H. Verhaeren, "Aristote en Chine," *Bulletin Catholique de Pékin* 22 (1935), pp.417-429. 方豪《李之藻研究》（台北：商务印书馆，1966年）详细研究了李之藻科学活动的背景和他翻译的亚里士多德著作。石云里《〈寰有诠〉研究》（中国科技大学硕士学位论文，1988）详细研究了《寰有诠》的神学观点及其和亚里士多德《论天》（De Coelo）的关系，及其对揭暄的影响。Han Qi, "F. Furtado (1587-1653) S.J. and His Chinese Translation of Aristotle's Cosmology," in *História das Ciências Matemáticas: Portugal e o Oriente* (*History of Mathematical Sciences: Portugal and East Asia*) (Fundação Oriente, 2000, pp.169-179) 简要比较了《寰有诠》及其拉丁文底本，通过比较两种文本，以揭示《寰有诠》中所添入的神学观点；韩琦《傅汎际、李之藻译〈寰有诠〉及其相关问题》，《西学东渐研究》（第五辑），北京：商务印书馆，2015年，第224—234页。参见冯锦荣《明末清初知识分子对亚里士多德自然哲学的研究》，载吴嘉丽、周湘华主编《世界华人科学史学术研讨会论文集》，淡江大学历史学系、化学系，2001年，第379—387页；桥本敬造《李之藻・傅汎際同譯〈寰有詮〉序說》，《関西大学東西学術研究所紀要》第38号，2005，第79—95页。

一 傅汎际和李之藻:《寰有诠》的译者

傅汎际生于葡萄牙 Fayal 岛,1608 年加入耶稣会[1],在科因布拉学院学习哲学和神学。当时,来自 Douai 的耶稣会士金尼阁(Nicolas Trigault,1577-1628)从中国回到欧洲,招募更多耶稣会士到中国。1618 年,傅汎际和著名耶稣会士科学家邓玉函、汤若望一起来到中国,一年之后到达澳门。不久他被派到浙江,在杭州遇到了李之藻,两人合作多年,将亚里士多德的著作译成中文。[2]他在杭州停留了一段时间,在 1630 年李之藻去世后仍在那里。[3]1635 年到 1641 年间,担任耶稣会中国副省会长,1653 年在澳门去世。

李之藻 1565 年生于杭州,1601 年在北京见到利玛窦。年轻时对制图学很感兴趣,当利玛窦给他看《坤舆万国全图》时,便急于刊刻。由于和耶稣会士接触,深受影响,于 1610 年由利玛窦施洗。后来,他对西学愈感兴趣,和耶稣会士合作超过二十年。利玛窦对他有很高评价,说他聪慧,对西学有很好的领悟力。1629 年,他被徐光启推荐到北京,编纂《崇祯历书》,次年在那里过世。

1623 年,李之藻结束官宦生涯,回到故乡,和傅汎际一起翻译西书。他在自序中写道:

> 余自癸亥归田,即从修士傅公汎际结庐湖上,形神并式,研论本始,每举一义,辄幸得未曾有,心眼为开,遂忘年力之迈,矢佐翻译,诚不忍当吾世失之。而惟是文言夐绝,喉转棘生,屡因苦难阁笔,乃先就诸有形之类,摘取形天土水气火所

---

[1] 关于傅汎际,参见 Louis Pfister, *Notices biographiques et bibliographiques sur les Jésuites de l'ancienne mission de Chine*. Shanghai, 1932-34, 2 vols; J. Dehergne, *Répertoire des Jésuites de Chine de 1552 à 1800* (Rome: Institutum Historicum, 1973), p.103。
[2] 根据《寰有诠》,亚里士多德的大多数著作于 1623—1628 年翻译。
[3] 据徐昌治《破邪集》卷七,1635 年,一个和尚在杭州想和傅汎际争论天主和佛教教义的不同观点。

名五大有者而创译焉。

　　1625年,《寰有诠》翻译完成,1628年秋,予以刊刻。几年后《名理探》问世,此书在亚里士多德逻辑学、范畴论基础上翻译而成,根据的是科因布拉学院的教科书。[1]

　　明末传教士所传入的内容和翻译的著作,多根据他们来华前所获取的知识,其中包括一些教材,如罗马学院和科因布拉学院的教材。在罗马学院的课程中,除了数学、几何和天文学科目以外,还包括:第一年,逻辑学,涵盖 Categories 和 Posterior Analytics; 第二年, Physics 和 De caelo, De Generatione 的第一部和 Meteorology; 第三年, De Generatione 的第二部和 De anima, 以及 Metaphysics 的选集。

　　《寰有诠》译自科因布拉教科书[2],内容包括亚里士多德《论天》(De Caelo)及其后世学者的评注。葡萄牙耶稣会士曾德昭(Alvarez Semedo, 1586-1658)生动描写了李之藻研究西学的情形,并在其《中国史》中提到了翻译亚里士多德宇宙论之事:

---

[1] 他翻译了大约十本西方科学书籍,两本和傅汎际合译。关于《名理探》的翻译,见 R. Wardy, "Chinese Whispers," *Proceedings of the Cambridge Philological Society* 38 (1992), pp.149-170; *Aristotle in China: Language, Categories and Translation*. Cambridge: Cambridge University Press, 2000。关于亚里士多德逻辑学在中国的传播,参见顾有信(Joachim Kurtz), *The Discovery of Chinese Logic*. Leiden/Boston: Brill, 2011。

[2] 标题是 *Commentarii Collegii Conimbricensis, Societatis Iesv: In Qvatvor Libros De Coelo... Aristotelis Stagiritae* (1592). 科因布拉学院关于亚里士多德主要著作的评注,是由该学院的耶稣会士在1592年和1598年准备的。此计划由 Pedro da Fonseca 发端,不过,肯定的是 Manuel de Gois (1543-1597) 是主要作者。其他作者是 Baltazar Alvares (1560-1630), Cosme de Magalhães (1551-1624) 和 Sebastiao do Couto (1567-1639)。*De Caelo* 的科因布拉学院文本首次在1592年印刷。本文所使用的版本是 *Commentarii Collegii Conimbricensis, Societatis Iesv, in Quatvor Libros De Coelo. Meteorologicos & Parua Naturalia, Aristotelis Stagiritae*. Lvgdvni, 1616, 并参考 Cologne 本。关于科因布拉教科书,参见 *The Cambridge History of Renaissance Philosophy* edited by Charles B. Schmitt et. al., (Cambridge: Cambridge University Press, 1990)。参见 Han Qi, "F. Furtado (1587-1653) S.J. and His Chinese Translation of Aristotle's Cosmology," in *História das Ciências Matemáticas: Portugal e o Oriente* (History of Mathematical Sciences: Portugal and East Asia) (Fundação Oriente, 2000), pp.169-179。

他曾经学习了我们算学的所有规则，掌握了这门学科的所有微妙之处，他还曾就此撰写了七卷专著。他尤其精通所有关于球体的知识，对于天体运动的认识更是登峰造极。他曾部分翻译了亚里士多德在此领域的著作，以及科因布拉课程里相关主题的所有问题；并且他还是一位精细入微的逻辑学家，从他身后留下有待付梓的二十卷著作即可见一斑。……但他鄙视另外很多人对于我们欧洲的种种好奇，他最大的愉悦就是看到一本新书，阅读新书的过程会让他发自内心地感叹，眼中流出热泪。由于他已经相当年迈，他找不到期望中的满怀虔诚的人，愿意追随他进行归化中华的重要工作，而翻译外国书籍正是这样的工作。[1]

据李之藻序，他将《寰有诠》的翻译视作翻译亚里士多德逻辑学的准备。他之所以先翻译《寰有诠》，是因为它包括有关自然的知识（如天体和四元行土、水、气、火），与《名理探》相比，让人更为容易理解。他提到了翻译中的巨大困难，那时傅汎际正在学汉语，因此对他来说，翻译是他理解汉语的很好训练。李之藻说："是编竣，而修士于中土文言理会者多，从此亦能渐畅其所欲言矣。于是乃取推论名理之书而嗣译之。"[2] 李次彪《名理探》序中，也谈到了翻译两书之事："盖《寰有诠》详论四行天体诸义，皆有形声可晰。其于中西文言，稍易融会，故特先之，以畅其所以欲吐。"当时，另一个葡萄牙耶稣会士伏若望和傅汎际同住杭州，他也许在翻译过程中帮助了他们。

---

[1] A. Semedo, *Histoire vniverselle dv grand Royaume de la Chine* (Paris, 1645), p.358. 此书原是用意大利文写作的。英文版书名是 *The History of That Great Renowned Monarchy of China* (London, 1655)。

[2] 李之藻《寰有诠》自序。

二 《寰有诠》的底本及其翻译

在论述中文翻译之前，先简要介绍《寰有诠》的科因布拉学院拉丁文底本。原书刊于1592年，后来在法国里昂和德国科隆重印，在16世纪末17世纪初很有影响。

此教科书包括《论天》的希腊文文本和拉丁文翻译，作为典型的经院哲学著作，在亚里士多德著作原文后有"explanations"，接着是不同的"quaestiones"，在每一个"quaestio"，有几个"articvli"，还包括许多Empedocles、Anaxagoras、Augustine、Averroes和其他学者的评注。

在有关亚里士多德在中世纪的文章中，Edward Grant教授非常清晰地描写了中世纪的经院哲学传统，他说：

These commentaries often took the form of a series of questiones or specific problems, which followed the order of the commented text and developed from it; or they could take the form of a straight-forward commentary in which the commented text was discussed systematically section by section. In the questions which furnished most of the interesting cosmological discussions, each questio was subjected to a reasonably thorough analysis by means of a series of pros and cons, followed by the commentator's solution. By its very nature, the questio form encouraged differences of opinion. It was a vehicle par excellence for dispute and argumentation. Scholastic ingenuity was displayed by introducing new subtle distinctions, which, upon further development, would yield new opinions on a given question. It is thus hardly surprising that centuries of disputation within the questiones format should have produced a variety of opinions on a very large number of questiones ranging over the full scope of Aristotelian physics and cosmology.[1]

在 De Caelo 的科因布拉学院教科书中，也可清楚看到这种经院哲学的传统。很容易发现，哪种新资料被加到亚里士多德原文中。不过，对科因布拉教科书的详细分析，已超出本文的范围。

下面谈科因布拉学院教材的中文翻译。《寰有诠》凡六卷，卷一关于天主的存在、全能和天地之始。[2]很明显，这部分既不来自科因布拉教科书，也不来自亚里士多德的著作。《寰有诠》描写了天体的完美，之后问完美是否可以增加："经典所载，寰宇但一而已，然论天主全能，何所不可增者。"[3]这里"经典"指亚里士多德的《论天》(De Caelo)。亚里士多德认为，只有一个世界，但这与上帝全能的观点相违背。科因布拉教科书更多地解释了这个矛盾。上面所提到的段落，即来自科因布拉教科书。[4]

根据卷二总引："古贤亚利斯多特勒推论形天之有，凡八篇。一、证寰中圜满。二、证天之自体自性，异于下域火气水土诸体。三、证天体非轻非重，为永不坏。四、证天德下施妙用。五、证天形何属。六、证天运。七、证星宿成象。八、证日月星之运也。"《寰有诠》不仅要处理亚里士多德的宇宙理论，也要详细描述后世学者关于天体的 explanations。它共分为十五部分[5]，通常包括

---

[1] Edward Grant, *Studies in Medieval Science and Natural Philosophy* (London, 1981). The XVIth article "Aristotelianism and the longevity of the medieval world view," p.98. 亦见 Edward Grant, *Planets, Stars and Orbs: The Medieval Cosmos 1200-1687* (Cambridge: Cambridge University Press, 1994)。
[2] 很可能它来自阿奎那（Thomas Aquinas）有关上帝存在的五个证明。耶稣会士高一志在《寰有诠》刊刻之后，写了一本关于这个主题的书，题名《寰宇始末》。
[3] 《寰有诠》卷二，"论寰宇之圜满可增否"，第 20 页。
[4] 科因布拉教科书（Lyon, 1616），Lib.I, Chapter VIII. Quaestio II "Possitne devus mvndum hunc perfectiorem reddere, an non?" (Col.122).
[5] "圜满篇""纯体篇""不坏篇""动施篇""浑圜篇""均动篇""星理篇""星运篇""星圜篇""天星二解篇""物生灭篇""性数篇""元行生灭篇""相生篇""轻重篇"。

"古""解"和"随论"。在"随论",有"疏""正"和"驳"。[1]因此《寰有诠》的解释(explanation)方式,严格按照科因布拉教科书中的经院传统。除了第一卷之外,其余五卷都来自科因布拉教科书,但《寰有诠》的顺序和科因布拉教科书并不完全相同。

三 新的天文观测如何用于解释亚里士多德宇宙论?

哪些新材料被加入中文译本?这一问题十分有趣。通过比较《寰有诠》和科因布拉教科书文本,可以从此看出译者的观点,特别是在描写新的天文发现和神学观点矛盾时。

科因布拉教科书的评注出版于16世纪90年代,从那时到17世纪20年代,已经过了大约30年。期间有很多新的观测,特别是伽利略所作的观测。因此,傅汎际必须适应新的科学发现,以避免和科因布拉教科书相矛盾。

这里略举几例。在"不坏篇",介绍了太阳黑子和木星的卫星现象。这些都是伽利略之后用望远镜作出的新发现。书中写道:

> 二十年前,天文家已明日月星之体象及诸星之数矣。近年制有望远妙器,用以测天,窥见日中斑点,其状时小时大,又见木星之旁更有四星,或东或西,或上或下……今之星家缘是而推,以为天体不实而浮,当属有坏。虽然,予惟从不坏之说而已,一则二千载至今,性天两学通义。一则物之定理,自超目识,盖人目距天甚远,目力所试有限,终未必无差也。[2]

---

[1] 除"随论"外,正文主要文字中也有"疏""正""驳",他们来自科因布拉教科书的"quaestio"。"古"的段落译自亚里士多德的本文。"解"的段落来自科因布拉教科书的"explanation"。"随论"(有时"疏"(discussion)、"正"(affirmativae)、"驳"(negativae)包括其中)中的段落来自科因布拉教科书的"quaestio"。
[2] 《寰有诠》卷三"不坏篇","论天体所以不坏",第19、20页。

这一段落，明显非亚里士多德著作原有。从这一描述可看出，傅汎际讨论了新的观测，但未能完全接受这些现象以用于神学宇宙观的描述。

为了了解傅汎际的宇宙观点，有必要谈及1600年前后亚里士多德宇宙论的背景。作为解释物理世界的主导的知识体系，亚里士多德学说从12世纪末被西方拉丁世界接受时起，持续了大约450年。[1] 17世纪初，许多传统的哲学家和神学家仍然接受完整的亚里士多德宇宙论，即地球处于宇宙中心，静止不动，有同心行星天包围，并认为天上物体（celestial matter）和地上物体（terrestrial matter）本质上不同，不会变化、生成（generation）或朽败（corruption）。[2]

不过，伽利略用望远镜观测后，亚里士多德宇宙论受到了冲击。到大约1630年，几乎所有天文学家和数学较强的哲学家已经放弃亚里士多德和托勒密两种宇宙体系。[3] 因此，傅汎际在翻译科因布拉教科书中的观点也反映了欧洲的大背景。

第谷关于1572年超新星和1577年彗星的观测也撼动了亚里士多德体系[4]，对"形天不坏"提出了疑义。在《寰有诠》中写道："西历对中华隆庆己巳岁（1569），有异星见，两年始灭，若天体无坏，则此缘何而有？"[5] 这明显是指1572年出现的超新星，基于科因布拉教科书："Apparuit anno 1572, durauit fere biennium: & initio quidem magnitudine & claritate: Veneris stellam superare videbatur…"[6] 但《寰有

---

[1] Edward Grant, *Studies in Medieval Science and Natural Philosophy* (London, 1981). The XVIth article "Aristotelianism and the Longevity of the Medieval World View," p.93.
[2] J. L. Russell, "Catholic Astronomers and the Copernican System after the Condemnation of Galileo," *Annals of Science* 46 (1989), p.368.
[3] 同上。
[4] C. Doris Hellman, "Tycho Brahe," *Dictionary of Scientific Biography*. New York: Charles Scribner's Sons, 1973, Vol.2, pp.401-416.
[5] 《寰有诠》卷三"不坏篇"，"论天体所以不坏"，第7页。此段来自科因布拉教科书 Lib.I Chapter III Quaestio I Articvlvs I and IV. (col.66, 70)。
[6] Lib.I Chapter III Quaestio I Articvlvs IV. (col. 70).

诠》说，超新星的出现是因为超自然的力量，而不是来自天体自身："谓异星之见，非天性力所成，而成于超性之能，此说近是。"[1] 显见，傅汎际想保持亚里士多德宇宙观点。关于宇宙由多重天体组成的理论，他又说："则亦窃疑今时所测，必尚未尽。既今星学性学，定作十重，理所当从，若谓断无遗义，亦未可必。"[2]

除了傅汎际介绍宇宙论的西方背景之外，还必须考虑晚明中国的背景。这可解释《寰有诠》中增入新的天文发现的另外一个重要原因。他的葡萄牙耶稣会士同伴阳玛诺在1615年刊刻了《天问略》一书。书中描述了许多用望远镜所作的新发现，这与科因布拉教科书中所反映的亚里士多德宇宙论相矛盾。一个重要的事实是，李之藻是参与校订《天问略》的学者之一[3]，他也许会询问傅汎际关于新天文观测和亚里士多德宇宙理论之间的矛盾。而傅汎际必定会反驳中国学者关于亚里士多德宇宙论和新发现之间矛盾的疑问。1626年，汤若望写了《远镜说》一书[4]，书中介绍了伽利略的新发现。以上是《寰有诠》在中国翻译的大致背景。

尽管亚里士多德的宇宙体系统治了欧洲大约450年，但总体上在1600年和1650年间被逐渐放弃。正是在这样的背景下，傅汎际翻译了亚里士多德的《论天》评注本。作为一个评论者，他在追随经院传统的同时，在翻译中加进了某些新的消息。总的来说，《寰有诠》是一本有关宇宙论的经院著作，是对科因布拉学院教科书的真实翻译。

《寰有诠》在晚明的影响如何？据笔者了解，至少有两本书直接提到《寰有诠》。一是《寰宇始末》，由意大利耶稣会士高一志所写，此书讨论上帝的起源，在卷上"造成有序义第十"引用了《寰

---

[1]《寰有诠》卷三"不坏篇"，"论天体所以不坏"，第14页。
[2]《寰有诠》卷四，第25页。
[3]《天问略》，1615年版，BnF, Chinois 4904。
[4] P. M. D'Elia, *Galileo in China*. Cambridge, Mass.: Harvard University Press, 1960.

有诠》,十分简要地描写了上帝在六天内创造世界。[1]

另一本书是《五纬历指》,由意大利耶稣会士罗雅谷所写,当描写天体原理时,也引用了《寰有诠》。[2] 这是因为李之藻次子李次彪在钦天监工作,《五纬历指》编纂人员名单中就有他的名字。[3]《五纬历指》引用了《寰有诠》,但作者发现《寰有诠》的神学观点和新的天文发现矛盾,因此写道:"今但以测算为本,孰是孰非,未须深论。"[4] 这是因为那时第谷的宇宙体系正被译成中文。这表明《寰有诠》出版不久,耶稣会士和中国学者不得不处理宇宙论和新的天体观测之间的矛盾。

18世纪末,许多西学著作被编入《四库全书》。正是因为《寰有诠》主要涉及西方神学背景下的宇宙论,此书没有被收入其中,只作为存目收录。《四库全书总目》写道:"《寰有诠》六卷,明西洋人傅汎际撰,书亦成于天启中,其论皆宗天主,又有圜满纯体不坏等十五篇,总以阐明彼法。案:欧罗巴人天文推算之密,工匠制作之巧,实逾前古,其议论夸诈迂怪,亦为异端之尤。国朝节取其技能,而禁传其学术,具存深意。其书本不足登册府之编,然如《寰有诠》之类,《明史艺文志》中已列其名,削而不论,转虑惑诬,故著于录而辟斥之。又《明史》载其书于道家,今考所言兼剽三教之理,而又举三教全排之,变幻支离,莫可究诘,真杂学也。故存其目于杂家焉。"[5] 官方对此书的贬抑,是《寰有诠》在18、19世纪的影响有限的原因。

值得关注的是,李之藻和傅汎际合作翻译时,正是新旧天文学转变的重要转折时期。一本从宇宙论方面来讲已经过时的著作,通过经院哲学的方式传给中国人,刚一传入就遭遇了许多天文学方面的冲

---

[1] 值得注意的是,审查《寰宇始末》的有傅泛际、阳玛诺和罗雅谷。
[2] 《五纬历指》五纬一,总论,第8页,BnF, Chinois 4971。
[3] 《五纬历指》五纬一,总论。他的名字亦见《崇祯历书》的其他著作。
[4] 《五纬历指》五纬一,总论,第8页。
[5] 《四库全书总目》卷一二五。《明史》将《寰有诠》收入"道家类"。《千顷堂书目》亦载此书。

突。这为《崇祯历书》的翻译，以及新的宇宙体系的介绍，都造成了不必要的麻烦。从这个意义上讲，《寰有诠》的传播，也受到了一定的制约。加之明末朝代更替，明代士人著作的传播也受到了影响。

《寰有诠》曾引起熊明遇（1579—1649）的兴趣，熊氏和耶稣会士庞迪我、阳玛诺、毕方济（Francisco Sambiasi，1582-1649）、熊三拔、曾德昭有交往[1]，著有《则草》《格致草》，对西方自然哲学多有所论。《格致草》在每条评论西学之后，都附有"格言考信"，试图从古代文献中寻找佐证，来印证古代的某些看法与西学相同。熊明遇承认西学的正确，同时，也对古代文献中和西学相佐的论点进行了批评，如他对朱熹《朱子语类》的许多说法进行了逐条批驳。此外，方以智（1611—1671）的《物理小识》、游艺（约1614—1684）的《天经或问》前后集，以及揭暄（1613—1695）的《璇玑遗述》等书[2]，广泛引用了耶稣会士著作中有关自然哲学和宇宙论的内容，并对传统学说进行了整理和研究。[3]由于《寰有诠》书中的词汇和翻译难以让国人理解，因此此书影响不大，也就可以理解了。

---

[1] 笔者在梵蒂冈教廷图书馆发现曾德昭的信封，内有毛笔"熊明遇"三字，表明他们可能有书信往来，可惜的是熊明遇原信已不可踪迹。

[2] 《璇玑遗述》（1675年初刻）引用了大量西书，包括《坤舆万国全图》、汤若望《主制群征》（1629）、《交食考》（1633）、《远镜说》（1626）、《历引》、邓玉函《测天约（说）》、艾儒略《职方外纪》（1623）和《西方问答》（1637）、阳玛诺《天问略》（1615）、傅汎际《寰有诠》和穆尼阁的著作，还有李之藻编的《天学初函》，以及熊明遇《格致草》（《函宇通》之一）、方以智《物理小识》、游艺《天经或问》、杨光先《不得已》和梅文鼎《勿庵集》，由此可见揭暄对西学的浓厚兴趣。

[3] 关于明清之际士人的自然哲学研究，参见张永堂《明末清初理学与科学关系再论》，台北：台湾学生书局，1994年。冯锦荣，（1）《明末熊明遇父子与西学》，载罗炳绵编《明末清初华南地区历史人物研讨会论文集》，香港：香港中文大学历史系，1993年，第117—135页；（2）《明末熊明遇〈格致草〉内容探析》，《自然科学史研究》1997年第4期，第304—328页。徐光台，（1）《明末清初西方"格致学"的冲击与反应：以熊明遇〈格致草〉为例》，载《世变、群体与个人：第一届全国历史学学术讨论会论文集》，台北：台湾大学历史系，1996年，第236—258页；（2）《明末清初中国士人对四行说的反应：以熊明遇〈格致草〉为例》，《汉学研究》1999年第2期，第1—30页。石云里，（1）《〈寰有诠〉及其影响》，载《中国天文学史文集》第6集，北京：科学出版社，1994年，第323—344页；（2）《揭暄对欧洲宇宙学与理学宇宙论的调和》，《九州学林》2卷2期，上海：复旦大学出版社，2004年，第43—64页。孙承晟《明清之际士人对西方自然哲学的反应：以揭暄〈昊书〉和〈璇玑遗述〉为中心》，中国科学院自然科学史研究所博士学位论文，2005年。

附录二 新教传教士与天文学的传播（1807—1859）

明末清初欧洲耶稣会士传入的西方天文学，大大改变了中国人的传统宇宙观。乾隆末年之后，随着耶稣会士退出钦天监，很少有新的天文学知识传入。在乾隆中期之前，科学交流主要集中在宫廷，而嘉庆之后至咸丰年间，东南亚和中国沿海港口城市（澳门、香港、广州、宁波和上海）成为中西交流的主要场所，欧洲零星科学知识通过沿海口岸传入。

1859年，著名数学家李善兰（1811—1882）与伦敦会传教士伟烈亚力合译的《谈天》标志着西方近代天文学知识系统传入中国的开端，对晚清士人产生了深远的影响。那么，从乾隆末年到《谈天》刊印之前的一段时间内，西方天文学知识是如何传播的？对这一研究缺环（missing link），仍很少有学者关注。下面将根据中西文献，特别是英国所藏的中国沿海港口出版物，以天王星知识的传入为例，分析嘉庆、咸丰年间欧洲科学新知在沿海城市的传播以及被不断更新的复杂进程。

一 天王星知识在东南亚和中国沿海城市的传播（嘉庆、咸丰朝）[1]

明清之际入华的耶稣会士先后介绍了几种西方的宇宙体系，如

---

[1] 此节据韩琦、邓亮《科学新知在东南亚和中国沿海城市的传播：以嘉庆至咸丰年间天王星知识的介绍为例》，《自然辩证法通讯》2016年第5期，第69—76页。

利玛窦、阳玛诺曾传入过亚里士多德的水晶球宇宙模型；汤若望等参与改历，编译《崇祯历书》，顺治年间修订为《西洋新法历书》进呈清廷，采用的均是丹麦天文学家第谷的宇宙体系，同时也介绍了托勒密体系。

康熙中叶，黄百家通过传教士而了解到哥白尼日心说，但鲜为人所知。清代编译《历象考成后编》时，虽然采用了颠倒的开普勒定律，但仍然维持了地心学说。乾隆二十五年（1760），皇帝五十大寿，耶稣会士蒋友仁向乾隆进呈《坤舆全图》，较全面地介绍了哥白尼学说。但总体而言，在19世纪中叶前，占据官方地位的宇宙体系仍是第谷地心学说。耶稣会士与中国学者合力编绘了多种星图，如汤若望的《见界总星图》《赤道南北两总星图》《黄道南北两总星图》、戴进贤铜版印刷的《黄道总星图》（1723），扩大了国人宇宙的视野。19世纪初，新教传教士入华，先在一些期刊论著中零散地介绍哥白尼日心说以及新发现的小行星与天王星，并附有太阳系示意图，逐步改变了中国人的宇宙观。

（一）鸦片战争前天王星知识的传播

天王星是1781年3月13日由威廉·赫歇尔（William Herschel, 1738-1822）发现的。威廉出生于汉诺威，后因普法战争避居英国。他对光学有浓厚的兴趣，但由于经济窘迫，无力购买望远镜，因此自己动手制作。他一生共磨制望远镜面达四百余块，制造了当时最大的反射望远镜（口径1.22米，筒长12米）。[1]正是借助更为精密的测天仪器，他获得了许多重要的成果，天王星的发现就是其中之一。

---

[1] 威廉·赫歇尔制作的望远镜屡被用作书中的插图，还被作为礼物，由英国使节马戛尔尼赠给乾隆，现存故宫博物院，参见韩琦《礼物、仪器与皇帝：马戛尔尼使团来华的科学使命及其失败》，《科学文化》2005年第5期，第11—18页；Simon Schaffer, "Instruments as Cargo in the China Trade," *History of Science* 44 (2)(2006), pp.217-246。

天王星在被发现为行星前，被认为是金牛座的一颗恒星。1781年，威廉·赫歇尔发现天王星，在给英国皇家学会的报告中描述了发现过程、方法与数据，但将之视为彗星。[1] 很快，天王星被确认为一颗行星。此后，他又相继报告了在亮度、直径、质量、卫星等方面的新发现[2]，并将其命名为乔治之星（Georgium Sidus）以回报乔治三世[3]。也有天文学家以 Herschel 命名，以资表彰。也有以希腊神祇 Uranus 命名，意即天空之神、土星 Saturn 之父。至1850年以后，Uranus 一名才得以广泛使用。

天王星的发现在近代天文学史上无疑具有跨时代的意义。[4] 因为在此之前，天文学家无不以为土星是太阳系中最远的行星。天王星发现之后，人们对太阳系的认识有很大提高，此后恒星、双星、变星、星团、星云、银河系等均成为天文学家观察和探索的对象，天文学的研究也由此进入新的时代。

早在乾隆末年，清代文人就通过传教士，在十三行获知了天王星发现的信息，但此事并没有引起太多重视。19世纪初，随着新教传教士的东来，欧洲科学新知通过东南亚、澳门、香港和其他沿海城市传入。

《察世俗每月统记传》是第一份中文月刊，由米怜（William Milne，1785-1822）编辑，1815年创刊于马六甲，道光元年（1821）停刊，大致每月一期。此刊主要涉及宗教，以《圣经》的翻译为主，

---

[1] William Herschel, "Account of a Comet," *Philosophical Transactions* Vol.71 (1781), pp.492-501, in *The Scientific Papers of Sir William Herschel* (London: The Royal Society and the Royal Astronomical Society, 1912), Vol.1, pp.30-38.
[2] William Herschel, "On the Diameter and Magnitude of the Georgium Sidus," *Philosophical Transactions* Vol.73 (1783), pp.4-14. William Herschel, "On the Georgian Planet and Its Satellites," *Philosophical Transactions* Vol.78 (1788), pp.364-378.
[3] William Herschel, "A Letter from William Herschel," *Philosophical Transactions* Vol.73 (1783), pp.1-3.
[4] 参见 Simon Schaffer, "Uranus and the Establishment of Herschel's Astronomy," *Journal for the History of Astronomy* 12 (1981), pp.11-26.

但也有少量天文、地理、历史等方面的内容。[1]嘉庆丙子年（1816）八九月，刊有《天文地理论》一文，分论日居中、论行星、论侍星、论地为行星、论地周日每年转运一轮五个部分，文中描述道：

> 日在天，如君在国也。君有大臣，常侍而随着之。日亦有数大星，常侍而周围之行走也。这星乃是地与六个大星，为七星也。这等星皆自西向东，各在各之道，而周围日环运行，故曰行星也。除了此七个行星，近来还有四个大星显出，亦是行星之属者也。[2]

介绍了太阳系的结构，指出行星围绕太阳运动的日心说，可看出作者对天王星及1807年之前所发现的四颗小行星有所认识，但并未明确指出天王星及其发现者等信息。

1826年，马六甲英华书院（The Anglo-Chinese College）出版的一种中英文对照的问答体学生用书，其中专有一节介绍天文知识，明确提及太阳系以日为中心，并给出包含新发现的四颗小行星和天王星，它们的排序为水星、金星、地球、火星、谷神星、智神星、婚神星、灶神星、木星、土星和天王星，原文如下：

> 梭拉尔西斯得门载十一星政，及几个撒铁尔理铁斯，日为中心。……十一政星，友罗巴之名，麦尔加利即水星，比纳斯即金星，也尔斯即地球，马尔斯即火星，瑟纳斯，巴拉斯，入诺，也斯大，入比铁尔即岁星，撒大临即土星，黑尔斯捨尔。……热阿尔任亚斯，或黑尔斯舍尔，去日比别的星更远，八十三年一百五十日零九个

---

[1] Alexander Wylie, *Memorials of Protestant Missionaries to the Chinese* (Shanghai: American Presbyterian Mission Press, 1867), p.18; 卓南生《中国近代报业发展史》，台北：正中书局，1998年。

[2] 博爱者《察世俗每月统记传》，嘉庆丙子（1816），第88页。

时辰,但其大有地球八十倍,亦然有六个月,即六小星围着。(The solar system contains eleven planets, a number of Satellites, and the Sun as its centre. ……The European names of the eleven planets, are Mercury, Venus, the Earth, Mars, Ceres, Pallas, Juno, Vesta, Jupiter, Saturn, and Herschel. …… The Georgium Sidus, or Herschel, is the farthest distant from the Sun of all the other planets. It performs its revolution round the Sun, in about 83 years, 150 days, and 18 hours, and its magnitude is about 80 times that of the Earth. It has 6 moons, or Satellites.)[1]

其中热阿尔任亚斯(Georgium Sidus)或黑尔斯舍尔(Herschel)即为天王星,反映出天王星尚未定名为 Uranus 之前的情况。

《东西洋考每月统记传》是中国境内最早用中文出版的近代期刊,道光癸巳六月(1833 年 8 月 1 日)创刊于广州,中途曾停刊,后迁至新加坡出版,最终于 1838 年停刊,共出 39 期;先由德国传教士郭士立(Karl F. A. Gutzlaff,1803-1851)主持,后来马儒翰(John Robert Morrison,1814-1843)等也参与编辑。[2] 此刊介绍了部分西方科学技术知识,涉及天文、地理、蒸汽机等内容。就天文学而言,刊载了十余篇文章,即《论日食》(癸巳八月),《论月食》(癸巳十月),《北极星图记》和《北极恒星图》(癸巳十二月),《黄道十二宫》(甲午三月),《日长短》(丁酉正月),《宇宙》(丁酉四月),《节气日离赤道表式》(丁酉六月),《北极》和《太阳》(丁酉七月),《月面》(丁酉八月),《格物穷理》(丁酉十月),《星宿》(丁酉十二月),《天文》(戊戌三月),《经纬度》(戊戌五月)等。通过对天文学新知的介绍,旧有的观念遭到批评,如关于日食的论述:"夫日月之食,乃一定而不易之事,且非因天上有何狗何兽咸食而后吐之,此愚者之错见耳,学

---

[1] Tīh Shaou, *The English and Chinese Student's Assistant, or Colloquial Phrases, Letters &, in English and Chinese* (Malacca: The Mission Press, 1826), pp.55-60.
[2] 黄时鉴《东西洋考每月统记传》影印本导言,北京:中华书局,1997 年。

者不可信也"[1]，对日食的成因作了介绍。出于宗教之目的，编者宣扬上帝造物的观点，如在论述星体及运行时称，"星者，并地周行太阳者，为水星、金星、火星、木星，并列星也。若论其转轮，其距太阳近远，只观其星图，宇宙之一撮为此地也。……以宇宙之无量之大，无限之广，由此显上帝之能，权可以造化掌治，养保寰宇之中，人之至慧至智，不能尽测之。……欲知上帝之全能明智，推天文之学，以算学度星之相距，日月地之转轮，朔弦节气交宫，制测量仪器"[2]，并将行星及其运动均归结于上帝。

其中《星宿》一文（道光丁酉十二月，1837），在介绍了水星、金星、地球、火星、小行星、木星和土星（"铅星"）之后，对天王星的发现也作了介绍：

> 另有周太阳之各项星焉……一曰天星，距太阳五千四百兆里，八十四年零九日限周太阳旋转，其又有六太阴也。此星亦是古来未识者，在于乾隆五十三年，西天监始寻见之也。以此观之，莫非奇哉？但所说来，皆有来历凭证，贤者俱可一望而知之。[3]

因为"天星"位于土星之外，绕日一周八十四年，有六卫星，均为天王星的特征。不过其中某些数据（如距日远近）与后来的介绍存在一定差距。文中称天王星发现于乾隆五十三年（1788），则是错误的。

（二）天王星知识在香港、澳门、广州的传播（1844—1849）

鸦片战争之后，开放通商口岸，香港的地位日显重要。为了迎合普通民众的需要，传教士编写了中西结合的通书，大量发行，并

---

[1]《东西洋考每月统记传》癸巳年八月，《论日食》，第22—24页。
[2]《东西洋考每月统记传》丁酉四月，《宇宙》，第8—9页。
[3]《东西洋考每月统记传》丁酉十二月，《星宿》，第167—168页。

借此传播欧洲新知。

最早的是1844年的《华番和合通书》，其中《论星仪师生问答》一文，对天王星有所介绍，称"七星御那拉星……有六月……离日有五百四十千万里，每一点钟行四万零八百里，每一年轮转约三万零六十九日……大过地十九倍"[1]，"御那拉"即Uranus的音译，文中所附七政星仪图，形象地描述了太阳系的结构。此文曾多次刊载于不同年份的《华番和合通书》中。

澳门作为对外贸易的港口，也有不少地理和天文知识传入。道光二十七年（1847），葡萄牙人玛吉士（José Martins-Marquez）初版《新释地理备考全书》（共10卷）一书，其中卷一较为详细地介绍了日心地动说及太阳系的结构，并以"新五星论"及"新五星离地远近"为题，详细地介绍了天王星和四颗小行星，并附图[2]，称：

> 第一星，西域名曰呜啦哎（按：即Uranus），乃按古书列仙传之意，即华言土星之父也，别名哂啤唎，又名呼啥唎（按：即Herschel），系西国一千七百八十一年，即大清乾隆四十六年，习天文人呼啥唎查出者。其径长十二万二千一百二十里，比地径大四倍，比地身大七十七倍，离日六十六万二千万里，循环于日之外，凡三万零五百八十九日四时二刻九分方行一周，本身之旋，因相离过远，视之甚小，无可为记，故惟见其旋，难定周而复始之期也。又有六跟星，亦系呼啥唎以后查出者。第一跟星，相离八十万零一千一百里，循环于其外，凡五日十时五刻十分五十五秒方周。第二跟星，相离一百零三万九千二百四十里，循环于其外，凡八日八时三刻十三分四十八秒方周。第三跟星，相离一百二十一万二千

---

[1]《华番和合通书》，《论星仪师生问答》，1844年，第1—4页。
[2] 陈美东《山雨欲来风满楼——1842年至1858年间西方近代天文学知识在中国的传播》，《中华科技史同好会会刊》2001年第1期，第75—80页。

零四十里,循环于其外,凡十日十时七刻三分四十八秒方周。第四跟星,相离一百三十九万零三百三十里,循环于其外,凡十三日五时三刻十三分三十八秒方周。第五跟星,相离二百七十七万八千八百四十里,循环于其外,凡三十八日七刻三分方周。第六跟星,相离五百五十五万七千零七十里,循环于其外,凡一百零七日八时二刻九分二十一秒方周。[1]

首次准确介绍天王星的发现者、发现时间及其六颗卫星("跟星")。

玛吉士此书刊印后产生了一定的影响,其主要内容还被晚清著名思想家魏源收入百卷本《海国图志》(九十六卷至九十九卷)。《海国图志》是在林则徐《四洲志》基础上编成的,1842年编成五十卷本,后来几经增补,1852年成百卷本。然而相对于原文的详细描写,魏源只节录了地圆说和歌白尼日心说,依然从五星七曜角度谈论宇宙结构,删去了有关天王星以及其他四颗小行星的部分,只是在"地球五星次序"中简短提及"以上所论之金木水火土五星,乃自古所传,今日西士考察,始知旧五星外又另有五星,亦循环于日外,本体无光,皆受日光而明,远近之度数相别,循环之日期不同,内惟一星比地大四倍,其四星皆小于地,但查出之年限未久,故中华之书未有记载,今此书止论地球,故不暇备列也"[2]。根据这些描述可知,此处所提及的新五星即天王星与1801—1807年间发现的4颗小行星,但并未给出具体的信息。其中所称"一星较地大四倍",则应是天王星无疑。天王星的发现是18世纪末重要的天文成果,而魏源作如此删改,表明他对此发现的意义认识不足。

1849年,伦敦会传教士合信(Benjamin Hobson,1816-1873)的《天文略论》一书由广州惠爱医馆印刷,后收入《博物新编》第二集,

---

[1] 玛吉士《新释地理备考全书》,"新查五星论",见《海山仙馆丛书》本,道光丁未年(1847),卷一,第10—11页。
[2] 玛吉士《地球五星次序》,见魏源《海国图志》卷九六,1852年,第10页。

介绍了太阳系构成、行星运动、潮汐、月蚀、彗星等天文地理方面的知识，其中也包括18世纪末以来的天文学新进展，如天王星、海王星和小行星等，并附太阳系的结构图与望远镜图。对于天王星的描述，以音译"於咮瘴士星"为名，称其为最远的行星，但对其发现时间则误为"乾隆五十六年西国天文士始能查定"，文中介绍了天王星的形态、大小、距日远近、绕日周期、所属卫星及其运行周期等信息：

> 其光有粉蓝之色，直径三万五千里（中国十二万二千五百里），其大过地八十倍，离日一千八百四十兆里（中国六千四百四十兆里），周围日外一回三万零五百八十九日，远过地球十九倍……周围日外比较地球八十四年然后一回，有转身否，未见形迹，未得凭据，不能定也。星外有六个月运行，至近第一月，五日二十一点钟周围星外一回；至远第六月，五百零七日十六点钟周围星外一回。[1]

合信首次详细介绍了有关天王星的知识，但其中某些数据很快就有了新的修正。由于天王星较地球接受太阳的光热少，合信推想"上帝或有别法以光暖之，未可知也"。

（三）天王星知识在宁波、上海的传播（1850—1859）

除了广州、澳门、香港之外，宁波作为重要的贸易港口，亦成为西学传入的场所，美国长老会以及所属印刷所"宁波华花圣经书房"扮演了重要的角色。[2]在开埠早期，长老会传教士从澳门引进

---

[1] 合信《天文略论》，粤东西关惠爱医馆藏版，道光二十九年（1849），第28页。
[2] 美国传教士哈巴安德（Andrew Patton Happer, 1818-1894）撰有《天文问答》，于1849年在宁波出版，以问答体的形式介绍太阳系以及相关天文知识，如日月蚀缘由、风雨成因、彗星等，但并不系统。关于美国长老会印刷所从澳门到宁波、上海的迁移，参见韩琦《从澳门、香港到上海：19世纪中叶西方活字印刷技术在中国的传播》，载《出版文化的新世界：香港与上海》，上海：上海人民出版社，2011年，第141—151页。

了不少拼合活字（divisible type），印刷宗教和西学书籍，也继承了欧洲人在香港的做法，印刷中西通书。1850年至1852年间，美国长老会传教士麦嘉缔（Divie Bethune McCartee，1820-1900）编辑了《平安通书》[1]，对天王星、海王星和小行星有所介绍，称"第十六道曰天星，又较小于土星，凡三万零六百八十七日限周日一转，有六太阴旋绕"[2]，对天王星绕日运行周期和所属卫星有了明确的说明，但未详细介绍天王星的发现过程。其中"天星"一词沿袭了郭士立的《东西洋考每月统记传》。

尽管郭士立、合信、玛吉士、麦嘉缔等人对天王星已有不同程度的介绍，但根据上述分析可知，他们对天王星的认识尚存一些错误。

1852年，伦敦会传教士艾约瑟（Joseph Edkins，1823-1905）在上海编辑《华洋和合通书》（Chinese and Foreign Almanac），其序称："近世之历，传讹久矣。不亟订正之，使人何所适从？今兹所刊，厘然以明，不杂以他说，观者尚其辨之。"对传统通书的吉凶祸福提出批评。据凡例，以英国"行海时宪书为准"，又介绍了行星及其相关知识，但没有具体明言。还载有顺天府节气时刻、中外各处时刻、日月食时刻、上海潮汐涨退时刻、华洋月日分列、历代事实考、劝人及时奋勉论、祷文等基督教的道理。1853年起改为《中西通书》，直到1866年停刊。[3]《中西通书》中除了日历外，也有相当篇幅介绍西方的科技知

---

[1] 由宁波华花圣经书房活字印刷。为便于读者理解，《平安通书》均附有插图，1850年到1852年三期，介绍的天文学知识都有及时更新，特别是关于新发现不久的小行星的内容。

[2] 见《平安通书》（1851、1852），又收入魏源《海国图志》，卷一百"地球天文合论"五，第1—3页。

[3] 《华洋和合通书》，上海活字印刷。1853年（癸丑）后改名《中西通书》（Chinese and Western Almanac），墨海书馆颁行。1852—1858年及1861年，艾约瑟编，活字印刷（1855年为雕版印刷），1859—1860年，因艾约瑟回伦敦，由伟烈亚力编，上海活字印刷。1863年继续由艾约瑟编辑，但在天津出版，1864—1866年则在北京出版。在上海之前，从1845年起，香港也出过通书，名为《华番和合通书》，由M. D. Ball编辑。后来宁波也出版过《平安通书》（McCartee，1850-1852，活字印刷）、《博物通书》（D. J. Macgowan，1851，雕版印刷）。参见A. Wylie, *Catalogue of Publications by Protestant Missionaries in China* (Shanghai, 1876), p.25 及A. Wylie, *Memorials of Protestant Missionaries to the Chinese* (Shanghai, 1867), pp.188-189。参见韩琦：《传教士伟烈亚力在华的科学活动》，《自然辩证法通讯》1998年第2期，第57—70页。

识。以1853年《中西通书》为例（共36页），有序言、目录、节气时刻表、日月交食时刻、中西月日、祷文、人贵于万物论等日历、宗教内容，自第26页起涉及科技知识，约占全书的四分之一，包括数学、天文、光学等方面，其中有艾约瑟和王韬所撰《格致新学提纲》一文（1858年有所增补），以年表形式记载了1543年以来西方天文、算学的发展史，其中对天王星有两条介绍，即"乾隆四十六年（1781），英国天文大臣侯失勒初见土星之外有一行星，名之曰於咏瘴士，译即天王星"，"嘉庆十二年（1807），侯失勒测见天王星有六附星"。[1]其中音译"於咏瘴士"，应该是参考了合信《天文略论》的译法。虽然玛吉士首次正确地介绍了天王星的发现时间与发现者，但此文第一次提及威廉·赫歇尔观测到天王星有六颗卫星的具体时间，并首次使用"侯失勒"的译名，这一译名后为伟烈亚力和李善兰的《谈天》所采用。同样，"天王星"一词也是首次在中文著作出现，一直延用至今。

此外，香港英华书院出版的《遐迩贯珍》也对天王星有所介绍。如咸丰三年第五号中刊载了《地球转而成昼夜论》一文，此文为宣扬上帝造化之奇而作，在介绍地球之后，谈到了天王星：

> 乌阑哪星，距地六千二百七十五兆里，其运行之周圜，必约三万九千四百二十七兆里，每时该行三千二百八十五兆里，每刻行约四百一十兆里有奇……乌阑哪星大（地）八十倍。[2]

这一期刊印于咸丰三年十二月朔旦（1854），较《格致新学提纲》略晚。然而此文只是为了论证地球运转，只简略提及太阳、天王星和木星等星球，并未完整描述太阳系的构成。之后，《遐迩贯珍》1855年第六号《地理撮要》一文，对太阳系的构成有较完整的

---

[1] 艾约瑟、王韬《中西通书》，《格致新学提纲》，1853年，第35页。
[2] 《遐迩贯珍》，《地球转而成昼夜论》，香港：英华书院，1853年第五号，第2—3页。影印本参见松浦章、内田庆市、沈国威编《遐迩贯珍之研究》，吹田：关西大学出版部，2004年。

记述，并对天王星有所补充，称"於兰纳斯星，华夏未有加名，其径长十一万五千里，远日六十万六百四十万里，有月六轮副行"[1]。

《格致新学提纲》以年表体条载科学事实，对于具体的信息依然未详细介绍。对于天王星的发现、认识及命名过程，则首见于伟烈亚力和王韬的《西国天学源流》中：

> 乾隆四十六年（侯失勒）测天，见井宿诸星中有一星，光能变大，后二夜又见其易处，意为彗星，诸天文家亦为彗星，久测乃知系行星，即天王也。侯失勒初以英王之名名之，曰惹参见尔日；诸天文家又以侯失勒之名名之，后因其道在诸行星之外，定名曰天王焉。得此星而日所属之界倍远，盖其距日倍土星也。[2]

《西国天学源流》一文对古希腊以来的西方天文学史有了较为系统的呈现。这些内容对于国人认识西方天文学有重要意义。因为《格致新学提纲》和《西国天学源流》的实际影响并不大，因而天王星的相关知识一直到伟烈亚力和李善兰翻译出版《谈天》之后，才在中国广为传播。《谈天》中关于天王星的论述应该借鉴了上述两篇论文的内容，尤其是后者。书中增加了一些细节，如："天王星乃侯失勒威廉于乾隆四十六年二月十九日夜以远镜细测诸恒星，始知为行星，前此因远镜未精，每误列于恒星表也"[3]，将天王星发现时间具体到了二月十九日夜，并称"天王仅见为一小光面，无环无带，斑亦难见，实径约十万一千里，视径四秒，此星之道甚大，故视径之变不甚觉，其体积较地大八十二倍，其月或四或五或六，未测定，月道异于他

---

[1]《遐迩贯珍》,《地理撮要》，1855年第六号，第4—5页。
[2] 伟烈亚力、王韬《六合丛谈》2卷2号，《西国天学源流》，第11—12页。关于《六合丛谈》，参见沈国威编著的影印本（东京：白帝社，1999）。
[3] 侯失勒著，伟烈亚力、李善兰译《谈天》，墨海书馆活字本，咸丰己未（1859），卷九"诸行星"，第17页。

星"[1],这是有关天王星的形态、大小、卫星等的最新描述。

综上所述,嘉庆至咸丰间对天王星介绍的沿革,可简单梳理为"晚清介绍天王星的数据对照表"(见下页)。从表中可见,天王星知识的传播十分及时,经历了由粗至精的描述过程。

由此案例我们可以看到西学在晚清的传播在很大程度上得益于新教传教士的工作,他们通过译书、办刊、教育等形式,在宣传基督教的同时,也将欧洲科技新知传到中国。值得注意的是,与明末清初科学传播主要集中在宫廷不同,到了19世纪中叶,沿海港口成为知识交流的主要场所。介绍这些天文学知识的传教士,也不再沿用耶稣会士从上而下的策略,在皇帝身边服务,他们的服务对象已是普通民众。不少传教士是医生,在沿海治病救人的同时,也传播了不少天文学的新知。

19世纪四五十年代前后的近20年间,尽管有合信《天文略论》、哈巴安德《天文问答》等少数译著出版,但天文学知识的传播主要通过传教士所办的刊物或通书(如《察世俗每月统记传》《东西洋考每月统记传》《六合丛谈》《平安通书》《中西通书》)等连续出版物传播,其中最重要的渠道即是传教士在各通商口岸编辑的历书。在这一系列历书中,尽管编辑者偶有变更,但栏目则大体一致,几乎每年的历书中都包含日历、宗教以及博物学、天文学、地理知识,并附有插图,其目的是为了证明欧洲文明的优越,批判中国传统的迷信说法,以达到传播基督教、开启民智之目的。日食、月食、星图、节气等常见的天文现象与地圆说、日心说等常识,以及天王星、海王星、小行星等西方天文学的新进展乃至西方天文学史知识随之传入,拓展了晚清士人的宇宙观,在沿海产生了一定影响,为后来《谈天》系统传入欧洲天文学新知起到了承上启下的作用。

---

[1] 侯失勒著,伟烈亚力、李善兰译《谈天》卷九"诸行星",第26页。

晚清介绍天王星[1]的

译名	发现时间	距日远近	绕日周期
热阿尔任亚斯，或黑尔斯舍尔		去日比别的星更远	八十三年一百五十日零九个时辰
天星	乾隆五十三年（1788）	五千四百兆里	八十四年零九日
御那拉		离日有五百四十千万里	每一年轮转约三万零六十九
呜啦吰，哂哗唎，呬晗唎	一千七百八十一年	六十六万二千万里	三万零五百八十九日四时二刻九分
於哧瘴士星，嗏呢瘴士星	乾隆五十六年（1791）	六千四百四十兆里	三万零五百八十九日
天星		六千三百九十八兆里	八十四年零一月
天星			三万零六百八十七日
於哧瘴士，天王星	乾隆四十六年（1781）		
乌阑哪星，於兰纳斯星		六千二百七十五兆里；六十万六百四十万里	
天王	乾隆四十六年（1781）	其距日倍土星	
天王星	乾隆四十六年二月十九日	19.18239倍地日距离	30686.8208296日

---

[1]《察世俗每月统记传》载："日亦有数大星，常侍而周围之行走也。这星乃是地与六个大星，为七星也。这等星皆自西向东，各在各之道，而周围日环运行，故曰行星也。"马六甲，1816年。

数据对照表

直径	大地球倍数	卫星	来源
	大有地球八十倍	六个	*The English and Chinese Student's Assistant*, Malacca, 1826 年
		六个	《东西洋考每月统记传》, 广州, 1838 年
	大过地十九倍	六个	《华番和合通书》, 广州, 1844—1845 年
十二万二千一百二十里	七十七倍	六跟星	《新释地理备考全书》, 澳门, 1847 年
十二万二千五百里	八十倍	六个	《天文略论》, 广州, 惠爱医馆, 1849 年；《博物新编》, 墨海书馆, 1855 年
		六个	《平安通书》, 宁波, 华花圣经书房活字版, 1850 年
		六个	《平安通书》, 宁波, 华花圣经书房拼合活字版, 1851—1852 年
		六个	《中西通书》, 墨海书馆, 1853 年
十一万五千里	八十倍	六个	《遐迩贯珍》, 香港, 1853 年、1855 年
		六个	《六合丛谈》, 墨海书馆, 1858 年
约十万一千里	八十二倍	或四或五或六	《谈天》, 墨海书馆, 1859 年

二 牛顿《自然哲学的数学原理》的早期传播

鸦片战争之后，新教传教士接踵来华，西学传入达到了第二次高潮。1847年，英国伦敦会传教士伟烈亚力到达上海，在墨海书馆从事印刷工作，5年之后，著名数学家李善兰也到上海，他们一起合作翻译了西方科学著作，对近代科学在中国的传播产生了深远影响。在查阅中西文献的基础上，下面将分析牛顿《自然哲学的数学原理》（*Principia*, *Mathematical Principles of Natural Philosophy*，以下简称《原理》）翻译的背景，探讨《原理》第一个中译本《数理格致》的流传及发现经过，并简要分析新发现的《数理格致》的内容。[1]

（一）《数理格致》的翻译经过

《历象考成后编》最早对"奈端"（牛顿）作了介绍，阮元、李锐等人在《畴人传》中专门为牛顿立了小传。李善兰对耶稣会士的译作是应该非常熟悉的，他和伟烈亚力翻译牛顿著作之前，肯定读过《历象考成后编》，因为在他们合译的著作中都沿用了"奈端"这一译名。

墨海书馆是鸦片战争之后中西文化交流的重要场所，由英国伦敦会传教士麦都思（W. H. Medhurst, 1796-1857）于1843年创立[2]，除伟烈亚力外，艾约瑟、慕维廉（William Muirhead, 1822-1900）等传

---

[1] 关于《自然哲学的数学原理》的翻译和流传经过，参见李俨《李善兰年谱》，《中算史论丛》（四），北京：科学出版社，1955年，第347页；李迪《牛顿学说在中国》，《内蒙古师范大学学报》（自然科学版）1983年第1期，第74—83页；戴念祖、郭永芳《牛顿在中国》，见戴念祖、周嘉华编《〈原理〉——时代的巨著》，峨嵋：西南交通大学出版社，1988年，第81—89页；洪万生的博士论文对伟烈亚力和李善兰的译书活动、数学译著进行了详细论述，见 Horng Wann-Sheng, *Li Shanlan: The Impact of Western Mathematics in China during the Late 19th Century*. PhD diss., The City University of New York, 1991。

[2] 胡道静、王锦光《墨海书馆》，《中国科技史料》1982年第2期，第55—57页。胡道静《印刷术反馈与西方科学第二期东传的头一个据点：上海墨海书馆》，《出版史料》1987年第4期；1988年第1期。熊月之《西学东渐与晚清社会》，上海：上海人民出版社，1994年，第181—213页。

教士也在那里工作了多年。1852 年，李善兰到达上海不久，就登门拜访传教士，由于他对算学的天赋，令伟烈亚力颇为赏识，于是两人开始合作，翻译西方科学著作。

在翻译《原理》之前，新教传教士已零星介绍了牛顿学说。1852 年，艾约瑟在上海编辑出版了《华洋和合通书》，次年改名《中西通书》，由墨海书馆颁行。[1] 此书每年一本，内容包括中西历日的对照、日月食表，同时也介绍了宗教和科学等内容。1854 年，《万物互相牵引论》一文介绍了牛顿的引力学说："奈端言：质点置空球外，为空球所牵引，一如空球四面全质，收在中心。其实球之理亦然，因实球可作无数层空球论故也"[2] 此外，1857—1858 年伟烈亚力编辑的《六合丛谈》(Shanghai Serial)，也介绍了牛顿的成就。此月刊由墨海书馆印行，其宗旨是欲以中外新知，来代替陈旧的知识体系，让人了解世界发展之大势。内容涉及天文学、地理、化学和历史，也及时介绍了一些新的出版物。其中《西国天学源流》一文，分多期刊载，扼要论述了西方天文学发展的历史脉络，其中包括牛顿的事迹和引力学说，是由伟烈亚力口译、王韬写成的，后来此文收入王韬《西学辑存六种》中。[3] 王韬曾谈到了他翻译《西国天学源流》的起因：

> 余少时好天文家言，而于占望休咎之说颇不甚信，谓此乃谶纬术数之学耳。弱冠游沪上，乃识西士伟烈亚力，雠校余闲，辄以西事相咨询，始得窥天学之绪余。适李君壬叔自携（按：应为偕）李来，互相切磋。一日询以西国畴人家古今来凡有若

---

[1] 1852—1858 年及 1861 年，艾约瑟编，上海活字印刷（1855 年为雕版印刷），1859—1860 年，因艾约瑟回欧洲，由伟烈亚力编，上海活字印刷。1863 年继续由艾约瑟编辑，但在天津出版，1866 年则在北京出版。参见 A. Wylie, *Catalogue of Publications by Protestant Missionaries in China* (Shanghai, 1876), p.25。
[2] 《中西通书》，1854 年墨海书馆印刷，第 24 页，牛津大学图书馆藏。
[3] 王韬《西国天学源流》，见《西学辑存六种》，1889 年铅印本，第 27—28 页。韩琦《传教士伟烈亚力在华的科学活动》，《自然辩证法通讯》1998 年第 2 期，第 57—70 页。

干,伟烈亚力乃出示一书,口讲指画,余即命笔志之,阅十日而毕事,于是西国天学源流犁然以明,心为之快。[1]

《西国天学源流》一文虽未明确提到牛顿《原理》一书的书名,但下面的记载,显然是指《原理》而言:"奈端之书初刊行,诸格致家多不能解,或藐视之,或姗笑之,书成四十年而死。"[2]又说:"奈端求得吸力之理,有功格致学为最大,不知有更大于此者。初刻白尔谓太阳中有吸力,故能令诸行星绕之,又谓吸力与相距之平方有反比例……奈端之功不在悟得此理,而在能得此理之证。盖前人但空思其理,至奈端始知其确实之数,先论力之法,以显力之用,故奈端较前人之功尤大焉。"他高度评价了牛顿的引力理论,此外还提到1666年伦敦大疫,牛顿避居郊外,在园中见果坠地,"因思月亦由地力吸之"的故事。因此在《谈天》成书之前,李善兰至少从《中西通书》《六合丛谈》初步了解到牛顿有关引力的理论。

1859年,李善兰与伟烈亚力在墨海书馆合译出版了《代微积拾级》和《谈天》。前者译自美国数学家罗密士(Elias Loomis, 1811-1889)的 Elements of Analytical Geometry and of the Differential and Integral Calculus (1850)[3],书中提到了牛顿创用"首末比例法",这是微积分理论首次传入中国。《谈天》则译自英国侯失勒的 Outlines of Astronomy。[4] 伟烈亚力翻译侯失勒著作之目的是更完整地向中国人介绍欧洲天文学的发展,包括天文的事实、理论、研究成果和现象,以证明上帝之伟大[5],带有一定的宗教目的。此书系统介绍了西方天文学的新进展,使中国人的天文学知识从明末清初传入的水平

---

[1] 王韬《西国天学源流》,见《西学辑存六种》,1889年铅印本,第27—28页。
[2] 王韬《西国天学源流》,见《西学辑存六种》,1889年铅印本,第21页。
[3] A. Wylie, *Memorials of Protestant Missionaries to the Chinese* (Shanghai, 1867), p.174.
[4] W. Lockhart, *The Medical Missionary in China* (London, 1862), p.350.
[5] 见 W. Lockhart, *The Medical Missionary in China* (London, 1862), pp.350-352;参见《谈天》伟烈亚力英文序。

大大前进了一步。[1]《谈天》卷八"动理",较为详细介绍了牛顿的引力学说和平方反比定律。无论是《中西通书》《六合丛谈》,还是《谈天》,都未能全面系统介绍牛顿的学说,但这已使李善兰对牛顿的才能大为钦佩,也是他翻译《原理》的原因所在。

李善兰和伟烈亚力何时着手翻译牛顿著作,尚未有确切资料可以说明。1860年,伟烈亚力曾短期回国,1863年之后,他为英国海外圣经公会服务,主要负责《圣经》的散发工作,他们的合作时间应该是在墨海书馆时期,即1860年稍前。慕维廉曾生动记载了李善兰和传教士的交往,以及在墨海书馆的译书活动,并最早提及李善兰翻译《原理》一事:

> 星期天下午,麦都思在教堂的圣事活动接近尾声的时候,一位中国人走到讲坛,把一本小书交给他,问他是否知道其中的内容,看起来,此书包括一些图表,麦都思博士要他第二天到他那儿去。经查,它是一本关于高等数学微积分的论著。此书的作者称它是四年艰巨劳动的结晶。他被伟烈亚力先生聘作老师,并多年来跟伟烈亚力深入研究了数学。他数学天分极高,对任何分支都没有困难。他研究了一部代数著作,欧几里得著作的后九章,一个关于三角和微积分的全面系统(指《代微积拾级》)。他翻译了侯失勒的《谈天》、胡威立的《重学》,以及其他科学著作,都尽可能用最容易的方式,体现出他对每一课题的全面掌握。他急于翻译牛顿的《原理》,现在正在从事此书的翻译或新近完成了翻译。他已被任命与北京的皇家天文台(按:实为同文馆)事务有关的职位,远比任何其他官员

---

[1] 此书从1859年出版以来,颇受读者青睐,曾多次翻印,除墨海书馆活字本之外,还有同治年间的活字本和木刻本,根据的是英文第十版,增加了15年来天文学的新发现、"侯失勒传"和像,为伟烈亚力和徐建寅所增,参见 The Chinese Recorder and Missionary Journal. Shanghai, 1875, Vol.6, p.239.

能够胜任。[1]

慕维廉的书出版于1870年，但其中也未涉及李善兰开始翻译《原理》的具体时间。此外，1870年3月8日上海出版的《北华捷报》，也提到李善兰翻译了牛顿《原理》的第一部分。[2]此处所谓第一部分，即是指 Book 1（第一编）而言。这些记载虽未明确提到李善兰的合作者，但实际上应包括伟烈亚力和傅兰雅（John Fryer, 1839-1928）。

除上述西文文献外，傅兰雅《江南制造总局翻译西书事略》一文也提到李善兰翻译牛顿《原理》一事，文中称："李君系浙江海宁人，幼有算学才能，于一千八百四十五年初印其新著算书。一日，到上海墨海书馆礼拜堂，将其书与麦先生展阅，问泰西有此学否。其时有住于墨海书馆之西士伟烈亚力，见之甚悦，因请之译西国深奥算学并天文等书。又与艾约瑟译《重学》，与韦廉臣译《植物学》，以至格致等学，无不通晓。"[3]傅兰雅的这段描述，和上引慕维廉的记载大致相同。接着傅兰雅又写道："又与伟烈亚力译奈端《数理》数十页。后在翻译馆内与傅兰雅译成第一卷。此书虽为西国甚深算学，而李君亦无不洞明，且甚心悦，又常称赞奈端之才。"也就是说，李善兰先是和伟烈亚力合译《原理》，之后又和傅兰雅合译，分两个阶段才得以完成。由于《原理》一书篇幅庞大，道理深奥，翻译并非易事，因此，此书的全译本一直未能完稿。

上面提到傅兰雅和李善兰合译牛顿的著作是在翻译馆内进行的，而据傅兰雅《江南制造总局翻译西书事略》记载，翻译西书之事起于1867年冬，1868年6月，在制造局内所设之翻译馆专门翻译西书。

---

[1] W. Muirhead, *China and the Gospel* (London, 1870), pp.193-194. 李俨先生最早引用此书，见其《李善兰年谱》,《中算史论丛》（四），北京：科学出版社，1955年，第347页。
[2] *North China Herald*. Shanghai, 1870, p.169.
[3] 傅兰雅《江南制造总局翻译西书事略》,《格致汇编》，光绪六年（1880）五月，3(5)，第11页。

在郭嵩焘的推荐下，1869年李善兰在总理衙门的催促下入京，担任同文馆算学总教习[1]，因此李善兰和傅兰雅在翻译馆的合作至多约一年时间。但笔者认为他们合作翻译《数理格致》一事，当在1868年或更早，亦即在翻译馆成立之前就已开始。傅兰雅和李善兰交谊甚深，他对李善兰的数学才能也非常赞赏，在李善兰受到某些人批评的情况下还曾竭力为其辩护，由此亦可想见他们之间的良好关系。

（二）《数理格致》译本的流传及发现

下面简单介绍牛顿《原理》译著的流传情况。李善兰的译稿完成后，曾一度为华蘅芳所藏。华蘅芳曾试图对译稿加以删改，但始终未能完成。1899年，其弟子丁福保曾记载：

> 奈端《数理》四册：英国奈端撰，伟烈亚力、傅兰雅口译，海宁李善兰笔述。案：是书分平圆、椭圆、抛物线、双曲线各类，椭圆以下尚未译出，其已译者，亦未加删润。往往有四五十字为一句者，理既奥赜，文又难读。吾师若汀先生屡欲删改，卒无从下手，后为大同书局借去，今已不可究诘。[2]

华蘅芳之弟华世芳在给汪康年的信中也曾提道："奈端《数理》及《合数述》二书，昨已由家兄取去，未识即是尊处所要否？"[3]汪康年在1897年初向华蘅芳借阅之后不久，此稿就下落不明。因此丁

---

[1] 同治六年十一月二十三日曾国藩曾推荐李善兰，但因病未能成行。同治八年五月，总理衙门奏请赏给同文馆算学教习李善兰中书科中书衔，十年十二月奏请加内阁侍读衔。李俨先生认为李善兰赴京时间为1868年，见《李善兰年谱》，载《中算史论丛》（四），北京：科学出版社，1955年，第354页。
[2] 丁福保《算学书目提要》，光绪己亥（1899）无锡实学堂刻本，第14页。
[3] 《汪康年师友书札》，上海：上海古籍出版社，1987年，第2229页。洪万生使用了这一史料，见其《同文馆算学教习李善兰》，载杨翠华、黄一农编《近代中国科技史论集》，台北："中研院"近代史研究所、新竹：清华大学历史研究所，1991年，第234页。参见王扬宗《晚清科学译著杂考》，《中国科技史料》1994年第4期，第36—37页。

福保呼吁"当代畴人,如获此书,亟付梓人,当亦好奇者所乐观"。过了近40年,此书为章士钊之子、浙江大学教授章用(1911—1939)所得。1937年2月22日,在给李俨的信中,章用写道:"《数理格致》四册,书内又题《数理钩元》,有'螵巢'印,虽未署作者译者名,然细读之下,即知为奈端译文,其出自李善兰手,亦无疑问。钞本图表均留有空格待补,以校欧文原籍,亦若合附节云。"[1] 这里提到《数理格致》4册,和丁福保记载的册数完全一致,因此章用的藏本当为大同书局借去的那个本子。章用年轻时曾在欧洲学习,在德国期间,以全德会考第二名的成绩,进入哥廷根大学深造,师从希尔伯特等数学大师。研究数学之余,受同学 Otto Neugebauer(后去美国,任布朗大学数学史系教授,是著名的科学史家)的影响,开始研究中国数学史,并和李俨先生通信。回国后,任浙江大学教授,对数学史的热情更高。他收集了不少中西数学著作,其中《数理格致》就是其中之一。1939年,章用因病去世,年仅28岁[2],藏书遗赠浙江大学图书馆。笔者在1986年初特意到浙江大学图书馆查访章用遗书,希冀能够找到这一失散多年的稿本,结果只找到李善兰、韦廉臣合译的《植物学》,上面盖有"章用遗书"的章。[3] 后来经朋友相告,"文革"期间,浙江大学的古籍被整车送给浙江图书馆,故又去浙江图书馆查阅目录卡片,也无所得。据馆中人员介绍,浙江图书馆还有大量古书尚未编目,其中是否包括章用藏过的《数理格致》,尚不得而知。希望有朝一日,此书能够重见天日。

1995年3月,应伦敦大学 Warburg 研究所的邀请,笔者作为访问学者,从事17、18世纪中国和英国科学关系史的研究,同时也考察了19世纪新教传教士在中国的科学活动,意外发现了《原理》的

---

[1] 李俨《章用君修治中国算学史遗事》,《科学》,1940年,24(11),第799—804页。
[2] 李俨《章用君修治中国算学史遗事》;闻宥《青年数学家章君用教授传略》,《科学》,1940年,24(11),第805—807页。
[3] 章用的个别藏书后归杭州大学图书馆(现属浙江大学)。

译稿,即《数理格致》,共 63 页。傅兰雅在"译书事略"中提到的李善兰"又与伟烈亚力译奈端数理数十页",当指此稿本而言。此书为何流落英国,笔者认为很可能是伟烈亚力回国时送给伦敦会的。

(三)《数理格致》内容简介

下面简单介绍《数理格致》的内容。此书卷首给出了八个"界说"(即定义),即界说一:"凡质之几何,为疏密与大小相乘数"(定义1:物质的量是物质的度量,可由其密度和体积共同求出)[1];界说二:"凡动之几何,为速与质相乘数"(定义2:运动的量是运动的度量,可由速度和物质的量共同求出),即为质量和密度、体积关系的定义;界说三:"质阻力,乃质之本力能阻外力,故质体或静或直行,设无外力加之,永不变也"(定义3:visinsita,或物质固有的力,是一种起抵抗作用的力,它存在于每一物体当中,大小与该物体相当,并使之保持其现有的状态,或是静止,或是匀速直线运动),是关于物体的惯性;界说四:"加力,乃力加于体,令变动静,受加力之体,或本静或本直行"(定义4:外力是一种对物体的推动作用,使其改变静止的或匀速直线运动的状态),说明物体运动和外力的关系;界说五:"向心力乃令体恒向一心点之力,或心有力摄之,或他力推之向心不论,俱名向心力"(定义5:向心力使物体受到指向一个中心点的吸引、或推斥或任何倾向于该点的作用),"此力可见者一为摄力,凡物下坠,俱向地心。……一为吸力,凡恒向磁石之心也";界说六:"向心力自然之几何用中心发于空中之能为比例度之"(定义6:以向心力的绝对度量量度向心力,它正比于中心导致向心力产生并通过周围空间传递的作用源的性能);界说七:"向心力渐速之几何以一定时中所生之速率为比例度之"(定义7:

---

[1] 括号内为王克迪之译文,见牛顿著,王克迪译《自然哲学之数学原理·宇宙体系》,武汉:武汉出版社,1992年。下同,不再一一注出。

以向心力的加速度度量量度向心力，它正比向心力在给定时间里所产生的速度部分）；界说八："向心力令动之几何，以一定时中所生之重率为比例度之"（定义8：以向心力的运动度量量度向心力，它正比于向心力在给定时间里所产生的运动部分）。

此外还有公论三则，"公论一：凡体或静或以平速行直线，若非外力加之，则永不变"；"公论二：凡动之变与所加之力有比例，亦准加力之方向"；"公论三：凡用力必有相等之反力，即二体相与，用力恒相等，其方向相反也"，是关于牛顿运动三定律的介绍。也翻译了"附注"部分，称："伦（Wren）、瓦来斯（Wallis）、海臣（Huygens），近时几何家之最精者"，介绍了他们在碰撞方面的成就。

此稿内《数理钩元》卷一"动理"，第一章"论首末比例为后诸题之证"，介绍了11个引理；第二章"论心力所生之动"，即介绍向心力；第三章"论体在圆锥诸曲线道，以曲线心为力心之向心力"，即物体在圆锥曲线上的运动，其中第11题为："设体行于椭圆道，求其向心力。"第12题为："设体行于双线，求其向心力。"第四章"论有心求椭圆抛物双线诸形"，即由已知焦点求椭圆、抛物线、双曲线轨道，其中第21题为"有心点作环绕之道，过若干点，切所设方向之线"。

综上所述，可知《数理格致》翻译介绍了牛顿《自然哲学的数学原理》的定义、运动的公理和定律，以及第一编"物体的运动"的前四章。在《原理》一书中，牛顿用运动三定律来处理物体的运动，发现了万有引力定律，并运用数学方法由万有引力定律求出行星、彗星、月球和海洋潮汐的运动规律，在科学史上具有划时代的意义。《数理格致》一书是牛顿《自然哲学的数学原理》的真正翻译介绍，在中国科学史上也具有重要意义。但是正如丁福保所说，《原理》译本"往往有四五十字为一句者，理既奥赜，文又难读"，笔者所见之译本亦有同样的问题，这是此书不能流传的主要原因。

《数理格致》一书，使用了"动理"（物体的运动），和《谈天》

卷八的译法相同，又"首末比例法"的译法也和《代微积拾级》相同，因此李善兰和伟烈亚力翻译《原理》一书应和《谈天》《代微积拾级》几乎同时，即1859年稍前。

下面对《原理》第一个中译本的书名略作解释。以往的论著均把《奈端数理》作为《原理》一书的译名，这主要是根据傅兰雅、丁福保的记载，华世芳的信亦把《奈端数理》和另一本数学著作《合数述》相提并论。但实际上，无论是章用的藏本，或者是笔者发现的《数理格致》，上面均未有"奈端数理"之书名，因此"奈端数理"连用，实指奈端之《数理（格致）》，《数理格致》才是真正的书名，即 *Mathematical Principles* 之直译。

三 伟烈亚力：科学的传播者和中国科学史研究的开拓者

自1807年伦敦会派遣马礼逊（Robert Morrison，1782-1834）到中国，新教传教士接踵来华，鸦片战争之后，西学传入达到了第二个高潮。在传播西学的同时，一些传教士开始研究中国科学，促进了西方人对中国科学历史与现状的了解，伟烈亚力（Alexander Wylie，1815-1887）是其中成就最为卓著的传教士和汉学家，也是继18世纪法国耶稣会士宋君荣、19世纪法国汉学家毕奥（Edouard-Constant Biot，1803-1850）之后，最早研究中国科学史的先驱者之一。对李善兰和伟烈亚力等人的科学译书活动，学者已有所论[1]，但

---

[1] 王萍《西方历算学之输入》（台北："中研院"近代史研究所，1966年）第六章"李善兰与西算之译述"；王渝生《李善兰研究》，载梅荣照主编《明清数学史论文集》，南京：江苏教育出版社，1990年，第334—408页；洪万生《墨海书馆时期（1852—1860）的李善兰》，载何丙郁等编《中国科技史论文集》，台北：联经出版事业有限公司，1995年，第223—235页。洪万生的博士论文对伟烈亚力和李善兰的译书活动、数学译著进行了详细论述，见 Horng Wann-Sheng, *Li Shanlan: The Impact of Western Mathematics in China during the Late 19th Century*. PhD diss., The City University of New York, 1991。

迄今为止，尚未有人对伟烈亚力的科学活动进行深入全面的研究。下面将根据新发现的中西文史料，简要介绍伟烈亚力的生平，在引进西方科学方面所做的重要工作；并着重探讨伟烈亚力研究中国科学史（特别是数学史、天文学史）的背景、成就及其在欧洲学术界产生的反响，进而分析他的中国科学观；对他如何看待科学和宗教之关系，也进行了论述。

（一）生平简历

1815年4月6日，伟烈亚力生于伦敦，其父亲是苏格兰人，他排行第四，是最小的儿子。年轻时，他就希望到中国，在没有师授的情况下，自己开始学习汉语。他买了一本法国耶稣会士马若瑟（Joseph Henry-Marie de Prémare，1666-1736）用拉丁文写的汉语语法著作 Notitia Linguae Sinicae，为了读懂它，他开始学习拉丁语，后来又从英国海外圣经公会（British and Foreign Bible Society）得到《新约圣经》之汉文译本，便开始认真学习汉语。1846年，当英国伦敦会（London Missionary Society）传教士、汉学家理雅各（James Legge，1815-1897）返回伦敦时，他急切希望为伦敦会找到一位合适的人选，来负责上海墨海书馆的印刷事务。有人向理雅各推荐了伟烈亚力，他们见面之后，使理雅各颇感惊奇的是，仅凭马若瑟汉语语法著作和《新约圣经》的情况下，伟烈亚力竟然能够阅读中文福音著作，并粗通大意。不久，伦敦会派他去学习了六个月的印刷，理雅各并教他学习中文。第二年（1847），伟烈亚力作为印工，被伦敦会派往中国，在航行133天之后，于8月26日，和慕维廉、Benjamin Southwell（1822-1849）同时抵达上海。

到达上海的第二天，伟烈亚力马上给伦敦会的 A. Tidman 牧师写了一封信，报告了自己初到上海的一些情况，他当时和慕维廉、麦都思住在一起，Benjamin Southwell 则和传教士医生雒魏林（雒颉，William Lockhart，1811-1896）合住。慕维廉也曾写道：

我们受到了本会前辈麦都思博士和雒魏林很好的接待，在预定的时间我们被安排在不同的地方。他们已经在上海住了四年，是新教传教工作在北华（North China）的先驱者。[1]

鸦片战争之后，中国和英国签订和约，麦都思即至香港，后至上海，于1843年创立墨海书馆。[2]除香港和澳门外，墨海书馆较早采用西方传入的铅字印刷机器，伟烈亚力在那里主要是负责《圣经》和福音著作的印刷，他到上海不久，新的印刷机运到，但损坏严重，不能开始工作，次年6月，印刷机已开始正常运转，他同时努力学习汉语，散发布道品。印刷机的传入，使成本下降，但伟烈亚力在墨海书馆的工作却因此极为繁忙，他曾写道："我的时间整个被印刷占去，机器从早上一直开到第二天凌晨2、3点。"[3]他投身印刷工作，尽心尽职，同时又学习了法、德、俄文，以及满文和蒙古文，甚至希腊文、维吾尔文和梵文。他博览东亚历史、地理、宗教、哲学、艺术和科学著作，是一位出色的汉学家。[4]

墨海书馆是当时中西学人接触的重要场所，文人王韬和著名数学家李善兰，都先后在这里参与西方著作的翻译工作，徐有壬、郭嵩焘，以及徐寿、华蘅芳等对西学有兴趣的文人都曾访问过墨海书馆。当徐寿、华蘅芳见到合信的《博物新编》之后，对西方科学"新理"表示了极大兴趣，当时伟烈亚力、韦廉臣和李善兰在那里翻译《谈天》和植物学等书，因此徐寿、华蘅芳有机会和他们相谈，后来又见到了艾约瑟、慕维廉、杨格非（Griffith John，1831-1912）等传教士，在墨海书馆汲取西学新知，开阔了他们的视野，为日后

---

[1] William Muirhead, *China and the Gospel* (London, 1870), p.161.
[2] 关于麦都思生平，参见《麦都思行略》，载伟烈亚力编《六合丛谈》卷一，4号，第7—12页，北京图书馆善本部藏，《六合丛谈》也有日本刻本，但删除了宗教内容，日本关西大学图书馆藏。
[3] 1854年6月26日信，伦敦大学亚非学院藏。
[4] 参见 James Thomas 写的伟烈亚力小传，载 A. Wylie, *Chinese Researches* (Shanghai, 1897).

的科学活动打下了基础。

伟烈亚力和李善兰在墨海书馆的翻译活动,是19世纪西学传入中国的重要事件,下节将详加讨论。除此之外,伟烈亚力也参与了江南制造局翻译馆的译书工作,翻译馆是1867年冬,经徐寿、华蘅芳之倡议开始工作的。伟烈亚力和徐寿合译了英国美以纳、白劳那合撰的有关蒸汽机的著作,名为《汽机发轫》,1871年由江南制造局刊刻,伟烈亚力之所以翻译此书,很可能受到了徐寿的怂恿,因为徐寿对蒸汽机颇感兴趣,并首次研制了轮船"黄鹄"号。此外,伟烈亚力还对《谈天》进行了增订,由徐建寅协助,1874年10月在上海出版。他还译过《分光求原》一书,但未出版。[1]

1864年,麦都思之子、英国驻上海领事麦华陀(Walter Henry Medhurst,1823-1885)建议设立格致书院,同年三月二十四日,伟烈亚力被推举为四位西人董事之一。1874年又推举他开具科学书目,以便购买,实为上海格致书院主要创办人之一。[2] 此外,1872年伟烈亚力曾参与"有用知识在中国的传播"的会议[3],与会者还有美国传教士丁韪良(W. A. P. Martin,1827-1916)等人;同年,传教士卢公义(Justus Doolittle,1824-1880)在福州出版的《中文词汇手册》的天文数学术语,也是由伟烈亚力完成的。[4]

在上海负责墨海书馆印刷事务期间,伟烈亚力热心传教,经常到附近地区布道。1860年,他离开上海回到英国。在英国期间,他由伦敦会转到英国海外圣经公会,作为该会代理人,1863年11月,经由圣彼得堡和西伯利亚到达北京,一直负责到1877年离开中国。1868年,在伦敦会传教士杨格非的陪同下,到了四川、汉口等地,

---

〔1〕 熊月之《西学东渐与晚清社会》,上海:上海人民出版社,1994年,第531页。
〔2〕 李志刚《基督教早期在华传教史》,台北:台湾商务印书馆,1985年,第184页。
〔3〕 "Diffusion of Useful Knowledge in China," *The Phoenix* Vol.2, p.171.
〔4〕 A. Wylie, "(Glossary of Chinese) Mathematical and Astronomical Terms," in J. Doolittle, *A Vocabulary Handbook of the Chinese Language* (Fuchow, 1872), Vol.2, pp.354-364.

经历了五个多月,行程达 2500 英里。期间,他访问了清代十八省中的十四个省[1],经常冒着生命危险。美国传教士林乐知(Young John Allen, 1836-1907)在《中国教会新报》以"伟烈先生回申"为标题,对此也作了报道:

> 伟烈先生,大英人也。自今年正月动身至汉口,与大英杨教师结伴周游中国十八省宣道,分而至各处,有纯善接待之区,有狼毒残害之境,大受窘逐,惟照主之道理忍耐,忍受劳苦,于二十三日又回上海,与上海会中人见之,不胜喜跃矣。[2]

除上述科学和传教活动之外,伟烈亚力也编辑了一些杂志,如 1857 年(咸丰丁巳)初,创办了《六合丛谈》,由墨海书馆印行。[3] 前有他 1857 年元月(咸丰丙辰十二月)写的小引,称:

> 溯自吾西人越七万余里,航海东来,与中国敦和好之谊,已十有四年于兹矣。……今予著《六合丛谈》一书,亦欲通中外之情,载远近之事,尽古今之变,见闻所逮,命笔志之,月各一编。罔拘成例,务使穹苍之大,若在指掌,瀛海之遥,如同衽席,是以琐言皆登诸记载,异事不壅于流传也。是书中所言天算舆图,以及民间事实,纤悉备载,粤稽中国,载籍极博,而所纪皆陈迹也。

道出了此书出版之宗旨,欲以中外新知来替代陈旧的知识体系,让人知道世界发展之大势。此刊在某种程度上继承了 1853 年香港创

---

[1] William Muirhead, *China and the Gospel* (London, 1870), p.143.
[2] 林乐知主编《中国教会新报》卷一,1868 年第 4 期(9 月 26 日)。
[3] 韩琦《〈六合丛谈〉之缘起》,《或问》2004 年第 8 期,第 144—146 页。

刊的《遐迩贯珍》(*Chinese Serial*)的编纂风格[1]，内容涉及天文学、地理、化学和历史，也及时介绍了一些新的出版物，如慕维廉的《大英国志》、祎理哲（Richard Quarterman Way, 1819-1895）的《地球说略》、合信的《西医略论》，以及艾约瑟自1852年（咸丰壬子）以来每年所编的通书等。此外《西国天学源流》一文，分多期刊载，介绍了西方天文学发展的历史脉络，最后详细谈到了第谷的生平；对化学元素研究的最新进展，也作了报道。撰稿者有伦敦会的慕维廉（关于地理）、艾约瑟（关于西学）、韦廉臣（Alexander Williamson, 1829-1890）（撰写"真道实证"，寓科学于宗教，即自然神学的内容）和蒋敦复、王韬（利宾）等华人，基本上都是在墨海书馆工作的同事，其中《西国天学源流》未题作者，实际上是伟烈亚力口译、王韬写成的，后来此文收入王韬《西学辑存六种》中。

在19世纪50年代，一些西方有识之士认识到，欧洲和中国的交往，仅靠茶叶、丝绸等物品的贸易是远远不够的，还需要精神层面的交流，因此创立了皇家亚洲学会北华分会（习称亚洲文会，North China Branch of the Royal Asiatic Society）。《中国文库》(*Chinese Repository*)第一位编辑、美国传教士裨治文（E. C. Bridgman, 1801-1861）担任学会首任主席，1857年10月16日发表了就任演说，后来伟烈亚力出任学会副主席，并经常给亚洲文会杂志撰稿，也为杂志的编辑出过力。

《教务杂志》(*Chinese Recorder*)1867年元月创立于福州，由美国传教士保灵（S. L. Baldwin, 1835-1902）和卢公义牧师主编。不久移到上海出版，1874年伟烈亚力接替编辑工作，对有关历史、地理的文章给予了较大的篇幅，此刊发表了一批佳作，其中不乏新见，如俄国汉学家鲍乃迪（Archimandrite Palladius, 1817-1878）和贝

---

[1] 卓南生《中国近代新闻成立史1815—1874》，东京：株式会社ぺりかん社，1990年。

勒（E. V. Bretschneider，1833-1901）关于古代中西交流的文章，即是其中的代表。这是伟烈亚力在华最后的重要工作，由于年事已高，以及不断校订中文《圣经》，过度的疲劳，导致他视力的衰退，使他被迫于1877年7月回到英国。他的离去，对中国历史和地理的研究是一个很大的损失，无论作为撰稿人和编者，他都付出了大量心血。回国前夕，吴江沈寿康有诗相赠：

> 抱道来华三十年，书成微积与谈天。
> 重洋跋涉休嫌远，赢得才名到处传。
> 阅遍山川眼界开，校书终岁又敲推。
> 罗胸星宿谁能似，格致探源众妙该。
> 仁爱谦和迥出群，情深古道重斯文。
> 樗材不意蒙陶铸，攻玉他山重赖君。
> 屈指归途几万程，赋诗草草送君行。
> 殷勤赠别无多语，早盼征轺返沪城。[1]

此诗是对伟烈亚力在华活动的全面写照和高度评价，他来华整整30年，为人"仁爱谦和"，给中国文人留下了深刻的印象，上面这首诗表达了他们对伟烈亚力的怀念之情，并希望他能再度回到上海，但不幸的是，他回国后眼疾加剧，未能如愿。1883年2月6日，他因病双目失明，身体日趋虚弱。最后两年，他卧病在床，1887年2月6日去世。1848年，伟烈亚力在上海和Mary Hanson小姐结婚。第二年，夫人去世，留下一个女儿，此后伟烈亚力未再娶。

（二）墨海书馆的科学活动

上海开埠，逐渐成为新教传教士活动的重要场所，大量西方科

---

[1]《申报》1877年6月30日，第3页；亦载1877年7月7日《万国公报》。

学译著亦在上海出版,继澳门、香港和宁波之后,成为印刷的中心。新教传教士在某种程度上替代了耶稣会士在明末清初所扮演的角色,其主要活动已不再局限在宫廷,而深入民间,和文人合作。译书工作由传教士口述,中国学者笔录,最后由中国文人对译著加以润色。明末清初耶稣会士和中国文人一起翻译的西方科学著作,是伟烈亚力和李善兰翻译工作的基础,如许多数学词汇沿袭了清初的翻译著作。李善兰虽然不懂英文,但由于他在数学方面天赋极高,使他能很好领会西方数学内容,同时能恰当创造一些新的词汇,为后世所沿用。

从1847年到达上海至1860年返回伦敦,伟烈亚力一直为伦敦会服务,负责墨海书馆的印刷工作。1860年之后,华花圣经书房从宁波迁到上海,改名美华书馆,由于其印刷能满足当时传教之需要,很快代替了墨海书馆的地位。[1] 1863年之后,他为英国海外圣经公会服务,主要负责《圣经》的散发工作。

伟烈亚力在墨海书馆一共出版了四部数学著作,其中三部是和李善兰合译的,即《几何原本》后九卷(1856年,松江1857年)、《代微积拾级》十八卷(1859)、《代数学》十三卷(1859),他们还一起翻译了一部天文学著作,即《谈天》十八卷(1859)。这些书的出版,是他们通力合作之结晶。李善兰和艾约瑟翻译的《重学》二十卷(1859),伟烈亚力也曾参与部分工作。[2]

伟烈亚力撰写的第一部数学著作是《数学启蒙》,1853年在墨海书馆活字印刷,书凡二卷,前有自序称:

> 余自西土远来中国,以传耶稣之道为本,余则兼习艺能。

---

[1] Gilbert McIntosh, *The Mission Press in China* (Shanghai, 1895), pp.38-39.
[2] 见伟烈亚力《数学启蒙》,金咸福跋。关于《重学》的底本和翻译,参见邓亮、韩琦《〈重学〉版本流传及其影响》,《文献》2009年第3期,第151—157页;韩琦《李善兰、艾约瑟译胡威立〈重学〉之底本》,《或问》2009年第17期,第101—111页。

爰述一书，曰《数学启蒙》，凡二卷，举以授塾中学徒，由浅及深，则其知之也易。譬诸小儿，始而匍匐，继而扶墙，后乃能疾走。兹书之成，故教之匍匐耳。若能疾走，则有代数、微分诸书在，余将续梓之。俾览其全者，知中西二法，虽疏密详简之不同，要之名异而实同，术异而理同也。

此序体现了伟烈亚力的长远设想，即采用循序渐进的方式，实现其翻译计划，可以说，之后《代数学》《代微积拾级》的出版，也是这一理想的逐步实现，在某种程度上也体现出他的译书策略。在序中，他之所以要对中法西法之异同加以说明，是针对清代著名数学家梅文鼎之孙梅毂成首倡借根方和元代天元术相同的说法，引起乾隆中期之后对中西数学优劣的争论[1]，致使当时数学家以为天元术更为精密，而不再研习借根方。伟烈亚力指出中西数学道理相通，对学习西方数学是很好的借口，也是一项折中之举。

《数学启蒙》介绍的是初等数学知识，包括加减乘除法则、通分、约分，以及开平方、开立方、对数、对数表等内容，此书的基础是康熙御制的《数理精蕴》，有些练习题则参考了利玛窦、李之藻的《同文算指》和陈杰的《算法大成》。李善兰是在书出版前一年（1852）到达上海的，曾参与此书的润色和修订。[2]此书出版后，曾多次再版[3]，反映了读者对此书的需求。

伟烈亚力和李善兰的真正合作，当以续译《几何原本》后九卷

---

[1] 在某种程度上，这场争论与宋元数学的复兴有密切关系，参见韩琦《数学的传入及其影响》，载董光璧主编：《中国近现代科学技术史》，长沙：湖南教育出版社，1997年，第115—119页；《西方数学的传入和乾嘉时期古算的复兴：以借根方的传入和天元术研究的关系为例》，载祝平一主编《中国史新论：科技与中国社会》，台北：联经出版事业有限公司，2010年，第459—486页。
[2] 《数学启蒙》英文序，及 William Lockhart, *The Medical Missionary in China: A Narrative of Twenty Years' Experience* (London, 1862, second edition), p.347。
[3] 除墨海书馆本以外，还有1886年著易堂活字本，1897年石印本，1914年《古今算学丛书》本，此外日本亦有翻刻本。

为始。1857年，李善兰在序中称：

> 壬子（1852）来上海，与西士伟烈君亚力约续徐利二公未完之业。伟烈君无书不览，尤精天算，且熟习华言，遂以六月朔为始，日译一题。中间因应试避兵诸役，屡作屡辍，凡四历寒暑始卒业。[1]

徐光启、利玛窦合译的《几何原本》前六卷，因非完本，令后世学者颇为遗憾，有的学者（如梅文鼎）甚至以为"有所秘耶，抑义理渊深，翻译不易故耶"[2]。针对这一想法，伟烈亚力解释道："学问之道，天下公器，奚可秘而不宣"，因此欣然担任《几何原本》后九卷的翻译工作，这一方面"继利氏之志"，同时"亦解梅氏之惑"，消除了二百多年来学者的遗憾。当时有人认为西方人来中国之目的，是"借历算为名，阴以行其耶稣主教者"。《几何原本》后九卷的翻译，其作用在于打破中国人所认为的传教士"秘而不宣"的想法，有利于中国人和西方人之沟通，也利于传教事业之发展。

《几何原本》后九卷译自英文本，有人认为可能是根据英国数学家、牛顿之师 Issac Barrow（1630-1677）1660年的底本[3]，但仍需详加考证。250多年之后，《几何原本》全译本之出版，总算圆了中国人的梦。此书出版后，引起了很大反响，时人即把伟烈亚力、李善兰和利玛窦、徐光启的翻译相提并论，这并不为过。

《几何原本》后九卷翻译完成后，接着伟烈亚力和李善兰又合作翻译了《代数学》和《代微积拾级》。前者译自英国数学家棣么甘（Augustus de Morgan, 1806-1871）*Elements of Algebra*（1835）

---

[1] 李善兰《几何原本》序，同治四年（1865）刻本。
[2] 《几何原本》伟烈亚力序。
[3] 钱宝琮主编《中国数学史》，北京：科学出版社，1981年，第324页。

一书，1859年由墨海书馆活字印刷。在此书中，伟烈亚力首先解释了代数及其历史，并批评"阿尔热巴拉"即"东来法"说法之错误：

> 近代西国，凡天文、火器、航海、筑城、光学、重学等事，其推算一皆以代数驭之，代数术略与中土天元之理同，而法则异，其原始即借根方，西国名阿尔热巴拉，系天方语，言补足相消也，昔人译作东来法者非。此法自始至今，屡有更改，愈改愈精，故今之代数，非昔可比，虽谓今之新学也可。[1]

此序是为了说明，清初康熙时代编译的《借根方比例》（即代数学），在后来又得到了长足的发展，代数学比"借根方"更为先进。在翻译中，他们既没有用传统的"天元"一词，也没有沿用清初的"借根方"和"阿尔热巴拉"（Algebra），而创用"代数"一词，给人以全新的概念，这种译法，可避免产生某种误会。一则区别于"借根方"，一则也说明和"天元术"之不同，表现出伟烈亚力和李善兰对数学名词定名之审慎。

《代微积拾级》，1859年出版，译自美国数学家罗密士的 *Elements of Analytical Geometry and of the Differential and Integral Calculus*（1850）[2]，这是微积分理论第一次传入中国。此书创立了许多新的名词，书名中"代"指"代数几何"（即解析几何），"微"指微分，"积"指积分，书名的意思就是关于解析几何、微分和积分的基础。它的翻译，很大的原因是因为当时有一批中国数学家对级数研究的兴趣。此书出版后不久，在文人中引起了很大反响，如徐有壬、冯

---

[1] 伟烈亚力《代数学》1859年序。
[2] A. Wylie, *Memorials of Protestant Missionaries to the Chinese* (Shanghai, 1867), p.174.

桂芬、顾观光、夏鸾翔等，都不同程度上对微积分表示关注，促进了对微积分的学习与研究，冯桂芬还写了一本微积分的著作《西算新法直解》，试图对《代微积拾级》进行疏解，但因其改变了原来的数学表达方式，因而遭到时人之非议。

《谈天》则译自 John Frederick William Herschel（1791-1871）的 *Outlines of Astronomy*[1]，题英国侯失勒原作，伟烈亚力口译，李善兰删述，咸丰己未（1859）墨海书馆活字印刷。在英文序中，伟烈亚力称赞中国人自古以来是勤奋的观测者，积累了丰富的天象资料，能够在一定程度上预测天象，但并没有解释复杂天象的原因，翻译侯失勒著作之目的就是更为完整地向中国人介绍欧洲天文学的发展，包括天文的事实、理论、研究成果和现象，以证明上帝之伟大。[2]此书还有李善兰的序，不点名地批评阮元、李锐在《畴人传》中对日心说的妄评，即认为日心说"以天为静，以地为动，动静倒置，违经畔道"。

《谈天》出版之前，只有为数不多的书刊介绍了一些西方天文学知识。值得一提的是，《谈天》创用了一些新的天文学词汇，如在描写月球理论时使用了"摄动""出差"等概念。从1859年出版以来，颇受读者青睐，曾多次翻印，除墨海书馆活字本之外，还有同治年间的活字本和木刻本，后两者增加了"侯失勒传"和像，为伟烈亚力和徐建寅所增，当刻于江南制造局，根据的是英文的第十版，增加了十五年来天文学的新发现。[3]

伟烈亚力和李善兰在墨海书馆的另一项重要工作，则是翻译英国著名数学家牛顿的《自然哲学的数学原理》（*Mathematical*

---

[1] William Lockhart, *The Medical Missionary in China* (London, 1862), p.350.
[2] 瑞典友人罗闻达（Björn Löwendahl）先生曾藏有伟烈亚力赠侯失勒的《谈天》译本（上有签名），有英文序。参见 William Lockhart, *The Medical Missionary in China* (London, 1862), pp.351-352.
[3] *The Chinese Recorder and Missionary Journal.* Shanghai, 1875, Vol.6, p.239.

Principles of Natural Philosophy），当时译作《奈端数理》。此书50多年来已不知下落，1995年春，笔者在伦敦大学亚非学院图书馆欣喜地发现了《奈端数理》的稿本，傅兰雅曾提及李善兰"又与伟烈亚力译《奈端数理》数十页"[1]，当指此稿本而言。此稿本亦称《数理格致》，卷首给出了八个"界说"（即定义），此外还有公论三则，是关于牛顿运动三定律的首次介绍。此稿内《数理钩元》卷一"动理"，第一章、第二章分别介绍11个引理、向心力；第三章介绍物体在圆锥曲线上的运动；第四章由已知焦点求椭圆、抛物线、双曲线轨道。可知《数理格致》翻译介绍了牛顿《自然哲学的数学原理》的定义、运动的公理和定理，以及第一编"物体的运动"的前四章。

早在乾隆时代，在耶稣会士戴进贤和徐懋德的帮助下，编成了《历象考成后编》，书中提到牛顿（当时译为"奈端"）的名字，其中有关月球理论和月离表是根据戴进贤的朋友、德国耶稣会士天文学家N. Grammatici的著作编写的[2]，后者的基础是牛顿有关月球的理论，但牛顿学说并没有系统介绍到中国来。因此《奈端数理》一书，是牛顿《自然哲学的数学原理》的真正翻译介绍，在中国科学史上具有重要意义。[3]

（三）中国科学史研究的倡导

伟烈亚力不仅把一些西方科学著作翻译成中文，同时，也撰写了不少有关中国科学史的文章，是中国科学史研究的先驱之一。他

---

[1] 傅兰雅《江南制造总局翻译西书事略》，《格致汇编》光绪六年（1880）五月，卷三，第5期，第11页。
[2] 见韩琦《戴进贤》，载杜石然主编《中国古代科学家传记》（下），北京：科学出版社，1997年，第1330—1332页。韩琦《戴进贤与〈历象考成后编〉之月离表及其底本》（载陈美东主编《中国科学技术史·天文学卷》，北京：科学出版社，2003年，第712—714页）详细考证了月离表的来源。
[3] 关于《奈端数理》的内容以及翻译、流传经过，参见韩琦《〈数理格致〉的发现：兼论19世纪以前牛顿学说在中国的传播》，《中国科技史料》1998年第2期，第78—85页。

对中国科学的喜爱，或许出自他对中国人的友好。在《代数学》序中，他这样写道："余自欧洲航海七万里来中土，实爱中土之人"，这是他对中国人友好感情的流露。

1850年，奚安门（Henry Shearman, ?-1856）在上海创刊《北华捷报》（North China Herald），每周一期。由于当时上海电报尚未开通，通讯不便，新闻很少，因此奚安门在《北华捷报》开辟了一些版面，刊登科学文章。19世纪50、60年代，伟烈亚力在《北华捷报》等杂志上发表了大量文章，主要讨论中国历史，中国数学史和天文学史是其中的重要内容。除了关于明代在西安发现的景教碑文的考证外，早在1852年，伟烈亚力在《北华捷报》连续刊载了《中国算学说略》一文[1]，这是他撰写的第一篇专门讨论中国古代数学成就的论文。据伟烈亚力所言，此文的目的是引起读者对中国算学的注意，并纠正当时一些出版物的错误说法。[2]

梅文鼎关于西学和中国传统科学关系的论述，曾引起伟烈亚力的兴趣。由于当时一些学者受西学影响，忽视了中国传统科学的内容，梅文鼎试图找回这一失去的传统[3]，并从多方面予以证明，伟烈亚力对梅文鼎的观点是非常熟悉的。康熙时代御制的《数理精蕴》在一开头也有类似的观点。"西学中源"说认为西方天文历算知识来自中国，这一说法初看起来有些可笑，但伟烈亚力深深感到，有必要进行更深入之探讨，如中国当局在多大程度上相信这一看法，其根据何在。伟烈亚力并用一些事实来说明中国古代也有一些数学知识，也可以说"西学中源"说之盛行，是他研究中国传统数学的原因之一。

---

[1] A. Wylie, "Jottings on the Science of the Chinese Arithmetic," *North China Herald*. 1852 (Aug.-Nov.), Nos. 108, 111-113, 116-117, 119-121. 此文后来在 *Shanghai Almanac and Miscellany* 和 *Chinese and Japanese Repository* 中又重载。

[2] A. Wylie, "Jottings on the Science of the Chinese Arithmetic," in *Chinese Researches*, p.159.

[3] 梅文鼎在《历学疑问》及《历学疑问补》中，对中西历算的关系从多方面进行了论证。

伟烈亚力对中国古代数学成就，从多方面给予了高度评价。他对中国数学史的研究，主要包括对传统数学典籍的介绍，如《九章算术》《周髀算经》《五曹算经》《数术记遗》《夏侯阳算经》《张邱建算经》及王孝通《缉古算经》等，特别是对《九章算术》的具体内容进行了介绍，宋元数学家的一些工作，如秦九韶的《数书九章》，杨辉的《详解九章算法》《详解日用算法》《乘除通变本末》，李冶的《测圆海镜》也是他讨论的重点，而这和后来《中文文献提要》（Notes on Chinese Literature）一书是一脉相承、互为补充的。

关于《孙子算经》的不定分析，伟烈亚力用数页的篇幅专门进行了论述。[1]他还翻译了《数书九章》"大衍求一术"问题和它的说明[2]，由于秦九韶对不定分析问题作了完整的解释，使得伟烈亚力能够很好加以理解。

伟烈亚力还对秦九韶《数书九章》高次方程的解法给予了高度评价。众所周知，宋元时代对高次数字方程求根的近似值的做法，是我国数学的杰出贡献。而在欧洲，1802年，一个意大利的科学协会为了改进高次方程的解法，曾设立金质奖章，为Paolo Ruffini所得。1819年，英国数学家霍纳（William George Horner, 1786-1837）独立发展了一个相同的方法，他们的方法得到广泛传播，并为一些教科书所采用。而这一发现在伟烈亚力来华之前不久刚出现，因此当他看到秦九韶的著作之后，便敏锐地注意到了《数书九章》的方法和霍纳法的相似性。伟烈亚力认为"玲珑开方"中的方法，在欧洲是最近的事情，他列举了秦九韶著作中的一个例子，并给出了具体的演算方法，他认为秦九韶的方法，和1819年霍纳法是一致的，因此他认为这项发明权应属于中国，他写道：

---

[1] A. Wylie, "Jottings on the Science of the Chinese Arithmetic," in *Chinese Researches* (Shanghai, 1897), pp.159-194. 参见李约瑟《中国科学技术史》数学卷，北京：科学出版社，1978年，第269页。

[2] 同上李约瑟书，第270页。

情况似乎是：一些人已经认为对霍纳法的发明权之争是有道理的，也许使欧洲朋友始料不及的是，在天国（即清朝帝国）发现了第三位竞争者，他有相当的机会能够要求对这个发明的优先权。[1]

此外伟烈亚力还详细论述了"天元术"，批评了西方一些学者所认为的中国数学没有位值制的概念。对于中国古代位值制的重要意义，李约瑟在《中国科技史》数学卷"记数法、位值制和零"一节也有很高的评价，他说："如果没有这种十进位制，就几乎不可能出现我们现在这个统一化的世界了。"[2]对于中国古代传统数学的十进位制，伟烈亚力也给予了高度的评价。并以天元术为例进行说明，他认为天元术的表达方式，比欧洲 Harriot 发明的方程表述法要早五个多世纪。[3]朱世杰《四元玉鉴》中的四元术是伟烈亚力感兴趣的另一个重要问题，他并对宋元数学在明代传播接受的情况进行了论述，如顾应祥对天元术的无知，也从历史的观点加以说明。接着，伟烈亚力介绍了西方代数学（借根方）在中国的传播情况，并认为"借根方"并没有比天元术显示出任何优点，这是当时一些中国人的共识，但同时他指出"阿尔热巴拉"为"东来法"，即西方代数学来自中国的说法是错误的。伟烈亚力的论述，和当时的情况密切相关，后来艾约瑟撰写《阿尔热巴喇附考》一文，也是基于同样的考虑，并参考了伟烈亚力的文章，艾约瑟称：

---

[1] A. Wylie, *Chinese Researches* (Shanghai, 1897), p.185. 关于秦九韶方法和霍纳法之比较，参见钱宝琮主编《中国数学史》（北京：科学出版社，1964年）。值得注意的是，伟烈亚力所编《数学启蒙》也介绍了霍纳法。
[2] 李约瑟《中国科学技术史》（数学卷），北京：科学出版社，1978年，第333页。杜石然、梅荣照《评李约瑟著〈中国科学技术史〉一书的数学部分》，《科技史文集》第8辑，1982年，第1—9页。
[3] A. Wylie, *Chinese Researches* (Shanghai, 1897), p.182.

英国伟烈先生，于咸丰三年时，寓居上海，著《中国算学说略》一幅，列入上海历书。此历书乃以英文集成，为英人居于上海用者。其书内云：康熙年间，钦天监中欧罗巴洲人，翻有借根方算学书一部，其名无考。彼时中国不知有天元算法，何以言之。国朝命官著订《律例（历）渊源》时，曾用借根方，未用天元方，想其不知算学中有是书，且中国于论借根方时，谓阿尔热巴喇为译言东来法，乃出人意表之差。或昔时上呈御览时，有误用之语，亦未可知，名其书为阿尔热巴喇，乃亚喇伯语，即有能复原之消化法。吾言中国著《律例（历）渊源》时，不知有天元书，亦大有证据，天元一，彼书用为一根，天元之正负，彼书用为多寡，天元之通数，彼书用为等书。尝考通数根之算法书，而天元一又较胜于借根方矣。[1]

伟烈亚力《中国算学说略》一文发表后，很快由 Biernatzki 首先译成德文[2]，在欧洲产生了很大反响[3]。巴黎科学院的永久秘书 Joseph Bertrand 也认为在 *Journal des Savans* 杂志刊载两篇（伟烈亚力）的长文对西方数学家来说也是必要的[4]，这体现了这篇文章的重要学术价值。这是伟烈亚力研究中国科学史的开始，是对中国科学史研究的重要贡献，他的文章现在仍有参考价值。伟烈亚力对中国古代数学的评论基本上是正确的，但也有一些地方和史实有出入，如认为《赤水遗珍》的作者是梅文鼎，并认为李善兰是李锐的亲戚，戴煦是杭州的一位官员，等等。

伟烈亚力在中国期间还购买了大量中国算书，这是他研究的资

---

[1] 载《中西闻见录》第8号。
[2] K. L. Biernatzki, "Die Arithmetik der Chinesen," *Journal für reine und angewandte Mathematik*. (52) 1856, pp.52, 59.
[3] 如 Cantor 就利用过这个译本，参见李约瑟《中国科学技术史》数学卷，第272页。
[4] Henri Cordier, "Life and Labours of Alexander Wylie," in A. Wylie, *Chinese Researches*, p.11.

料基础，从中也可看出他对中国古代数学的浓厚兴趣，他的藏书，还有许多保存在牛津大学。

对19世纪中叶的西方人来说，在阅读中国古书的时候，若没有中国人的帮助，常常遇到的困难是，一些人名和引文很难查找，在一位汉学家的建议下，伟烈亚力撰写了《中文文献提要》一书，其目的就是为了克服这个困难，为西方汉学家提供方便。此书的绝大部分在他1860年离开中国之前已基本完成，1864年，当伟烈亚力回到上海时，由于朋友的敦促，遂决定完成此书。此书体例上仿照《四库全书》经史子集的编排方式，书中介绍的大多数书在《四库全书》中也能找到。此书一共对两千多种著作进行了解题介绍，在导言中，他首先介绍中国书籍的收藏情况，并列出了一些中文著作的西文译本，便于西方人参考。

值得注意的是其中关于天算著作的论述，最能代表其水平。其中不仅包括了《四库全书》中业已收录的《周髀算经》《九章算术》等著作，还增加了大量新出版的著作，如李善兰的《方圆阐幽》、徐有壬的《务民义斋算学》等，对上述著作，伟烈亚力都给予了十分恰当的评价。此书在数量和规模上已大大超过《中国算学说略》一文，论述更为全面。另一方面，他对耶稣会士翻译的西方科学著作也用很大篇幅进行了介绍，其中不乏新的见解。每篇提要虽然下笔简练，评论却十分得当，由于受到西方良好的教育，使他在阅读耶稣会士的中文译著时，能够敏锐地发现一些问题，如他指出《历象考成后编》中已经翻译介绍了开普勒第二定理（面积定理）。[1]另外，他还介绍了不少中医书籍，以及当时刚刚传入的西医著作，如合信的《全体新论》等书。[2]

---

[1] A. Wylie, *Notes on Chinese Literature: with Introductory Remarks on the Progressive Advancement of the Art; and A List of Translations from the Chinese, into Various European Languages* (Shanghai, 1867), p.89. 伟烈亚力在《数学启蒙》卷二也敏锐地指出传入中国的对数表为荷兰数学家佛拉哥所编，称"现中华通行之本，乃佛拉哥手订之书也"，由此可见，伟烈亚力对西方科学史也是相当熟悉的。

[2] A. Wylie, *Notes on Chinese Literature* (Shanghai, 1867), p.85.

此外，伟烈亚力在上海期间，对亚洲文会的工作也十分热心，并在其会刊上发表了有关中国天文学史的文章。[1] 1881年，在柏林召开的大会上，他报告了元代的天文仪器一文[2]，介绍了北京古观象台天文仪器的历史。

（四）中国科学的宣传者

除了翻译西方科学著作、对中国科学史的研究之外，伟烈亚力还热情地撰文宣传当时中国科学的发展。在《六合丛谈》中，他介绍了中国数学的新进展，如"造表新法"对李善兰、徐有壬等数学家研究级数展开式的新成果及时进行了报道：

> 海宁李善兰未见杜氏、董氏、陈氏、徐氏之书，别从平圆平方较积悟入，创立平尖锥、立尖锥……著《方圆阐幽》。……徐氏集诸家术，参以己见，成《造表简法》，凡五术……至《务民义斋算学》，已风行海内，今不赘。[3]

他也介绍了数学家戴煦的《对数简法》和《续对数简法》，又在其所著英文《中文文献题要》一书中，对《对数简法》加以评论：

> 如他（按：指戴煦）所认为的，首次发现了一个求常用对数的简捷的表，此表似乎与纳皮尔（Napier）的对数体系相同，但有理由表明作者对纳皮尔的成果是不知的，在一补充中，他得出了一个更进一步的改进办法，大大运用了纳尔模数，这

---

[1] A. Wylie, "Notes on the Opinions of the Chinese with regard to Eclipses," *JRAS/NCB*, No.3 (1866), pp.71-74; "Eclipses Recorded in Chinese Books," *JRAS/NCB*, 1867, pp.87-158.
[2] A. Wylie, "The Mongol Astronomical Instruments in Peking," in *Chinese Researches* (Shanghai, 1897).
[3] 《六合丛谈》一卷七号。

是他在运算过程中得出的。[1]

19世纪中叶，是中国数学史上的重要转折期，一批数学家在二项式定理、三角函数的互求和幂级数展开式、椭圆求周术诸方面取得了丰硕的成果，使得晚清数学呈现出丰富多彩的局面。1859年，在《代微积拾级》序言中，伟烈亚力对当时的研究成果给予了高度评价：

> 微分积分为中土算书所未有，然观当代天算家，如董方立氏、项梅侣氏、徐君青氏、戴鄂士氏、顾尚之氏，暨李君秋纫所著各书，其理有甚近微分者。[2]

伟烈亚力之所以能及时介绍当时中国数学的最新成就，其信息当来自李善兰等与墨海书馆有直接接触的文人。另外值得一提的是所谓"中国定理"（Chinese Theorem），它是指：若 $2^p-2 \equiv 0$（mod p），则 p 为素数，这也就是费马定理的逆定理。1869年，李善兰在上海，把上述判定素数的方法当面交给了伟烈亚力，伟烈亚力觉得这项发明很重要，但自己又不懂，因此当他南下香港时，便把它译成英文，标以"中国定理"之名投寄一家杂志，此后数月间，有四位读者就此问题进行了讨论，也有人指出定理之谬。后来李善兰大概得知了这些讨论，于是在他后来发表的《考数根法》中删去了这一定理，但由此可看出伟烈亚力对李善兰成果的重视。[3]

---

[1] A. Wylie, *Notes on Chinese Literature* (Shanghai, 1867), p.128. 伟烈亚力又在 *Chinese Researches* (1897, p.194) 一书中提到戴煦的著作正在刊印中。

[2] 《代微积拾级》咸丰九年伟烈亚力序，墨海书馆刊本。伟烈亚力在其他著作中也曾提及，见：（1）《六合丛谈》1857—1858年，上海；1859年日本复刻本。（2）*Notes on Chinese Literature* (Shanghai, 1867)。（3）*Chinese Researches* (Shanghai, 1897)。

[3] 韩琦《康熙时代传入的西方数学及其对中国数学的影响》，中国科学院自然科学史研究所博士学位论文，1991年，第57—58页；韩琦《李善兰"中国定理"之由来及其反响》，《自然科学史研究》1999年第1期，第7—13页；Han Qi and Siu Man-keung, "On the Myth of An Ancient Chinese Theorem about Primality," *Taiwanese Journal of Mathematics* 12(4) (July 2008), pp.941-949.

在大量阅读中国古代科学著作的基础上，伟烈亚力对中国科学给予了较为公正的评价，他还把自己的见解介绍给欧洲读者，并试图改变西方人对中国科学的看法。在大英图书馆，笔者发现了伟烈亚力写给当时英国著名数学家 Charles Babbage（1792-1871）的一封信，其中阐述了对中国科学的看法，他在信中写道：

（前缺）承蒙你的好意（把它）寄给我。我会以为这样一种仪器在数学研究（方面）的价值无可估量。在我离开英国之前，没有机会参观这台使你名垂青史的机器，对我来说是一件遗憾的事情。我已在我出版的中文月刊上简短描述了 Scheutz 算器的历史和（运算）能力，因为在这个国家这一地区，有一些本地的数学家对所有这类的事情抱有广泛的兴趣。

令人悲哀的是科学和文明的事业，因语言的困难和习惯的屏障阻碍了东西方知识分子之间更广泛的交流；也许不同状况的事情可以使双方都受益。关于中国的数学状况，在欧洲肯定存在着许多误解；同样肯定的是甚至在那些对这一帝国的事务总的来说非常熟悉的人中间（对中国的数学状况也存在着许多误解）。有许多本地人，他们非常急于得到关于西方科学每一门类的信息，而在（欧洲）文人中看到自负的吹嘘者，他们声称（带有轻蔑）看不起一切在这一帝国限度之外正在发展中的东西，这不是不常见的事情，这种事情通常决不应发生在具有真正品德的人身上，这些人总是承认我们的优越性，其杰出性无可争辩。

请原谅，扯了这么多，耽误了你的宝贵时间和耐心，请多多包涵。伟烈亚力谨上。[1]

---

〔1〕 大英图书馆手稿部编号 n.d.37201，f.630，伟烈亚力给 C. Babbage 信，Babbage Correspondence Vol.XX，信共四页（5—8页），前四页缺。关于 Babbage，参见 C. Babbage, *The Pickerning Masters. The Works of C. Babbage*. Vol.2, The difference engine and table making. Vol.11, Passages from the Life of a Philosopher. London, 1989. ed. by Martin Campell-Kelly.

这封信写作的具体时间尚待考证，笔者推断在1858年稍后，因为信中提到了在中文月刊上发表计算器历史的文章[1]，中文月刊当指《六合丛谈》。由于当时流行贬低中国的欧洲中心论[2]，在科学上更为突出。而像李善兰这样的中国文人急于了解西方的科学发展，翻译西书，这种好学上进的精神给伟烈亚力留下了深刻的印象，伟烈亚力并给予了高度评价，他撰写此信之目的，是想改变欧洲人的某些偏见。

实际上，早在1852年，伟烈亚力在《中国算学说略》一文的结尾介绍了李善兰、戴煦的最新研究成果之后，对中国数学家的不懈努力，各地知识界发生的可喜变化，给予了充分肯定。在他看来，虽然中国人对西方学问的悠久表示轻蔑，但他也认为，中国人的探索精神仍在发展，如果能更加自由地交流，对中西双方都是有利的。显然，李善兰等人的才智与好学，让伟烈亚力感到了中国的希望所在。

最后我们打算透过伟烈亚力对宗教的看法，来阐述科学和宗教的关系。纵观伟烈亚力在华的科学活动，基本上采取了学术传教的方式，在某种程度上和耶稣会士的策略一脉相承。他身为一名传教士，同时也是一位孜孜不倦、严谨治学的学者，他和李善兰合译的《几何原本》《谈天》，和利玛窦、徐光启合译《几何原本》一样，是中国科学史上的重要事件，对西方科学在中国的传播作出了重要的贡献，他们的合作，可以和明末利玛窦和徐光启、李之藻的合作相媲美。

毋庸否认，传教士来华之目的，是要归化中国，使中国人信仰

---

[1]《六合丛谈》一卷2号页14有"法兰西哥买城，格致士多马新造算器"一文。二卷2号（咸丰戊午五月朔日）又有"新出算器"一文，伟烈亚力信中所指"Scheutz 算器"当源自此文。

[2] 从18世纪中叶起，英国对中国科学的看法就有贬低的倾向，参见韩琦《17、18世纪欧洲和中国的科学关系：以英国皇家学会和在华耶稣会士的交流为例》，《自然辩证法通讯》1997年第3期，第47—56页。

上帝。从明末清初开始，耶稣会士就试图通过科学，来达到传教之目的，在他们眼里，科学只不过是"末技"，而"超性之学"（即宗教）才是真正的学问，在许多场合，利玛窦等人向中国文人表白了这一点。但耶稣会士和其他天主教修会的传教士不同，特别强调了科学教育的重要性，"愈显主荣"是他们的目的，而科学研究作为手段，能很好地实现这一目的。伟烈亚力亦认为《代数学》之翻译在于"助人尽其智能"，以感谢上帝之恩，并设法报答上帝。墨海书馆作为宗教书籍的印刷所，是为了实现他们的宗教理想，在中国传播福音。伟烈亚力在《代数学》序中曾言：

> 余自欧洲航海七万里来中土，实爱中土之人，欲令明耶稣教，以救厥灵焉。天帝降世，舍生救民，乃教中至要之道，《圣经》言之甚详，而余顾汲汲译此书者，盖上帝赐人以智能，当用之务尽，以大显于世，故凡耶稣之徒，恒殚其心思，以考上帝精微之理，已知者，即以告人，未知者，益讲求之，斯不负赋畀之恩，若有智能而不用，或用之而不尽，即为自暴自弃，咎实大焉。

在《数学启蒙》序中，亦称"余自西土远来中国，以传耶稣之道为本，余则兼习艺能，爰述一书，曰《数学启蒙》"。在《谈天》序中，伟烈亚力盛赞造物主的伟大，"伟哉造物，神妙至此"，并称造物主的"全智钜力，大至无外，小至无内，罔不莅临，罔不鉴察"，接着伟烈亚力自称：

> 窃意一切行星，亦必万物备具，生其间者，休养乐利，如我地上，造物主大仁大慈，必当如是也。……余与李君同译是书，欲令人知造物主之大能，尤欲令人远察天空，因之近察己躬，谨谨焉修身事天，无失秉彝，以上答宏恩则善矣。

这确实体现了传教士的职责所在。上面已经提及,伟烈亚力在《中国算学说略》一文的最后,对中国人的科学探索精神给予了高度评价,接着,他也希望,这种求索精神,也能扩大到更为广阔的领域,亦即探索"真理"之所在,即最终信仰上帝。李善兰、王韬等文人,尽管和伟烈亚力共事多年,对基督教也有相当的了解,但并没有像徐光启那样受感化而信教,在伟烈亚力看来,这也许是一件不小的憾事。

　　再者,通过考察伟烈亚力在华的活动,我们不难发现,无论是在数学、天文学方面,还是其他方面,他都向中国人介绍了一些新的科学知识,译书的底本是经过认真选择的,翻译是审慎的,他并没有对中国学者隐瞒什么。从其译书中(特别是他写的序)可看出,科学和宗教是一致的,并不冲突,相反,科学体现了颂扬上帝伟大的极佳工具,而以新的科学发现去证明上帝造物之伟大,是当时西方非常普遍的现象,如伟烈亚力的同事韦廉臣在《六合丛谈》中即以"真道实证"为题,连续发表了许多文章,这些文章后来成为《格物探源》的基础[1],这些内容在西方则称为"自然神学"(Natural Theology),因此伟烈亚力的所作所为,和时代是息息相通的。他按照耶稣会士的策略,思想开放,把科学和传教相结合,两者一起促进,互相为利。[2]他的译著在19世纪西学传播过程中起到了一定的作用,不仅在京师同文馆,也在上海格致书院用作教材,由此可见其译书的价值所在。[3]

　　最后需要说明的是,伟烈亚力在译书和中国科学史研究方面的贡献,离不开像李善兰这样精通传统历算的中国学者的帮助。同时

---

[1] 关于《格物探源》,参见刘广定《〈格物探源〉与韦廉臣的中文著作》,载杨翠华、黄一农主编:《近代中国科技史论集》,台北:"中研院"近代史研究所、新竹:清华大学历史研究所,1991年,第195—213页。
[2] A. Wylie, *Chinese Researches*, p.16.
[3] 美国传教士潘慎文(A. P. Parker, 1850-1924)《代形合参》一书,也用了罗密士的解析几何书,是伟烈亚力译书的修订或重译。

也应该指出,他的许多工作,也参考了18世纪耶稣会士和19世纪初法国汉学家的研究成果,如在天文学史的研究中,他参考了宋君荣、毕奥的著作;另一方面,他博览群书,参考了大量中文原始文献,因此他有关中国科学史的论著,至今仍有很高的参考价值。他的著作影响了19世纪乃至20世纪的汉学家[1],反映其著作的学术生命力。

---

[1] 英国科学史家李约瑟在《中国科学文明史》中曾多次引用伟烈亚力的著作。

附录三 天文著作序跋汇编

(一)《新制灵台仪象志》序

夫古帝王宪天出治,未有不以钦若敬授为兢兢也。皇古以前可不论已,若夫尧典置闰余而定四时,纪七政而明天度,必在璿玑玉衡以齐之者。诚以历必有理与象与数,而仪器即所在首重也。夫仪也者,历之理由此得精焉,历之法由此得密焉,度数之学实范围于此而莫可外焉矣。闻之古人每遇交食分至及五纬凌犯诸变异,乃始静悟于心,继必详录于策,而犹恐考验之无凭也。乃复法象而制为器,以其次年之所测较勘于前年之所验者,推而广之,接续成书,精确不刊,以贻来世,使后之学者师其意而不泥其迹,则凡诸历、诸数靡不可因之而有所考究焉。且历者历也,言其历久而常新也。夫历世愈远则其理愈精,而其为法乃愈密,然非器之有合乎法,又乌从阐微抉奥,使法极其密而理极其精乎?且夫天距地之远者几何,日月五星各列本天,而各天有上下层次及远近相距一定之度,列宿诸行之细微与夫七曜各有本道,而诸道各有南北不同之两极,又各有本道所行,各与地远近,与其行最低最高之处,皆各有定期,又皆各有本体一定之度分。五纬各有迟疾、顺逆诸行之不同,亦有留而不行之定日,凡此象数万端,难以测量之际,要皆恃仪象而为之准则焉。故作历者舍测候之仪,而欲求历之明效大验蔑由也。是以稽历者必以仪为依据,明历者必以仪为记录,失推者必以仪而改正,算合者必以仪而参互,较历者非仪无由而信从,学历者非仪无由而启悟,良法得之以见其长,敝法对之而形其短。甚哉！仪象之为用大也。如康熙四年间，挺险之徒出而恣腾其邪说，以俶扰乎天常。数年之内，或以大统，或以授时，或以回回，诸家之旧历点窜递更，茫然无措，甚之倒用仪器，强天从人，乃以赤道仪测新法黄道之所推步，而历典于是大坏矣。康熙七年戊申冬十有二月，洪惟我皇上乾纲独运，离炤无私，特下明纶，有历法关系重大，着议政王、贝勒大臣、九卿科道、掌印不掌印官员会同确议具奏之旨。随蒙会议题请，即奉有着图海、李霨、多诺、吴格塞、布颜、明珠、黄机、郝惟纳、王熙、索额图、柯尔科代、董安国、曹申吉、王清、叶木济、吴国龙、李宗孔、王日高、田六善、徐越等公测看之旨。越明年，己酉春正月初三日，是日立春，诸公卿衔命金同视测，随蒙议政王大臣会题疏内有奉旨差出大臣赴观象台测验立春、雨水、太阴、火星、木星，南怀仁测验与伊所指仪器逐款皆符，吴明烜测验逐款皆错，南怀仁测验既已相符，应将康熙九年一应历日交与南怀仁推算等语。随奉有南怀仁授钦天监何官，着礼部议奏之旨。是年秋八月，复蒙部议，新造仪器并安设台基，俱炤南怀仁所指式样，奉有依议之旨。仁自受命以来，夙夜祗惧，毕智竭能，务求精乎仪象之有利于用，而以密测天行，贻为典则，此愚分之所矢、素心自尽者也。虽然，仪象之作，盖以定永远之明征，而使后世有以私智自用者无所骋其臆说，则其事可易言也哉。是何也？夫诸仪有作之法，有安之法，有用之法，三法备而后诸法可次第举也。况夫测天之仪，贵恰肖乎天本然之象，故其造法亦必以天象为准，但广大莫如天也，覆冒无外；轻清莫如天也，健驶难形；坚固微妙莫如天也，运行终古而无亏，经纬秩然而不紊。使非会通而得其全，乃漫云吾以制器也，则必得此而失彼，挂一而漏万。窃恐广大、轻清、坚固、微妙之四者，未有能兼备而无遗者矣。说者曰：仪之体制钜，则合天为易固已。然所谓钜者，其径线长、周面阔也，则度数易分，而分秒之微亦易见，然其体钜则势必不能轻巧，而若少用其铜，亦作径长面阔之形，则又必薄弱而不适于宜矣，故特举轻重学之数法，并五金坚固之理，以详其用焉。然诸仪应天道之度,分南北两枢,又列春秋二分、冬夏二至,先后皆有常期。黄赤二道,地平天顶,子午过极、过至、过分诸圈,彼此相交于一点细微之内,而各道、各圈之中心又必同归于一天体之中心,而不使其毫发之或谬斯已也。但仪为小天之形,未免拘限,要能合符天象,无所过差,此其作仪之难者一也。今诸仪已成,界限布星固称详密矣。然又使安置无法,则窥测不灵,而仪亦归于无用矣,此其安仪之难者二也。且古来皆重正南之向,然或稍偏东西,则何所取以为定?如胜国先所营观象台,在当时作者以为诸仪正对之规模,万向之标的,由今察之,其正面方向正南北线已多乖违,何论东西与上下左右哉?盖仪中各道、各圈、各极、各经纬之度分,在天固有相应之元道、元圈、元极、元经纬之度分也,彼此互相照应者也。假有一端之不应,则测候即有不合者矣。然安定正对之法既得矣,苟用之未能通变,反诬良法有不合天者,此其用仪之难者三也。世更有未尝用仪窥测,妄云星纬间有错行而不知天度有一定之理。仪象为证天之器,间尝出所撰著已辩其诬,而进呈于黼座矣。乃今之所阐者,亦惟明夫诸仪之用法,以及于推测之所施,盖欲使学者由器而征象,由象而考数,由数而悟理,有所依据而尽心焉,用以历久远,而世裨夫羲和恢恢乎其有余矣。嗟乎!自汉迄元,改历者七十余次,而创法者十有三家,其间创造仪象者指不多屈焉,不可以见其难也哉?仁不敏,深惧历学之不明乎世,而敬于昭代新创之诸仪,逐节伸明,演为解说,精粗兼举,细大不捐,而复图之以互相引喻,总以期乎理精法密,不愧传流,以无负圣天子钦若敬授垂宪无穷之至意也云尔。予小臣敢自多其力与?谨序。

时大清康熙甲寅岁日躔娵訾之次,治理历法极西南怀仁撰。

(二)诸仪象弁言

诸仪有作之法,有用之法,有安之法,并有所为坚固与其轻重之理,为数甚繁,有若河汉而无极,虽累牍莫尽也。故非绘图以明之，而又从而推广之，则何以得其解邪？今诸仪既各详其说矣，乃复绘之以图，而附编于末。盖欲令见之论说者，无不可索于形似而证之也。然且说之所未及者，而图无不及之，又所以补说之所未及。苟因是而循迹而起悟焉，则神明固不出乎矩矱之中矣。然诸书之有图者，多缀于其说之下，以为睹其文，即寻其象，不劳翻阅也，而不知文有繁简，图有参差，使序列而共处于一篇之中，则必交互汗漫，未有能快于目者也。故此编也，说自为一类，而图又自为一类，不相混也。然读某说而有不得于心者，检某图而即得之，又未始不相贯焉。且六仪之外，又广之以各器各法者何？盖一以明诸仪之纲领，而释前篇所引轻重学之诸理；一以反覆明夫诸仪之合法，随地随时用之而无不宜也。盖测天之仪，有定于一处而不移者，如在于观象台者是也。亦有可携而随身以便用者，如在天下各省，凡所以测交食节气、日之出入、昼夜之长短，各地不同者是也。有陆路所用而定者，有水次所用而悬者，有测天测地、测水测气、测山岳之高、云之近远、气之轻重、寒热燥湿诸类，各有所测之仪，而其所为作与用之法，于是乎备已。

时大清康熙甲寅岁日躔娵訾之次治理历法极西南怀仁撰。

(三)《康熙永年历法》序

永年历法者，预推诸历将来合天之定法也。曰合天，即属历法之真理总根；曰预推，即指历法之便于用也。两者缺一，则法不得传永久矣。是故治历立法全务必在于此。夫历理即诸星行动之由，如江河流行之源也。尝观往代二十一史所载，汉以后诸家之历详矣，大都专求法数，罕言名理，修改门户虽岐，实则互相依傍，间有出一二新意，亦未必洞晓本元。迹其大端，犹不过截前至后，通计所差，加减乘除，分派各岁之下，便谓修改已耳。即使仅合一时，岂能施诸久远？后惟元郭守敬之历号称精密，顾其法亦未尽善，在当日已有推食而不食，食而失推之弊。其立法之后，不越十八年，其差如此，何况沿袭至于今日哉！盖后世受法者独泥于数，而既不明于所以然，则其已然者，茫茫不知所来；其当然者，昧昧不知所往。正如漂荡江河，随流纵横，不知其所来往，流愈久而失愈远矣。如康熙八年，依授时历则多加一闰月。十五年，推日食有五分半强，而所验不及一分，监部案存可考。可见于历法之根，未始深究，而历理自见之不真矣。今康熙永年之历，则理与法两无不全，其密合天行，从五十余年来已经监部屡同测验在案，其流行愈久远，则愈加精微。其理已明具于历指数十卷中，所有创义四十余款，前代从未见闻，《新法表异》等书可考证也。但历理历法俱为深微，能穷尽通变者未易多构，使治历者于本法便易之用，非详著于册，则后世无所遵行，渐失真传，而法与立法者俱湮没。故微臣怀仁自蒙治理天文历法之旨以来，昼夜殚心于天文历法之便用，以垂久远。其天文之便用，多在于测天之仪象，所以康熙八年预备天文测天诸器，于十三年告成，安置观象台，著书绘图，共十六卷，名《仪象志》。其历法之便用，多在于预推，所以今将历数之总根，先期推布至二千年，并立永年之推法，令今日之人明见数千年后日月会食、诸星行动之天象，如现在之天行天象焉。犹之道里悠远，目力所不及者，用望远镜视之，则视远如视近耳。又令后世之人永奉康熙年间钦定之历，与今日之人无异。犹如挈下域之人，登最高之天，将无量天体、极远列星，并其行动难着想之迅速，以历根之正理，以历法之定规，测量其大小、近远、迟疾，较然有别，如度尺寸于地面矣。稽历代历法，从无预推如此之便用者。至其预推法之高贵广大，及理之深远，并其所系之重，与天之高贵广大深远，并其照临所关之重，可仿佛而论之。故历学在诸形性理学之上，如天在万象之上，又如日月之光，超绝金宝之光然。故从来帝王出治，首必求端于天，其高贵可知矣。今论诸天之行动，以相比夫天上之行动，森罗万象，各种不一。如时时刻刻有东西南北诸向之动，有顺逆、迟速、上下之各动，有依黄赤二道，有依地平等道，经纬之动，又七政各有本天，各依本道之定极而动，各天内又有依大小各界道而动，亦有最高所、最卑所之本动。太阴及五星诸道各有与黄道相交，而诸交各有本行、顺逆之不同。此诸天诸星之行动，自古至今毫不差忒。自今以后，虽至永年亦无差忒之理。兹历学能预推诸天之行动，并日月诸星各所行本道，经纬上下顺逆之各动，与天之各动密合无二，数千年有如一日，与天道并行而不悖，则历学之广大，并其理之深远亦可知也。至于天行所关之重大，则于其施效于下土明见之。假令天止其动，则无岁序月分节气之别，无昼夜之分，日月诸星恒守一域，而万物变化之功必息而灭。盖草木之荣枯，五谷百果之生长，皆系寒燠诸情之盈缩，寒燠诸情又系于七政之盈缩，七政之光或远或近，其所降施自然不同，近则减寒，远则减热。下土之人类、禽兽、草木等，凡有生活之物之动，皆随天之动，如人百体之动皆从其心之动也。若天动一息，则万生之动亦息，其生物必歇。犹人心之动一止，则百体之动亦止，而其人不育矣。是天动于人物所系之重大若斯。今又以历学相较，无预推之法，则后代无所禀式，无岁序之闰余，无月分大小，无节气早迟之别，昼夜长短之定分。上而国家政事，下而农圃、医工、商贾，无所凭借以为举措。又令预推不合于天，则后世因之，而行其事务先后之次第，不得其当而必紊乱，犹之无历法也。正如天之行动有差，则天下人物变化之功必乱，亦如天止其动无异耳。审此则历学之预推关系重大又可知也。况此历系大清康熙永年之历，论其理之昭明，比之往古历代之诸历，犹如太阳之光视小星之光。论其数推步广远，如永年之日纪比一年之日纪也。夫尧置闰月，岁序乃定；舜造玑衡，七政以齐。其后诸代之帝王修历创法，虽各有其制，但未有如我皇上钦若授时，留心天行，穷察历理。历法若斯之精微，视尧舜之敬授更有加也。如康熙八年，钦定复用新法，即去古法错推之闰月，而岁序愈定。又命创造观象台所用测天大仪六座，以易古来不合天之仪。嗣后微臣屡蒙传至内庭，伏睹皇上亲将《新法历书》百余卷，逐一研究诸历之理、诸法之用。又十三年，查周公勾股法，远不及新历三角形法之克当于用，则用此法以加补之。命造内庭备用测天测地诸器，如黄赤二道星球天体圭表，并测近远高低等项诸仪。皇上亲将圭表测日影长短，遇交食则用其定仪窥测。又于十五年，奉旨预推永年历法，今经告成，进呈御览，共三十二卷，计推至二千年，名为《康熙永年历法》。若照此已推二千年之法，复预推于后，则可以为永远合天不易之定法，后之人循习晓畅，其用宁有纪极耶？列于黼座，以备圣天子万几之暇，躬亲省览，则天行之广远敛于简编，仰观可得之天，俯察可得之器，而简阅即可得之书。执天之道，明天之数，合天之理，亿万斯年昭如日星矣。猗欤休哉！谨序。

时大清康熙十七年戊午孟秋日躔鹑尾之次，治理历法加太常寺卿臣南怀仁题。

(四)《御制律历渊源》序

粤稽前古尧有羲和之咨，舜有后夔之命，周有商高之访，逮及历代史书，莫不志律历，备数度，用以敬天授民，格神和人，行于邦国而周于乡间，典至重也。我皇考圣祖仁皇帝生知好学，天纵多能，万几之暇，留心律历算法，积数十年，博考繁赜，搜抉奥微，参伍错综，一以贯之。爰指授庄亲王等率同词臣，于大内蒙养斋编纂，每日进呈，亲加改正，汇辑成书，总一百卷，名为《律历渊源》。凡为三部，区其编次，一曰《历象考成》，其编有二，上编曰《揆天察纪》，论本体之象以明理也，下编曰《明时正度》，密致用之术，列立成之表以著法也。一曰《律吕正义》，其编有三，上编曰《正律审音》，所以定尺考度，求律本也，下编曰《和声定乐》，所以因律制器，审八音也，续编曰《协均度曲》，所以穷五声二变，相和相应之源也。一曰《数理精蕴》，其编有二，上编曰《立纲明体》，所以解周髀，探河洛，阐几何，明比例。下编曰《分条致用》，以线面体括九章，极于借衰割圜，求体变化于比例规、比例数、借根方诸法，盖表数备矣。

洪惟我国家声灵远届，文轨大同，自极西欧罗巴诸国专精世业，各献其技于闾阖之下，典籍图表，灿然毕具。我皇考兼综而裁定之，故凡古法之岁久失传，择焉而不精，与西洋之侏僑诘屈，语焉而不详者，咸皆条理分明，本末昭晰，其精当详悉，虽专门名家莫能窥万一，所谓惟圣者能之，岂不信欤？夫理与数合符而不离，得其数则理不外焉，此图书所以开易范之先也。以线体例丝管之别，以弧角求经纬之度，若此类者，皆数法之精而律历之要斯在，故三书相为表里，齐七政，正五音，而必通乎九章之义。所由试之而不忒，用之而有效也。书成，纂修诸臣请序而传之。恭惟圣学高深，岂易钻仰？顾朕夙承庭训，于此书之大指微义，提命殷勤，岁月斯久，尊其所闻，敬效一词之赞。盖是书也，岂惟皇考手泽之存，实稽古准今，集其大成，高出前代，垂千万世不易之法，将欲协时正日，同律度量衡，求之是书，则可以建天地而不悖，俟圣人而不惑矣。

雍正元年十月朔敬书。

雍正二年五月十七日奉旨开载纂修编校诸臣职名。

承旨纂修：
和硕庄亲王臣允禄
和硕诚亲王臣允祉
汇编：
日讲官起居注詹事府少詹事兼翰林院侍讲学士加一级臣何国宗
翰林院编修臣梅瑴成
分校：
原任湖南巡抚都察院右副都御史臣魏廷珍
翰林院编修臣王兰生
原进士臣方苞
考测：
会考府郎中臣成德

参领臣阿齐图

原任吏部员外郎臣顾琮

工部员外郎加一级臣照海

食员外郎俸钦天监五官正臣明安图

兵部主事加一级臣平安

福建汀州府知府臣何国栋

江西袁州府知府臣李英

翰林院笔帖式加一级臣那海

候补笔帖式臣丰盛额

校算：

兵部郎中兼管钦天监左监副事加二级臣何国柱

刑部员外郎臣伦大理

钦天监左监副臣四格

内阁中书臣黄茂

钦天监博士加一级臣潘汝瑛

山东莒州知州臣陈永年

广东西宁县知县臣萨海

京卫武学教授臣胡振

举人拣选知县臣高泽

会考府笔帖式臣傅明安

吏部笔帖式臣戴嵩安

候补笔帖式臣黑都

生员臣秦宁

生员臣五德宝

护军臣杨格

校录：

翰林院侍读臣吴孝登

翰林院侍讲臣留保

刑部郎中加一级臣朱崧

户部主事臣黑赫

礼部主事臣穆继伦

刑部主事臣王玨

工部主事加一级臣色合立

户部司库加一级臣穆成格

工部司库臣伍大寿

行人司行人加一级臣顾陈垿

湖广黄州府同知臣郎瀚

江南通州知州加一级臣白暎棠

河南孟津县知县加一级臣陈永贞

监生候选州同知臣张嘉论

生员臣焦继谟

（五）《历象考成后编》

雍正八年六月二十八日钦天监监正臣明图谨奏，窃惟日月行度积久渐差，法须旋改，始能吻合天行，臣等钦遵《御制历象考成》，推算时宪七政，颁行天下。兹据臣监监正戴进贤、监副徐懋德推测校勘，觉有微差，盖《历象考成》原按《新法历书》纂定，而《新法历书》用之已久，是以日月行度差之微芒，渐成分秒，若不修理，恐愈久愈差。臣图愚昧，未经考验，不敢遽奏，今于雍正八年六月初一日日食，臣等公同在台，敬谨观候实测之，与推算分数不合，伏念历法关系紧要，臣监职所专司，不敢壅于上闻，谨缮折具奏，伏乞皇上睿鉴，敕下戴进贤、徐懋德挑选熟练人员，详加校定，修理细数，缮写条目，进呈御览，为此谨奏请旨。奉旨：准其重修。钦此。乾隆元年五月十一日，总理事务和硕庄亲王臣允禄、和硕果亲王臣允礼、大学士伯臣鄂尔泰、大学士伯臣张廷玉、署大学士尚书臣徐本谨奏，府丞梅瑴成奏请敷布《御制律历渊源》以广圣学等因一折，敬惟圣祖仁皇帝集古今之大成,统天人而一贯,研究数十年,荟萃成书,以嘉惠来学,现今书板存贮礼部,外间并无翻刻之板,是以未能流通,应如梅毂成所奏,令礼部招募坊贾人等刷印鬻卖,严禁书吏阻挠需索。至于省直书院并所属各学,自应发给收存,以为士子观览学习之用,但外省遣人赴部刷印,未免跋涉,不若即由礼部印发各省之便,应交礼部将现存书板印刷数百部,按省分之大小酌量发给,其书坊有情愿翻刻者,听其翻刻鬻卖,广布流通。再臣民翻刻书板,理宜敬避御名,臣等酌量议拟,将此书翻刻时改为《象数渊源》,合并奏明。又据梅毂成奏,请令学臣摘取数条发问,合式者与优生一体奖赏,并拔取精通之人送部录用,等语。查象数之学广大精微,非初学所能究悉,若即以考试士子,恐未能贯通登答,应将所奏毋庸议。奉旨:此系皇祖皇考所定之书,岂可因朕名而改易?翻刻时仍为《律历渊源》,天下臣民口呼为《律书渊源》可耳,余依议。钦此。乾隆二年四月十八日协办吏部尚书事臣顾琮谨奏,窃查七政时宪书本用前明徐光启所译西洋之法所为《新法历书》者,其书非出于一人之笔,故图与表不合,而解多隐晦难晓。钦惟圣祖仁皇帝特命诸臣详考古法,研精阐微,俾图与数表吻合无遗,锡名《历象考成》。世宗宪皇帝御极,继志述事,刊刻颁行,实属尽善,但《新法历书》之表出自西洋,积年既多,表渐不准,推算交食分数间有不合,是以又允监臣之请纂修日躔月离二表,以推日月交食,并交宫过度、晦朔弦望、昼夜永短以及凌犯共三十九页,续于《历象考成》诸表之末,但此表并无解说,亦无推算之法。查作此表者系监正加礼部侍郎衔西洋人戴进贤,能用此表者惟监副西洋人徐懋德与食员外郎俸五官正明安图,此三人外别无解者,若不增修明白,何以垂示将来,则后人无可推寻,究与未经修纂无异,可否令戴进贤为总裁,以徐懋德、明安图为副总裁,令其尽心考验,增补图说,务期可垂永久。如《历象考成》内倘有酌改之处,亦令其悉心改正,至推算较对缮写之人,于钦天监人员内酌量选用,其修书纸张公费仍照算书处之例支给,凡一应事宜及告成刊刻,均令礼部兼理速为告竣，则制法愈密，推算愈精，我朝敬授人时可以垂诸万年矣。伏乞皇上睿鉴，谨奏。奉旨：即着顾琮专管。钦此。乾隆二年五月初八日，协办吏部尚书事臣顾琮谨奏，臣于乾隆二年四月十八日奏请增修躔度表解图说一折，奉旨：即着顾琮专管。钦此钦遵。臣谨会同总裁钦天监监正加礼部侍郎衔臣戴进贤、副总裁监副臣徐懋德、食员外郎俸五官正臣明安图议得，增修躔度表解图说俱用钦天监人员，请即在钦天监开馆，俾伊等就近纂修，不致有误监中事务，实为妥便。查雍正八年重修日躔月离表，系钦天监监正加太常寺卿衔臣明图监修，伏乞皇上恩准，令明图协同臣管理，凡修书一应文移，俱照臣部体式而用钦天监印信钤盖。再查增修表解图说，必须通晓算法兼善文辞之人修饰润色，庶义蕴显著。查从前修算书处，修书翰林现在者有顺天府府丞梅毂成、原任工部侍郎何国宗二员，仰恳天恩，准将梅毂成命为总裁，何国宗协同总裁，效力行走，谨奏请旨。奉旨：知道了。钦此。乾隆三年四月十五日和硕庄亲王臣允禄等谨奏，窃惟钦若授时为邦首务，尧命羲和，舜齐七政，尚矣。三代以后，推测浸疏，至元郭守敬本实测以合天行，独迈前古，明大统法因之，然三百余年未加修改，未免久而有差。我朝用西洋新法，数既本于实测，而三角八线立法尤密，但其推算皆用成表，其解释又多参差隐晦，非一家之言，故学者鲜知其立法之意。我圣祖仁皇帝学贯三才，精研九数，《御制历象考成》一书，其数惟黄赤大距减少二分，余皆仍《新法算书》西人第谷之旧。其理则撰天协纪，七政经纬，究极精详；其法则彰往察来，千岁日至，可坐而致。于是即数可以穷理，即理可以定法，合中西为一揆，统本末于一贯，非惟极一时之明备，实以开千古之颛蒙，纵或久而有差，因时损益，其道举不越乎此矣。自康熙年间以来，西人有噶西尼、法兰德等辈出，又新制坠子表以定时，千里镜以测远，爰发第谷未尽之义，大端有三：其一谓太阳地半径差，旧定为三分，今测止有十秒；其一谓清蒙气差，旧定地平上为三十四分，高四十五度，止有五秒，今测地平上止三十二分，高四十五度，尚有五十九秒；其一谓日月五星之本天，旧说为平圆，今以为椭圆，两端径长，两腰径短。以是三者，则经纬度俱有微差。臣戴进贤、臣徐懋德习知其说，而于天未有明征，未敢断以为是。雍正八年六月朔日食，按旧法推得九分二十二秒，今法推得八分十秒，验诸实测，今法果合，盖自第谷至今一百五十余年，数既不能无差，而此次日食其差最显，所当随时修改，以合天也。随经臣明图奏请增修日月交食表二本，奉世宗宪皇帝谕旨，发武英殿刊刻，续于《御制历象考成》之末，现在遵行。乾隆二年四月十八日经臣顾琮奏请，增补图说，以垂永久，以臣戴进贤为总裁，臣徐懋德、臣明安图为副总裁。奉旨：即着顾琮专管。钦此。嗣于五月初八日又经臣顾琮奏请，以臣梅瑴成为总裁，臣何国宗协同总裁效力，并选得分修提调等官三十一员。奉旨：知道了。钦此。嗣于十一月二十七日奉上谕：着臣允禄总理。钦此钦遵。该臣等查得，数象首重日躔，日与天会以成岁也，次月离，月与日会以成月也。日月同度而日为月揜则日食，日月相对而地隔日光则月食，皆以日月行度为本。今依日躔新表推算，春分比前迟十三刻许，秋分比前早九刻许，冬夏至皆迟二刻许。然以测高度，惟冬至比前高二分余，夏至秋分仅差二三十秒，盖测量在地面，而推算则以地心，今所定地半径差与地平上之蒙气差，皆与前不同，故推算每差数刻，而测量所差究无多也。至其立法以本天为椭圆，虽推算较难，而损益旧数以合天行，颇为新巧。臣等按法推详，阐明理数，著日躔九篇，计一百九页，表六十二页，用数算法七页，谨缮稿本，恭呈御览，俟月离交食全书告竣，以类相从，再分卷帙。再查《御制历象考成》原分上下二编，今所增修事属一例，故凡前书已发明者，即不复解说，至书中语气，多考据西史，臣等敷其意义，伏请圣裁。洪惟《御制历象考成》，圣祖仁皇帝指授臣允禄等率同词臣于大内蒙养斋编纂，每日进呈，亲加改正。世宗宪皇帝御制序文，刊刻颁行天下，煌煌钜典，与日月同光矣。我皇上道隆继述，学贯天人。今所增修，伏乞亲加裁定，颜曰《御制历象考成后编》，与前书合成一帙，所有应行修饰文义，以合体制之处，伏乞发下改正，再呈御览，恭请钦定。庶圣圣相承，备三朝之制作，后先辉映，昭一代之鸿模矣。臣等未敢擅便，伏乞皇上睿鉴施行，谨奏。奉旨：着刊刻。钦此。乾隆七年四月十二日和硕庄亲王臣允禄等谨奏，窃惟钦若授时，当顺天以求合，故必随时修改，此古今之恒宪也。我朝之用西法，本于前明徐光启所译《新法算书》，其书非一家之言，故图表或有不合，而解说多所难晓。圣祖仁皇帝《御制历象考成》上下二编熔西法之算数，入中法之型模，理必穷其本源，数必究其根柢，非惟极一时推测之精，固已具万世修明之道矣。近年以来，西人噶西尼等又作新法，其数目算术皆与旧微有不同，而日食则用图算，更与旧法迥异。臣戴进贤、臣徐懋德索习其术，每遇交食，钦天监附图进呈。雍正八年六月朔日食，新法密合。世宗宪皇帝命修新表，续于《历象考成》之后。乾隆二年臣顾琮奏请增修表解图说，永垂千古，奉旨允行。数年以来，臣等悉心研究，凡新法与旧不同之处，无不穷极根源，乃得通其条贯，其理虽不越上下二编之范围，而其用意之精巧细密，有昔人所未及者，皆抉尽底蕴，层解条分，合日躔、月离、交食，共成书十卷，谨缮稿本二套，恭呈御览，伏乞皇上亲加裁定，御制序文，弁于卷端，以光钜典。所有在馆襄事诸臣职名照例另折开列请旨，除臣允禄及总裁诸臣不敢仰邀议叙外，其余分修算书及分修《协纪辨方书》官员供事一并开列名单，进呈御览，可否交部分别议叙之处，出自圣恩，为此谨奏请旨。奉旨：在事官员着交部分别议叙具奏。钦此。乾隆七年六月初二日奉旨：朕志殷肯搆，学谢知天，所请序文可勿庸颁发，宜将历降谕旨及诸臣原奏开载于前，则修书本末已明。钦此。

乾隆七年四月十二日奉旨开载诸臣职名。
总理：
和硕庄亲王臣允禄

武英殿监理：
和硕和亲王臣弘昼
汇编：
漕运总督前署吏部尚书臣顾琮
经筵讲官刑部左侍郎臣张照
原任工部右侍郎臣何国宗
鸿胪寺卿纪录一次臣梅瑴成
钦天监监正兼佐领纪录二次臣进爱
钦天监监正加礼部侍郎衔加四级臣戴进贤
钦天监监副加三级臣徐懋德
食员外郎俸钦天监五官正加五级臣明安图
分校：
原任刑部员外郎臣高泽
户部湖广司主事臣孟泰严
钦天监时宪科春官正加三级臣何君惠
工部主事留钦天监时宪科秋官正加一级臣方瑴
国子监算学教习原任福建汀州府知府臣何国栋
钦天监时宪科博士加四级臣潘汝瑛
提调：
钦天监主簿今升佐领臣朝可托
钦天监天文科五官灵台郎纪录三次臣萨哈图
钦天监主簿加一级纪录一次臣毛嘉梓
收掌：
钦天监时宪科博士纪录一次臣永定
钦天监博士臣张弘漠
钦天监时宪科博士加一级臣祝乔龄
钦天监时宪科天文生加一级臣李鳌
钦天监时宪科天文生加一级臣白士杰

推算：

钦天监时宪科博士加一级臣罗廷

钦天监时宪科博士加一级臣孙君德

钦天监时宪科博士臣王德明

钦天监时宪科天文生臣刘必显

钦天监时宪科天文生加一级臣徐文学

钦天监天文科天文生加一级臣徐彭年

钦天监时宪科天文生臣路铨

钦天监候补天文生臣文有德

考测：

钦天监天文科五官灵台郎加三级臣陈世铨

钦天监时宪科博士纪录一次臣鲍怀仁

钦天监时宪科天文生臣何国政

钦天监天文科天文生臣欧天瑞

钦天监候补天文生臣陶琨

校录：

钦天监时宪科天文生加一级臣董又新

钦天监时宪科天文生臣门泰

钦天监时宪科天文生臣潘从源

钦天监时宪科天文生臣何廷禄

钦天监候补天文生臣孙君礼

钦天监候补天文生臣何廷璿

钦天监候补天文生郎大受

武英殿监造：

内务府南苑郎中兼佐领加五级纪录十次臣雅尔岱

内务府钱粮衙门郎中兼佐领加五级纪录十一次臣永保

内务府慎刑司员外郎纪录一次臣永忠

内务府广储司司库加二级臣三格

监造加一级臣李保

监造臣郑桑格

库掌臣李延伟

库掌臣虎什泰

（六）《御制仪象考成》序

上古占天之事，详于虞典，《书》称在璿玑玉衡以齐七政，后世浑天诸仪所为权舆也。历代以来，递推迭究，益就精密，所传六合、三辰、四游仪之制，本朝初年犹用之。我皇祖圣祖仁皇帝奉若天道，研极理数，尝用监臣南怀仁言，改造六仪，辑《灵台仪象志》，所司奉以测验，其用法简当，如定周天度数为三百六十，周日刻数为九十有六，分黄赤道以备仪制，减地平环以清仪象，创制精密，尤有非前代所及者。顾星辰循黄道行，每七十年差一度，黄赤二道之相距亦数十年差一分，所当随时厘订，以期吻合，而六仪之改创也。占候虽精，体制究未协于古，赤道一仪又无游环以应合天度，志载星象亦间有漏略躐次者。我皇祖精明步天定时之道，使用六仪度至今，必早有以随时更正矣。予小子法祖敬天，虽切于衷，而推测协纪之方实未夙习，兹因监臣之请，按六仪新法，参浑仪旧式，制为玑衡抚辰仪，绘图著说，以裨测候，并考天官家，诸星纪数之阙者补之、序之，紊者正之，勒为一书，名曰《仪象考成》。纵予斯之未信，期允当之可循，由是仪器正，天象著，而推算之法大备。夫制器尚象以前民用，莫不当求其至精至密，矧其为《授时》所本，熙绩所关，尤不容有杪忽差者。折衷损益，彰往察来，以要诸尽善，奉时修纪之道，敢弗慎诸。至乃基命宥密，所为夙夜孜孜，监于成宪者，又自有在。是为序。

乾隆二十有一年岁在丙子冬十有一月御笔。

钦天监监正加礼部侍郎臣戴进贤等谨奏，为请旨增修《灵台仪象志》表，以昭遵守事。窃臣等西鄙庸愚，荷蒙我皇上深仁广覆，畀以玑衡重任，早夜兢兢，唯恐有旷职守。伏查康熙十三年蒙圣祖仁皇帝命原任治理历法兼工部侍郎臣南怀仁，制造观象台测量日月星辰仪器六座，又纂成《灵台仪象志》一书，有解有图有表，皆阐明仪器六座所用之法，此书乃臣监中天文科推测星象所常用者，其中诠解用法，仪详理备，但志中原载星辰循黄道行，每年约差五十一秒，合七十年则差一度，今为时已久，运度与表不符，理宜改定。再查康熙十三年纂修《仪象志》时，黄道赤道相距二十三度三十二分，今测得相距二十三度二十九分，志中所列诸表皆据曩时分度，所当逐一加修，吻合天行，庶测验时更觉便于较证。又查三垣二十八宿以及诸星，今昔多寡不同，应以本年甲子为元，厘辑增订，以资考测。臣等受恩日久，报称无能，此乃分所应办，故敢冒昧陈奏，至修书人员，容臣于监中拣用数员，务期悉心从事，书成之日，进呈御览，恭请钦定，伏候睿鉴施行，谨奏。乾隆九年十月初六日具奏，奉旨：着庄亲王、鄂尔泰、张照议奏。钦此。

和硕庄亲王臣允禄等谨奏，十月初六日发下戴进贤等奏折一件，奉旨：着庄亲王、鄂尔泰、张照议奏。钦此。该臣等议得戴进贤等折请修《灵台仪象志》一书，系伊衙门应办之事，又即请用伊衙门所有之人，不支桌饭银两，自应如所请，令其精详修纂完竣，进呈御览，伏候圣训。谨奏。乾隆九年十一月初六日具奏。奉旨：依议。仍着庄亲王、鄂尔泰、张照兼管。钦此。

和硕庄亲王臣允禄等谨奏为请旨事。乾隆九年十一月二十二日，臣等奏称，三辰公晷仪制规仿玑衡，其用广大简易，为从前所未有，请制造大仪，安置观象台上，以便测量之用。如蒙俞允，臣等会同海望、三和办理。等因。奉旨：好，依议。钦此。本月二十六日奉旨：观象台所存旧仪座架废铜，着即为制造新仪之用。钦此。该臣等会看得观象台现设黄道、赤道二仪俱径六尺,座高四尺五寸,今应按其尺度制造,谨用五分之一拟制式样恭呈御览,伏候圣训,再铸造仪器。若另立作厂,置办器具,未免靡费钱粮,今郎中佛保现在雍和宫办理铸造之事,请就便交与佛保处。遵旨用旧仪座架废铜铸造,如有不敷,再行配搭添补。臣等已派出内务府郎中杨作新、公义、副总领叶文成、臣馆算学教习何国栋、原任钦天监五官正刘裕锡会同监制督工。臣等不时前往查看,一切作法仍会同西洋人戴进贤、刘松龄等商酌办理,其需用工料钱粮数目,令佛保等细加核估,臣等另行奏闻,为此谨奏请旨。乾隆十年三月三十日具奏。奉旨:好,照议办理,先依此五分之一式样制造铜仪一座进呈。钦此。

和硕庄亲王臣允禄等谨奏为奏闻事。乾隆十年三月三十日臣等奏称,观象台现设黄道赤道二仪俱径六尺,座高四尺五寸,今铸造三辰仪,应按其尺度制造,谨用五分之一拟制式样,恭呈御览,请交与佛保处,遵旨用旧仪座架废铜铸造,其需用工料钱粮数目令佛保等细加核估,臣等另行奏闻。等因。奉旨:好,照议办理,先依此五分之一式样制造铜仪一座进呈。钦此钦遵。臣等随令郎中佛保等将五分之一铜仪一座现今敬谨制造外,其观象台添设三辰仪,据该郎中佛保等约估得铸造三辰仪并运往安设等项办买物料,计银八百四十八两三钱四分六厘,食粮匠役一万三千三百三十工,每工饭银三分六厘,计银四百七十九两八钱八分,外雇匠役一万八千八百二十六工,每工银一钱五分四厘,计银二千八百九十九两二钱四厘,壮夫七百十四名,每名银八分,计银五十七两一钱六分,以上办买物料匠役工价饭银共约需银四千二百八十四两五钱九分,相应向广储司领取应用,如有余剩,核明缴回,倘不敷用,再行请领,统俟工完之日核实报销,谨将约估需用工料钱粮细数,并行取物料,另缮清单,一并恭呈御览,伏候圣训,谨此奏闻。乾隆十年七月十七日具奏。奉旨:知道了。钦此。

和硕庄亲王臣允禄等谨奏，为遵旨增修《灵台仪象志》恒星经纬度表告成，恭呈御览，仰祈圣鉴事。乾隆九年十一月内钦天监监正戴进贤等奏请增修《灵台仪象志》一折，臣允禄等遵旨议覆，系伊衙门应办之事，应如所请，令其精详修纂完竣进呈。等因。奉旨：依议，仍着庄亲王、鄂尔泰、张照兼管。钦此。臣等谨查汉以前星官名数，今无全书。晋志载吴太史令陈卓总巫咸、甘、石三家星官著于图录，凡二百八十三官一千四百六十四星，今亦不见原本。隋丹元子《步天歌》与陈卓数合后之言星官者皆以《步天歌》为准。康熙十三年监臣南怀仁修《仪象志》，星名与古同者总二百六十一官一千二百一十星，比《步天歌》少二十二官二百五十四星。又于有名常数之外增五百一十六星，又多近南极星二十三官一百五十星。监臣戴进贤等据西洋新测星度累加测验，《仪象志》尚多未合，又星之次第多不顺序，臣何国宗恭奉圣训，宜加厘正，臣刘松龄、臣鲍友管率同监员明安图等详加测算，著之于图，臣允禄等复公同考定，总计星名与古同者二百七十七官一千三百一十九星，比旧《仪象志》多十六官一百零九星，与《步天歌》为近，其中次第颠倒凌躐，臣等顺序改正者一百五官四百四十五星，其尤彰明较著者二十八宿次舍，自古皆觜宿在前，参宿在后，其以何星作距星，史无明文，《仪象志》以参宿中三星之西一星作距星，则觜宿在后，参宿在前，今依次顺序，以参宿中三星之东一星作距星，则觜前参后，与古合，亦经顺序改正，又于有名常数之外增一千六百一十四星，按其次序分注方位，以备稽考。又近南极星二十三官一百五十星，中国所不见，悉仍西测之旧，共计恒星三百官三千零八十三星，编为总纪一卷，黄道经纬度表、赤道经纬度表各十二卷，月五星相距恒星经纬度表一卷，天汉黄赤经纬度表四卷，共成书三十卷。书内星图体制微小，谨另绘大图，一并恭呈御览，伏乞皇上训定，钦赐嘉名，御制序文冠于卷端，交武英殿刊刻，以垂永久。所有襄事诸臣职名应否载入，另折开列请旨，为此谨奏。乾隆十七年十一月二十二日具奏。奉旨：知道了。书名用《仪象考成》，职名准开载，新测恒星并增星图象着照乾清宫陈设天球式样制造二分进呈。钦此。

　　和硕庄亲王臣允禄等谨奏为请旨更定时宪书觜参之序以归画一事。查时宪书内铺注二十八宿值日，古法觜宿在前参宿在后，自用西法以来，改为参宿在前觜宿在后，乾隆五年钦天监修《协纪辨方书》奏称，星宿值日于算法疏密全无关涉，请依古改正，经大学士九卿议覆，二十八宿值日载在时宪书，既于算法全无关涉，则亦不必更改。等因。在案。今臣等奉命重修《仪象志》恒星经纬度表，查明星座次第顺序，改正参宿在后觜宿在前，列于恒星经纬度表，恭候钦定，则乾隆十九年之七政书即用此表推算，若时宪书之值宿仍依参前觜后铺注，则与七政书不能画一，请以乾隆十九年为始，依古觜前参后改正铺注，则七政书之星度，时宪书之日宿皆一例顺序矣。臣等未敢擅便，伏乞皇上圣鉴，敕下大学士九卿再行议覆施行，为此谨奏请旨。又夹片谨查二十八宿星次，或自下而上（如角室等宿），或自东而西（如虚毕等宿），或自西而东（如心尾等宿），或自中而左右旋转（如斗牛等宿），而以第一星作距星，则各宿皆同，惟觜参二宿相近。自古星躔分野皆觜宿在前参宿在后，西法以参宿中三星之西一星作距星，则参宿在前觜宿在后，今以参宿中三星之东一星作距星，则觜前参后，与古合。再查二十八宿分列四方，每方各七宿，星家分配七政，皆木、金、土、日、月、火、水为序，东方七宿角亢氐房心尾箕，尾属火，箕属水，北方七宿斗牛女虚危室壁，室属火，壁属水，南方七宿井鬼柳星张翼轸，翼属火，轸属水，皆系火前水后。惟西方七宿若以奎娄胃昴毕参觜为序，参属水，觜属火，则水前火后，与三方之序不协，今改觜前参后，则火前水后，与三方之序吻合。乾隆十七年十一月二十四日具奏。奉旨：大学士会同九卿议奏。钦此。

大学士忠勇公臣傅恒等谨题为遵旨议奏事。乾隆十七年十一月二十六日，内阁抄出和硕庄亲王等具奏，内开查时宪书内铺注二十八宿值日，古法觜宿在前参宿在后，自用西法以来，改为参宿在前觜宿在后。乾隆五年钦天监修《协纪辨方书》奏称，星宿值日与算法疏密全无关涉，请依古改正，经大学士九卿议覆，二十八宿值日载在时宪书，既于算法全无关涉，则亦不必更改。等因。在案。今臣等奉命重修《仪象志》恒星经纬度表，查明星座次第顺序，改正参宿在后觜宿在前，列于恒星经纬度表，恭候钦定，则乾隆十九年之七政书即用此表推算。若时宪书之值宿仍依参前觜后铺注，则与七政书不能画一，请以乾隆十九年为始，依古觜前参后改正铺注，则七政书之星度、时宪书之值宿皆一例顺序矣。伏乞皇上圣鉴敕下，大学士九卿再行议覆施行，谨奏请旨。又夹片内开谨查二十八宿星次，或自下而上（如角室等宿），或自东而西（如虚毕等宿），或自西而东（如心尾等宿），或自中而左右旋转（如斗牛等宿），而以第一星作距星，则各宿皆同，惟觜参二宿相近，自古星躔分野皆觜宿在前参宿在后，西法以参宿中三星之西一星作距星，则参宿在前觜宿在后，今以参宿中三星之东一星作距星，则觜前参后，与古合。再查二十八宿分列四方，每方各七宿，星家分配七政，皆木、金、土、日、月、火、水为序，东方七宿角亢氐房心尾箕，尾属火，箕属水，北方七宿斗牛女虚危室壁，室属火，壁属水，南方七宿井鬼柳星张翼轸，翼属火，轸属水，皆系火前水后，惟西方七宿若以奎娄胃昴毕参觜为序，参属水，觜属火，则水前火后，与三方之序不协，今改觜前参后，则火前水后，与三方之序吻合。等因。具奏。奉旨：大学士会同九卿议奏。钦此钦遵。抄出到部，该臣等会议得周天躔度以二十八宿为经星，经星之星数多寡不一，所占之度数亦广狭不一，而前后相次总以各宿之第一星为距星，此天象之自然，古今所不易也。其间惟觜参二宿相距最近，觜止三星，形如品字，其所占之度狭，参有七星，三星平列于中，四星角出于外，其所占之度广，古法以参宿中三星之东一星作距星，则觜前参后。康熙年间用西法算书，以参中三星之西一星作距星，遂改为参前觜后，故时宪书内星宿值日亦依此序铺注。乾隆五年钦天监修《协纪辨方书》，曾奏称，宿之距星惟人所指，星宿值日于算法疏密全无关碍，请依古改正。当经大学士九卿奉旨议覆，以星宿值日既于算法全无关碍，则既经康熙年间改定，今亦不必更改。等因。在案。惟是宿之距星惟人所指，而以星度考之，觜之占度本狭，古以觜在前，则距参一度，而分野之度狭，参之占度本广，古以参在后，则距井十度三十六分，而分野之度广，若如西法以参在前，以觜在后，是则参反距觜一度，而参宿距井之十度三十六分，移而归觜，似不如古法为优，今庄亲王等既奏称奉命重修《仪象志》恒星经纬度表，查明星座次第顺序，改正参宿在后觜宿在前，列于恒星经纬度表，乾隆十九年之七政书即用此表推算，并时宪书之值宿亦依古觜前参后改正铺注等语。是觜参之前后现今依古改正，至时宪书之值宿虽与七政书算法全无关碍，而七政书乃时宪书之所从出，其铺注列宿次第未便与推算之星度互异，应如所奏，请以乾隆十九年为始，时宪书之值宿依古改正，仍以觜前参后铺注，觜参之前后既经顺序改正，与恒星经纬度表相合，则二十八宿分列四方星家，以七宿分配七政，皆木金土日月火水为序者，西方七宿亦火前水后，与三方之序吻合矣。恭候命下之日，令钦天监遵照办理可也。再此本系礼部主稿，合并声明。臣等未敢擅便，谨题请旨。乾隆十七年十二月十四日题，本月十六日奉旨：依议。钦此。

和硕庄亲王臣允禄等谨奏为请旨事。乾隆九年十一月内臣等折奏，三辰公晷仪制规仿玑衡，其用广大简易，为从前所未有，请制造大仪，安置观象台上，以便测候之用，如蒙俞允，臣等会同海望、三和办理。等因。奉旨：好，依议。钦此钦遵。今已制造安设讫，臣等谨按：《尚书》蔡沈注云：宋钱乐（之）作浑天仪即璿玑玉衡遗法。本朝因之，为仪三重，其在外者曰六合仪，次其内曰三辰仪，其最在内者曰四游仪。臣等从前制造三辰公晷，规仿其制，省为两重。要带赤道以其一器而备日月星辰之用，故名三辰。今制造大仪，臣等先经进呈式样，已即仍为三重，惟省黄道地平二环，以免遮蔽，实即玑衡遗法，而更为简明。若仅名三辰，于义未备，伏请皇上钦锡嘉名，并请于仪之正中子午双环南面镌刻乾隆甲子年御制清汉字样，以垂永久，伏祈圣训，为此谨奏请旨。乾隆十九年正月初五日具奏，奉旨：知道了。朱笔批出玑衡抚辰仪。钦此。

和硕庄亲王臣允禄等谨奏为销算奏闻事。先经臣等奏称，观象台添设三辰仪，据原任郎中佛保等约估得，铸造并运往安设等项办买物料，需银八百四十八两三钱四分六厘，匠役等工价饭食需银三千四百三十六两二钱四分四厘，以上共需银四千二百八十四两五钱九分，向广储司领取应用，如有余剩，核明缴回，倘不敷用，再行请领，统俟工完之日核实报销。等因。具奏。奉旨：知道了。钦此钦遵在案。今制造得三辰仪、子午圈二个，天常赤道圈一个，游旋赤道圈一个，过极圈二个，四游圈二个，大龙牙二根，小龙牙四根，龙柱二根，狮子八个，云墩一个，地平一件，山子四个，螺蛳四个，直距窥管三根，业经运往观象台，合对安设讫。查铸造三辰仪共实用过铜一万四千零二十四斤五两，此内除观象台旧有废铜六千二百二十斤外，添用过铸炉处铜七千八百零四斤五两，办买物料及匠役工价饭食共实用过银三千五百六十九两八钱四分六厘，余剩银七百十四两七钱四分四厘，谨将用过铜斤办买物料银两及行取过物料数目另缮清单，一并恭呈御览，俟命下之日，交各该处查照外，余剩银两缴回广储司可也。为此谨具奏闻。乾隆十九年正月初五日具奏。奉旨：知道了。钦此。

刑部左侍郎镶红旗满洲副都统兼管钦天监事务臣觉罗勒尔森、工部左侍郎乐部大臣裹行兼管钦天监事务臣何国宗谨奏，为御制仪器告成，恭疏陈谢，并请编著仪说以垂永久事。乾隆九年十月二十七日，皇上驾幸观象台，特允庄亲王等所请，规放玑衡，制造大仪，安设台上，以裨测候。乾隆十九年正月初五日赐名"御制玑衡抚辰仪"，三月十六日镌刻清汉文讫。钦惟皇上道通法象，学贯天人，钦若授时，齐七政而万邦惟宪，文明熙载，抚五辰而庶绩其凝，固已媲美勋华，合符化育矣。乃以灵台旧器，赤道动静未分，前代浑仪天度，奇零不尽，爰稽古制，聿阐新规，两极兼三，远绍唐虞遗法，七环省二，秘参易简真源，诚千古之钜观，万年之大宝也。臣等瞻天仰圣，无任屏营，抑臣等更有请者，仪器法理精微，功用广大。康熙十三年，新制六仪告成，臣监请修《仪象志》十六卷，星度之外仪说附之，乾隆九年臣监监正戴进贤等因星度尚有未合，奏请重修，蒙皇上敕交庄亲王管理，乾隆十七年十一月书成三十卷，赐名《钦定仪象考成》，武英殿刊刻将次竣事，今御制玑衡抚辰仪告成，伏请仍敕庄亲王率同臣监编著仪说，附成全帙，宣付史馆，以传永久，则理明法备，球图共焕光华，象显义彰，奕禩永为典则矣。为此恭疏陈谢，具奏请旨，乾隆十九年三月三十日具奏，奉旨：知道了，着交庄亲王。钦此。

和硕庄亲王臣允禄等谨奏为遵旨编著仪说，恭呈御览，仰祈圣训事。乾隆十九年三月三十日臣勒尔森、臣何国宗等具奏御制仪器告成，恭疏陈谢，并请编著仪说，以垂永久一折，奉旨：知道了，着交庄亲王。钦此钦遵。臣等伏惟唐虞之世首重玑衡，汉唐以来代有制作，我朝康熙八年，圣祖仁皇帝命监臣南怀仁新制六仪，康熙五十二年，命监臣纪利安制地平经纬仪，精义利用，于斯大备。我皇上敬天法祖，齐政勤民，酌古准今，御制玑衡抚辰仪，颁设灵台，用裨测候，功用广大，法理精微，臣等钦遵圣训，编著仪说，首仪制，次制法，次用法，次算法，成书上下二卷，并从前具奏，所奉谕旨，叙于卷端，谨缮稿本，恭呈御览，伏请皇上训定，交武英殿刊刻，冠于《钦定仪象考成》之首，所有前后监造诸臣职名另折开列，应否载入，伏候谕旨遵行，为此谨奏请旨。乾隆十九年闰四月二十九日具奏。奉旨：着刊刻。钦此。

乾隆十七年十一月二十二日奉旨开载总理、协理、考测、推算、绘图诸臣职名

总理：

和硕庄亲王臣允禄

原任经筵日讲官太保保和殿大学士兼管兵部尚书翰林院掌院学士三等伯臣鄂尔泰

原任经筵讲官刑部尚书乐部大臣加太子太保吏部尚书臣张照

协理：

刑部左侍郎镶红旗满洲副都统兼管钦天监事务臣觉罗勒尔森

工部左侍郎乐部大臣裹行兼管钦天监事务臣何国宗

考测：

原任钦天监监正加礼部侍郎衔臣戴进贤

钦天监监正臣刘松龄

钦天监监副臣鲍友管

推算：

兵部郎中留钦天监五官正任臣明安图

钦天监春官正臣何国卿

钦天监秋官正臣孙君德

工部主事留钦天监冬官正任臣鲍钦辉

钦天监博士臣鲍怀仁

钦天监博士臣路铨

钦天监博士臣白士杰

钦天监博士臣钮兆凤

钦天监博士臣李鳌

钦天监天文生臣徐文学

钦天监天文生臣何廷禄

钦天监天文生臣张肱

钦天监天文生臣鲍怀礼

钦天监天文生臣陈际新
绘图：
钦天监五官灵台郎臣欧天瑞
钦天监天文生臣潘从源
钦天监天文生臣金渊
钦天监天文生臣文有德

乾隆十九年闰四月二十九日奉旨开载总理、协理、监造诸臣职名
总理：
和硕庄亲王臣允禄
协理：
原任经筵讲官刑部尚书乐部大臣加太子太保吏部尚书臣张照
太子少保内大臣户部尚书总管内务府大臣臣海望
工部左侍郎乐部大臣裹行兼管钦天监事务臣何国宗
工部右侍郎总管内务府大臣三和
原任钦天监监正加礼部侍郎衔臣戴进贤
钦天监监正加三品职衔食俸臣刘松龄
钦天监监副臣鲍友管
钦天监监副臣傅作霖
监造：
原任内务府郎中臣佛保
内务府郎中臣杨作新
内务府郎中臣公义
钦天监中官正臣何国栋
内务府催总臣舒山
原任内务府副总领臣叶文成
钦天监博士臣刘裕锡

附录四　钦天监西洋人任职表

监正	监副	左监副	右监副
汤若望（顺治元年至康熙四年）	南怀仁（康熙九年）		
南怀仁（康熙十至二十七年）			
徐日昇、安多（康熙二十八至三十四年）			
闵明我（康熙三十五至五十年）庞嘉宾（康熙四十六至四十八年）			
纪理安（康熙五十一至五十八年）			
戴进贤（康熙五十九年至乾隆十一年）	徐懋德（雍正八年至乾隆九年）		
	刘松龄（乾隆十至十一年）		
刘松龄（乾隆十二至四十年）	鲍友管（乾隆十二至十八年）		
			鲍友管、傅作霖（乾隆十九至二十年）
		鲍友管（乾隆二十一至三十六年）	傅作霖（乾隆二十一至三十七年）
		傅作霖（乾隆三十八至四十年）	高慎思（乾隆三十八至四十年）
傅作霖（乾隆四十一至四十六年）		高慎思（乾隆四十一至四十六年）	安国宁（乾隆四十一至四十六年）

续表

监正	监副	左监副	右监副
高慎思（乾隆四十七至五十三年）		安国宁（乾隆四十七至五十三年）	索德超（乾隆四十七至五十三年）
安国宁（乾隆五十四至六十年）		索德超（乾隆五十四至六十年）	汤士选（乾隆五十四至六十年）
索德超（嘉庆元年至十年）		汤士选（嘉庆元年至十一年）	罗广祥（嘉庆元年至六年） 福文高（嘉庆八至十一年）
汤士选（嘉庆十二至十三年）		福文高（嘉庆十二至十三年）	李拱宸（嘉庆十二至十三年）
福文高（嘉庆十四年至道光三年）		李拱宸（嘉庆十四年至道光三年）	高守谦（嘉庆十四年至道光三年）
李拱宸（道光四至六年）		高守谦（道光四至六年）	毕学源（道光四至六年）

说明：此表主要参考屈春海《清代钦天监暨时宪科职官年表》（《中国科技史料》1997年第3期）和《清代缙绅录集成》（第4、5卷）（郑州：大象出版社，2008年），并据其他文献编成。据《缙绅录》，乾隆五十三年春，监正为安国宁，左监副为索德超，右监副为汤士选。嘉庆十一年春，监正为汤士选，左监副为福文高，右监副为李拱宸。

附录五　外国人名表

艾启蒙（Ignaz Sichelbarth，1708-1780，S.J.）
艾儒略（Giulio Aleni，1582-1649，S.J.）
艾若瑟（Antonio Francesco Giuseppe Provana，1662-1720，S.J.）
艾斯玎（Agostino Barelli，1656-1711，S.J.）
艾约瑟（Joseph Edkins，1823-1905）
安德义（Giovanni Damasceno Salutti，O.E.S.A.）
安多（Antoine Thomas，1644-1709，S.J.）
安国宁（André Rodrigues，1729-1796，S.J.）
安文思（Gabriel de Magalhães，1610-1677，S.J.）
巴多明（Dominique Parrenin，1665-1741，S.J.）
巴冈（Blaise-François de Pagan）
巴茂正（巴加禄，Charles Paris，1738-1804，C.M.）
巴新（Louis Bazin，1712-1774，S.J.）
巴哲格（Francisco Xavier Pacheco de Sampaio，?-1767）
白晋（白进，Joachim Bouvet，1656-1730，S.J.）
柏应理（Philippe Couplet，1623-1693，S.J.）
保灵（S. L. Baldwin，1835-1902）
鲍乃迪（Archimandrite Palladius，1817-1878）
鲍友管（Anton Gogeisl，1701-1771，S.J.）
贝勒（E. V. Bretschneider，1833-1901）
毕奥（Edouard-Constant Biot，1803-1850）
毕方济（Francesco Sambiasi，1582-1649，S.J.）

毕嘉（Giandomenico Gabiani，1623-1694，S.J.）
毕学源（Gaetano Pirès Pereira，1763-1838，C.M.）
裨治文（E. C. Bridgman，1801-1861）
卜略（Ismail Bouillaud，1605-1694）
陈善策（Domingos Pinheiro，1688-1748，S.J.）
戴进贤（Ignaz Kögler，1680-1746，S.J.）
德理格（Teodorico Pedrini，1671-1746，C.M.）
德利勒（Joseph-Nicolas de Lisle，1688-1768）
德玛诺（Romain Hinderer，1668-1744，S.J.）
德天赐（Adeodato da Santo Agostino，O.S.A.）
邓玉函（Johann Terrenz，1576-1630，S.J.）
笛卡儿（René Descartes，1596-1650）
棣么甘（Augustus de Morgan，1806-1871）
丁韪良（W. A. P. Martin，1827-1916）
丁先生（Christoph Clavius，1538-1612，S.J.）
杜德美（Pierre Jartoux，1669-1720，S.J.）
多罗（Carlo Tommaso Maillard de Tournon，1668-1710）
恩礼格（恩理格，Christian Wolfgang Herdtrich，1625-1684，S.J.）
樊记训（Pierre Frapperie，1664-1703，S.J.）
方守义（Jacques-François-Dieudonné d'Ollières，1722-1780，S.J.）
费隐（Ehrenbert Xaver Fridelli，1673-1743，S.J.）
弗莱雷（Nicolas Fréret，1688-1749）
伏若望（João Froes，1591-1638，S.J.）
福文高（Domingos-Joaquim Ferreira，1758-1824，C.M.）
傅汎际（Francisco Furtado，1589-1653，S.J.）
傅兰雅（John Fryer，1839-1928）
傅圣泽（Jean-François Foucquet，1665-1741，S.J.）
高临渊（Emanuele Conforti，C. Batt.）
高慎思（José de Espinha，1722-1788，S.J.）
高守谦（Verissimo Monteiro da Serra，1776-1852，C.M.）

高一志（王丰肃，Alfonso Vagnone，1568-1640，S.J.）

哥白尼（Nicolaus Copernicus，1473-1543）

戈维理（Pierre de Goville，1668-1758，S.J.）

顾铎泽（Etienne-Guillaume Le Couteulx，1667-1731，S.J.）

郭居静（Lazzaro Cattaneo，1560-1640，S.J.）

郭士立（Karl F. A. Gutzlaff，1803-1851）

郭中传（Jean-Alexis de Gollet，1664-1741，S.J.）

哈巴安德（Andrew Patton Happer，1818-1894）

韩国英（Pierre-Martial Cibot，1727-1780，S.J.）

韩纳庆（安纳，Robert Hanna，1762-1797，C.M.）

合信（Benjamin Hobson，1816-1873）

呵肋（哈雷，Edmund Halley，1656-1742）

贺清泰（Louis de Poirot，1735-1813，S.J.）

洪若（Jean de Fontaney，1643-1710，S.J.）

霍纳（William George Horner，1786-1837）

吉德明（冀若望，Jean-Joseph Ghislain，1751-1812，C.M.）

纪理安（Kilian Stumpf，1655-1720，S.J.）

嘉乐（Carlo Ambroise Mezzabarba，1685-1741）

蒋友仁（Michel Benoist，1715-1774，S.J.）

金济时（Jean-Paul Louis Collas，1735-1781，S.J.）

金尼阁（Nicolas Trigault，1577-1628，S.J.）

开意吉（Athanasius Kircher，1602-1680，S.J.）

康和之（Carlo Orazi da Castorano，1673-1755，OFM）

柯尔伯（Jean-Baptiste Colbert，1619-1683）

孔禄食（Luigi Gonzaga，1673-1718，S.J.）

拉朗德（Jérome Lalande，1732-1807）

拉雪兹（François de la Chaize，1624-1709，S.J.）

腊羲尔（Philippe de la Hire，1640-1718）

辣喀尔（Nicolas-Louis de la Caille，1713-1762）

莱布尼茨（Gottfried Wilhelm Leibniz，1646-1716）

郎世宁（Giuseppe Castiglione, 1688-1766, S.J.）
勒莫尼（Pierre-Charles Le Monnier, 1715-1799）
雷孝思（Jean-Baptiste Régis, 1663-1738, S.J.）
李拱宸（李拱辰, José Ribeiro-Nunes, 1767-1826, C.M.）
李俊贤（Hubert Cousin de Méricourt, 1729-1774, S.J.）
李明（Louis-Daniel Le Comte, 1655-1728, S.J.）
利类思（Lodovico Buglio, 1606-1682, S.J.）
利玛窦（Matteo Ricci, 1552-1610, S.J.）
利实尔（Jean Richer, 1630-1696）
栗安当（利安当, Antonio de Santa Maria Caballero, 1602-1669, O.S.F.）
利国安（Giovanni Laureati, 1666-1727）
理雅各（James Legge, 1815-1897）
梁栋材（Jean-Baptiste-Joseph de Grammont, 1736-1812?, S.J.）
林安（António da Silva, 1654-1726, S.J.）
林德瑶（João de Seixas, 1710-1785, S.J.）
林济各（Franz Stadlin, 1658-1740, S.J.）
林乐知（Young John Allen, 1836-1907）
刘思永（Rodrigo della Madre di Dio, O.S.A.）
刘松龄（August von Hallerstein, 1703-1774, S.J.）
刘应（Claude de Visdelou, 1656-1737, S.J.）
龙华民（Niccolò Longobardi, 1565-1655, S.J.）
卢公义（Justus Doolittle, 1824-1880）
卢瓦（Marquis de Louvois, François Michel Le Tellier, 1641-1691）
鲁日满（François de Rougemont, 1624-1676, S.J.）
陆百佳（Jacques Brocard, 1664-1718, S.J.）
陆若汉（João Rodrigues, 1561-1633, S.J.）
罗广祥（Nicolas-Joseph Raux, 1754-1801, C.M.）
罗怀忠（Giovanni Giuseppe da Costa, 1679-1747, S.J.）
罗继洲（Romuald Koscieski, ?-1799, OFM）
罗历山（Alessandro Ciceri, 1639-1703, S.J.）

罗密士（Elias Loomis，1811-1889）

罗雅谷（Giacomo Rho，1592-1638，S.J.）

洛默尔（Ole Christensen Römer，1644-1710）

雒魏林（雒颉，William Lockhart，1811-1896）

马凯（Pierre-Joseph Macquer，1718-1784）

马礼逊（Robert Morrison，1782-1834）

马儒翰（John Robert Morrison，1814-1843）

马若瑟（Joseph Henry-Marie de Prémare，1666-1736）

玛吉士（José Martins-Marquez）

麦大成（João Francisco Cardoso，1677-1723，S.J.）

麦德乐（Alexandre Metelo de Sousa e Meneses，1687-1766）

麦都思（W. H. Medhurst，1796-1857）

麦华陀（Walter Henry Medhurst，1823-1885）

麦嘉缔（Divie Bethune McCartee，1820-1900）

麦守德（Nicolas a Piticchio，?-1791，OFM）

麦有年（Paulo de Mesquita，1692-1729，S.J.）

蒙尼阁（Nicolas Charmot，1655-1714，M.E.P.）

孟德斯鸠（Montesquieu，1689-1755）

米怜（William Milne，1785-1822）

闵明我（Claudio Filippo Grimaldi，1638-1712，S.J.）

慕王化（João Pinto Gomes）

慕维廉（William Muirhead，1822-1900）

穆敬远（João Mourão，1681-1726，S.J.）

穆尼阁（Johannes Nikolaus Smogulecki，1610-1656，S.J.）

那永福（Joseph Max Pruggmayer，1713-1791，O.C.D.）

南怀仁（Ferdinand Verbiest，1623-1688，S.J.）

南怀仁（Gottfried Xaver von Laimbeckhoven，1707-1787，S.J.）

南弥德（拉弥额特，Louis-François-Marie Lamiot，1767-1831，C.M.）

聂崇正（若翰，Jean Noëlas，1669-1740，S.J.）

聂云龙（Giovanni Gherardini，1655-1729?）

潘慎文（A. P. Parker, 1850-1924）
潘廷璋（Giuseppe Panzi, 1734-1812, S.J.）
庞迪我（Diego de Pantoja, 1571-1618, S.J.）
钱德明（Jean-Joseph-Marie Amiot, 1718-1793, S.J.）
若翰王山（Johnnes Regiomontanus, 1436-1476）
山遥瞻（Guillaume Fabre Bonjour, 1669/1670-1714, O.S.A.）
宋君荣（Antoine Gaubil, 1689-1759, S.J.）
苏霖（José Soares, 1656-1736, S.J.）
索德超（José Bernardo de Almeida, 1728-1805, S.J.）
塔夏尔（Guy Tachard, 1648-1712, S.J.）
汤若望（Johann Adam Schall von Bell, 1592-1666, S.J.）
汤尚贤（Pierre Vincent de Tartre, 1669-1724, S.J.）
汤士选（Alexandre de Gouvea, 1751-1808, T.O.S.F.）
万宁（Thomas Manning, 1772-1840）
汪达洪（Jean-Matthieu Tournu Ventavon, 1733-1787, S.J.）
汪汝望（Jean Valat, 1614?-1696, S.J.）
卫方济（François Noël, 1651-1729, S.J.）
卫匡国（Martino Martini, 1614-1661, S.J.）
韦廉臣（Alexander Williamson, 1829-1890）
伟烈亚力（Alexander Wylie, 1815-1887）
祎理哲（Richard Quarterman Way, 1819-1895）
魏继晋（Florian Bahr, 1706-1771, S.J.）
奚安门（Henry Shearman, ?-1856）
熊三拔（Sabatino de Ursis, 1575-1620, S.J.）
徐茂盛（Giacomo Filippo Simonelli, 1680-1754 或 1755, S.J.）
徐懋德（André Pereira, 1689-1743, S.J.）
徐日昇（Tomás Pereira, 1645-1708, S.J.）
亚玛辣尔（Miguel do Amaral, 1657-1730, S.J.）
严嘉乐（颜家乐, Karl Slaviček, 1678-1735, S.J.）
严守志（Pierre Vaquier de la Baume, 1733-1770, S.J.）

颜诗莫（彦思莫，Anselmo da Santa Margherita，O.S.A.）

阳玛诺（Manuel Dias，1574-1659，S.J.）

杨秉义（杨广文，Franz Thilisch，1670-1716，S.J.）

杨格非（Griffith John，1831-1912）

叶宗孝（Eusebio da Cittadella，1716-1785，OFM）

殷铎泽（Prospero Intorcetta，1625-1696，S.J.）

殷弘绪（François-Xavier D'Entrecolles，1664-1741，S.J.）

张安多（António de Magalhães，1677-1735，S.J.）

张诚（Jean-François Gerbillon，1654-1707，S.J.）

张继贤（Inácio Francisco，1725-1792，S.J.）

赵进修（晁俊秀，François Bourgeois，1723-1792，S.J.）

参考文献

缩写：
ARSI（Archivum Romanum Societatis Iesu），罗马耶稣会档案馆
BAV（Biblioteca Apostolica Vaticana），梵蒂冈教廷图书馆
AMEP（Archives des Missions Étrangères de Paris），巴黎外方传教会档案馆
BnF（Bibliothèque Nationale de France），巴黎法国国家图书馆

一 中文文献

（一）原始文献

［明］范守己《御龙子集》内《吹剑草》，万历刻本。

［明］徐光启等《奏疏》十二卷，崇祯刻本，四册，中国国家图书馆藏，藏书号11743。此即《治历缘起》，巴黎法国国家图书馆、美国哥伦比亚大学图书馆、英国牛津大学亦藏。

［明］徐光启《徐光启著译集》，上海：上海古籍出版社，1983年。

［明］徐光启等，潘鼐编《崇祯历书》，上海：上海古籍出版社，2009年。

［明］徐光启、李天经编《西洋新法历书》，中华再造善本据明崇祯清顺治间刻本影印，北京：国家图书馆出版社，2012年。

［明］徐光启著，王重民编《徐光启集》，上海：上海古籍出版社，1984年。

［明］李之藻译《寰有诠》，BnF，Chinois 3384；中国国家图书馆藏残本，华东师范大学亦藏。

［明］徐昌治《破邪集》，日本复刻1635年刊本。

［明］《熙朝崇正集》，明"闽中景教堂藏板"，BnF，Chinois 1322。

［明］熊三拔口授，周子愚、卓尔康笔记《表度说》，《天学初函》（五），台北：台湾学生书局，1965 年。

［明］龙华民《地震解》，康熙十八年刊本，载钟鸣旦、杜鼎克编：《法国国家图书馆明清天主教文献》（第五册），台北：台北利氏学社，2009 年。

［明］阳玛诺《天问略》，1615 年版，BnF，Chinois 4904。

［明］罗雅谷《五纬历指》，BnF，Chinois 4971。

［明］艾儒略《性学觕述》，隆武二年刻本。

［明］汤若望述，慈水周子愚、武林卓尔康订《测食略》，明刊本，BnF，Chinois 4921。

［清］汤若望《交食历指》，《西洋新法历书》本。

［清］汤若望著，南怀仁校订《民历铺注解惑》，《续修四库全书》子部天文算法类，第 1040 册。

［清］汤若望《奏疏》，中国国家图书馆、中国科学院文献情报中心（国家科学图书馆）、韩国奎章阁、日本内阁文库藏本。

［清］南怀仁《钦定新历测验纪略》，BnF，Chinois 4992。

［清］南怀仁《新制灵台仪象志》（1674），BnF，Chinois 4923-4925。

［清］南怀仁立法，楚郢刘蕴德笔受《简平规总星图解》，康熙甲寅，BnF，Chinois 12097。

［清］南怀仁等《熙朝定案》，BnF，Chinois 1330。

［清］徐日昇、安多同述《南先生行略》，BnF，Chinois 1032。

［法］傅圣泽撰，桥本敬造编著《历法问答》，吹田：关西大学出版部，2011 年。稿本大英图书馆、梵蒂冈教廷图书馆藏。

［清］顾炎武著，黄汝成集释《日知录集释》，石家庄：花山文艺出版社，1990 年。

［清］吕留良《吕晚村先生文集》，雍正三年天盖楼刻本，《四库禁毁书丛刊》集部 148 册。

［清］张尔岐著，秀水后学盛百二订《蒿庵集》，济阳县衙藏版，乾隆三十八年刊。

［清］杨光先《不得已》，康熙饲雀山房刊本。

［清］毛奇龄《西河合集·文集》，乾隆间重修本，中国科学院文献情报中心（国家科学图书馆）藏。

［清］王熙《王文靖公集》，康熙四十六年王克昌刻本。

［清］王士禛《居易录》，康熙辛巳年（1701）刊本。

［清］王锡阐《晓庵先生文集》，道光元年刻本。

［清］黄百家《黄竹农家耳逆草》内《学箕三稿》甲编、乙编，康熙刊本，中国国家图书馆藏。

［清］戴名世《戴南山先生全集》，民国戊午重刻本。

［清］潘耒《遂初堂集》，康熙刊本。

［清］方中通《陪集·陪诗》，康熙刻本，《清代诗文集汇编》133册，上海：上海古籍出版社，2010年。

［清］张玉书《张文贞公集》，松荫堂藏版，乾隆五十七年镌。

［清］李光地《历象本要》，乾隆刻本。

［清］李光地《榕村语录·榕村续语录》，陈祖武点校，北京：中华书局，1995年。

［清］李光地《榕村语录续集》，傅氏藏园刻本。

［清］李清馥《榕村谱录合考》，道光初李尔启刻《榕村全书》本。

［清］梅文鼎《勿庵历算书目》，康熙刻本，清华大学图书馆藏；《知不足斋丛书》本。

［清］梅文鼎《绩学堂诗钞》，《绩学堂文钞》，乾隆刊本。

［清］梅文鼎《宣城梅氏历算丛书辑要》六十卷，承学堂乾隆十年（1745）梅毂成序刊本。

［清］王兰生《交河集》，道光刊本。

［清］阮元《畴人传》，琅嬛仙馆嘉庆四年（1799）序刊本。

［清］杭世骏《道古堂文集》，光绪十四年汪氏振绮堂刊本。

［清］胡敬《国朝院画录》，嘉庆二十一年刊本。

［清］王韬《西国天学源流》，见《西学辑存六种》，1889年铅印本。

［清］黄锺骏《畴人传四编》,《留有余斋丛书》本。

［清］丁福保《算学书目提要》,光绪己亥（1899）无锡实学堂刻本。

［清］张廷玉等《明史》,北京：中华书局,1974年。

赵尔巽等《清史稿》,北京：中华书局,1977年。

中国第一历史档案馆编《康熙朝汉文朱批奏折汇编》,北京：档案出版社,1984—1985年。

中国第一历史档案馆编《康熙朝满文朱批奏折全译》,北京：中国社会科学出版社,1996年。

陈垣《康熙与罗马使节关系文书》,北平：故宫博物院,1932年。

中国第一历史档案馆编《清中前期西洋天主教在华活动档案史料》,北京：中华书局,2003年。

中国第一历史档案馆编《雍正朝汉文朱批奏折汇编》,南京：江苏古籍出版社,1991年。

中国第一历史档案馆等编《明清时期澳门问题档案资料汇编》,北京：人民出版社,1999年。

刘芳辑,章文钦校《葡萄牙东波塔档案馆藏清代澳门中文档案汇编》,澳门：澳门基金会,1999年。

钟鸣旦、杜鼎克编《耶稣会罗马档案馆明清天主教文献》,台北：台北利氏学社,2002年。

钟鸣旦、杜鼎克编《法国国家图书馆明清天主教文献》,台北：台北利氏学社,2009年。

韩琦、吴旻校注《〈熙朝崇正集〉〈熙朝定案〉(外三种)》,北京：中华书局,2006年。

吴旻、韩琦编《欧洲所藏雍正乾隆朝天主教文献汇编》,上海：上海人民出版社,2008年。

安双成编译《清初西洋传教士满文档案译本》,郑州：大象出版社,2015年。

《清代缙绅录集成》,郑州：大象出版社,2008年。

《清代起居注册》（康熙朝），台北故宫博物院藏，台北：联经出版事业有限公司，2009年。

《康熙起居注》，北京：中华书局，1984年。

《乾隆帝起居注》，桂林：广西师范大学出版社，2002年。

《圣祖仁皇帝御制文集》二集、三集。

《庭训格言》，雍正刊本。

《内府舆地图》一函九册（第一册缺），内府刊本，BnF, Res. Ge. FF. 14550。

《御制三角形推算法论》，《满汉七本头》本（约1707年刻本），中国科学院文献情报中心（国家科学图书馆）藏。

《御制钦若历书》上编、下编，《御制钦若历书表》十六卷，康熙刊本。

《御制历象考成表》二卷，雍正刊本，巴黎天文台藏。

《大清国史天文志》，乾隆内府抄本，台北故宫博物院藏。

《钦天监则例》，乾隆内府抄本，中国国家图书馆藏。

《圣祖仁皇帝实录》，北京：中华书局，1985年。

《高宗纯皇帝实录》，北京：中华书局，1986年。

《仁宗睿皇帝实录》，北京：中华书局，1986年。

《宣宗成皇帝实录》，北京：中华书局，1986年。

［清］伊桑阿等纂修《大清会典》，康熙内府刊本。

［清］嵇璜等纂《皇朝文献通考》，乾隆刻本。

（二）传教士著作、译著

［比］柏应理著，徐允希译《一位中国奉教太太：许母徐太夫人甘第大传略》，台中：光启出版社，1965年。

［德］莱布尼茨著，［法］梅谦立等译《中国近事》，郑州：大象出版社，2005年。

［法］李明著，郭强等译《中国近事报道》（1687—1692），郑州：大象出版社，2004年。

［法］张诚《张诚日记》，载杜赫德：《中华帝国全志》，北京：商务印书馆，1973年。

［葡］安文思著，何高济等译《中国新史》，郑州：大象出版社，2004年。

［意］利玛窦、金尼阁著，何高济等译《利玛窦中国札记》，北京：中华书局，1990年。

［意］利玛窦著，罗渔译《利玛窦书信集》，台北：光启出版社，1986年。

［意］利玛窦著，文铮译，［意］梅欧金校《耶稣会与天主教进入中国史》，北京：商务印书馆，2014年。

［德］博爱者《察世俗每月统记传》，嘉庆丙子（1816）。

［德］郭士立编《东西洋考每月统记传》（1833—1838）影印本（黄时鉴导言），北京：中华书局，1997年。

［日］松浦章、［日］内田庆市、沈国威编著《遐迩贯珍の研究》，吹田：关西大学出版部，2004年。

［美］哈巴安德《天文问答》，宁波，1849年。

［美］丁韪良《中西闻见录》，北京，1872—1875年。

［美］麦嘉缔《平安通书》，宁波，1851、1852年。

［英］伟烈亚力编，沈国威编著《六合丛谈》影印本，东京：白帝社，1999年。中国国家图书馆善本部藏。

［英］侯失勒著，伟烈亚力、李善兰译《谈天》，墨海书馆活字本，咸丰己未年（1859）。

［英］合信《天文略论》，粤东西关惠爱医馆藏版，道光二十九年（1849）。

［英］艾约瑟编《华洋和合通书》，1852年，上海活字印刷。

［英］艾约瑟、王韬《中西通书》，1853年，墨海书馆颁行。

［葡］玛吉士《新释地理备考全书》，见《海山仙馆丛书》本，道光丁未年（1847）。

［葡］玛吉士《地球五星次序》，见魏源编《海国图志》，1852年。

(三)研究论著

《天国的宝藏：教廷文物特展》，台北：台北故宫博物院，2016年。

《徐光启纪念论文集》，北京：中华书局，1963年。

《徐光启与〈几何原本〉》，上海：上海交通大学出版社，2011年。

白鸿叶、李孝聪《康熙朝〈皇舆全览图〉》，北京：国家图书馆出版社，2014年。

薄树人《薄树人文集》，合肥：中国科学技术大学出版社，2003年。

薄树人主编《中国古代科技典籍通汇·天文卷》，郑州：河南教育出版社，1997年。

蔡鸿生主编《广州与海洋文明》，广州：中山大学出版社，1997年。

蔡鸿生主编《澳门史与中西交通研究》，广州：广东高等教育出版社，1998年。

蔡鸿生《中外交流史事考述》，郑州：大象出版社，2007年。

蔡鸿生《蔡鸿生史学文编》，广州：广东人民出版社，2014年。

蔡鸿生《蔡鸿生自选集》，广州：中山大学出版社，2015年。

陈国栋《清代前期的粤海关与十三行》，广州：广东人民出版社，2014年。

陈美东《古历新探》，沈阳：辽宁教育出版社，1995年。

陈祖武《清初学术思辨录》，北京：中国社会科学出版社，1993年。

杜石然等《中国科学技术史稿》，北京：科学出版社，1982年。

樊洪业《耶稣会士与中国科学》，北京：中国人民大学出版社，1992年。

方豪《方豪文录》，北平：上智编译馆，1948年。

方豪《李之藻研究》，台北：商务印书馆，1966年。

方豪《方豪六十自定稿》，1969年，自印本。

方豪《中国天主教史人物传》，北京：中华书局，1988年。

方豪《中西交通史》，上海：上海人民出版社，2015年。

费成康《澳门四百年》，上海：上海人民出版社，1988年。

冯明珠主编《康熙大帝与太阳王路易十四特展：中法艺术文化的交会》，台北：台北故宫博物院，2011年。

高翔《康雍乾三帝统治思想研究》，北京：中国人民大学出版社，1995年。

高翔《近代的初曙：18世纪中国观念变迁与社会发展》，北京：故宫出版社，2013年。

高智瑜、马爱德主编《虽逝犹存：栅栏——北京最古老的天主教墓地》，澳门特别行政区政府文化局、美国旧金山大学利玛窦研究所，2001年。

葛荣晋主编《中日实学史研究》，北京：中国社会科学出版社，1992年。

葛荣晋主编《中国实学思想史》中卷，北京：首都师范大学出版社，1994年。

葛兆光《想象异域：读李朝朝鲜汉文燕行文献札记》，北京：中华书局，2014年。

故宫博物院、凡尔赛宫博物馆编《"太阳王"路易十四：法国凡尔赛宫藏珍集》，北京：紫禁城出版社，2005年。

顾卫民《中国与罗马教廷关系史略》，北京：东方出版社，2000年。

顾卫民编《中国天主教编年史》，上海：上海书店，2003年。

关增建《量天度地衡万物：中国计量简史》，郑州：大象出版社，2013年。

韩琦《中国科学技术的西传及其影响》，石家庄：河北人民出版社，1999年。

何芳川《中外文明的交汇》，香港：香港城市大学出版社，2003年。

黄鸿钊《澳门同知与近代澳门》，广州：广东人民出版社，2006年。

黄时鉴、龚缨晏《利玛窦世界地图研究》，上海：上海古籍出版社，2004年。

黄时鉴《黄时鉴文集》，上海：中西书局，2011年。

黄一农《社会天文学史十讲》，上海：复旦大学出版社，2004年。

黄一农《两头蛇：明末清初的第一代天主教徒》，新竹：清华大学出版社，2005年。

江晓原《天学真原》，沈阳：辽宁教育出版社，1991年。

江晓原、钮卫星《天文西学东渐集》，上海：上海书店出版社，2001年。

金国平《中葡关系史地考证》，澳门：澳门基金会，2000年。

金国平著译《西力东渐：中葡早期接触追昔》，澳门：澳门基金会，2000年。

金国平、吴志良《镜海飘渺》，澳门：澳门成人教育学会，2001年。

金国平、吴志良《东西望洋》，澳门：澳门成人教育学会，2002年。

金国平、吴志良《过十字门》,澳门:澳门成人教育学会,2004年。

金国平编译《西方澳门史料选萃:15—16世纪》,广州:广东人民出版社,2005年。

金永植《科学与东亚儒学传统》,台北:台湾大学出版中心,2014年。

李兰琴《汤若望传》,北京:东方出版社,1995年。

李天纲《中国"礼仪之争":历史、文献和意义》,上海:上海古籍出版社,1998年。

李文潮、H. 波塞尔编《莱布尼茨与中国》,北京:科学出版社,2002年。

李向玉《汉学家的摇篮:澳门圣保禄学院研究》,北京:中华书局,2006年。

李俨《中算史论丛》,北京:科学出版社,1955年。

李志刚《基督教早期在华传教史》,台北:台湾商务印书馆,1985年。

梁家勉《徐光启年谱》,上海:上海古籍出版社,1981年。

梁启超《中国近三百年学术史》,天津:天津古籍出版社,2003年。

林金水《利玛窦与中国》,北京:中国社会科学出版社,1996年。

林中泽主编《华夏文明与西方世界》,香港:博士苑出版社,2003年。

林子昇《16—18世纪澳门与中国之关系》,澳门:澳门基金会,1994年。

刘潞主编《清宫西洋仪器》,上海:上海科学技术出版社,1999年。

罗光《教廷与中国使节史》,台中:光启出版社,1961年。

明晓艳、魏扬波编《历史遗踪:正福寺天主教墓地》,北京:文物出版社,2007年。

潘刚儿、黄启臣、陈国栋编《广州十三行之一:潘同文(孚)行》,广州:华南理工大学出版社,2006年。

潘鼐《中国恒星观测史》,上海:学林出版社,1989年。

潘鼐主编《彩图本中国古天文仪器史》,太原:山西教育出版社,2005年。

戚印平《日本早期耶稣会史研究》,北京:商务印书馆,2003年。

戚印平《东亚近世耶稣会史论集》,台北:台湾大学出版中心,2004年。

钱宝琮主编《中国数学史》,北京:科学出版社,1981年。

汤开建《明清士大夫与澳门》,澳门:澳门基金会,1998年。

汤开建《澳门开埠初期史研究》，北京：中华书局，1999年。

汤开建《明代澳门史论稿》（上、下卷），哈尔滨：黑龙江教育出版社，2012年。

汤开建《明清天主教史论稿初编：从澳门出发》，澳门：澳门大学，2012年。

汤开建《明清天主教史论稿二编：圣教在中土》（上），澳门：澳门大学，2014年。

汤开建《天朝异化之角：16—19世纪西洋文明在澳门》，广州：暨南大学出版社，2016年。

汪前进、刘若芳整理《清廷三大实测全图集：乾隆十三排图》，北京：外文出版社，2007年。

王冰《勤敏之士南怀仁》，北京：科学出版社，2000年。

王茂等《清代哲学》，合肥：安徽人民出版社，1992年。

王萍《西方历算学之输入》，台北："中研院"近代史研究所，1966年。

王庸《中国地图史纲》，北京：生活·读书·新知三联书店，1958年。

吴以义《从哥白尼到牛顿：日心学说的确立》，上海：上海人民出版社，2013年。

吴志良、汤开建、金国平主编《澳门编年史》（1—4卷），广州：广东人民出版社，2009年。

席泽宗《古新星新表与科学史探索：席泽宗院士自选集》，西安：陕西师范大学出版社，2002年。

香港科学馆编《清宫科技展：清宫奇器》，香港，2015年。

萧若瑟《天主教传行中国考》，献县，1931年。

熊月之《西学东渐与晚清社会》，上海：上海人民出版社，1994年。

许明龙《黄嘉略与早期法国汉学》，北京：中华书局，2004年。

阎宗临《传教士与法国早期汉学》，郑州：大象出版社，2003年。

杨雨蕾《燕行与中朝文化关系》，上海：上海辞书出版社，2011年。

伊世同《中西对照恒星图表》，北京：科学出版社，1981年。

杨珍《清朝皇位继承制度》，北京：学苑出版社，2009年。

杨珍《康熙皇帝一家》，北京：学苑出版社，2009年。

杨珍《历程·制度·人：清朝皇权略探》，北京：学苑出版社，2013年。

张柏春《明清测天仪器之欧化》，沈阳：辽宁教育出版社，2000年。

张铠《庞迪我与中国：耶稣会"适应"政策研究》，北京：北京图书馆出版社，1997年。

张隆溪《走出文化的封闭圈》，北京：生活·读书·新知三联书店，2004年。

张永堂《明末清初理学与科学关系再论》，台北：台湾学生书局，1994年。

章文钦《澳门与中华历史文化》，澳门：澳门基金会，1995年。

章文钦《澳门历史文化》，北京：中华书局，1999年。

章文钦《广东十三行与早期中西关系》，广州：广东经济出版社，2009年。

赵春晨、冷东主编《广州十三行与清代中外关系》，广州：世界图书出版广东有限公司，2012年。

中国第一历史档案馆、北京天文馆古观象台编：《清代天文档案史料汇编》，郑州：大象出版社，1997年。

中国社会科学院历史研究所清史研究室编《清史资料》（第五辑），北京：中华书局，1984年。

中国天文学史整理研究小组《中国天文学史》，北京：科学出版社，1981年。

邹振环《疏通知译史》，上海：上海人民出版社，2012年。

［新加坡］卓南生《中国近代报业发展史：1815—1874（增订新版）》，北京：中国社会科学出版社，2015年。

［日］夫马进著，伍跃译《朝鲜燕行使与朝鲜通信使：使节视野中的中国·日本》，上海：上海古籍出版社，2010年。

［日］薮内清著，杜石然译《中国的天文历法》，北京：北京大学出版社，2017年。

［美］史景迁著，温洽溢译《康熙：重构一位中国皇帝的内心世界》，桂林：广西师范大学出版社，2011年。

［美］史景迁著，温洽溢译《曹寅与康熙：一个皇室宠臣的生涯揭秘》，桂林：广西师范大学出版社，2014年。

[美]艾尔曼著,原祖杰等译《科学在中国(1550—1900)》,北京:中国人民大学出版社,2016年。

[美]艾尔曼著,王红霞等译《中国近代科学的文化史》,上海:上海古籍出版社,2009年。

[美]夏伯嘉著,向红艳、李春园译《利玛窦:紫禁城里的耶稣会士》,上海:上海古籍出版社,2012年。

[韩]李元淳《朝鲜西学史研究》,北京:中国社会科学出版社,2001年。

[德]柯兰尼(Claudia von Collani)著,李岩译《耶稣会士白晋的生平与著作》,郑州:大象出版社,2009年。

[德]魏特著,杨丙辰译《汤若望传》,上海:商务印书馆,1949年。

[意]白佐良、马西尼著,萧晓玲、白王昆译《意大利与中国》,北京:商务印书馆,2002年。

[法]蓝莉著,许明龙译《请中国作证:杜赫德的〈中华帝国全志〉》,北京:商务印书馆,2015年。

[捷克]严嘉乐(Charles Slavicek)著,丛林、李梅译《中国来信(1716—1735)》,郑州:大象出版社,2002年。

[斯洛文]米加主编,朱晓珂、褚龙飞译,吕凌峰审校《斯洛文尼亚在中国的文化使者:刘松龄》,郑州:大象出版社,2015年。

[法]樊神父(Octave Ferreux)著,吴宗文译《遣使会在华传教史》,台北:天主教华明书局,1977年。

[法]高育(G. Goyau)著,吴宗文译《遣使会史》,台北:天主教华明书局,出版年不详。

[法]高龙鞶著,周士良译《江南传教史》(第一册),台北:辅仁大学出版社,2009年。

[法]高龙鞶著,周士良译《江南传教史》(第二册),新北:辅大书坊,2013年。

[美]斯坦尼斯拉夫·叶茨尼克著、周萍萍译《刘松龄:旧耶稣会在京最后一位伟大的天文学家》,上海:上海三联书店,2014年。

［英］李约瑟《中国科学技术史》数学卷，北京：科学出版社，1978年。

［葡］佛朗西斯·罗德里杰斯（Francisco Rodrigues）《葡萄牙耶稣会天文学家在中国（1583—1805）》，澳门：澳门文化司署，1990年。

［葡］徐萨斯（C. A. Montalto de Jesus）著，黄鸿钊、李保平译《历史上的澳门》，澳门：澳门基金会，2000年。

［葡］施白蒂（Beatriz Basto da Silva）著，小雨译《澳门编年史》，澳门：澳门基金会，1995年。

［葡］施白蒂（Beatriz Basto da Silva）著，姚京明译《澳门编年史（十九世纪）》，澳门：澳门基金会，1998年。

（四）中文、日文论文

安双成《汤若望案始末》，《历史档案》1992年第3期，第79—87页。

白新良《康熙朝奏折和来华西方传教士》，《南开学报》2003年第1期，第11—17页。

薄树人《清代对开普勒方程的研究》，载《中国天文学史文集》（第三集），北京：科学出版社，1984年，第97—116页。

陈美东《山雨欲来风满楼：1842年至1858年间西方近代天文学知识在中国的传播》，《中华科技史同好会会刊》2001年第1期，第75—80页。

陈卫平《从"会通以求超胜"到"西学东源"说》，《自然辩证法通讯》1989年第2期，第47—54页。

戴念祖、郭永芳《牛顿在中国》，载戴念祖、周嘉华编《〈原理〉——时代的巨著》，峨嵋：西南交通大学出版社，1988年，第81—89页。

邓亮、韩琦《〈重学〉版本流传及其影响》，《文献》2009年第3期，第151—157页。

邓亮、韩琦《新学传播的序曲：艾约瑟、王韬翻译〈格致新学提纲〉的内容、意义及其影响》，《自然科学史研究》2012年第2期，第136—150页。

杜石然、韩琦《17、18世纪法国耶稣会士对中国科学的贡献》，《科学对社会的影响》1993年第3期，第55—64页。

冯宝琳《康熙〈皇舆全览图〉的测绘考略》,《故宫博物院院刊》1985年第1期,第23—31、35页。

冯宝琳《〈皇舆全图〉的乾隆年印本及其装帧》,《故宫博物院院刊》1990年第2期,第93—96页。

冯锦荣《明末熊明遇父子与西学》,载罗炳绵编《明末清初华南地区历史人物研讨会论文集》,香港:香港中文大学历史系,1993年,第117—135页。

冯锦荣《明末熊明遇〈格致草〉内容探析》,《自然科学史研究》1997年第4期,第304—328页。

冯锦荣《明末清初知识分子对亚里士多德自然哲学的研究》,载吴嘉丽、周湘华主编《世界华人科学史学术研讨会论文集》,新北:淡江大学历史学系、化学系,2001年,第379—387页。

冯锦荣《明末西方日晷的制作及其相关典籍在中国的流播:以丁先生(Christopher Clavius, 1538-1612)〈晷表图说〉(*Gnomonices*, 1581)为中心》,载荣新江、李孝聪主编《中外关系史:新史料与新问题》,北京:科学出版社,2004年,第337—365页。

冯明珠《红票:一封康熙皇帝寄给罗马教皇的信》,《故宫文物月刊》2011年第11期,第20—31页。

高振田《康熙帝与西洋传教士》,载中国第一历史档案馆编:《明清档案与历史研究》(上),北京:中华书局,1988年,第561—569页。

葛兆光《邻居家里的陌生人:清中叶朝鲜使者眼中北京的西洋传教士》,《中国文化研究》2006年夏之卷,第1—11页。

郭世荣、李迪《略论傅作霖在华之工作》,《故宫博物院院刊》2003年第4期,第35—44页。

郭世荣、李迪《清钦天监西洋监正高慎思》,《内蒙古师范大学学报》(哲学社会科学版)2005年第2期,第48—51页。

韩琦《康熙时代传入的西方数学及其对中国数学的影响》,中国科学院自然科学史研究所博士学位论文,1991年。

韩琦《西方铜版术的传入及其影响》,《印刷科技》(台湾)1991年第6期,第21—29页,又载《中国印刷史料选辑·装订与补遗》,北京:中国书籍出版社,1993年,第388—400页。

韩琦《关于十七、十八世纪欧洲人对中国科学落后原因的论述》,《自然科学史研究》1992年第4期,第289—298页。

韩琦《白晋》,载杜石然主编《中国古代科学家传记》(下集),北京:科学出版社,1993年,第1316—1318页。

韩琦《巴多明》,载杜石然主编《中国古代科学家传记》(下集),北京:科学出版社,1993年,第1324—1326页。

韩琦《杜德美》,载杜石然主编《中国古代科学家传记》(下集),北京:科学出版社,1993年,第1327—1329页。

韩琦《戴进贤》,载杜石然主编:《中国古代科学家传记》(下集),北京:科学出版社,1993年,第1330—1332页。

韩琦《君主和布衣之间:李光地在康熙时代的活动及其对科学的影响》,《清华学报》(新竹)1996年新26卷第4期,第421—445页。

韩琦《17、18世纪欧洲和中国的科学关系:以英国皇家学会和在华耶稣会士的交流为例》,《自然辩证法通讯》1997年第3期,第47—56页。又载黄时鉴主编《东西交流论谭》,上海:上海文艺出版社,1998年,第141—165页。

韩琦《从〈明史〉历志的纂修看西学在中国的传播》,载《科史薪传:庆祝杜石然先生从事科学史研究40周年学术论文集》,沈阳:辽宁教育出版社,1997年,第61—70页。

韩琦《数学的传入及其影响》,载董光璧主编《中国近现代科学技术史》,长沙:湖南教育出版社,1997年,第87—127页。

韩琦《白晋的〈易经〉研究和康熙时代的"西学中源"说》,《汉学研究》1998年第1期,第185—201页。

韩琦《康熙朝法国耶稣会士在华的科学活动》,《故宫博物院院刊》1998年第2期,第68—75页。

韩琦《〈数理格致〉的发现：兼论 19 世纪以前牛顿学说在中国的传播》,《中国科技史料》1998 年第 2 期, 第 78—85 页。

韩琦《传教士伟烈亚力在华的科学活动》,《自然辩证法通讯》1998 年第 2 期, 第 57—70 页。

韩琦《"格物穷理院"与蒙养斋：17、18 世纪之中法科学交流》, 载《法国汉学》（第四辑）, 北京：中华书局, 1999 年, 第 302—324 页。

韩琦《从中西文献看马国贤在宫廷的活动》, in *Matteo Ripa e il Collegio dei Cinesi*（Atti del Colloquio Internazionale, Napoli, 11-12 febbraio 1997）, eds. Michele Fatica and Francesco D'Arelli（Napoli, 1999）, pp.71-82.

韩琦《张星曜与〈钦命传教约述〉》, *Sino-Western Cultural Relations Journal* XXII（2000）, pp.1-10.

韩琦《从〈律历渊源〉的编纂看康熙时代的历法改革》, 载吴嘉丽、周湘华主编《世界华人科学史学术研讨会论文集》, 新北：淡江大学历史学系、化学系, 2001 年, 第 187—195 页。

韩琦《"自立"精神与历算活动：康乾之际文人对西学态度之改变及其背景》,《自然科学史研究》2002 年第 3 期, 第 210—221 页。

韩琦、吴旻《"礼仪之争"中教徒的不同声音》, 载《暨南史学》（二）, 广州：暨南大学出版社, 2003 年, 第 455—463 页。

韩琦、詹嘉玲《康熙时代西方数学在宫廷的传播：以安多和〈算法纂要总纲〉的编纂为例》,《自然科学史研究》2003 年第 2 期, 第 145—155 页。

韩琦《奉教天文学家与"礼仪之争"（1700—1702）》, 载《相遇与对话：明末清初中西文化交流国际学术研讨会文集》, 北京：宗教文化出版社, 2003 年, 第 381—399 页。繁体字本见 Wu Xiaoxin ed., *Encounters and Dialogues: Changing Perspectives on Chinese-Western Exchanges from the Sixteenth and Eighteenth Centuries*. Nettetal: Steyler Verlag, 2005, pp.197-209.

韩琦《康熙帝与天文历法》, 载陈美东主编《中国科学技术史·天文学卷》, 北京：科学出版社, 2003 年, 第 660—670 页。

韩琦《〈明史·历志〉之纂修》，载陈美东主编《中国科学技术史·天文学卷》，北京：科学出版社，2003年，第695—698页。

韩琦《〈历象考成后编〉与〈仪象考成〉的编纂》，载陈美东主编《中国科学技术史·天文学卷》，北京：科学出版社，2003年，第708—718页。

韩琦《蒋友仁〈坤舆全图〉(〈地球图说〉)与日心地动说》，载陈美东主编《中国科学技术史·天文学卷》，北京：科学出版社，2003年，第720—721页。

韩琦《中国传统天文学在欧洲》，载陈美东主编《中国科学技术史·天文学卷》，北京：科学出版社，2003年，第723—731页。

韩琦《康熙时代的数学教育及其社会背景》，载《法国汉学》(第八辑)，北京：中华书局，2003年，第434—448页。

韩琦《陈厚耀〈召对纪言〉释证》，载《文史新澜》，杭州：浙江古籍出版社，2003年，第458—475页。

韩琦《李约瑟问题的起源：17至18世纪欧洲人对中国科学的看法及其演变》，载郑培凯主编《术数、天文与医学：中国科技史的新视野》，香港：香港城市大学出版社，2003年，第179—206页。

韩琦《科学与宗教之间：耶稣会士白晋的〈易经〉研究》，载陶飞亚、梁元生编《东亚基督教再诠释》，香港：香港中文大学崇基学院宗教与中国社会研究中心，2004年，第413—434页。

韩琦《〈六合丛谈〉之缘起》，《或问》2004年第8期，第144—146页。

韩琦《再论白晋的〈易经〉研究：从梵蒂冈教廷图书馆所藏手稿分析其研究背景、目的及反响》，载荣新江、李孝聪主编《中外关系史：新史料与新问题》，北京：科学出版社，2004年，第315—323页。

韩琦《清初历算与经学关系简论》，载彭林编《清代经学与文化》，北京：北京大学出版社，2005年，第409—418页。

韩琦《礼物、仪器与皇帝：马戛尔尼使团来华的科学使命及其失败》，《科学文化评论》2005年第5期，第11—18页。

韩琦《姗姗来迟的"西洋消息"：1709年教皇致康熙信到达宫廷始末》，《文化杂志》2005 年夏季刊第 55 期，第 1—14 页。又载吴志良等编《澳门人文社会科学研究文选》（历史卷，上卷），北京：社会科学文献出版社，2010 年，第 473—485 页。

韩琦《瀛洲圣阙关山重：1709 年教皇信滞留澳门始末》，《文化杂志》2006 年夏季号第 59 期，第 133—146 页。又载吴志良等编《澳门人文社会科学研究文选》（历史卷，上卷），北京：社会科学文献出版社，2010 年，第 526—540 页。

韩琦《康熙时代的历算活动：基于档案资料的新研究》，载张先清编《史料与视界：中文文献与中国基督教史研究》，上海：上海人民出版社，2007 年，第 40—60 页。

韩琦《明清之际"礼失求野"论之源与流》，《自然科学史研究》2007 年第 3 期，第 303—311 页。

韩琦《马国贤和铜版印刷术的传入》，《中国印刷》2007 年第 11 期，第 106—109 页。

韩琦《耶稣会士和康熙时代历算知识的传入》，载《澳门史新编》（三），澳门：澳门基金会，2008 年，第 967—986 页。又载吴昶兴编《再解释：中国天主教史研究方法新拓展》，新北：台湾基督教文艺出版社，2014 年，第 65—88 页。

韩琦《耶稣会士与西方科学在中国的传播》，载何芳川主编《中外关系史》，北京：国际文化出版公司，2008 年，第 79—113 页。

韩琦《〈历象考成〉的编纂》，载《中国古代天文学的转轨与近代天文学》，北京：中国科学技术出版社，2009 年，第 174—177 页。

韩琦《历象考成后编》，载《中国古代天文学的转轨与近代天文学》，北京：中国科学技术出版社，2009 年，第 177—186 页。

韩琦《仪象考成》，载《中国古代天文学的转轨与近代天文学》，北京：中国科学技术出版社，2009 年，第 186—191 页。

韩琦《仪象考成续编》，载《中国古代天文学的转轨与近代天文学》，北京：中国科学技术出版社，2009 年，第 191—193 页。

韩琦《纪理安》,载《中国古代天文学的转轨与近代天文学》,北京:中国科学技术出版社,2009年,第266—267页。

韩琦《李善兰、艾约瑟译胡威立〈重学〉之底本》,《或问》2009年第17期,第101—111页。

韩琦《西方数学的传入和乾嘉时期古算的复兴:以借根方的传入和天元术研究的关系为例》,载祝平一主编《中国史新论:科技与中国社会》,台北:联经出版事业有限公司,2010年,第459—486页。

韩琦《科学、知识与权力:日影观测与康熙在历法改革中的作用》,《自然科学史研究》2011年第1期,第1—18页。

韩琦《异端"新"知与民间西学:浅论薛凤祚、穆尼阁对欧洲星占术的介绍》,载马来平主编《中西文化会通的先驱:全国首届薛凤祚学术思想研讨会论文集》,济南:齐鲁书社,2011年,第500—506页。

韩琦《西学帝师:耶稣会士安多在康熙时代的科学活动》,《故宫文物月刊》2011年第10期,第52—57页。

韩琦《康熙时代的历算活动及其背景》,载《中国典籍与文化》(第七辑),北京:国家图书馆出版社,2013年,第215—231页。

韩琦《明末清初欧洲占星术著作的流传及其影响:以汤若望的〈天文实用〉为中心》,《中国科技史杂志》2013年第4期,第471—480页。

韩琦《蒙养斋数学家陈厚耀的历算活动:基于〈陈氏家乘〉的新研究》,《自然科学史研究》2014年第3期,298—306页。

韩琦《未能把握的机会:从中法科学交流看康熙皇帝的功与过》,《文汇报》2014年10月31日。

韩琦《傅汎际、李之藻译〈寰有诠〉及其相关问题》,载《西学东渐研究》(第五辑),北京:商务印书馆,2015年,第224—234页。

韩琦《康熙帝之治术与"西学中源"说新论:〈御制三角形推算法论〉的成书及其背景》,《自然科学史研究》2016年第1期,第1—9页。

韩琦《何国宗生年史事小考》,《自然科学史研究》2016年第4期,第387—388页。

韩琦《康熙时代中国教徒对于"礼仪之争"的态度：以1706年教徒向教廷特使多罗递交请愿书为例》，《故宫文物月刊》2016年第396期，第50—58页。

韩琦《科学、艺术与宗教之间：康熙时代宫廷画家焦秉贞史事考释》，载《法国汉学》（第十七辑），北京：中华书局，2016年，第70—82页。

韩琦、邓亮《科学新知在东南亚和中国沿海城市的传播：以嘉庆至咸丰年间天王星知识的介绍为例》，《自然辩证法通讯》2016年第5期，第69—76页。

韩琦《南明使臣卜弥格的中国随从：教徒郑安德肋史事考释》，《清史研究》2018年第1期，第121—126页。

韩琦《后耶稣会士时代的宫廷天文学家》，《故宫文物月刊》2018年第422期，第52—59页。

韩琦《南巡、传教士和外交：兼论康熙对"礼仪之争"和教廷特使多罗来华的反应》，《文化杂志》2018年第102期，第54-63页。

洪万生《同文馆算学教习李善兰》，载杨翠华、黄一农编《近代中国科技史论集》，台湾："中研院"近代史研究所、（新竹）清华大学历史研究所，1991年，第215—259页。

洪万生《墨海书馆时期（1852—1860）的李善兰》，载何丙郁等编《中国科技史论文集》，台北：联经出版事业有限公司，1995年，第223—235页。

胡道静、王锦光《墨海书馆》，《中国科技史料》1982年第2期，第55—57页。

胡道静《印刷术反馈与西方科学第二期东传的头一个据点：上海墨海书馆》，《出版史料》1987年第4期、1988年第1期。

胡铁珠《〈历学会通〉中的宇宙模式》，《自然科学史研究》1992年第3期，第224—232页。

黄时鉴《朝鲜燕行录所记的北京天主堂》，载《东西交流史论稿》，上海：上海古籍出版社，1998年，第405—432页。

黄一农《汤若望与清初西历之正统化》，载吴嘉丽、叶鸿洒编《新编中国科技史》（下册），台北：银禾文化事业公司，1990年，第465—490页。

黄一农《清初钦天监中各民族天文学家的权力起伏》,《新史学》1991年第2期,第75—108页。

黄一农《清前期对觜、参两宿先后次序的争执:社会天文学史之一个案研究》,载杨翠华、黄一农主编《近代中国科技史论集》,台北:"中研院"近代史研究所;新竹:清华大学历史研究所,1991年,第71—94页。

黄一农《杨燝南:最后一位疏告西方天文学的保守知识份子》,《汉学研究》1991年第1期,第229—245页。

黄一农《星占、事应与伪造天象:以"荧惑守心"为例》,《自然科学史研究》1991年第2期,第120—132页。

黄一农《耶稣会士对中国传统星占术数的态度》,《九州学刊》(纽约)1991年第3期,第5—23页。

黄一农《择日之争与康熙历狱》,《清华学报》(新竹)1991年新21卷2期,第247—280页。

黄一农《耶稣会士汤若望在华恩荣考》,《中国文化》1992年第7期,第160—170页。

黄一农《清初天主教与回教天文学家的争斗》,《九州学刊》(纽约)1993年第3期,第47—69页。

黄一农《被忽略的声音:介绍中国天主教徒对"礼仪问题"态度的文献》,《清华学报》(新竹),1995年新25卷第2期,第137—160页。

江晓原《试论清代西学中源说》,《自然科学史研究》1988年第2期,第101—108页。

江晓原《王锡阐的生平、思想和天文学活动》,《自然辩证法通讯》1989年第4期,第53—62页。

江滢河《澳门与康熙十七年葡萄牙贡狮》,载蔡鸿生主编《澳门史与中西交通研究》,广州:广东高等教育出版社,1998年,第117—145页。

金国平、吴志良《西方史料所记载的赵昌》,载刘凤云、董建中、刘文鹏编《清代政治与国家认同》,北京:社会科学文献出版社,2012年,第853—868页。

鞠德源《清钦天监监正刘松龄：纪念南斯拉夫天文学家刘松龄逝世二百一十周年》，《故宫博物院院刊》1985年第1期，第53—62页。

鞠德源《清宫廷画家郎世宁年谱》，《故宫博物院院刊》1988年第2期，第29—71页。

鞠德源《蒋友仁绘〈坤舆全图〉》，载《中国古代地图集》（清代），北京：文物出版社，1997年，第120—125页。

李迪《牛顿学说在中国》，《内蒙古师范大学学报》（自然科学版）1983年第1期，第74—83页。

李孝聪《记康熙〈皇舆全览图〉的测绘及其版本》，《故宫学术季刊》2012年第1期，第55—85页。

李俨《梅文鼎年谱》，载《中算史论丛》（三），北京：科学出版社，1955年。

李俨《李善兰年谱》，载《中算史论丛》（四），北京：科学出版社，1955年。

李兆华《简评西学源于中法说》，《自然辩证法通讯》1985年第6期，第45—49页。

林宗台《从中国学习西方天文学：朝鲜王朝后期西方天文学引入新论》，《科学文化评论》2011年第1期，第51—60页。

林宗台《17—18世纪朝鲜天文学者的北京旅行：以金尚范和许远的事例为中心》，《自然科学史研究》2013年第4期，第446—455页。

刘炳森、马玉良、薄树人等《略谈故宫博物院所藏"七政仪"和"浑天合七政仪"》，《文物》1973年第9期，第40—44页。

刘钝《清初历算大师梅文鼎》，《自然辩证法通讯》1986年第1期，第52—64页。

刘钝《清初民族思潮的嬗变及其对清代天文数学的影响》，《自然辩证法通讯》1991年第3期，第42—52页。

刘钝《梅毂成》，载杜石然编《中国古代科学家》（下），北京：科学出版社，1993年，第1070—1076页。

刘广定《〈格物探源〉与韦廉臣的中文著作》，载杨翠华、黄一农主编《近代中国科技史论集》，台北："中研院"近代史研究所、（新竹）清华大学历史研究所,1991年,第195—213页。

刘潞《一部规范清代社会成员行为的图谱:有关〈皇朝礼器图式〉的几个问题》,《故宫博物院院刊》2004年第4期,第130—144页。

罗丽达《一篇有关康熙朝耶稣会士"礼仪之争"的满文文献》,《历史档案》1994年第1期,第94—97页。

吕凌峰、石云里《清代日食预报记录的精度分析》,《中国科技史料》2003年第4期,第283—290页。

梅欧金《谁在利用谁?清代北京的欧洲人、追求逸乐和政治性馈赠》,载《法国汉学》(第十七辑),北京:中华书局,2016年,第117—139页。

梅荣照等《欧几里得〈原本〉的传入和对我国明清数学的影响》,载《明清数学史论文集》,南京:江苏教育出版社,1990年,第53—83页。

聂崇正《焦秉贞、冷枚及其作品》,载《宫廷艺术的光辉:清代宫廷绘画论丛》,台北:东大图书公司,1996年,第51—63页。

[日] 桥本敬造《〈曆象考成〉の成立:清代初期の天文曆算学》,载[日]薮内清、[日]吉田光邦编《明清時代の科学技術史》,京都:京都大学人文科学研究所,1970年,第49—92页。

[日] 桥本敬造《中国康熙时代的笛卡儿科学》,载《相遇与对话:明末清初中西文化交流国际学术研讨会文集》,北京:宗教文化出版社,2003年,第366—380页。

[日] 桥本敬造《李之藻·傅汎際同譯〈寰有詮〉序説》,《関西大学東西学術研究所紀要》第38号,2005年,第79—95页。

屈春海《清代钦天监暨时宪科职官年表》,《中国科技史料》1997年第3期,第45—71页。

石云里《〈寰有诠〉研究》,中国科技大学硕士学位论文,1988年。

石云里《〈寰有诠〉及其影响》,载《中国天文学史文集》第6集,北京:科学出版社,1994年,第323—344页。

石云里《〈天步真原〉与哥白尼天文学在中国的早期传播》,《中国科技史杂志》2000年第1期,第83—91页。

石云里、吕凌峰《礼制、传教与交食测验：清钦天监档案中的交食记录透视》，《自然辩证法通讯》2002年第6期，第44—50页。

史筠《蒙古族科学家明安图（初稿）》，《内蒙古大学学报》（社会科学版）1963年第1期，第53—88页。

史筠《明安图在钦天监五十余年工作记略》，《内蒙古大学学报》（社会科学版）1963年第1期，第89—101页。

史玉民《清钦天监天文科职官年表》，《中国科技史料》2000年第1期，第34—47页。

史玉民《清钦天监职官制度》，《中国科技史料》2001年第4期，第331—342页。

史玉民《清钦天监管理探赜》，《自然辩证法通讯》2002年第4期，第54—59、83、96页。

史玉民《清钦天监衙署位置及廨宇规模考》，《中国科技史料》2003年第1期，第58—68页。

孙承晟《明清之际士人对西方自然哲学的反应：以揭暄〈昊书〉和〈璇玑遗述〉为中心》，中国科学院自然科学史研究所博士学位论文，2005年。

孙承晟《明清之际西方光学知识在中国的传播及其影响：孙云球〈镜史〉研究》，《自然科学史研究》2007年第3期，第363—376页。

孙承晟《揭暄〈璇玑遗述〉成书及流传考略》，《自然科学史研究》2009年第2期，第214—226页。

孙承晟《明末传华的水晶球宇宙体系及其影响》，《自然科学史研究》2011年第2期，第170—187页。

孙承晟《明清之际西方"三际说"在中国的流传和影响》，《自然科学史研究》2014年第3期，第259—271页。

孙承晟《清宫西洋仪器的收藏、分等与新知传播：以〈仪器总说〉为中心》，《科学文化评论》2017年第6期，第55—67页。

童燕等《玑衡抚辰仪》，《故宫博物院院刊》1987年第1期，第28—35、48页。

汪前进《康熙铜版〈皇舆全览图〉投影种类新探》，《自然科学史研究》1991年第2期，第186—194页。

王冰《徐日昇和西方音乐知识在中国的传播》,《文化杂志》2003年夏季号,第71—90页。

王扬宗《晚清科学译著杂考》,《中国科技史料》1994年第4期,第36—37页。

王扬宗《明末清初"西学中源"说新考》,载《科史薪传:庆祝杜石然先生从事科学史研究40周年学术论文集》,沈阳:辽宁教育出版社,1997年,第71—83页。

王渝生《李善兰研究》,载梅荣照主编《明清数学史论文集》,南京:江苏教育出版社,1990年,第334—408页。

王渝生《"通玄教师"汤若望》,《自然辩证法通讯》1993年第2期,第62—76页。

翁文灏《清初测绘地图考》,《地学杂志》1930年第3期,第405—438页。

吴旻、韩琦《"礼仪之争"与中国天主教徒:以福建教徒和颜珰的冲突为例》,《历史研究》2004年第6期,第83—91页。

席泽宗《试论王锡阐的天文工作》,《科学史集刊》1963年第6期,第53—65页。

席泽宗、严敦杰、薄树人、王健民、陈久金、陈美东《日心地动说在中国》,《中国科学》1973年第3期,第270—279页。

徐光台《明末清初西方"格致学"的冲击与反应:以熊明遇〈格致草〉为例》,载《世变、群体与个人:第一届全国历史学学术讨论会论文集》,台北:台湾大学历史系,1996年,第236—258页。

徐光台《明末清初中国士人对四行说的反应:以熊明遇〈格致草〉为例》,《汉学研究》1999年第2期,第1—30页。

许明龙、韩琦《康熙的洋钦差:白晋》,载许明龙主编《中西文化交流先驱》,北京:东方出版社,1993年,第174—189页。

薛斌《王锡阐年谱》,《中国科技史料》1997年第4期,第28—36页。

严敦杰《梅文鼎的数学和天文学工作》,《自然科学史研究》1989年第2期,第99—107页。

严敦杰《李尚之年谱》,载梅荣照主编《明清数学史论文集》,南京:江苏教育出版社,1990年,第445—472页。

杨小明《哥白尼日心地动说在中国的最早介绍》,《中国科技史料》1999年第1期,第67—73页。

中国第一历史档案馆《耶稣会传教士刘松龄档案史料》,《历史档案》2011年第1期,第34—44页。

钟鸣旦《格物穷理:十七世纪西方耶稣会士与中国学者间的讨论》,《哲学与文化》1991年第7期,第604—616页。

钟鸣旦《清初中国的欧洲星占学:薛凤祚与穆尼阁对卡尔达诺〈托勒密《四书》评注〉的汉译》,《自然科学史研究》2010年第3期,第339—360页。

周维强《院藏清代〈月五星凌犯时宪历〉初探》,《故宫文物月刊》2017年第413期,第74—85页。

祝平一《跨文化知识传播的个案研究:明末清初关于地圆说的争议》,《"中央研究院"历史语言研究所集刊》第69本第3分,1998年,第589—670页。

祝平一《伏读圣裁:〈历学疑问补〉与〈三角形推算法论〉》,《新史学》2005年第1期,第51—84页。

祝平一《〈崇祯历书〉考》,《明代研究》2008年第11期,第133—161页。

祝平一《首尔大学奎章阁藏〈崇祯历书〉及其相关史料研究》,《奎章阁》2009年第34期,第250—262页。

二 西文文献

(一)西文论著

1. 原始文献

Bouvet, Joachim. *Histoire de l'empereur de la Chine*. Tientsin, 1940.

Bouvet, Joachim. *Portrait historique de l'Empereur de la Chine présenté au Roi par le P. J. Bouvet, de la Compagnie de Jésus, Missionnaire de la Chine*. Paris, 1697.

Breuis relatio eorum, quae spectant ad declarationem Sinarum Imperatoris Kam Hi circa Coeli, Cumfucij, et Auoru cultu, datam anno 1700. Reprinted in Tokyo, 1977.

Choisy, F.-T. de. *Journal du voyage de Siam.* Présenté et annoté par Dirk Van der Cruysse, Paris, 1995.

Couplet, Philippe. *Catalogus Patrum Societatis Iesu, qui post obitum S. Francisci Xavierii primo soeculo sive ab anno 1581 usque ad 1681, in Imperio Sinarum Iesu Christi fidem propagarunt.* Dillingen, 1687.

D'Anville, Jean-Baptiste Bourguignon. *Mémoire de M. D'Anville, Premier Géographe du Roi, Des Académies Royales des Belles-Lettres, & des sciences.* A Pekin, 1776.

D'Anville, Jean-Baptiste Bourguignon. *Nouvel atlas de la Chine.* A la Haye, 1737.

Du Halde, Jean-Baptiste. *Description géographique, historique, chronologique, politique, et physique de l'empire de la Chine et de la Tartarie chinoise.* Tome I-IV, Paris, 1735.

Du Halde, Jean-Baptiste. *A Description of the Empire of China and Chinese-Tartary.* With Notes Geographical, Historical, and Critical; and Other Improvements, Particularly in the Maps, by the Translator. London, Vols.1-2, 1738-1741. Printed by T. Gardner in Bartholomez-Close, for Edward Cave, at St. John's Gate.

Du Halde, Jean-Baptiste. *The General History of China. Containing a Geographical, Historical Chronological, Political and Physical Description of the Empire of China, Chinese Tartary, Corea and Thibet. Including an Exact and Particular Account of Their Customs, Manners, Ceremonies, Religion, Arts and Sciences. The Whole Adorn'd with Curious Maps, and Variety of Copper-plates.* London, Printed by and for John Watts at the Printing-Office in Wild-Court near Lincolns-Inn Field. 4 v., 1736.

Ghirardini, Gio. *Relation du Voyage fait à la Chine sur le Vaisseau l'Amphitrite, en l'Année 1698*. Paris, 1700.

Gouye, Thomas. *Observations physiques et mathématiques pour servir à l'histoire naturelle, et à la perfection de l'astronomie et de la géographie: Envoyées de Siam à l'Académie royale des sciences à Paris, par les peres jésuites françois qui vont a la Chine en qualité de mathématciens du roy: Avec les reflexions de messieurs de l'Académie, et quelques notes du P. Gouye, de la Compagnie de Jésus*. Paris, 1688.

Grosier, G.-E.-J. *A General Description of China*. London, 1788.

Grosier, G.-E.-J. *De la Chine, ou description général de cet Empire, rédigée d'après les mémoires de la mission de Pé-kin*. Troisième Edition. Paris, 1818.

Hallerstein, August von. *Observationes Astronomicae ab Anno 1717 ad Annum 1752, a Patribus Societatis Jesu Pekini Sinarum Factae et a R. P. Augustino Hallerstein e S. J., Pekini Sinarum Tribunalis Mathematici Praeside et Mandarino Collectae atque Operis Editionem ad Fidem Autographi Manuscripti curante R. P. Maximiliano Hell e S. J. Astronomo Caesareo-Regio Universitatis Vindobonensis*. Vindobonae, 1768.

Kircher, A. *China monumentis... illustrata*. Amsterdam, 1667.

Le Comte, Louis. *Nouveaux mémoires sur l'état présent de la Chine*. Paris, 1696, 2 vols. *Un Jésuite à Pékin*. Texte établi, annoté et présenté par Frédérique Touboul-Bouyeure. Paris, 1990.

Le Gobien, Charles, ed. *Histoire de l'Edit de l'Empereur de la Chine en faveur de la Religion Chrétienne: avec une éclaircissement sur les honneurs que les Chinois rendent à Confucius & aux morts*. Paris, 1698.

Leibniz, Gottfried Wilhelm, ed. *Novissima Sinica historiam nostri temporis illustratura in quibus de Christianismo publica nunc primum autoritate propagato missa in Europam relatio exhibetur...Edente G. G. L.* (s.l.). 1697.

Lettres édifiantes et curieuses, écrites des missions étrangères par quelques missionnaires de la Compagnie de Jesus. 34 vols, Paris, 1703-1776.

Lettres édifiantes et curieuses. Paris: Panthéon Littéraire, 1877.

Mémoires de l'Académie Royale des Sciences depuis 1666 jusqu'à 1699. Paris, 1729-1733.

Mémoires pour Rome sur l'état de la Religion chrétienne dans la Chine. 1709.

Memoirs for Rome concerning the State of the Christian Religion in China, with the Decree of His Present Holiness Pope Clement XI. Concerning the Affair of the Chinese Worship. And the Ordinance of My Lord Card. of Tournon upon the Same Subject, An. 1710. London, 1710.

Noël, François. *Observationes Mathematicae et Physicae in India et China factae à Patre Francisco Noël Societatis Jesu, ab anno 1684 usque ad annum 1708*. Pragae, 1710.

Ratio Studiorum. Paris: BELIN, 1997.

Ripa, Matteo. *Giornale (1705-1724)*. Introduzione, testo critico e note di Michele Fatica, Napoli: Istituto Universitario Orientale, Vol.1 (1705-1711), 1991, Vol.2 (1711-1716), 1996.

Ripa, Matteo. *Memoirs of Father Ripa, during Thirteen Years' Residence at the Court of Peking in the Service of the Emperor of China; with an Account of the Foundation of the College for the Education of Young Chinese at Naples, Selected and Translated from the Italian, by Fortunato Prandi*. London, J. Murray. 1844, 1855.

Semedo, A. *Histoire vniverselle dv grand Royaume de la Chine*. Paris, 1645.

Semedo, A. *The History of That Great Renowned Monarchy of China*. London, 1655.

Simonelli, Giacomo Filippo. *Scientia eclipsium ex imperio, et commercio Sinarum illustrata, complectens integras constructiones astronomicas P. Jacobi Philippi Simonelli, Observationes Sinicas P. Ignatii Kegler*. Romae-Lucae, 1745-1747.

Souciet, Etienne. *Observations mathématiques, astronomiques, géographiques, chronologiques et physiques tirées des anciens livres chinois ou faites nouvellement aux Indes et à la Chine, par les Peres de la Compagnie de Jésus, redigées et publiées par le P.E. Souciet.* Paris, 1729-1732, Tome 1-3.

St. Sure, Donald F. (tr.), Ray R. Noll ed. *100 Roman Documents concerning the Chinese Rites Controversy (1645-1941).* San Francisco: The Ricci Institute for Chinese-Western Cultural History, 1992.

Tachard, Guy. *Voyage de Siam des Pères Jésuites envoyez par le Roy aux Indes et à la Chine.* Paris, 1686.

Tachard, Guy. *A Relation of the Voyage to Siam. Performed by Six Jesuits sent by the French King, to the Indies and China in the Year 1685.* London, 1688. Rep. in 1981.

Thomas, Antoine. *Synopsis mathematica complectens varios tractatus quos hujus scientiae tyronibus et missionis Sinicae candidatis breviter et clare concinnavit P. Antonius Thomas è Societate Iesu.* Douai, 1685.

Verbiest, Ferdinand. *Liber organicus Astronomiae apud Sinas restitutae.* 1668.

2. 研究论著

Alden, Dauril. *The Making of an Enterprise. The Society of Jesus in Portugal, Its Empire and Beyond 1540-1750.* Stanford, Calif.: Standford University Press, 1996.

Bangert, William V. *A History of the Society of Jesus.* St. Louis: The Institute of Jesuit Sources, 1986.

Barreto, Luís Filipe ed. *Tomás Pereira, S.J. (1646-1708), Life, Work, and World.* Lisbon, 2010.

Bonneuil, Christophe and Dominique Pestre. *Histoire des Sciences et des Savoirs:* 3. *Le Siècle des Technosciences.* Paris: Éditions du Seuil, 2015.

Brian, E. & C. Demeulenaere-Douyère eds., *Histoire et mémoire de l'Académie des sciences: Guide de recherche.* Paris: TEC & DOC, 1996.

Brockey, Liam Matthew. *Journey to the East: The Jesuit Mission to China, 1579-1724*. Cambridge, Mass.: Belknap Press of Harvard University Press, 2007.

Chan, Albert. *Chinese Books and Documents in the Jesuit Archives in Rome: A Descriptive Catalogue* (Japonica-Sinica I-IV). Armonk/London: M. E. Sharpe, 2002.

Collani, Claudia von. *P. Joachim Bouvet S.J. Sein Leben und sein Werk*. Monumenta Serica Monograph Series 17, Nettetal-Sankt Augustin: Steyler Verlag, 1985.

Collani, Claudia von, ed. *Joachim Bouvet, S.J., Journal des voyages*. Variétés Sinologiques New Series 95, Taipei, 2005.

Colombel, Auguste. *Histoire de la Mission du Kiang-nan*. Shanghai, 1895-1905.

Constitutions of the Society of Jesus and Their Complementary Norms. St. Louis: The Institute of Jesuit Sources, 1996.

Cordier, Henri. *La France en Chine au dix-huitième siècle. Documents inédits publiés sur les manuscrits conservés au dépôt des affaires étrangères avec une introduction et des notes*. Paris, 1883, T.1.

Courant, Maurice. *Catalogue des livres chinois, coréens, japonais, etc*. 8 vols. Paris, 1902-1912; Reprinted in Tokyo, 1993.

Cummins, James Sylvester. *Jesuit and Friar in the Spanish Expansion to the East*. London, 1985.

D'Elia, P. M. *Galileo in China*. Cambridge, Mass.: Harvard University Press, 1960.

Cummins, James Sylvester. *A Question of Rites: Friar Domingo Navarrete and the Jesuits in China*. Aldershot, Hants: Scolar Press, 1993.

Cummins, James Sylvester ed. *Christianity and Missions 1450-1800*. Aldershot: Variorum, 1997.

Dainville, F. de. *L'éducation des jésuites (XVIe-XVIIIe siècles)*. Paris, 1978.

Dehergne, Joseph. *Répertoire des Jésuites de Chine de 1552 à 1800*. Rome: Institutum Historicum S.I., 1973.

Dudink, Ad. *Chinese Books and Documents (pre-1900) in the Royal Library of Belgium at Brussels*. Brussels, 2006.

Elisseeff-Poisle, Danielle. *Nicolas Fréret (1688-1749). Réflexions d'un humaniste du XVIIIe siècle sur la Chine*. Paris, 1978.

Elman, Benjamin. *On Their Own Terms: Sciences in China, 1550-1900*. Cambridge, Mass.: Harvard University Press, 2005.

Elman, Benjamin. *A Cultural History of Modern Science in China*. Cambridge. Mass.: Harvard University Press, 2006.

Engelfriet, Peter. *Euclid in China: The Genesis of the First Chinese Translation of Euclid's Elements, Books I-VI (Jihe yuanben, Beijing, 1607) and Its Reception up to 1723*. Leiden: Brill, 1998.

Etiemble, René. *L'Europe chinoise. I De l'Empire romain à Leibniz. II De la sinophilie à la sinophobie*. Paris: Gallimard, 1988-1989.

Feingold, Mordechai. *Jesuit Science and the Republic of Letters*, Massachusetts: The MIT Press, 2003.

Ferdinand Verbiest Insititute, ed. *History of the Catholic Church in China: From Its Beginning to the Scheut Fathers and 20th Century. Unveiling Some less Known Sources, Sounds and Pictures*. Leuven: Ferdinand Verbiest Institute K.U.Leuven, 2015.

Fiore, Giacomo Di. *La Legazione Mezzabarba in Cina (1720-1721)*. Istituto Universitario Orientale Collana "Matteo Ripa" VII. Napoli, 1989.

Foss, T. N. *A Jesuit Encyclopedia for China: A Guide to Jean-Baptiste du Halde's Description... de la Chine (1735)*. Ph.D. diss., University of Chicago, 1979.

Fu Lo-shu, *A Documentary Chronicle of Sino-Western Relations (1644-1820)*. Tucson: The University of Arizona Press, 1966.

Fuchs, Walter. *Der Jesuiten Atlas der Kanghsi Zeit: China und die Aussenlaender*. Peking, 1943.

Gal, Ofer and Raz Chen-Morris. *Baroque Science*. Chicago and London: The University of Chicago Press, 2013.

Gatty, J. C. *Voiage de Siam du Père Bouvet*. Leiden: Brill, 1963.

Gaubil, Antoine. *Correspondance de Pékin (1722-1759)*. edited by R. Simon, Genève, 1970.

Gaukroger, Stephen. *Descartes' System of Natural Philosophy*. Cambridge: Cambridge University Press, 2002.

Gernet, Jacques. *Chine et christianisme: action et réaction*. Paris: Gallimard, 1982.

Gillispie, Charles Coulston. *Science and Polity in France at the End of the Old Regime*. Princeton: Princeton University Press, 1980.

Gillispie, Charles Coulston, ed.. *Dictionary of Scientific Biography*. New York: Charles Scribner's Sons, 1970-1990, 18 vols.

Golvers, Noël. *The Astronomia Europaea of Ferdinand Verbiest, S.J. (Dillingen, 1687): Text, Translation, Notes and Commentaries*. Nettetal: Steyler Verlag, 1993.

Golvers, Noël. *François de Rougemont; S. J., Missionary in Ch'ang-Shu (Chiang-Nan): A Study of the Account Book (1674-1676) and the Elogium*. Leuven: Leuven University Press, 1999.

Golvers, Noël. *Ferdinand Verbiest, S.J. (1623-1688) and the Chinese Heaven: The Composition of the Astronomical Corpus, Its Diffusion and Reception in the European Republic of Letters*. Leuven: Leuven University Press, 2003.

Golvers, Noël and Efthymios Nicolaidis. *Ferdinand Verbiest and Jesuit Science in 17th century China. An annotated edition and translation of the Constantinople manuscript (1676)*. Athens-Leuven, 2009.

Golvers, Noël. *Portuguese Books and Their Readers in the Jesuit Mission of*

China (17th-18th Centuries). Lisboa: Centro Científico e Cultural de Macau, I. P., 2011.

Golvers, Noël. *Building Humanistic Libraries in Late Imperial China: Circulation of Books, Prints and Letters between Europe and China (XVII-XVIII cent.) in the Framework of the Jesuit Mission.* Roma: Edizioni Nuova Cultura, 2011.

Golvers, Noël. *Libraries of Western Learning for China: Circulation of Western Books between Europe and China in the Jesuit Mission (ca.1650-ca.1750) 2. Formation of Jesuit Librairies.* Leuven: Ferdinand Verbiest Institute K.U.Leuven, 2013.

Golvers, Noël. *Libraries of Western Learning for China: Circulation of Western Books between Europe and China in the Jesuit Mission (ca.1650-1750) of Books and Readers.* Leuven: Ferdinand Verbiest Institute K.U.Leuven, 2015.

Golvers, Noël. *Lettres of A Peking Jesuit: The Correspondence of Ferdinand Verbiest, SJ (1623-1688).* Revised and Expanded. Leuven: Ferdinand Verbiest Institute, 2017.

Grafton, Anthony. *Cardano's Cosmos: The Worlds and Works of a Renaissance Astrologer.* Cambridge, Mass.: Harvard University Press, 1999.

Grant, Edward. *Studies in Medieval Science and Natural Philosophy.* London, 1981.

Grant, Edward. *Planets, Stars and Orbs: The Medieval Cosmos 1200-1687.* Cambridge: Cambridge University Press, 1994.

Hahn, Roger. *The Anatomy of a Scientific Institution. The Paris Academy of Sciences, 1666-1803.* Berkeley & Los Angeles: University of California Press, 1971.

Halleux, Robert, James McClellan, Daniela Berariu and Geneviève Xhayet eds. *Les Publications de l'Académie Royale des Sciences de Paris (1666-1793).* Tome I-II, Turnhout: Brepols, 2001.

Hart, Roger. *Imagined Civilizations: China, the West, and Their First Encounter*. Baltimore: John Hopkins University, 2013.

Hashimoto, Keizo. *Hsü Kuang-ch'i and Astronomical Reform—The Process of the Chinese Acceptance of Western Astronomy 1629-1635*. Osaka: Kansai University Press, 1988.

Heilbron, J. L. *The Sun in the Church: Cathedrals as Solar Observatories*. Cambridge, Mass.: Harvard University Press, 1999.

Heyndrickx, Jerome, ed. *Philippe Couplet S.J.(1623-1693). The Man Who Brought China to Europe*. Nettetal: Steyler Verlag, 1990.

Hirschfield, J. M. *The Académie Royale des Sciences 1666-1683*. New York: Arno Press, 1981.

Horng Wann-Sheng. *Li Shanlan: The Impact of Western Mathematics in China during the Late 19th Century*. Ph.D diss., The City University of New York, 1991.

Hsia, Florence C. *Sojourners in a Strange Land: Jesuits and Their Scientific Missions in Late Imperial China*. Chicago and London: The University of Chicago Press, 2009.

Hsia, Ronnie Po-chia. *A Jesuit in the Forbidden City: Matteo Ricci, 1552-1610*. Oxford: Oxford University Press, 2010.

Hubrecht, Alphonse. *La mission de Péking et les Lazaristes*. Péking: Imprimerie des Lazaristes, 1939.

Hummel, Arthur W. *Eminent Chinese of the Ch'ing Period (1644-1912)*. Washington, D.C.: United States Government Printing Office, Vol.2 (1944).

Jami, Catherine. *J.-F. Foucquet et la modernisation de la science en Chine: la "Nouvelle Méthode d'Algèbre"*. Mémoire de maîtrise, Université de Paris VII, 1986.

Jenkins, Robert C. *The Jesuits in China and the Legation of Cardinal de Tournon*. London, 1894.

Josson, H. & L. Willaert eds., *Correspondance de Ferdinand Verbiest de la Compagnie de Jésus (1623-1688)*. Bruxelles: Palais des Académies, 1938.

Konvitz, Josef. *Cartography in France 1660-1848: Science, Engineering, and Statecraft*. Chicago: The University of Chicago Press, 1987.

Krahl, Joseph. *China Missions in Crisis: Bishop Laimbeckhoven and His Times, 1738-1787*. Roma: Gregorian University Press, 1964.

L'Observatoire de Paris: 350 ans de science. Gallimard/Observatoire de Paris, 2012.

La Chine à Versailles: art et diplomatie au XVIIIe siècle. Marie-Laure de Rochebrune ed., Paris: Somogy, 2014.

Lach, Donald F. *The Preface to Leibnitz' Novissima Sinica. Commentary, Translation, Text*. Honolulu: University of Hawaii Press, 1957.

Lach, Donald F. *Asia in the Making of Europe*. Chicago: University of Chicago Press, 1965-1993, Vols.1-3.

Landry-Deron, Isabelle. *Les leçons de sciences occidentales de l'empereur de Chine Kangxi (1662-1722): Texte des Journaux des Pères Bouvet et Gerbillon*. Paris: EHESS, 1995.

Landry-Deron, Isabelle. *La preuve par la Chine: la «Description» de J.-B. Du Halde, jésuite, 1735*. Paris: Editions de l'Ecole des Hautes Etudes en Sciences Sociales, 2002.

Lattis, James M. *Between Copernicus and Galileo: Christoph Clavius and the Collapse of Ptolemaic Cosmology*. Chicago: The University of Chicago Press, 1994.

Lee, Thomas H. C., ed. *China and Europe. Images and Influences in Sixteenth to Eighteenth Centuries*. Hong Kong, 1991.

Löwendahl, Björn. *Sino-Western Relations, Conceptions of China, Cultural Influences and the Development of Sinology Disclosed in Western Printed Books 1477-1877: The Catalogue of the Löwendahl-von der Burg Collection.*

Hua Hin: The Elephant Press, 2008.

Lundbaek, Knud. *T. S. Bayer (1694-1738): Pioneer Sinologist.* London & Malmö, 1986.

Lundbaek, Knud. *Joseph de Prémare (1666-1736), S.J. Chinese Philology and Figurism.* Aarhus, 1991.

Lust, John. *Western Books on China Published up to 1850. The Library of the School of Oriental and African Studies.* London, 1987.

Minamiki, George. *The Chinese Rites Controversy from Its Beginning to Modern Times.* Chicago: Loyola University Press, 1985.

Mungello, David E. *Leibniz and Confucianism. The Search for Accord.* Honolulu: University of Hawaii Press, 1977.

Mungello, David E. *Curious Land: Jesuit Accommodation and the Origins of Sinology.* Honolulu: University of Hawaii Press, 1989.

Mungello, David E. ed. *The Chinese Rites Controversy: Its History and Meaning.* Nettetal: Steyler Verlag, 1994.

Needham, Joseph. *Science and Civilisation in China.* Cambridge: Cambridge University Press, 1954-.

Needham, Joseph. *The Grand Titration: Science and Society in East and West.* London, 1969.

Needham, Joseph. Lu Gwei-Djen, John H. Combridge, John S. Major. *The Hall of Heavenly Records: Korean Astronomical Instruments and Clocks 1380-1780.* Cambridge: Cambridge University Press, 1986.

Northeast, Catherine M. *The Parisian Jesuits and the Englightenment 1700-1762.* Oxford: The Voltaire Foundation, 1991.

Pavur, Claude. trans. & annotated. *The Ratio Studiorum: The Official Plan for Jesuit Education.* St. Louis: Institute of Jesuit Sources, 2005.

Pedersen, K. M. *Roemer et la vitesse de la lumière.* Paris, 1978.

Pelliot, Paul. *Le premier voyage de l'Amphitrite.* Paris, 1930.

Pelliot, Paul. *Inventaire sommaire des manuscrits et imprimés chinois de la Bibliothèque Vaticane*. revised and ed. by Takata Tokio. Kyoto, 1995.

Pfister, Louis. *Notices biographiques et bibliographiques sur les Jésuites de l'ancienne Mission de Chine 1552-1773*. Shanghai, Tome I (1932), Tome 2 (1934).

Pinot, Virgile. *Documents inédits relatifs à la connaissance de la Chine en France*. Paris, 1932.

Pinot, Virgile. *La Chine et la formation de l'esprit philosophique en France 1640-1740*. Paris, 1932.

Raj, Kapil, and H. Otto Sibum. *Histoire des Sciences et des Savoirs: 2. Modernité et Globalisation*. Paris: Éditions du Seuil, 2015.

Romano, Antonella. *Rome et la science moderne: entre Renaissance et Lumières*. Rome: École française de Rome, 2008.

Rosso, Antonio Sisto. *Apostolic Legations to China of the Eighteenth Century*. South Pasadena: P. D. & Ione Perkins, 1948.

Rule, Paul A. *K'ung-tzu or Confucius? The Jesuit Interpretation of Confucianism*. North Sydney: Allen & Unwin, 1986.

Saldanha, António Vasconcelos de. *De Kangxi para o Papa, pela Via de Portugal*. Institvto Portvgvês do Oriente, 2002. Vols.1-3.

Saraiva, Luís. ed., *Europe and China: Science and the Arts in the 17th and 18th Centuries*. Singapore: World Scientific, 2013.

Schmitt, Charles B. et al. eds., *The Cambridge History of Renaissance Philosophy*. Cambridge: Cambridge University Press, 1990.

Sebald, Reil. *Kilian Stumpf 1655-1720. Ein Würzburger Jesuit am Kaiserhof zu Peking*. Münster, 1978.

Sivin, Nathan. *Science in Ancient China*. Aldershot: Variorum, 1995.

Spence, Jonathan D. *Ts'ao Yin and the K'ang-hsi Emperor: Bondservant and Master*. New Haven: Yale University Press, 1966.

Spence, Jonathan D. *Emperor of China: Self Portrait of K'ang-hsi*. New York: Knopf, 1974.

Standaert, Nicolas. *Chinese Voices in the Rites Controversy*. Rome, 2012.

Standaert, Nicolas. ed. *Handbook of Christianity in China*. Vol.1: 635-1800. Leiden: Brill, 1988.

Standaert, Nicolas. *The Intercultural Weaving of Historical Texts: Chinese and European Stories about Emperor Ku and His Concubines*. Leiden and Boston: Brill, 2016.

Stroup, Alice. *A Company of Scientists: Botany, Patronage, and Community at the Seventeenth-Century Parisian Royal Academy of Sciences*. Berkeley, Los Angeles, Oxford: University of California Press, 1990.

Stroup, Alice. *Royal Founding of the Parisian Academie Royale des Sciences during the 1690s*. Philadelphia: The American Philosophical Society, 1987.

Stücken, Christian. *Der Mandarin des Himmels: Zeit und Leben des Chinamissionars Ignaz Kögler SJ (1680-1746)*. Sankt Augustin: Institut Monumenta Serica, 2003.

Stumpf, Kilian. *The Acta Pekinensia or Historical Records of the Maillard de Tournon Legation*. Volume I December 1705-August 1706, edited by Paul Rule and Claudia von Collani (Monumenta Historica S.I. Nova Series 9). Rome-Macau: IHSI-MRI, 2015.

Sturdy, David J. *Science and Social Status. The Members of the Académie des Sciences, 1666-1750*. Woodbridge: The Boydell Press, 1995.

Succès et échecs de la rencontre: Chine et Occident du XVIe au XXe siècles. Actes du Ve Colloque International de Sinologie de Chantilly, 15-18 septembre 1986. Taipei, 1993.

Sun Xi. *Bedeutung und Rolle des Jesuitenmissionars Ignaz Kögler (1680-1746) in China: Aus chinesischer Sicht*. Frankfurt: Peter Lang, 2007.

Taton, René & C. Wilson eds., *Planetary Astronomy from the Renaissance* to the Rise of Astrophysics. Part A: Tycho Brahe to Newton. Cambridge University Press, 1989.

The Macau Ricci Institute ed. *Acta Pekinensia Western Historical Sources for the Kangxi Reign, International Symposium Organized by the Macau Ricci Institute, Macao, 5th-7th October 2010*. Macau: Macau Ricci Institute, 2013.

Thomas, Antoine. A. *Histoire de la Mission de Pékin depuis les origines jusqu'à l'arrivée des Lazaristes*. Paris, 1923.

Thomaz de Bossierre, Mme Yves de. *Un belge Mandarin à la Cour de Chine aux XVIIe et XVIIIe siècles. Antoine Thomas 1644-1709*. Paris, 1977.

Thomaz de Bossierre, Mme Yves de. *François-Xavier Dentrecolles et l'apport de la Chine à l'Europe du XVIIIe siècle*. Paris, 1982.

Thomaz de Bossierre, Mme Yves de. *Jean-François Gerbillon, S.J. (1654-1707): Mathématicien de Louis XIV, premier Supérieur général de la Mission française de Chine*. Leuven: Ferdinand Verbiest Foundation, 1994.

Thorndike, Lynn. *A History of Magic and Experimental Science*. New York: Columbia University Press, 1951, Vol.6.

Udías, Agustín. *Searching the Heavens and the Earth: The History of Jesuit Observatories*. Dordrecht / Boston / London: Kluwer Academic Publishers, 2003.

Van Damme, Stéphane. *Histoire des Sciences et des Savoirs: 1. De la Renaissance aux Lumières*. Paris : Éditions du Seuil, 2015.

Van den Brandt, J. *Les Lazaristes en Chine 1697-1935, Notes biographiques*. Pei-P'ing: Imprimerie des Lazaristes, 1936.

Van der Cruysse, Dirk. *Louis XIV et le Siam*. Paris: Fayard, 1991.

Vande Walle, W. F. and Noël Golvers. *The History of the Relations between the Low Countries and China in the Qing Era (1644-1911)*. Leuven: Leuven University Press, Ferdinand Verbiest Foundation K.U. Leuven, 2003.

Väth, Alfons. *Johann Adam Schall von Bell S. J.: Missionar in China, kaiserlicher Astronom und Ratgeber am Hofe von Peking, 1592-1666: ein Lebens- und Zeitbild*. Nettetal: Steyler, 1991.

Verhaeren, Hubert. *Catalogue of the Pei-T'ang Library*. Peking: Lazarist Mission Press, 1949.

Wallace, William A. *Galileo and His Sources. The Heritage of the Collegio Romano in Galileo's Science*. Princeton: Princeton University Press, 1984.

Wardega, Artur K. and António Vasconcelos de Saldanha. *In the Light and Shadow of an Emperor: Tomás Pereira, SJ (1645-1708), the Kangxi Emperor and the Jesuit Mission in China*. Newcastle upon Tyne: Cambridge Scholars Publishing, 2012.

Widmaier, Rita ed. *Leibniz korrespondiert mit China. Der Briefwechsel mit den Jesuitenmissionaren (1689-1714)*. Frankfurt: V. Klostermann, 1990.

Wills Jr., John. E. *Embassies and Illusions: Dutch and Portuguese Envoys to K'ang-hsi, 1666-1687*. Cambridge Mass.: Harvard University Press, 1984.

Wills Jr., John E. *1688: A Global History*. New York: Norton, 2001.

Wills Jr., John E. *The World from 1450 to 1700*. New York: Oxford University Press, 2009.

Wills Jr., John E. ed. *China and Maritime Europe: 1500-1800 Trade, Settlement, Diplomacy, and Missions*. New York: Cambridge University Press, 2011.

Witek, John W. *An Eighteenth-century Frenchman at the Court of the K'ang-Hsi Emperor: A Study of the Early Life of Jean-François Foucquet*. PhD diss., Georgetown University, 1973.

Witek, John W. *Controversial Ideas in China and in Europe: A Biography of J.-F. Foucquet, S.J. (1665-1741)*. Rome: Institutum Historicum S.I., 1982.

Wolf, Charles. *Histoire de l'Observatoire de Paris de sa foundation à 1793*. Paris, 1902.

Worcester, Thomas ed. *The Cambridge Companion to the Jesuits*. Cambridge:

Cambridge University Press, 2008.

Wylie, Alexander. *Memorials of Protestant Missionaries to the Chinese*. Shanghai: American Presbyterian Mission Press, 1867.

Wylie, Alexander. *Notes on Chinese Literature: With Introductory Remarks on the Progressive Advancement of the Art; and a List of Translations from the Chinese, into Various European Languages*. Shanghai, 1867.

Wylie, Alexander. *Catalogue of Publications by Protestant Missionaries in China*. Shanghai, 1876.

Wylie, Alexander. *Chinese Researches*. Shanghai, 1897.

Yu Dong. *Catalogo delle opere cinesi missionarie della Biblioteca Apostolica Vaticana*. Città del Vaticano, 1996.

Zhang, Qiong, *Making the New World Their Own: Chinese Encounters with Jesuit Science in the Age of Discovery*. Leiden/Boston: Brill, 2015.

（二）西文论文

Baldini, Ugo. "Engineering in the Missions and Missions as Engineering: Claudio Filippo Grimaldi until His Return to Beijing (1694)," in Luís Filipe Barreto ed., *Tomás Pereira, S.J. (1646-1708), Life, Work, and World*. Lisbon, 2010, pp.75-184.

Baldini, Ugo. "Guillaume Bonjour (1670-1714): Chronologist, Linguist, and 'Casual' Scientist," in Luís Saraiva ed., *Europe and China: Science and the Arts in the 17th and 18th Centuries*. Singapore: World Scientific, 2013, pp.241-294.

Baldini, Ugo. "The Teaching of Mathematics in the Jesuit Colleges of Portugal, from 1640 to Pombal," in Luis Saraiva and Henrique Leitão eds., *The Practice of Mathematics in Portugal*. Coimbra, 2004, pp.293-465.

Bernard, Henri. "Ferdinand Verbiest, continuateur de l'oeuvre scientifique d'Adam Schall," *Monumenta Serica* 5 (1940), pp.103-140.

Bernard, Henri. "L'encyclopédie astronomique du Père Schall," *Monumenta Serica* 3 (1937-1938), pp.35-77; 441-527.

Bernard, Henri. "Le voyage du Père de Fontaney au Siam et à la Chine, 1685-1687, d'après des lettres inédites," *Bulletin de l'Université l'Aurore* Ser.3, T.3 (1942), pp.227-280.

Bernard, Henri. "Les adaptations Chinoises d'ouvrages européens," *Monumenta Serica* Vol.10 (1945), pp.1-57, 309-388; Vol.19 (1960), pp.349-383.

Bertuccioli, Giuliano. "A lion in Peking: Ludovicus Buglio and the embassy of Bento Pereira de Faria in 1678," *East and West* 26(1976), pp.223-240.

Bertuccioli, Giuliano. "Fan Shouyi e il suo viaggio in Occidente," in Michele Fatica, Francesco D'Arelli (eds.), *La Missione Cattolica in Cina tra i secoli XVIII-XIX. Matteo Ripa e il Collegio die Cinesi* (Napoli 1999), pp.341-419.

Bosmans, Henri. "L'oeuvre scientifique d'Antoine Thomas de Namur, S.J. (1644-1709)," *Annales de la Société Scientifique de Bruxelles* T.44 (1924), pp. 169-208; T.46(1926), pp.154-181.

Boxer, Charles R. "A Note on Portuguese Missionary Methods in the East: Sixteenth to Eighteenth Centuries," in J. S. Cummins ed., *Christianity and Missions, 1450-1800* (Aldershot 1997), pp.161-174.

Brockey, Liam Matthew. "Root and Branch: The Place of the Portuguese Jesuits in the Early Modern China Mission," in *In the Light and Shadow of an Emperor: Tomás Pereira, SJ (1645-1708), the Kangxi Emperor and the Jesuit Mission in China.* Newcastle upon Tyne: Cambridge Scholars, 2012, pp.6-37.

Chapman, Alan. "Tycho Brahe in China: The Jesuit Mission to Peking and the Iconography of European Instrument-Making Processes," *Annals of Science* 41 (1984), pp.417-443.

Cohen, M. "A point of history: The Chinese books presented to the National Library in Paris by Joachim Bouvet, S. J., in 1697," *Chinese Culture, A*

Quarterly Review Vol.31, No.4 (Dec. 1990), pp.39-48.

Collani, Claudia von ed. "Claudio Filippo Grimaldi S.J. zur Ankunft des päpstlichen Legaten Charles-Thomas Maillard de Tournon in China," Monumenta Serica 42 (1994), pp.329-359.

Collani, Claudia von ed., "Kilian Stumpf SJ zur Lage der Chinamission im Jahre 1708," Neue Zeitschrift für Missionswissenschaft 51 (1995), pp.117-144, 175-209.

Collani, Claudia von. "Between Mission, Martyrdom and Mathematics: Antoine Thomas and Japan," in 古伟瀛、赵晓阳主编:《基督宗教与近代中国》,北京: 社会科学文献出版社, 2011 年, 第 598—639 页。

Collani, Claudia von. "Charles Maigrot's Role in the Chinese Rites Controversy," in D. E. Mungello ed., The Chinese Rites Controversy. Nettetal: Steyler Verlag, 1994, pp.149-183.

Collani, Claudia von. "Ein Brief des Chinamissionars P. Joachim Bouvet S.J. zum Mandat des Apostolischen Vikars von Fu-kien, Charles Maigrot MEP," Neue Zeitschrift für Missionswissenschaft 43 (1987), pp.188-211.

Collani, Claudia von. "From the Earthly Court to the Heavenly Court: The Death and Funeral of Tomás Pereira," in Artur K. Wardega, António Vasconcelos de Saldanha eds. In the Light and Shadow of an Emperor: Tomás Pereira, SJ (1645-1708), the Kangxi Emperor and the Jesuit Mission in China. Newcastle upon Tyne: Cambridge Scholars, 2012, pp.112-134.

Collani, Claudia von. "Jing Tian-The Kangxi Emperor's Gift to Ferdinand Verbiest in the Rites Controversy," in John W. Witek ed., Ferdinand Verbiest (1623-1688) Jesuit Missionary, Scientist, Engineer and Diplomat. Nettetal: Steyler Verlag, 1994, pp.453-470.

Collani, Claudia von. "Joachim Bouvet: Missionnaire entre Orient et Occident," in Jacques Scheuer, Paul Servais eds., Passeurs de religions entre Orient et Occident (Rencontres Orient-Occident 6) (Louvain-la-Neuve 2004), pp.113-137.

Collani, Claudia von. "Kangxi's Mandate of Heaven and Papal Authority," in Shu-Jyuan Deiwiks, Bernhard Führer, Therese Geulen eds., *Europe Meets China. China Meets Europe. The Beginnings of European-Chinese Scientific Exchange in the 17th Century* (Collectanea Serica), Sankt Augustin 2014, pp.177-209.

Collani, Claudia von. "Kilian Stumpf (1655-1720), ein Würzburger Jesuit am chinesischen Kaiserhof," in Katharina Bosl von Papp (Hrsg.), *Würzburg in der Fremde-Fremdsein in Würzburg* (Würzburg 2004), pp.36-47.

Collani, Claudia von. "Kilian Stumpf and His 'Acta Pekinensia': Life, Content and Purpose of a Manuscript," in The Macau Ricci Institute ed., *Acta Pekinensia. Western Sources for the Kangxi Reign*. International Symposium Organised by the Macau Ricci Institute, Macao, 5th-7th October 2010 (Macau 2013), pp.55-87.

Collani, Claudia von. "Le Père Joachim Bouvet et le mandement du vicaire apostoloque Charles Maigrot," *Actes du Ve Colloque international de Sinologie, Chantilly 1986* (Taipei, Paris 1993), pp.77-100.

Collani, Claudia von. "Legations and Travellers," in Nicolas Standaert ed., *Handbook of Christianity in China*. Volume One: 635-1800. (Handbook of Oriental Studies, Section 4: China 15/1. Handbuch der Orientalistik, Abt. 4: China 15) (Leiden, Boston, Köln 2001), pp.355-366.

Collani, Claudia von. "P. Kilian Stumpf SJ-Nachfolger des hl. Kilian in China," *Würzburger Diözesan-Geschichtsblätter* 51 (1989), pp.545-567.

Collani, Claudia von. "Philippe Couplet's Missionary Attitude towards the Chinese in *Confucius Sinarum Philosophus*," in Jerome Heyndrickx ed., *Philippe Couplet, S.J. (1623-1693). The Man Who Brought China to Europe* (Monumenta Serica Monograph Series XXII) (Nettetal: Steyler Verlag, 1990), pp.37-54.

Collani, Claudia von. "Portrait of an Emperor: Joachim Bouvet's Picture of the Kangxi Emperor of 1697," *Sino-Western Cultural Relations Journal* XXIV (2002), pp.24-37.

Collani, Claudia von. "The Kangxi Emperor, Charles-Thomas Maillard de Tournon and Matteo Ricci," *Sino-Western Cultural Relations Journal* 34 (2012), pp.21-44.

Collani, Claudia von. "The Report of Kilian Stumpf about the Case of Father Joachim Bouvet," *Zeitschrift für Missionswissenschaft und Religionswissenschaft* 83 (1999), pp.231-251.

Collani, Claudia von. "Thomas and Tournon-Mission and Money," in W. F. Vande Walle, Noël Golvers eds., *The History of the Relations between the Low Countries and China in the Qing Era (1644-1911)* (Leuven 2003), pp.115-135.

Collani, Claudia von. "Une légation à Rome manquée: Joachim Bouvet et Sabino Mariani," in *Actes du VIe Colloque international de Sinologie, Chantilly 1989* (Paris-Taipei 1995), pp.277-301.

Collani, Claudia von. "Zwei Briefe zu den figuristischen Schriften Joachim Bouvets S.J.," *Sino-Western Cultural Relations Journal* XIV (1992), pp. 22-38.

Collani, Claudia von. "The True Mother of the China Mission. Kilian Stumpf's 'Succincta Chronologica Relatio'," in B. Hoster, D. Kuhlmann, Z. Weslolowski eds. *Rooted in Hope. In der Hoffnung verwurzelt. Festschrift in Honor of Roman Malek S.V.D. on the Occasion of His 65th Birthday* (Monumenta Serica Monograph Series LXVIII/1), Sankt Augustin, 2017, pp.229-276.

Collani, Claudia von. *Eine wissenschaftliche Akademie für China. Briefe des Chinamissionars Joachim Bouvet S.J. an Gottfried Wilhelm Leibniz und Jean-Paul Bignon über die Erforschung der chinesischen Kultur, Sprache und Geschichte*. Studia Leibnitiana, Sonderheft 18. Stuttgart, 1989.

Cummins, James Sylvester. "Two Missionary Methods in China: Mendicants and Jesuits," in *Jesuit and Friar in the Spanish Expansion to the East*. London: Variorum Reprints, 1986.

Dainville, F. de. "L'enseignement des mathématiques dans les Collèges Jésuites de France du XVIe au XVIIe siècle," *Revue d'histoire des sciences* Vol.7, No.1-2, 1954.

Dehergne, Joseph. "L'exposé des Jésuites de Pékin sur le culte des ancêtres présenté à l'Empereur K'ang Hi en novembre 1700," Actes du IIe Colloque international de Sinologie, Chantilly 1977: *Les Rapports entre la Chine et l'Europe au temps des Lumières* (Paris 1980), pp.185-229.

Dehergne, Joseph. "Le Père Gaubil et ses correspondants (1689-1759)," *Bulletin de l'Université l'Aurore* Sér. 3, T.5, No.2, 1944, pp.354-92.

Du Shiran and Han Qi. "The Contribution of French Jesuits to Chinese Science in the Seventeenth and Eighteenth Centuries," *Impact of Science on Society* No.167 (1992): 265-275. 法文本: "Contribution des jésuites français à la science chinoise aux XVIIe et XVIIIe siècles," *Impact: Science et société* No.167 (1992), pp.275-285.

Dudink, Ad. "Opposition to the Introduction of Western Science and the Nanjing Persecution (1616-1617)," in *Statecraft and Intellectual Renewal in Late Ming China: The Cross-cultural Synthesis of Xu Guangqi (1562-1633)*. eds. Catherine Jami, Peter Engelfriet and Gregory Blue, Leiden: Brill, 2001, pp.191-224.

Dudink, Ad. "The Japonica-Sinica Collections I-IV in the Roman Archives of the Society of Jesus: An Overview," *Monumenta Serica* 50 (2002), pp.481-536.

Dudink, Ad. "'Riding a Crane She Ascended to the Distant Realms': The Last Memorial (27 January 1688) of Ferdinand Verbiest," in *In the Light and*

Shadow of an Emperor: Tomás Pereira, SJ (1645-1708), the Kangxi Emperor and the Jesuit Mission in China. Newcastle upon Tyne: Cambridge Scholars, 2012, pp.295-305.

Elman, Benjamin A. "The Jesuit Role as 'Experts' in High Qing Cartography and Technology,"《台大历史学报》2003 年第 31 期，第 223—250 页。

Florovsky, A. "Maps of the Siberian Route of the Belgian Jesuit, A. Thomas (1690)," *Imago Mundi* 8 (1951), pp.103-108.

Foss, T. N. "Reflections on a Jesuit Encyclopedia: Du Halde's Description of China (1735)," *Appréciation par l'Europe de la Tradition Chinoise*, Paris, 1983, pp.67-77.

Foss, T. N. "The European sojourn of Philippe Couplet and Michael Shen Fuzong, 1683-1692," in J. Heyndrickx, ed., *Philippe Couplet S.J.(1623-1693). The man who brought China to Europe.* Nettetal: Steyler Verlag, 1990, pp.121-40.

Gernet, Jacques. "Christian and Chinese Visions of the World in the Seventeenth Century," *Chinese Science* Vol. 4 (September 1980), pp.1-17.

Gernet, Jacques. "Space and Time: Science and Religion in the Encounter between China and Europe," *Chinese Science,* No.11 (1993-1994), pp.93-102.

Golvers, Noël. "*Bibliotheca in cubiculo.* The 'personal' library of Western books on Jean-François Foucquet, SJ in Peking (Beitang, 1720) and the intertextual situation of a Jesuit Scholar in China," *Monumenta Serica* 58 (2010), pp.249-280.

Golvers, Noël. "Circulation of Western Books between Europe and the Jesuit Mission in China: Outline of the History of the Xitang/Nantang Library in Peking (ca. 1610-1810)," in 古伟瀛、赵晓阳主编：《基督宗教与近代中国》，北京：社会科学文献出版社，2011 年，第 240—277 页。

Golvers, Noël. "Ferdinand Verbiest's Letter of 1678 to King Afonso VI of Portugal and the Possible Role of Tomás Pereira in Its Conception," in *In* the *Light and Shadow of an Emperor: Tomás Pereira, SJ (1645-1708), the Kangxi Emperor and the Jesuit Mission in China*. Newcastle upon Tyne: Cambridge Scholars, 2012, pp.404-421.

Golvers, Noël. "The correspondence of Antoine Thomas, SJ (1644-1709) as a source for the history of science," *Ziran kexueshi yanjiu* (自然科学史研究) (*Studies in the History of Natural Sciences*), 33.2 (2014), pp.131-144.

Golvers Noël. "Antoine Thomas, SJ, and His *Synopsis Mathematica*: Biography of a Jesuit Mathematical Textbook for the China Mission," *East Asian Science, Technology, and Medicine*, No.45 (2017), pp.119-183.

Han Qi. "The Role of the French Jesuits in China and the Académie Royale des Sciences in the Development of the Seventeenth- and Eighteenth-Centuries European Science," in K. Hashimoto, C. Jami et L. Skar eds., *East Asian Science: Tradition and Beyond*. Osaka: Kansai University Press, 1995, pp.489-492.

Han Qi. "Patronage Scientifique et Carrière Politique: Li Guangdi entre Kangxi et Mei Wending," *Etudes Chinoises* 16/2 (automme, 1997), pp.7-37.

Han Qi. "Sino-British Scientific Relations through Jesuits in the Seventeenth and Eighteenth Centuries," in *La Chine entre amour et haine*, ed. M. Cartier (Paris: Desclée de Brouwer, 1998), pp.43-59.

Han Qi. "Emperor, Prince and Literati: Role of the Princes in the Organization of Scientific Activities in Early Qing Period," in *Current Perspectives in the History of Science in East Asia*, eds. Yung Sik Kim and Francesca Bray (Seoul: Seoul National University, 1999), pp.209-216.

Han Qi. "The Role of the Directorate of Astronomy in the Catholic Mission during the Qing Period," in *The Christian Mission in China in the Verbiest Era: Some Aspects of the Missionary Approach*, ed. N. Golvers (Leuven: Leuven University Press, 1999), pp.85-95.

Han Qi. "F. Furtado (1587-1653) S.J. and his Chinese translation of Aristotle's cosmology," in *História das Ciências Matemáticas: Portugal e o Oriente* (*History of Mathematical Sciences: Portugal and East Asia*) (Fundação Oriente, 2000), pp.169-179.

Han Qi. "Astronomy, Chinese and Western: The Influence of Xu Guangqi's Views in the Early and Mid-Qing," in *Statecraft and Intellectual Renewal in Late Ming China: The Cross-Cultural Synthesis of Xu Guangqi (1562-1633)*, eds. Catherine Jami, Peter Engelfriet and Gregory Blue (Leiden: Brill, 2001), pp.360-379.

Han Qi. "Sino-French Scientific Relations through the French Jesuits and the Académie Royale des Sciences in the Seventeenth and Eighteenth Centuries," in *China and Christianity: Burdened Past, Hopeful Future*, eds. Stephen Uhalley, Jr. and Xiaoxin Wu (Armonk, London, 2001), pp.137-147.

Han Qi. "The Compilation of the *Lixiang Kaochenghoubian*, Its Origin, Sources and Social Context," in Luís Saraiva ed., *Scientific Practices and the Portuguese Expansion in Asia (1498-1759)* (Lisboa, EMAF-UL, 2001), pp.147-152.

Han Qi. "Antoine Thomas, SJ, and His Mathematical Activities in China: A Preliminary Research through Chinese Sources," in *The History of the Relations between the Low Countries and China in the Qing Era (1644-1911)*, ed. W. F. Vande Walle (Leuven: Leuven University Press, 2003), pp.105-114.

Han Qi. "Science and Belief: Christian Astronomers in the Chinese Rites Controversy," *Ex-Change,* No.8 (2003), pp.18-22.

Han Qi. "L'enseignement des sciences mathématiques sous le règne de Kangxi (1662-1722) et son contexte social," in *Education et Instruction en Chine. II. Les formations spécialisées*, eds. Christine Nguyen Tri and Catherine Despeux (Paris-Louvain: Editions Peeters, 2003), pp.69-88.

Han Qi. "Catholics in Regions South of the Yangzi River (1669-1702)," in *Culture, Art, Religion: Wu Li (1632-1718) and His Inner Journey*. International Symposium Organized by the Macau Ricci Institute, Macao, November 27th-29th 2003. Macau Ricci Institute, 2006, pp.129-143.

Han Qi. "Between the Kangxi Emperor (r. 1662-1722) and Leibniz—Joachim Bouvet's (1656-1730) Accommodation Policy and the Study of the *Yijing*," in Shinzo Kawamura & Cyril Veliath eds., *Beyond Borders: A Global Perspective of Jesuit Mission History* (Tokyo: Sophia University Press, 2009), pp.172-181.

Han Qi. "From Adam Schall von Bell to J.N. Smogulecki: The Introduction of European Astrology in Late Ming and Early Qing China," *Monumenta Serica* 59 (2011), pp.485-490.

Han Qi. "The Jesuits and Their Study of Chinese Astronomy and Chronology in the Seventeenth and Eighteenth Centuries," in Luís Saraiva ed., *Europe and China: Science and the Arts in the 17th and 18th Centuries*. Singapore: World Scientific, 2013, pp.71-79.

Han Qi. "Knowledge and Power, A Social History of Transmission of Mathematics between China and Europe during the Kangxi Reign (1622-1722)," in *The Proceedings of the International Congress of Mathematicians*, Seoul, 2014, Vol.IV, ed. S. Y. Jang, Y. R. Kim, D.-W. Lee, and I. Yie. Seoul: Kyung Moon Sa. Co. Ltd., 2014, pp.1217-1229.

Han Qi. "Cartography during the Times of the Kangxi Emperor: The Age and the Background," in *Jesuit Mapmaking in China: D'Anville's "Nouvel Atlas de la Chine" (1737)*. (Early Modern Catholicism and the Visual Arts Series, Vol.11). Edited by Roberto M. Ribeiro with John W. O'Malley, S.J., Philadelphia: Saint Joseph's University Press, 2014, pp.51-62.

Han Qi. "La legittimazione della trasmissione della scienza occidentale: La proposta di riforma del calendario di Xu Guangqi," *Sulla via del Catai: Rivista semestrale sulle relazioni culturali tra Europa e Cina*, October 2014,

Anno VII, No.11, pp.33-43.

Han Qi. "Chinese Literati's Attitudes toward Western Science: Transition from the Late Kangxi Period to the Mid-Qianlong Period," *Historia Scientiarum*, Vol.24-2 (2015), pp.76-87.

Han Qi. "Les ouvrages compilés et imprimés au Palais sous Kangxi," in M. Bussotti & J.-P. Drège eds., *Imprimer sans profit ? Le livre non commercial dans la Chine impériale*. Genève: Librairie Droz, 2015, pp.531-552.

Han Qi. "The Legitimization of the Transmission of Western Science: Xu Guangqi's Proposal for the Calendar Reform," *The Generation of Giants 2: Other Champions of the Cultural Dialogue between Europe and China*, Centro Studi Martino Martini, 2015, pp.19-25.

Han Qi, "Rethinking the Ancient Mathematical Text: Ming-Qing Scholars' Critical Reflections on *The Gnomon of Zhou [Dynasty]*," in A. Keller and K. Chemla (eds.), *Shaping the Sciences of the Ancient World. Text Criticism, Critical Editions and Translations of Ancient and Medieval Scholarly Texts (18th-20th Centuries)*. Dordrecht: Springer, 2018.

Hashimoto, Keizo. "Earlier Evidence of the Transmission of the Discoveries of Uranus and Asteroids to China," in Hashimoto Keizo, Catherine Jami, Lowell Skar eds., *East Asian Science: Tradition and Beyond*. Osaka: Kansai University Press, 1995.

Hashimoto, Keizo and Catherine Jami. "Kepler's Laws in China: A Missing Link? J.-F. Foucquet's *Lifa wenda*," *Historia Scientiarum* 6-3 (1997), pp.171-185.

Hashimoto, Keizo and Catherine Jami. "New Evidence on the Transmission of European Astronomy to China: Jean-François Foucquet's *Lifa wenda*," in Yung Sik Kim & Francesca Bray eds., *Current Perspectives in the History of Science in East Asia* (Seoul: Seoul National University, 1999), pp.487-496.

Hashimoto, Keizo. "A Cartesian in the Kangxi Court (as obersved in the *Lifa wenda*)," in Alan K. L. Chan, Gregory K. Clancey & Hui-Chieh Loy eds., *Historical Perspectives on East Asian Science, Technology and Medicine.* Singapore: Singapore University Press, 2001, pp.406-414.

Henderson, John B. "Ch'ing Scholars' Views of Western Astronomy," *Harvard Journal of Asiatic Studies* 46:1(1986), pp.121-148.

Hsia, Ronnie Po-chia. "Tomás Pereira, French Jesuits, and the Kangxi Emperor," in Luís Filipe Barreto ed., *Tomás Pereira, S.J. (1646-1708), Life, Work, and World.* Lisbon, 2010, pp.353-374.

Huang Yilong, "A Study on Five Planet Conjunctions in Chinese History," *Early China* 15 (1990), pp.97-112.

Huard, Pierre et Wong Ming. "Les enquêtes françaises sur la science et la technologie chinoises au XVIIIe siècle," *Bulletin de l'Ecole Française d'Extrême-Orient* 1966, T.53, pp.137-202.

Jami, Catherine. "Learning Mathematical Sciences during the Early and Mid-Ch'ing," in B. Elman & A. Woodside eds., *Education and Society in Late Imperial China 1600-1900.* Berkeley: University of California Press, 1994.

Jami, Catherine and Han Qi. "The Reconstruction of Imperial Mathematics in China during the Kangxi Reign (1662-1722)," *Early Science and Medicine: A Journal for the Study of Science, Technology and Medicine in the Pre-modern Period* 8/2 (2003), pp.88-110.

Jin Guoping. "'Amicíssimos', Tomás Pereira and Zhao Chang," in *In the Light and Shadow of an Emperor: Tomás Pereira, SJ (1645-1708), the Kangxi Emperor and the Jesuit Mission in China.* Newcastle upon Tyne: Cambridge Scholars, 2012, pp.228-251.

Kosibowiez, E. "Un Missionnaire polonais oublié: Le Père Jean Nicolas Smogulecki S.J.," *Revue d'Histoire des Missions* 6 (1929), pp.335-360.

Ku Weiying. "Father Tomás Pereira, SJ, the Kangxi Emperor and the Court Westerners," in *In the Light and Shadow of an Emperor: Tomás Pereira,*

SJ (1645-1708), the Kangxi Emperor and the Jesuit Mission in China. Newcastle upon Tyne: Cambridge Scholars, 2012, pp.64-84.

Landry-Deron, Isabelle. "Les mathématiciens envoyés en Chine par Louis XIV en 1685," *Archive for History of Exact Sciences* 55(2001), pp.423-463.

Malatesta, Edward J. "A Fatal Clash of Wills: The Condemnation of the Chinese Rites by the Papal Legate Carlo Tommaso Maillard de Tournon," in D. E. Mungello ed., *The Chinese Rites Controversy.* Nettetal: Steyler Verlag, 1994, pp.211-245.

Malatesta, Edward J. "Caught in the Clash of Two Wills: the Dilemma of José Monteyro," in *Actes du VIIe Colloque international de Sinologie, Chantilly 1992. Echanges culturels et religieux entre la Chine et l'Occident* (Variétés sinologiques. nouvelle série Vol.83) (Taipei-Paris 1995), pp.223-241.

Martzloff, J. -C. "A Glimpse of the Post-Verbiest Period: J.-F. Foucquet's *Lifa Wenda* (Dialogue on Calendrical Techniques) and the Modernization of Chinese Astronomy or Urania's Feet Unbound," in John W. Witek ed., *Jesuit Missionary, Scientist, Engineer and Diplomat 1623-1688*, Nettetal: Steyler Verlag, 1994, pp.519-529.

McCune, Shannon. "Jean-Baptiste Régis, S.J., An Extraordinary Cartographer," in *Chine et Europe: Evolution et Particularités des Rapports Est-Ouest du XVIe au XXe Siècle*. Taipei, 1991, pp.237-248.

Menegon, Eugenio. "Ubi Dux, Ibi Curia: Kangxi's Imperial Hunts and the Jesuits as Courtiers," in *In the Light and Shadow of an Emperor: Tomás Pereira, SJ (1645-1708), the Kangxi Emperor and the Jesuit Mission in China.* Newcastle upon Tyne: Cambridge Scholars, 2012, pp.275-294.

Monnet, Nathalie. "Le jeune Duc du Maine, protecteur des premières missions françaises en Chine," in *La Chine à Versailles: art et diplomatie au XVIIIe siècle*, Marie-Laure de Rochebrune ed., Paris: Somogy, 2014, pp.37-43.

Monnet, Nathalie. "La contribution du Duc du Maine (1670-1736) à la connaissance de la Chine," in *Migrations de langues et d'idées en Asie*, J.-L. Bacqué-Grammont, P.-S. Filliozat et M. Zink eds., Paris: Académie des Inscriptions et Belles-Lettres, 2015, pp.37-66.

Mungello, David E. "An Introduction to the Chinese Rites Controversy," in D. E. Mungello ed., *The Chinese Rites Controversy*. Nettetal: Steyler Verlag, 1994, pp.3-14.

Olmsted, John W. "The Scientific Expedition of John Richer to Cayenne (1672-1673)," *Isis* 34 (2) (Autumn, 1942), pp.117-128.

Pelliot, Paul. "La Brevis Relatio," *T'oung Pao* 23 (5)(1924), pp.355-372.

Pelliot, Paul. "Un recueil des pièces imprimées concernant la 'question des rites'," *T'oung Pao* 23(5)(Dec., 1924), pp.347-355.

Peterson, Willard J. "Western Natural Philosophy Published in Late Ming China," *Proceedings of the American Philosophical Society* Vol.117, No. 4, 1973, pp.295-322.

Peterson, Willard J. 裴德生 "Changing Literati Attitudes toward New Learning in Astronomy and Mathematics in Early Qing," 载周质平、Willard J. Peterson 编：《国史浮海开新录——余英时教授荣退论文集》，台北：联经出版事业有限公司，2002。

Pina, Isabel. "Some Data on Tomás Pereira's Biography and Manuscripts," in Luís Saraiva ed., *Europe and China: Science and the Arts in the 17th and 18th Centuries*. Singapore: World Scientific, 2013, pp.95-114.

Porter, Jonathan. "Bureaucracy and Science in Early Modern China: The Imperial Astronomical Bureau in the Ch'ing Period," *Journal of Oriental Studies* Vol.18 (1980), pp.61-76.

Romano, Antonella. "Defending European Astronomy in China... Against Europe: Tomás Pereira and the Directorate of Astronomy in 1688," in *In the Light and Shadow of an Emperor: Tomás Pereira, SJ (1645-1708), the Kangxi Emperor and the Jesuit Mission in China*. Newcastle upon Tyne:

Cambridge Scholars, 2012, pp.424-453.

Rouleau, Francis A. "Maillard de Tournon, Papal Legate at the Court of Peking, The First Imperial Audience (31 December 1705)," *Archivum Historicum Societatis Iesu* 31 (1962), pp.264-323.

Rule, Paul A. "Louis Fan Shou-I. A Missing Link in the Chinese Rites Controversy," in *Actes du VIIe Colloque international de Sinologie, Chantilly 1992. Echanges culturels et religieux entre la Chine et l'Occident* (Variétés sinologiques. nouvelle série Vol.83) (Taipei-Paris 1995), pp.277-294.

Rule, Paul. "The Correspondence of Antoine Thomas: A Major Source for the History of the Jesuits in China and for the Reign of Kangxi," in 古伟瀛、赵晓阳主编：《基督宗教与近代中国》，北京：社会科学文献出版社，2011年，第140—158页。

Rule, Paul. "Tomás Pereira and the Jesuits of the Court of the Kangxi Emperor," in *In the Light and Shadow of an Emperor: Tomás Pereira, SJ (1645-1708), the Kangxi Emperor and the Jesuit Mission in China.* Newcastle upon Tyne: Cambridge Scholars, 2012, pp.38-63.

Russell, John L. "Catholic Astronomers and the Copernican System after the Condemnation of Galileo," *Annals of Science* 46 (4) (1989), pp.365-386.

Schaffer, Simon. "Uranus and the Establishment of Herschel's Astronomy," *Journal for the History of Astronomy* 12 (1) (1981), pp.11-26.

Schaffer, Simon. "Instruments as Cargo in the China Trade," *History of Science* 44 (2) (2006), pp.217-246.

Sena, Tereza. "Tomás Pereira's Appeal to the Portuguese Jesuits and Missionary Recruitment to China," in *In the Light and Shadow of an Emperor: Tomás Pereira, SJ (1645-1708), the Kangxi Emperor and the Jesuit Mission in China.* Newcastle upon Tyne: Cambridge Scholars, 2012, pp.359-403.

Sivin, Nathan. "Copernicus in China," in *Science in Ancient China* (Aldershot:

Variorum, 1995), IV, pp.1-53.

Standaert, Nicolas. "European Astrology in Early Qing China: Xue Fengzuo's and Smogulecki's Translation of Cardano's Commentaries on Ptolemy's *Tetrabiblos*," *Sino-Western Cultural Relations Journal* XXIII (2001), pp. 50-79.

Standaert, Nicolas. "The 'Edict of Tolerance': A Textual History and Reading," in *In the Light and Shadow of an Emperor: Tomás Pereira, SJ (1645-1708), the Kangxi Emperor and the Jesuit Mission in China*. Newcastle upon Tyne: Cambridge Scholars, 2012, pp.308-359.

Vasconcelos de Saldanha, António. "The Last Imperial Honours: From Tomás Pereira to the Eulogium Europeorum Doctorum in 1711," in *In the Light and Shadow of an Emperor: Tomás Pereira, SJ (1645-1708), the Kangxi Emperor and the Jesuit Mission in China*. Newcastle upon Tyne: Cambridge Scholars, 2012, pp.144-226.

Verhaeren, H. "Aristote en Chine," *Bulletin Catholique de Pékin* 22 (1935), pp.417-429.

Wardy, R. "Chinese Whispers," *Proceedings of the Cambridge Philological Society* 38 (1992), pp.149-170.

Witek, John W. "P. Couplet: a Belgian Connection to the Beginning of the Seventeenth-century French Jesuit Mission in China," in J. Heyndrickx ed., *Philippe Couplet S.J.(1623-1693). The Man Who Brought China to Europe*. Nettetal: Steyler Verlag, 1990, pp.143-161.

Witek, John W. "Eliminating Misunderstandings: Antoine de Beauvollier (1657-1708) and His *Eclaircissements sur les controverses de la Chine*," in D. E. Mungello ed., *The Chinese Rites Controversy: Its History and Meaning*. Nettetal: Steyler Verlag, 1994, pp.185-210.

Witek, John W. "Sent to Lisbon, Paris and Rome: Jesuit Envoys of the Kangxi Emperor," in Michele Fatica, Francesco D'Arelli eds., *La Missione cattolica in*

Cina tra i secoli XVIII-XIX. Matteo Ripa e il Collegio dei Cinesi. Atti del Colloquio Internazionale Napoli, 11-12 febbraio 1997. Napoli, 1999, pp.317-340.

Witek, John W. "The Role of Antoine Thomas, SJ, (1644-1709) in Determining the Terrestrial Meridian Line in Eighteenth-century China," in *The History of the Relations between the Low Countries and China in the Qing Era (1644-1911)*. Edited by W. F. Vande Walle. Leuven: Leuven University Press, 2003, pp.89-104.

Wylie, Alexander. "Jottings on the Science of the Chinese Arithmetic," *North China Herald*. 1852 (Aug.-Nov.), Nos. 108, 111-113, 116-117, 119-121.

Wylie, Alexander. "Notes on the Opinions of the Chinese with Regard to Eclipses," *JRAS/NCB*, 1866, No.3, pp.71-74.

Wylie, Alexander. "Eclipses Recorded in Chinese Books," *JRAS/NCB*, 1867, pp.87-158.

Wylie, Alexander. "(Glossary of Chinese) Mathematical and Astronomical Terms," in J. Doolittle, *A Vocabulary Handbook of the Chinese Language*. Fuchow, 1872, Vol.2, pp.354-364.

Wylie, Alexander. "The Mongol Astronomical Instruments in Peking," in *Chinese Researches*. Shanghai, 1897.

Zhang Xianqing. "The Image of Tomás Pereira in Qing Dynasty Documents," in *In the Light and Shadow of an Emperor: Tomás Pereira, SJ (1645-1708), the Kangxi Emperor and the Jesuit Mission in China*. Newcastle upon Tyne: Cambridge Scholars, 2012, pp.85-111.

索 引

（一）人名索引

A

阿兰泰　83
阿木巴图　194
艾启蒙　173, 223, 225
艾儒略　2, 11, 20-23, 35, 36, 162, 246
艾斯玎　152
艾约瑟　256-257, 262-263, 266, 273, 276, 278, 286-287
安德义　226
安多　16, 26, 4-53, 58, 60, 72, 75, 81, 82, 104, 107, 115, 118-120, 123, 134, 148-149, 156-160, 163-164, 169-172, 180, 182-187, 189, 218, 228, 233-235, 323
安国宁　224, 226, 228, 235, 323-324
安文思　40, 47, 55, 182

B

巴蒂斯　59, 67, 72, 95, 148, 169, 205
巴多明　15, 61, 73, 79, 90, 96, 101, 103, 105, 130, 171, 187, 188
巴冈　142

巴茂正（巴加禄）　224
巴理知斯　137
巴新　225
巴延三　223
巴哲格　210
白晋　26, 45, 51-52, 57-58, 60-61, 72-73, 78-79, 81-82, 97, 107, 113-114, 129-134, 140, 156, 159-160, 163-164, 169, 171, 180, 183-184, 187-188, 218, 233
白劳那　274
白乃心　48
白若翰　180
白映棠　188
柏应理　57-58, 151
保灵　276
保宁　194
鲍可成（鲍巴尔多禄茂）　17, 154, 160
鲍乃迪　276
鲍钦辉　154, 321
鲍选　72, 152-154
鲍英华　152-154

鲍英齐（鲍味多）
鲍友管　210, 215-216, 219, 225, 228, 235, 315, 321-323
博尔和　77
贝勒　276, 297
毕奥　271, 295
毕方济　246
毕嘉　66-67
毕学源　226-228, 324
裨治文　276
卜略　142
布喀　83

C

蔡沈注　212, 213, 318
蔡元定　83, 85
曾德昭　238, 246
曾类思　180
陈厚耀　76-77, 90-91, 120, 144, 145
陈杰　229, 279
陈梦雷　78, 145
陈善策　197
陈世明　77
陈万策　74
成德　17, 120, 287, 303
程大位　78, 79
楚儿沁　188

D

戴国恩　223
戴进贤　36, 48, 53-54, 115, 125, 148, 150, 173, 180, 195-197, 199, 202-204, 207-210, 212, 215-216, 218-220, 228, 231, 235, 248, 283, 305-310, 313-315, 320-323
戴名世　26
戴煦（鄂士）　287, 289, 290, 292
德保　193-194
德理格　75, 96, 180
德利勒　121, 173, 196-197, 203-205, 210, 216-217
德玛诺　180, 187
德天赐　224
邓玉函　6-7, 10, 12-13, 38, 168, 237, 246
笛卡儿　2, 4, 54, 138, 142
第谷（的谷）　10-11, 33, 37, 39, 71, 92, 137-139, 141, 143, 147-148, 168-169, 175, 195, 197, 199, 212, 230, 243, 245, 248, 276, 307, 308
棣么甘　280
丁韪良　274
丁先生　3, 4, 7
董其昌　154
董泰　77
窦云山　225
杜德美　61, 79-80, 99, 130, 133-134, 136, 145, 180, 187-189, 218, 233
杜赫德　52, 190-191
多尔衮　13, 38
多罗　22, 33, 63, 76, 98, 101, 116, 158, 166-167, 177-180

多庆　223

E

恩礼格　47-49, 55

F

法海　179
法兰德　197, 307
樊记训　130
樊守义　152
范时崇　179
范守己　4-6
方苞　74, 77-78, 146, 303
方亮（方弥额尔）　17, 160-161
方守义　225
方以智　34, 88, 246
方正珠　88-89
方中通　33-35, 89
费隐　187, 218
封承荫　153
冯秉正　187
冯方庆　153
冯桂芬　281-282
冯迈　153
冯甓　77
富德　192-193
佛拉哥　98, 137, 288
弗莱雷　121, 326
伏若望　36, 152, 239
福文高　226-228, 324
傅汎际　13, 23, 36, 152, 236-239, 242-246
傅兰雅　266-267, 269, 271, 283
傅明安　77, 304
傅圣泽　37, 76, 78-79, 96, 98-99, 105, 114, 127, 129-130, 132-136, 138-143, 145, 147, 164, 173, 180, 188-189, 200, 208-209
傅作霖　150, 174, 192-194, 210, 216, 222-223, 225, 228, 322-323

G

噶尔丹　73, 88, 184
高临渊　224, 227
高慎思　150, 192-193, 195, 210-211, 225, 228, 323-324
高守谦　226-228, 324
高一志　13, 47, 241, 244
戈维理　164
戈掌镇　153
哥白尼（歌白尼）　10-11, 35, 36, 39, 139, 141, 143, 168, 171, 172, 175, 176, 177, 231, 232, 233, 248
贡额　188
顾陈垿　77-78, 305
顾琮　77, 146, 197, 304, 306-310
顾铎泽　164
顾观光　282
顾炎武　26
顾应祥　7, 286
郭居静　152
郭士立　251, 256

郭世隆 179
郭守敬 42-43, 124, 188, 299, 307
郭嵩焘 267, 273

H

哈巴安德 255, 259
哈雷（呵肋） 138, 141, 216-217
哈清阿 192
韩国英 225
韩纳庆（安纳） 225
韩菼 159-160
杭世骏 28-29
合信 254-257, 259, 273, 276, 288
何承天 117
何国栋 77, 188, 304, 310, 314, 322
何国柱 120, 146, 304
何国宗 76-77, 106, 117-118, 120-121, 126, 146, 174, 188, 191-193, 196-197, 210, 212, 214-215, 303, 307-308, 310, 315, 319-322
何君锡 17, 72, 119-121, 218
何雏图 72
何世贞 116
和素 78, 93-94, 133-136
贺清泰 224-225, 227
赫世亨 157
赫硕色 17
亨利四世 4
洪若 56-61, 63, 66-68, 80-81, 95, 127-129, 132, 153, 180, 183, 189, 235
侯失勒 176, 257-259, 264-265, 282

胡敬 154
胡珺 98
胡威立 265, 278
胡振钺 119
华蘅芳 267, 273-274
华世芳 267, 271
黄百家 26, 70, 169, 171-172, 248
黄懋 50
黄若瑟 163
黄宗羲 26
惠更斯（海臣） 141-142, 208
霍纳 285-286

J

嵇璜 30
吉德明（冀若望） 224, 227
纪理安 15, 47, 52-53, 79, 93-95, 100, 102-103, 105, 123-124, 136, 138-140, 143, 145, 150, 180, 196, 212, 216, 228, 323
嘉乐 166, 181
伽利略 2-3, 11-12, 36, 39, 209, 242-244
伽桑迪 4
蒋敦复 276
蒋所乐 24
蒋廷锡 190
蒋友仁 173-176, 193-194, 225, 231, 248
焦秉贞（保禄） 72, 152-154, 161
焦循 175

揭暄 236, 246

金光祖 48

金铉 59-60

金济时 224-225

K

卡达诺 20, 35, 36

开普勒（刻伯尔、刻白尔） 11, 39, 98, 138-139, 142-143, 175, 198-203, 207-208, 220, 231, 248, 288

开意吉 41

康和之 228

柯尔伯 56-58

孔禄食（孔路师） 48, 79, 136, 145, 180

孔毓圻 159

L

拉朗德 224

拉弥额特 225

拉雪兹 51, 58, 68, 80

腊羲尔 56-57, 98, 138-139, 141-143, 231

辣喀尔 173-174

莱布尼茨 49, 113-114, 129, 232-233

郎世宁 173, 208, 210

郎廷极 133

郎文然 133

勒德洪 50, 183

勒莫尼 173-174

雷孝思 61, 73, 130, 164, 171, 187-189, 218

黎宁石 36

李淳风 117

李次彪 152, 239, 245

李拱宸（辰） 226, 228, 324

李光地 31, 62-66, 68-70, 73-76, 85, 87-89, 99, 111-113, 119, 144-146, 177, 184-186

李光显 119

李国屏 52, 78, 134-136

李衡良 226

李九功 153

李俊贤 221, 225

李铠 159

李明 58, 60-61, 132, 156

李锐 174-177, 262, 282, 287

李善兰（秋纫） 176-177, 247, 257-259, 262-269, 271, 273-274, 278-283, 287-292, 294

李式 40, 153

李侍尧 224

李崧毓 44

李天经 6, 24, 38, 110, 150-151

李文蔚 153

李冶 285

李英 188, 304

李颖谦 153

李之藻 6, 8, 11, 13, 23, 148, 151-152, 236-239, 244-246, 279, 292

李锺伦 74

李祖白 40, 116, 152

理雅各　272

利奥定　180

利白明　208-209

利国安　181

利类思　14, 25, 40, 47, 55, 70, 182

利玛窦　1-5, 7, 10-13, 16-17, 22, 26, 41, 43, 47, 54-55, 126, 151, 182, 219, 226, 237, 248, 279, 280, 292-293

利实尔　130, 141, 199-200

利酌理　54, 96, 101, 108, 139, 141, 142, 199

栗安当　48

梁栋材　225

林安　131

林德瑶　210, 225

林巩　162

林济各　180

林乐知　275

林升霄　153

林文英　159

刘昌胤　153

刘思永　223-224

刘松龄　150, 174, 195, 205, 210-211, 215-217, 219, 222, 225, 228, 235, 314-315, 321-323

刘统勋　193

刘献廷　27

刘应　57-58, 60-61, 73, 132, 153

刘应昌　153

刘愈　159

刘蕴德　71, 152-153, 162

龙华民　6-7, 13, 43-44

卢公义　274, 276

卢瓦　56-57, 128

陆百佳　130

陆嘉爵　181

陆陇其　25

陆若汉　217

陆若翰　140

陆仲玉　43

路易十六　224

路易十四　4, 51, 56, 58, 60-61, 67, 82, 127, 129, 231-232

伦（Wren）　270

伦达礼（伦大理）　77

罗德先（罗得先）　96, 130

罗继洲　224

罗历山　162, 165

罗密士　264, 281, 294

罗文炤（藻）　153

罗雅谷　6-7, 13, 21, 23-24, 33, 38, 168, 245

罗耀拉　2

落下闳　117

雒魏林（雒頡）　272-273

吕留良　26-27

M

马戛尔尼　234, 248

马国贤　96, 180, 190

马凯　224

马礼逊　271

马儒翰 251
马若瑟 272
玛尔象 175
玛吉士 253-254, 256-257
麦大成 96, 187, 218
麦德乐 197
麦都思 262, 265, 272-274
麦华陀 274
麦嘉缔 256
麦守德 224
麦思理 180
麦有年 197
满保 196
满丕 83, 179
毛际可 122-123
毛奇龄 87-88
梅毂成 34, 53, 74, 76-77, 79, 95, 106, 115, 117-118, 120-126, 144-146, 188, 197, 279, 303, 305-308, 310
梅文鼎 13, 25, 27, 31, 34, 37, 41, 43, 63, 65, 70-71, 73-76, 84-85, 87-89, 97, 99, 112-115, 117, 120-123, 125, 145, 147, 171, 246, 279-280, 284, 287
美以纳 274
蒙尼阁 156
孟德斯鸠 2
米怜 249
明安图 79, 120, 144-146, 174, 188, 191-193, 197, 210, 215, 304, 306-308, 310, 315, 321

明图 16-17, 94, 197, 305, 307-308
明珠 50, 297
慕王化 225
慕维廉 262, 265-266, 272-273, 276
穆成格 77
穆敬远 54
穆尼阁 19, 32-37, 246
穆世泰 77

N

那海 188, 191, 304
那永福 173, 224, 226
纳皮尔 72, 289
南怀仁（Ferdinand Verbiest） 14-16, 19, 23, 25-26, 38-42, 44-51, 55-56, 58-60, 63-64, 70-72, 81, 89, 97, 99, 102, 107, 115, 118-119, 137, 139, 143, 146, 150, 152-153, 158-159, 169, 172, 174, 182-183, 210, 212, 215-216, 228, 230-231, 297-299, 302, 312-313, 315, 320, 323
南怀仁（Gottfried Xaver von Laimbeckhoven） 210
南弥德（拉弥额特） 225, 227
年遐龄 83
聂崇正（若翰） 154, 164
聂云龙 73, 130
宁完璧 153
牛顿（奈端） 199, 201, 262-264, 266-269, 271, 283
努三 192

O

欧几里得 3, 46-47, 52, 103, 265

P

潘耒 26, 70, 117

潘慎文 294

潘廷璋 221, 224

潘蕴洪 77

庞迪我 5-6, 246

庞嘉宾 47, 95, 145, 164-165, 180, 228, 323

彭孙遹 83, 88

Q

钱大昕 126, 174-176

钱德明 224-225

钱乐之 212, 318

秦九韶 285-286

R

茹璜 52

阮元 10, 29, 37, 118, 126, 173-174, 176-177, 228, 262, 282

若翰王山 13

S

沙勒斯 54

山遥瞻 96, 187

邵云龙 218

沈福宗 58

胜住 188

石可圣 180

思格则 83

宋君荣 42, 121-122, 140, 199, 203-205, 210-211, 216-217, 235, 271, 295

苏霖 15-16, 52-53, 73, 82, 105, 160, 164, 218

苏纳 48-49

孙尔蕙 17, 154, 218

孙尔茂 218

孙徽百 52

孙有本 71, 123, 152-154

孙有容 152-154

孙元化 159

孙致弥 159

索德超 18, 221, 224-225, 227-228, 324

索柱 188

T

塔夏尔 57

汤臣尹 17

汤德徽 210

汤若望 6-7, 10-16, 19, 21-28, 30-41, 45, 49, 71-72, 107, 115, 120-121, 150, 153-154, 159, 168, 216, 222, 228, 230-231, 237, 244, 246, 248, 323

汤尚贤 130, 164, 187, 218

汤士选 223-224, 226-228, 324

唐维尔 190-191

陶元藻 29

图纳哈 83
托勒密（多禄亩） 4, 10, 13, 20, 22, 25, 32-33, 35, 171, 243, 248

W

瓦来斯 270
万宁 228
万其渊 153
万斯大 27
汪达洪 225
汪康年 267
汪汝望 48
王崇简 159
王道化 16, 52, 54, 93-95, 102, 133, 135, 139-140
王玒 77
王国昌 83
王兰生 29, 74, 76-77, 145-146, 303
王泮 11
王士祯 88-89
王韬 257-258, 263-264, 273, 276, 294
王锡阐 26-27, 33, 147
王熙 73, 83-85, 87-88, 159, 297
王孝通 285
王恂 124
王尹方 83
王元正 77
王之锐 74
王徵 10, 151
威廉·赫歇尔 248-249, 257

韦廉臣 266, 268, 273, 276, 294
伟烈亚力 176, 247, 256-259, 262-267, 269, 271-295
伟烈亚力 4, 176, 247, 256-259, 262-267, 269, 271-295
卫方济 164-165, 180, 189, 235
卫匡国 41, 152
魏格尔 180
魏继晋 210, 225
魏荔彤 122
魏起凤 153
魏廷祯（魏廷珍） 74, 77, 146, 303
魏文魁 24, 34, 37
魏源 254, 256
乌林泰 193
吴明炫（吴明烜） 44, 230
吴任臣 70
吴若翰 160, 163
吴晟 159
吴孝登 146, 304

X

西安 83
西村远里 32
奚安门 284
席以恭（席物罗） 17, 152-153, 160
夏鸾翔 282
相秉仁 226
项名达（梅侣） 290
萧尽礼 153
萧尽性 153

邢云路　4, 6
熊赐履　47, 63, 65-66, 70, 83-85, 88, 177
熊明遇　11, 246
熊人霖　11
熊三拔　5-6, 10, 13, 43, 126, 246
徐昌治　237
徐尔斗　159
徐发　71
徐光启　4-10, 13, 23-24, 34, 38, 47, 106, 110, 118, 150-152, 159, 171, 198, 213-214, 234, 237, 280, 292, 294, 306, 309
徐瑚　153
徐建寅　265, 274, 282
徐觉民　77
徐茂昇（徐茂盛）　218
徐日昇　15-16, 47, 49-52, 55, 60, 72, 81, 87, 107, 119, 123, 156-158, 169-170, 172, 180, 183, 228, 323
徐寿　273-274
徐天爵　79
徐用锡　74
徐有壬（君青）　273, 281, 288-290
许嘉禄　116
许之渐　40, 116
许缵曾　116
薛凤祚　19, 31-37, 116
薛宗胤　153

Y

亚里士多德（亚利斯多特勒）　3-4, 23, 236-244, 248
亚玛辣尔　131
严嘉乐（颜家乐）　48, 53-54, 79, 145, 180, 189
严守志　225
阎若璩　26
颜珰　14, 155-156, 165-166
彦思莫（颜诗莫）　224
阳玛诺　6, 12-13, 36, 244-246, 248
杨秉义（杨广文）　48
杨格非　273-274
杨光先　8, 10, 25, 34, 38, 40-42, 44, 75, 89, 107, 112, 116, 118-122, 150, 163, 169, 172, 177, 230-231, 246
杨辉　285
杨爌南　47
杨琳　179
杨廷筠　151, 152
杨文言　78, 144-145
叶长扬　77
叶向高　151
叶宗孝　224, 226
一行　117
伊桑阿　83, 155
殷铎泽　59-60, 152
殷铠　153

胤禄（允禄） 75, 77, 145
胤禑 75
胤祥（允祥） 143
胤祉 45, 54, 61-62, 75-78, 80, 99, 108, 110-111, 131, 138, 144-146, 170, 184-186, 188, 213, 234
游艺 246
余抡 77

Z

臧积德 17
张安多 218
张诚 49, 51-52, 57-58, 60-61, 72-73, 75, 78, 81-83, 107, 132, 156-157, 164, 169-170, 180, 183-184
张登科 153
张尔岐 26
张继贤 210, 224, 226
张履祥 27
张士魁 153
张文臣 153
张问明 153

张英 88, 159
张雍敬 117
张永祚 28-32
张玉书 66, 83-85, 87, 90, 186
章潢 11
章用 268, 271
赵昌 16, 51-52, 59, 67, 133
赵弘燦 179
赵弘燮 113
赵进修 224-225
照海 77, 188, 304
兆惠 193
郑斗源 217
周子愚 4-6, 22, 33, 43
朱都纳 88
朱世贵 153
朱世杰 7, 286
朱书 122-123
朱松 77
朱熹 246
朱载堉 4
卓尔康 22, 33, 43

（二）书名索引

A

阿尔热巴拉新法 98, 134-135

B

北华捷报 266, 284
比例对数表 34

比例四线新表 34
辩正教真传实录 11
表度说 13, 21, 43
博物新编 254, 260, 273
卜筮精蕴汇义 145
不得已 8, 10, 40, 140, 246
步天歌 215-216, 315

C

操缦卮言　123-124

测量全义　13, 21, 152

测食略　22, 33

测天约（说）　246

测圆海镜　7, 285

测圆海镜分类释术　7

察世俗每月统记传　249-250, 259-260

乘除通变本末　285

乘除新法　89

赤道南北两总星图　248

赤水遗珍　79, 145, 287

崇祯历书　4, 6, 9-12, 21, 23-24, 31, 33-34, 38-39, 43-44, 110, 137, 141, 168, 171, 195, 213, 217, 230-231, 237, 245-246, 248

畴人传　10, 29, 78, 118, 124, 126, 175, 176, 262, 282

D

大测　12

大清国史天文志　124

大清会典　155

大清一统志　183

大统历　4-6, 9, 11, 38-39, 219

大英国志　276

代数学　7, 54, 72, 79-80, 98, 114, 135, 148-149, 169-170, 172, 218, 228, 233, 278-281, 284-288, 293

代微积拾级　264-265, 271, 278-282, 290

代形合参　294

道古堂文集　28-29

地球说略　276

地球图说　173-177

地纬　11, 183

地震解　13, 44

东西洋考每月统记传　251-252, 256, 259, 261

度测　132, 170, 186, 189, 193

对数阐微　137, 219

对数广运　137

对数简法　289

对数术　137

F

方星图解　95, 205, 220

方圆阐幽　288-289

斐录答汇　13

分光求原　274

G

格物探源　294

格致草　246

格致古微　10

格致汇编　266, 283

耕织图　154

古今交食考　153-154

古今敬天鉴　159

古今图书集成　70, 78
广阳杂记　27
晷表图说　3, 345
国朝耆献类徵　29

H

海国图志　254, 256
函宇通　246
汉书疏证　29
杭州府志　29
合数述　267, 271
华番和合通书　253, 256, 260
华洋和合通书　256, 263
寰有诠　13, 23, 236-246
寰宇始末　241, 244-245
皇朝礼器图式　71-72, 173, 212, 214
皇朝文献通考　30
皇舆全览图　79, 187-191, 194
黄道南北两总星图　208, 248
黄道总星图　115, 202, 208-209, 215, 220, 248
黄竹农家耳逆草　171-172
回回历　5-6, 8, 39
浑盖通宪图说　43
浑天仪说　39, 152-153
火攻挈要（则克录）　10

J

缉古算经　285
几何原本　3, 4, 7, 21, 47, 54, 72-73, 79-80, 148, 169, 184, 205, 217, 233, 278-280, 292
绩学堂文钞　37, 41
兼济堂历算全书　122
简平规总星图解　153
简平仪　43, 72
见界总星图　248
交河集　76-77
交食历指　21, 33, 152, 154, 189
教务杂志　276
借根方算法　72, 148-149, 170
九章算术　285, 288
居易录　88

K

康熙起居注　47, 69, 95
康熙永年表　39, 146
康熙永年历法　72, 148, 299, 302
康熙御制文集　184
康熙政要　144
考数根法　290
空际格致　13
坤舆格致　10
坤舆全图　173-176, 182, 192, 248
坤舆万国全图　11, 182, 237, 246

L

历测　34, 42, 44
历法问答　98, 129-130, 137-143, 147, 189, 209
历法西传　39
历算全书　122

历象本要 185
历象考成 30, 54, 74, 97, 109, 115, 118, 123, 126, 143-144, 147-148, 195-203, 205-208, 212, 219-220, 248, 262, 283, 288, 302, 305-309
历象考成表 115, 197, 205-206
历象考成后编 54, 97, 115, 118, 126, 143, 148, 195, 197-203, 205-208, 212, 219, 220, 248, 262, 283, 288, 305, 308
历学会通 27, 32, 34-35, 37, 116
历学疑问 73, 112, 114-115, 284
历学疑问补 114, 284
历引 39, 246
历元 34, 91-92, 146-147
灵台仪象志 39-40, 71, 147-148, 152-154, 209-210, 215, 217, 296, 312-313, 315
六合丛谈 258-260, 263-265, 273, 275, 289-290, 292, 294
论天 21, 27, 218, 236-238, 240-244
律历融通 4
律历渊源 61, 65, 74, 76-78, 88, 99, 111, 118, 144, 188, 302, 305-306
律吕新书 85
律吕正义 144-145, 219, 302

M

满汉七本头 45
梦溪笔谈 31
民历铺注解惑 23, 152
名理探 238-239

明史 4-6, 26, 43-44, 70, 106, 111, 121, 125, 172, 245, 295

P

平安通书 256, 259-260
破邪集 237

Q

汽机发轫 274
千顷堂书目 245
乾坤体义 4, 13
钦定新历测验纪略 42, 44
钦若历书 31, 74, 76-77, 97, 127, 131, 143-148, 195, 205-206, 208
清代起居注册 84-85, 92, 95, 98
清史稿 29, 63, 118, 120, 188
穷理学 17, 47
全体新论 288
全浙诗话 29

R

仁宗实录 226-227
日躔历指 153
日月星晷式 43
榕村语录 66, 89, 178, 185
柔远特典 59, 60

S

三角算法 34
山海舆地全图 11, 13
尚书 9, 46, 50, 63, 88, 118, 159, 191,

索引 403

197, 212, 305-307, 310, 318, 321, 322
神道大编　27
圣经　249, 255-256, 260, 265, 272-274, 277-278, 293
圣寿万年历　4
圣祖实录　68, 72-73, 77, 86-87, 92, 107, 113, 137-138, 144, 183, 185-186, 188, 190, 213
狮子说　70
实用算术概论　3
史记　115
授时历　4, 188, 300
授时日法　31
数表根源　136
数表问答　136
数度衍　89
数理格致　204, 262, 267-271, 283
数理钩元　268, 270, 283
数理精蕴　31, 52, 72, 74, 76-77, 79, 80, 115, 127, 131, 137, 144-145, 148-149, 169-170, 187, 205, 219-220, 279, 284, 302
数术记遗　285
数学纲要　50-51, 72, 170, 172
数学启蒙　278-279, 286, 288, 293
四库全书　23, 28, 92, 181, 245, 288
四库全书总目提要　92
四门经　20, 25, 33
四元玉鉴　7, 286
四洲志　254
算法统宗　78-79

算法原本　73, 79
算法纂要总纲　51, 72, 148-149, 170
算经十书　7, 114
算学书目提要　267
遂初堂集　117
孙子算经　285

T

泰西水法　10, 13, 21, 31
谈天　176-177, 230, 247, 257-260, 264-265, 271, 273-274, 277-278, 282, 292-293
天步真原　19, 31-37
天经或问　32, 246
天经或问注解　32
天球论　3
天体运行论　168
天文律历志　30
天文略论　254-255, 257, 259-260
天文实用　19, 23-28, 30-33, 36
天文问答　255, 259
天文象宗西占　31
天文学基础　207
天文正义　31
天问略　12-13, 21, 244, 246
天象源委　28-32
天学本义　159
天学初函　43, 217, 246
天元历理全书　71
天主教丧礼问答　158
庭训格言　45, 336

同人公简 166
同文算指 7, 21, 148, 217, 279
图书编 11

W

王文靖公集 73, 87, 159
文行粹抄 153
文献通考 30-31
五曹算经 285
五纬表 26
五纬历指 141-142, 152-153, 189, 245
五星行度解 33
勿庵集 246
勿庵历算书目 27, 122
务民义斋算学 288-289
物理小识 246

X

西方问答 246
西算新法直解 282
西学凡 2
西学辑存六种 263-264, 276
西洋地理图 60, 183-184
西洋新法历书 11, 25, 31, 37, 39, 137, 143, 146-148, 195, 201, 248
西医略论 276
西域天文书 27
熙朝崇正集 5-7, 16, 45, 48-49, 51-52, 60, 82, 177
熙朝定案 5, 16, 42, 45, 48-52, 60, 67, 82, 119, 177

熙朝新语 86
遐迩贯珍 257-258, 260, 276
夏侯阳算经 285
详解九章算法 285
详解日用算法 285
象纬真机 31
晓庵新书 33
协纪辨方书 214, 309, 316-318
新法算书 198, 200, 202, 307, 309
新释地理备考全书 253-254, 260
星占术导论 25
性理精义 31, 63, 74, 123
性学粗述 36
续对数简法 289
续文献通考 31
宣城梅氏历算丛书辑要 79, 123, 125
宣城游学记 117
宣宗实录 228
璇玑遗述 246
学箕三稿 171-172
学历小辩 34, 39

Y

研修计划 2-3
养吉斋余录 86
仪象考成 54, 115, 118, 195, 198, 202, 208-217, 220, 228-229, 312, 316, 320
仪象考成续编 228-229
易经 45, 78, 97, 113-114, 133-134, 140, 233
益都薛氏遗书 34

鹰论 70
御览西方要纪 47, 182
御龙子集 4
御制大清一统皇舆山脉记 31
御制三角形推算法论 45, 111-113
御制数表精详 137
御制万年历 31
御纂历代三元甲子编年 31
远镜说 12, 39, 244, 246
远西奇器图说 10, 21
月离历指 152-153

Z

造表简法 289
则草 246
增补文献备考 219-220
张邱建算经 285
张文贞公集 84-85, 87
召对纪言 77, 90
职方外纪 2, 11-12, 246
植物学 224, 266, 268, 273
至大论 20, 25, 141

治历缘起 23
中国教会新报 275
中国算学说略 284, 287-288, 292, 294
中国文库 276
中国新图 191
中华帝国全志 52, 190-191
中文词汇手册 274
中文文献提要 285, 288
中西算学通 41
中西通书 256-257, 259-260, 263-265
重学 265-266, 278, 281, 297, 299
周髀经解 115
周髀算经 114, 285, 288
周礼 42, 43
周易折中 63, 74, 113, 123
朱杜溪先生集 123
朱子全书 63, 113
朱子语类 246
主制群征 246
自然哲学的数学原理（奈端数理）
203, 262, 270, 282-283

后 记

从1985年考入中国科学技术大学攻读科学史开始，我从事研究工作迄今已经三十余年。岁月如梭，时光荏苒，许多往事回想起来犹在眼前。

在我求学的最初阶段，选择的是中国数学史方向，主要从事明清数学史的研究。但是历算不分家，后来对天文学史也发生了兴趣，也颇为关注科学和宗教的关系。受法国耶稣会士裴化行（Henri Bernard）、荣振华（Joseph Dehergne）论著的影响，我在硕士期间开始了法语、德语和日语的学习，博士期间又学习了拉丁语，《华裔学志》主编弥维礼（Wilhelm Müller）先生当年在北京师范大学传授拉丁文时的情景，至今仍历历在目。求学期间，日本关西大学桥本敬造教授造访北京，受杜师石然先生之命，陪同桥本先生赴故宫博物院图书馆查阅《崇祯历书》，这是我第一次触摸到此书的明刊本。20世纪八九十年代之交，桥本先生接连发表了多篇有关《崇祯历书》和历法改革的文章，有的还被译成中文，在《科学史译丛》发表，使我对明清之际西学东渐产生了更大的兴趣。此后，无论在大陆，还是在中国台湾、日本、韩国乃至欧美访学之际，我都十分关注明清历算书籍，特别是耶稣会士和新教传教士的作品，并作了系统全面的调查。

我的博士论文主要研究康熙时代西方数学在宫廷的传播，考察耶稣会士和西方数学著作的翻译和所用底本及其对清代数学的影响。1991年毕业之后，我以康熙时代为中心，对整个有清一代乃至晚明历算的传播作了更细致、全面和深入的研究，并通过对大量文集、档案的阅读，转向对科学社会史的研究。1992年秋，我首次迈出国门,迄今游历二十余国,查阅图书档案历时近十年之久。徜徉于文献之中,触摸原始档案,体察书信的流动和人物的思想,如临其境,深感历史探索的极大乐趣。

在国外访问期间,我发现了很多前人未曾注意的文献,如意大利国家图书馆所藏汤若望《天文实用》、邓玉函《泰西人身说概》[1],巴黎天文台所藏《御制历象考成表》,奎章阁所藏明刊本《历引》[2],里昂市立图书馆所藏康熙时代宫廷历算手稿[3],伦敦大学亚非学院所藏《数理格致》,等等,还有牛津大学所藏诸多晚清新教传教士的出版物[4],都曾令我兴奋不已。对这些资料的解读,填补了明清科学史研究中的很多空白。近二十余年来,我陆续发表了十余篇天文学史的文章,并先后应约参与《中国天文学史大系》明清卷和陈美东先生《中国科学技术史·天文学卷》相关章节的写作,日积月累,于是逐渐萌发了撰写一本传教士和天文学在宫廷传播的著作的想法,这就是本书的缘起。

本书主要在以下几方面做了一些工作。对汤若望和欧洲星占术的早期传入和背景进行了深入研究,并和穆尼阁传入的星占术情形进行对比。对康熙南巡和观星台观测老人星事件,从中西史料进行了全面的研究,揭示了理学大臣李光地学习西学与此次事件的关系[5]。通过中西文献的互证,重构了康熙时代蒙养斋算学馆成立的政

---

〔1〕 笔者曾将此刊本复制本赠给关西大学沈国威教授,凤凰出版社在2013年出版的标点本(《明清之际西方传教士汉籍丛刊》),即据此复制本为底本。
〔2〕 2007年10月,应金永植先生之邀参加首尔大学科学史会议,得以见到此书,后蒙林宗台博士复制全本,特致谢意。《历引》有日本翻刻本,对日本产生了很大影响。
〔3〕 1994年,内子吴旻在里昂第二大学求学时查阅了这批手稿。1997年1月,笔者和内子陪同一位法国研究康熙时代科学史的学者同访里昂,得以见到这批历算手稿。
〔4〕 如不同年份的《中西通书》和其他通书,提供了科学在沿海口岸早期传播的宝贵史料。参见拙作(与学生邓亮合作)《科学新知在东南亚和中国沿海城市的传播:以嘉庆至咸丰年间天王星知识的介绍为例》,《自然辩证法通讯》2016年第5期,第69—76页;《新学传播的序曲:艾约瑟、王韬翻译〈格致新学提纲〉的内容、意义及其影响》,《自然科学史研究》2012年第2期,第136—150页。
〔5〕 此部分据拙作《君主和布衣之间:李光地在康熙时代的活动及其对科学的影响》,《清华学报》(新竹)1996年新26卷第4期,第421—445页。《清初士人与西学》一书大量采用了拙文的资料和观点。2012年,牛津大学出版的《皇帝的新数学》(The Emperor's New Mathematics)一书第六章,据同样的材料对观星台事件作了讨论。

治和社会背景，对历法改革的缘起和日影观测的关系，作了深入的研究；首次指出《历象考成》原名《钦若历书》，其编纂与康熙时代国人"自立"精神密切相关，分析了康熙帝与"西学中源"说盛行之经过，康熙时代"用其技艺"国策产生的原因及其对后世的影响。国内学者对大地测量一般只考虑《皇舆全览图》的测绘，忽略了安多在子午线测量方面的重要作用，书中根据中西史料，弥补了这方面的不足。对科学和宗教的关系，本书也作了探讨，主要涉及奉教天文学家在"礼仪之争"中扮演的角色，以及康熙和乾隆时代耶稣会士与哥白尼学说的传入，推断安多最早向黄百家介绍了哥白尼学说。此外，书中还考证了一些天文学译著的欧洲来源，得出了一些新的结论，如指出闵明我所编《方星图解》译自法国耶稣会士巴蒂斯的星图；巴黎天文台所藏雍正刊本《御制历象考成表》由戴进贤所编，来自耶稣会士 N. Grammatici 的著作，牛顿月球理论由此间接传入[1]；指出乾隆时代天文学著作编纂背后的复古倾向，对此现象的原因作出了解释。根据中西档案和文献，对方济各会和遣使会传教士在宫廷的科学活动作了较为详细的梳理，填补了后耶稣会士时期（1805—1826年间）科学传播史研究的空白。书中的一些观点已引起了国内外学者的关注，所采用的史料与视角也屡为学者所征引。总之，本书通过中西史料互证，梳理史实，考镜源流，论从史出，尝试新解。原计划撰写贸易和科学传播的相关章节，特别是十三行

---

[1] 1993年夏，笔者参加在西班牙 Zaragoza 举行的国际科学史大会，顺便访问法国、比利时、荷兰，在巴黎天文台图书馆发现了《御制历象考成表》，由此证明牛顿的月球理论雍正时已间接传入中国，相关结论在拙作《〈数理格致〉的发现：兼论19世纪以前牛顿学说在中国的传播》(《中国科技史料》1998年第2期）一文中公布。又应薄树人先生之约，参与《中国天文学史大系》明清卷的撰写，于是根据《御制历象考成表》，并结合耶稣会士宋君荣北京通信和相关史料，在1995年春访问英国期间完成书稿，寄呈薄先生，遗憾的是，此稿一直拖延到2009年才出版（载《中国古代天文学的转轨与近代天文学》）。后来又应陈美东先生之约，撰写《中国科学技术史·天文学卷》，成果得以首次发表。关于《历象考成后编》的编写背景以及牛顿学说的早期传播，笔者1998年10月参加第二届"葡萄牙和东方"科学史会议（澳门），以英文"The Compilation of the *Lixiang Kaochenghoubian*, Its Origin, Sources and Social Context"［载 Luís Saraiva ed., *Scientific Practices and the Portuguese Expansion in Asia (1498-1759)*. Lisboa, 2001］为题发表。

行商、欧洲人和清代士人的交往，但由于时间关系，只得暂付阙如。

在本书的写作过程中，曾得到法国国家科研中心林力娜（Karine Chemla）教授、蓝莉（Isabelle Landry-Deron）博士和巴黎一大 Bruno Belhoste 教授的帮助，和他们的讨论，使我获益良多，在此谨向他们表示衷心的谢意。还应该特别感谢日本关西大学桥本敬造教授，由于他的邀请，我有机会获得日本学术振兴会的资助，充分利用了关西大学、内阁文库、东洋文库、京都大学人文研究所等图书馆的丰富藏书。关西大学图书馆最令我流连忘返，在那里接触了许多日文书籍，特别是增田涉文库，以及那里收藏的东西交涉史书籍。在图书馆书库曾多次见到令人敬仰的大庭修先生，亦是一生中的幸事。

京都一年的宝贵时光，对我而言，无论是日语还是学业多有长进。当时我主要集中关注日本学者的中国科学史研究，日本接受西学的历程，也就是洋学、兰学史的研究，还有东洋史学的相关研究，目的是比较 16 世纪至 19 世纪中日接受西方科学和文化的不同历程。其间我参加了京都大学人文研究所田中淡先生主持的王祯《农书》讨论班，村上嘉实先生、杜师石然先生、桥本敬造教授、坂出祥伸教授、宫岛一彦教授和新井晋司等先生，还有美国席文教授的学生 Lowell Skar 博士，多是班中的常客。最令我难忘的是，在京都期间有机会和薮内清先生数次见面，他慈祥可亲的面孔，长者的风范，令人肃然起敬，至今记忆犹新。那时我还专程到岚山附近的国际日本文化研究中心拜访山田庆儿先生，并参加过伊东俊太郎教授所举办的科学史讨论班，得以认识在那里访问的韩国学者金容云先生。在京都访问即将结束的时候，山田庆儿先生还请我作了中越科学关系史的报告。那时经过近一年的努力学习，日语有了较大的长进，于是鼓起勇气斗胆用日文报告，这也是我平生唯一一次用日文作讲座。

京都是文化古都，风景优美，学术交流频繁。1992 年底，"京都赏"颁奖，著名科学哲学家波普尔（Karl Popper）发表演讲，得以躬逢其盛,聆听高论。当时听者甚众,可惜的是,演讲后波普尔走下台,竟无人与他对谈,颇有曲高和寡之感。至今我仍清晰记得,在日本期间,何丙郁先生曾短期来访,因筹备东亚科学史会议,日本友人邀请何先生至奈良餐叙,何先生热情邀我同往,这也是我一生中首次品尝正式的西餐。在京都时,伦敦大学Warburg研究所Charles Burnett教授应矢野道雄教授之邀,在京都产业大学访问,因此得以相识。Burnett教授是研究中世纪阿拉伯科学史的权威,发表了大量有关伊斯兰和欧洲交流史的文章,他兴趣广泛,对耶稣会在东亚的活动也多有研究,我们一起讨论,十分愉快。蒙其不弃,视为同道。不久就应他的邀请和推荐,我于1995年春赴伦敦访问,在那里度过了愉快的三个月,因为这个机缘,在伦敦大学亚非学院发现了牛顿著作译稿《数理格致》,真是欣喜万分,其间还对英国皇家学会和中国的关系进行了深入的研究,又发现了南京教徒沈福宗在英国期间的亲笔信件。

和中山茂先生的交往也值得怀念。中山茂先生毕业于哈佛大学,是著名科学史家库恩(Thomas Kuhn)培养的第一位博士,用英文发表了日本科学史和东亚科学史的多部著作,在西方世界颇有影响。他为人谦和,与人交谈,总是滔滔不绝,尽管带有浓浓的口音。他多次来华访问,1993年夏在京都召开东亚科学史会议,作为会议的组织者,会前他特意乘新干线从东京到京都,请杜先生和我吃饭,并当面邀请我们在会上作大会报告。之后每次来北京,他都会到研究所,约我聊天、吃饭,话题最多的莫过于耶稣会士和科学传播的相关问题,当我告诉他相关新史料或新结论时,他都不吝赞许和首肯。我曾与他谈起过欧洲人对黄赤交角变化的理解,告诉他法国耶稣会士宋君荣的相关研究虽然启发了拉普拉斯对黄赤交角的研究,但宋君荣自己却怀疑黄赤交角变小的结论,他听后觉得十分讶异。令我意外的是,1999年在新加坡举行的东亚国际科学史会议上,他一见到我,就对我说"I admire your work",并说正是我的提示,他才进行了研究，并写了会议论文。[1] 他对我称赞有加，2002年曾发表论文讨论薮内清先生的研究范式，我的名字忝列其中[2]，真是惭愧莫名，更让我感受到无形的压力。

还应提到的是与日本东北大学吉田忠教授的交往。吉田先生毕业于普林斯顿大学，对兰学在日本的传播有深入的研究，并系统调查过耶稣会著作在日本的流传。就读研究生期间，吉田先生访问北京，我有幸在杜师家中第一次见到他，后来与他多次在澳门、台湾、首尔一起开会。2010年10月，他应邀来京授课，并专门查阅西方解剖学译著的不同版本，询问《泰西人身说概》的情况，我随即将1997年在罗马国立图书馆发现的明刊本复印给他。他又问我是否看过明刊本《历引》，当我告诉他韩国奎章阁还收藏有此书时，他高兴万分。2007年10月、2011年12月，有幸与他同在韩国首尔大学参加科学史会议。2012年7月26—27日访问仙台，承蒙他热情招待，陪我参观博物馆，并得以饱览东北大学的丰富藏书，并讨论佛教天文学、天文方问题，实为平生快事。同年12月1—2日，在台湾新竹清华大学召开东西文明相遇的会议，我们又得以再次相聚，重叙旧谊。

和普林斯顿大学Charles Gillispie教授的交往也是一种缘分。Gillispie教授是国际著名的科学史家，对法国科学史有精深的研究，又主编《科学家传记辞典》(*Dictionary of Scientific Biography*)，享誉世界，功德无量。1996年6月22日，我在巴黎访问期间，接到巴黎天文台Suzanne Débarbat教授电话，邀请我参加家宴，当时我不明所以，去了后才发现，Gillispie教授、法国著名科学史家René Taton教授、法国哲学家Bernard Bourgeois和巴黎某高校校长在座，

---

[1] Nakayam Shigeru, "The Digital Revolution and East Asian Science," in Alan K. L. Chan, Gregory K. Clancey and Hui-Chieh Loy eds., *Historical Perspectives on East Asian Science, Technology and Medicine*. Singapore: Singapore University Press, 2001, pp.3-13.

[2] Nakayama Shigeru, "The Yabuuti Paradigm in the History of Chinese Science," *East Asian Science, Technology and Medicine* 19 (2002), pp.61-66.

大家都西装革履，Gillispie 教授则更为正式，还打了蝴蝶结，十分庄重。坐定之后才得知，是因为 Suzanne 刚获得骑士勋章，大家纷纷致电恭喜她，于时她趁机邀请几位科学史家相聚，我得以陪列。这次聚会时，Gillispie 教授和我谈到了法国天文学家拉普拉斯，当我提到拉普拉斯对中国古代天文观测记录的利用，他很感兴趣，但因碍于礼貌，当晚要和主人聊天，觉得和我聊得不够尽兴，于是约我隔周到 Centre Koyré 续谈。到了那天，我应约赴会，等了好久，未见他的到来。事后他十分歉疚，为此专门写信解释失约的原因，并把信寄到 Centre Koyré 和北京。后来，我给他寄去一些拙文的抽印本，承蒙他的赞许，这也是他后来写信推荐我访问普林斯顿高等研究院的原因。

除 Gillispie 教授之外，我还要感谢纽约州立大学道本周（Joseph W. Dauben）教授、法兰西学院魏丕信（Pierre-Etienne Will）教授、普林斯顿大学裴德生（Willard J. Peterson）教授的推荐，2000 年上半年我有机会作为研究员（member），访问普林斯顿高等研究院。其间我有幸和艾尔曼（Benjamin Elman）教授时相过从，并定期参加研讨班，深受教益。与余英时教授、裴德生教授、吴以义博士数次晤谈，也令我获益良多。

在普林斯顿高等研究院半年访问期间，我系统翻阅了 20 世纪欧美西方科学史家的重要著作，特别是有关科学革命和 17、18 世纪欧洲科学史的研究著作。每当借阅相关书籍，看到卡片上科学史界前辈（如 Alexandre Koyré、Otto Neugebauer 等人）的签名，仿佛重现这些前辈伏案工作的场景。每天去图书馆看书，我常常会遇到高等研究院的荣休教授、中世纪科学史研究的权威 Marschall Clagett 教授，与他的对谈，让我了解到前辈科学史家的一些往事（如 Neugebauer 教授如何敏锐连缀巴比伦不同文献的残片），并获赠 Wisconsin 科学史会议文集的签名本。在访问普林斯顿大学时，Gillispie 教授多次请我共进午餐，并给我讲述许多轶事，如

Alexandre Koyré先生在普林斯顿访问时，Koyré伉俪和他交往的往事，并谈及他当年编辑《科学家传记辞典》，因与中国交往渠道不畅，认识中国学者很少，因此书中所收古代中国科学家很少，觉得十分遗憾，他并送我他有关拉普拉斯的新著。和普林斯顿高等研究院历史组Heinrich von Staden教授的交往也令我难忘，von Staden教授精通多种语言，对希腊科学史有精深的造诣，与他的交谈令我颇受教益。当时夏伯嘉院士作为普林斯顿大学Davis Center的访问学者，我有机会聆听他的报告，之后时常往返，或在香港，或在台湾，或在北京，或在欧洲，饮酒畅谈，实平生快事。

在我学术生涯之初，曾多次得到美国旧金山大学马爱德（Edward Malatesta, S.J.）教授学术上的帮助。1993年夏，当他得知我将赴西班牙Zaragoza参加国际科学史大会，便安排我到巴黎耶稣会档案馆查阅资料，并介绍我认识Robert Bonfils神父；1997年初还安排我到罗马耶稣会档案馆查阅资料，我在罗马停留一个多月，在那里感受了查阅档案、破解历史之谜的快乐。在罗马期间，罗马大学教授白佐良（Giuliano Bertuccioli）先生专程陪我到梵蒂冈教廷图书馆看书，并请我品尝那里醇香浓郁的咖啡，令我十分感动。我还要特别感谢杜鼎克（Ad Dudink）博士，每当我写信向他请教传教士人名或其他天主教史问题，他总是不厌其烦地予以圆满解答，或告诉线索。有这样一位博学的友人可以时时请益，实是一生的幸事。1993年夏，我第一次在比利时安特卫普见到鲁汶大学钟鸣旦（Nicolas Standaert）教授，之后时相往返，或蒙赐大作，至为铭感。

此外，我还有幸得到如下学者的帮助：柯兰霓（Claudia von Collani）博士（Würzburg, Germany）、马若安（Jean-Claude Martzloff）教授（CNRS, Paris）、蒙曦（Natalie Monnet）博士（Bibliothèque Nationale, Paris）、Suzanne Débarbat教授（Observatoire de Paris）、詹嘉玲（Catherine Jami）教授（EHESS）、Knud Lundbaek教授（Denmark）、高华士（Noël Golvers）先生（Leuven University, Belgium）、魏若望（John

W. Witek）教授（Georgetown University，Washington，USA）、孟德卫（D. E. Mungello）教授（Baylor University，USA）、马西尼（Federico Masini）教授（Sapienza Università di Roma）、保罗（Paolo de Troia）教授（Sapienza Università di Roma）、鲁保禄（Paul Rule）教授（Australia）、Eberhard Knobloch 教授（Technische Universität，Berlin）、朗密榭（Michel Lackner）教授（Erlangen-Nürnberg Universität）、莫菲特（John Moffet）先生（Needham Research Institute，Cambridge）、萨安东（António Vasconcelos de Saldanha）教授（澳门大学）、梅欧金（Eugenio Menegon）博士（Boston University）、金永植教授（首尔大学）、林宗台博士（首尔大学）、葛谷登教授（爱知大学）、陈美东先生（中国科学院自然科学史研究所）、澳门利氏学社赵仪文神父（Yves Camus）、张隆溪教授（香港城市大学）、郑培凯教授（香港城市大学）、萧文强教授（香港大学）、黄一农院士（台湾新竹清华大学）、徐光台教授（台湾新竹清华大学）、古伟瀛教授（台湾大学）、张嘉凤教授（台湾大学）、周维强博士（台北故宫博物院）、祝平一研究员（台北"中研院"历史语言研究所）的帮助，或馈赠书刊、或提供资料、或给予指教，在此谨表谢意。还要感谢蔡鸿生教授、章文钦教授关于中西关系史和澳门史的研究，以及金国平先生对葡文史料的深入挖掘、汤开建教授对中文史料的广泛收集，他们的成果都令我长期受益。

同时，我还要感谢日本学术振兴会、爱知大学、法国国家科研中心（CNRS）、法国人文基金会（Maison des Sciences de l'Homme）、巴黎教育学研究所、巴黎天文台、伦敦大学 Warburg Institute、英国剑桥李约瑟研究所（Needham Research Institue）、德国马普科学史研究所、柏林工业大学、Erlangen-Nürnberg Universität、普林斯顿大学、香港大学、香港城市大学（跨文化研究中心、中国文化中心）、台湾新竹清华大学等机构的邀请，以及澳门特别行政区政府文化局学术研究奖学金的资助。

三十余年来，中国国家图书馆、中国科学院自然科学史研究所图书馆、中国科学院文献情报中心（国家科学图书馆）、北京大学图书馆、清华大学图书馆、故宫博物院图书馆、中国第一历史档案馆、上海图书馆、复旦大学图书馆、浙江图书馆、天津图书馆，以及台湾新竹清华大学图书馆、台北故宫博物院图书馆、台北"中研院"历史语言研究所图书馆、台北"中研院"近代史研究所图书馆、香港大学图书馆、香港中文大学图书馆、香港城市大学图书馆、香港科技大学图书馆、香港浸会大学图书馆、澳门利氏学社为我查阅资料提供了便利。也要感谢中国科学院自然科学史研究所为我提供的自由和宽松的环境，使我能心无旁骛，安心从事研究。

1993年以来，笔者数度赴欧洲、美国、日本和韩国查阅相关资料，巴黎法国国家图书馆、巴黎天文台图书馆、法国科学院档案馆、巴黎耶稣会档案馆、巴黎外方传教会档案馆、法兰西学士院（Institut de France）图书馆、法兰西学院汉学图书馆、Bibliothèque Mazarine、里昂市立图书馆、梵蒂冈教廷图书馆、罗马耶稣会档案馆、传信部档案馆、方济各会档案馆、大英图书馆、伦敦大学亚非学院图书馆、伦敦大学 Warburg Institute 图书馆、牛津大学图书馆、剑桥大学图书馆、李约瑟研究所图书馆、德国柏林国立图书馆、慕尼黑国立图书馆、慕尼黑档案馆、荷兰莱顿大学汉学研究所图书馆、奥地利国家图书馆、美国国会图书馆、哥伦比亚大学图书馆、普林斯顿大学图书馆、普林斯顿高等研究院图书馆、韩国首尔大学奎章阁图书馆、日本京都大学人文科学研究所、关西大学图书馆、东京大学图书馆、日本内阁文库、静嘉堂文库、爱知大学图书馆为我提供了查阅资料的便利，在此深表谢意!

学术是一项庄严、纯洁的事业。大凡治学，都应言之有物，言之成理，字字都要有来历。舅父张秀民先生生前时时提醒，做学问来不得半点虚假，对他人的成果，无论是新史料、新论点和新方法，都应抱以万分的敬意，"不能掠他人之美"。谆谆告诫，时时铭记在心。希望此书的出版，在新史料、新观点、新方法诸方面，都能为学界提供一些参考。

内子吴旻阅读了全书初稿，并提出了宝贵的意见。我还要感谢学生们帮助查阅、核对相关书刊，在此一并致谢！

韩琦　2017年冬于海淀新科祥园寓所